繁荣的支柱

发展集群的
政治经济学

The Political Economics of
Development Clusters

Timothy Besley　Torsten Persson

PILLARS
OF **PROSPERITY**

〔英〕 蒂莫西·贝斯利
〔瑞典〕托斯滕·佩尔森 —— 著

付敏杰 —— 译

社会科学文献出版社
SOCIAL SCIENCES ACADEMIC PRESS (CHINA)

　　本书的翻译出版得到国家社科基金项目"功能财政与国家治理现代化研究"（编号：21BJY068）的支持。

目　录

系列总序

　　于尔约·杨松基金会依西尔玛·杨松夫人及其已逝丈夫于尔约·杨松教授的意愿于 1954 年成立。于尔约·杨松教授不仅是一位学者，更是一位多才多艺的企业家，他通过在 20 世纪二三十年代的不动产投资而累积财富。

　　于尔约·杨松基金会的目标是发展和资助芬兰的经济学与医学研究。在经济学领域，于尔约·杨松基金会是芬兰私人研究基金最重要的来源之一。

　　从 1963 年开始，该基金会在赫尔辛基开始推行于尔约·杨松讲座，每 2~3 年一次。讲座目的是给一些国际著名经济学家提供一个回顾和创新研究思路的讲坛，使芬兰经济学家们能够及早接触最新的学术研究成果。这些讲座的成果已经陆续结集出版。

　　于尔约·杨松讲座取得了巨大成功。第一次讲座开始于 1963 年 12 月 16 日，主讲人是肯尼斯·阿罗。自此所有讲座的主讲人，都是经济科学领域的主流经济学家。

　　于尔约·杨松基金会很荣幸地邀请到了贝斯利教授和佩尔森教授进行

第 19 次讲座。讲座时间是 2010 年，地点在赫尔辛基。贝斯利教授和佩尔森教授均是当代政治经济学领域最有影响的思想家。他们已经获得于尔约·杨松奖，贝斯利教授和佩尔森教授还分别获得了 2005 年和 1997 年欧洲经济学会年度大奖。

于尔约·杨松基金会

主管 艾利·达尔

研究主管 阿里·哈迪龙

前　言

本书为研究生和研究者们呈现了我们所期望的最激动人心的研究领域——发展集群的政治经济学。我们所说的发展集群，是指有效国家制度、远离政治动乱和高水平人均收入之间越来越明显的相关趋势。无论是在某个时间点上进行跨国观察，还是针对某个国家进行长期的时间序列观察，我们都会发现这一点。基于研究的初衷，本书内容大多是基于宏观经济和宏观政治的，在国家层面对总体类型进行鸟瞰。我们也尝试提供一些微观经济基础和微观政治基础。进一步来看，微观和宏观的统一可能为未来研究提供很多机会。本书的主题要求进行动态分析，所以模型中国家能力的出现和动乱的消失都反映了社会中不同群体有意识和前瞻性的投资。尽管本书只提供了初步的理论解释，我们依然希望与各种数据相结合。

本书写作的直接推动因素，是我们共同于 2010 年 6 月在赫尔辛基举办的于尔约·杨松讲座。我们首先要感谢于尔约·杨松基金会的邀请和基金会当时的研究主管汉努·丽蒂艾宁和委员会主席蓬蒂·瓦提拉在赫尔辛基的盛情款待。在准备讲座和讲座过程中所得到的有益评论，对于我们准备本书的素材至关重要。相对于我们在赫尔辛基举办的四场讲座来说，本书的研究主题大大增加，广度有所扩展，深度有所加深。

当然，如果没有我们过去几年的共同研究，就不会有本书的出版。共同研究产生了大量的研究论文，其中第一个成果在 2008 年夏天发表。我们的最初想法形成于 2006 年秋天于斯德哥尔摩召开的关于国家能力的头脑风暴会议。

我们幸运地参与了加拿大高等研究院（CIFAR）举办的关于机构、组织和增长（IOG）的项目，我们的研究兴趣在会议上被激发。在埃尔赫南·赫尔普曼的指导下，这个项目集合了一批杰出的经济学家、政治科学家和历史学家，自 2003 年以来大家每年相聚 3 次，每次 3 天。项目成员和指导委员会的持续互动让我们受益良多。作为该项目的成员确实享有一些特权，我们在 2010 年 10 月发表过一份粗略的手稿。本书是我们研究的成果之一，如果没有在项目开展过程中对制度与发展等问题的合作讨论，就不会有本书的写作。我们与达龙·阿西莫格鲁、吉姆·费伦、吉姆·鲁滨逊和吉多·塔贝里尼至关重要的持续沟通构成了本书的研究基础。他们富有耐心，其提出的建设性评论有助于在本书涉及的每个领域塑造我们的思维。我们也从与保罗·科利尔的频繁讨论以及与潜在合作者伊桑·伊尔泽茨基的合作研究中学到了很多，尽管他们不是 CIFAR 小组的成员。

在过去的几年中，我们有机会把对这些问题的新想法在一些研讨会和讲座上展示，包括理查德·西奥多·伊利讲座（约翰斯·霍普金斯，2008）、计量经济学会会长演讲（匹兹堡、惠灵顿、新加坡、米兰和里约，2008）、经济与民主会议（堪培拉，2008）、经济研究院 GSE 讲座（巴塞罗那，2009）、中央规划局讲座（阿姆斯特丹，2009）、曼切特讲座（波恩，2009）、阿格·纳桑多默讲座（卑尔根，2010）、CEPR-CREI 政治经济学与经济发展会议（巴塞罗那，2010）、严复讲座（北京，2010）、约翰·冯诺依曼讲座（布达佩斯，2010）、ABCDE 会议（斯德哥尔摩，

2010)、二十一世纪经济理论学派讲座（耶路撒冷，2010）、欧洲经济学会会长讲座（格拉斯哥，2010）以及瑞典经济学家第一次年度讲座（隆德，2010）。非常感谢这些讲座的与会者。这些讲座带来了很多有洞察力的评论，使得我们对实质和表达方式思考得更加深入。

许多人提供的反馈意见共同构成了本书的基石，包括达龙·阿西莫格鲁、菲利普·阿吉翁、阿尔伯托·阿莱西纳、奥丽娅娜·班迪耶拉、鲍勃·贝茨、马尔科·巴塔利尼、杰里米·布洛、罗宾·伯吉斯、毛里西奥·卡德纳斯、安妮·凯斯、保罗·科利尔、克里斯·科因、史蒂夫·科特、安格斯·迪顿、阿维纳什·迪克西特、吉姆·费伦、阿夫纳·格雷夫、埃尔哈南·赫尔普曼、安可·霍弗勒、亨里克·克莱文、罗杰·迈尔森、帕特里克·奥布莱恩、菲利普·马丁、埃里克·梅兰德、埃里克·诺伊迈尔、杰拉德·帕德罗·艾·米克、罗西尼·潘德、拉古兰·拉詹、吉姆·鲁滨逊、吉多·塔贝里尼、朗纳·陶维克、安德烈·施莱弗、简·冯·阿沃思、巴里·温加斯特、谢瑞雪和马格努斯·奥伯格。

让-保罗·阿扎姆、奥丽娅娜·班迪耶拉、彼得·博特克、毛里西奥·卡德纳斯、克里斯·科因、马克·蒂切克、琼·埃斯特班、马克·格拉德斯坦、杰夫·霍奇森、阿耶·希尔曼、伊桑·伊尔泽茨基、阿德南·卡恩、蒂姆·勒尼格、埃琳娜·帕特塞瓦、路易斯·普特曼、西蒙·奎因、马尔塔·雷纳尔-奎尔、安德烈·施莱弗、吉多·塔贝里尼、乔恩·坦普尔、约翰·沃利斯阅读了我们此前发行的手稿并非常友善地做出了评论，尽管我们要求其回复的期限非常短。我们也非常感激普林斯顿大学出版社评论人吉姆·费伦和丹尼尔·特瑞斯曼详细而有益的评论。

这项研究得益于我们在伦敦和斯德哥尔摩所开设的发展和政治经济学研究生课程中使用的部分材料。在本书成稿的最后一个月中，一些学生仔细阅读了各个章节，我们对米歇尔·百斯特、安妮·布罗克迈耶、康拉德·布夏迪、蒂莫泰·德蒙特、劳拉·德克森、埃里克·德斯克利诺、安德斯·詹森、山姆·马登、普拉卡什·辛格、弗雷德里克·奈斯·托马森的评论表示感谢。在整个研究项目中一直勤奋地担任研究助理工作的有：安妮·布罗克迈耶、达里奥·卡达拉、贾森·加雷德、爱丽丝·库格勒、戴维·塞姆和普拉卡什·辛格。

我们过去几年的研究得到了不同来源的慷慨资助。衷心感谢以下单位的资金支持：托尔·布劳尔德赫研究基金会、加拿大高等研究院、欧洲科学研究理事会、英国国际发展部、欧洲研究理事会、瑞典研究理事会以及托斯滕与拉格纳尔·索德伯格基金会。

本书两位作者都在伦敦经济学院和国际经济研究所任职。这项研究建立在现任和前任同事的学术研究基础上，他们的想法在某些情况下被主流经济学所忽视，这些人包括彼得·鲍尔、罗纳德·科斯、弗里德里希·哈耶克、阿瑟·林德贝克和冈纳·缪尔达尔，他们对本书的研究主题都有前期学术贡献。

在最后的忙碌阶段，我们有幸获得了克里斯蒂娜·隆布莱德愉快和专业的编辑协助。感谢我们的编辑塞思·迪奇克、特里·奥贝佩罗和彼得·斯特鲁普，他们对书稿做了专业的编辑处理。

在这么多的帮助下，对于书中存在的错误和缺陷，两位作者承担责任。

最后但并非最不重要的是，从 2010 年 9 月中旬到 12 月底的写作期间，我们给家人颇多打扰。有他们的爱、支持和理解，这个项目才具有价值。将本书献给他们。

蒂莫西·贝斯利

托斯滕·佩尔森

于伦敦和斯德哥尔摩

1 发展集群

一个国家从最蛮荒状态发展到最富裕程度的过程并不需要太多条件，除了和平、易税和尚可容忍的司法，其他都是自然而然的结果。

亚当·斯密，1755[①]

几乎所有的经济分析都假定一个有效政体的存在。特别是，经济学家假定存在一个明确的权威可以征税、执行契约，为一系列活动组织公共收入。在此基础上，我们研究一些概念，诸如市场失灵和政府应对，公共品供给，以及支持政府活动的最优税。但世界历史上很多重大发展，都与如何创建这样一个出发点有关。可以肯定的是，经济学家所假定的情况仅仅符合少数富裕国家100年来的历史。

研究有效政体并不仅仅是出于对历史的兴趣。环顾今天的世界不难发现，建构一个能够征税、有效支出和执行契约的政体依然面临巨大挑战。弱政体（weak states）和失败政体（failed states）的存在，是人类悲剧和全球失序的重要源泉。

这些事实令人印象深刻，主要是因为全球最富裕国家的人均收入接近最贫穷国家的200倍。如此巨大的收入差距，是人类面临的最紧迫问题之一。为什么有的国家如此富裕，有的国家却如此贫穷？这不但是经济学，同时也是经济史和政治科学等社会科学的经典研究问题。更加深刻地理解国家富裕与贫穷的根源，不但本身是一个有意思的问题，而且对于试图通过各种发展援助来改善贫穷社区状况的捐助者来说也至关重要。

很早以来，人们就认识到发展不仅仅是收入水平的提高。实际上，当前实际政策制定的核心问题就是政体有效性，特别是对于那些充斥着弱政

① 见 "Editor's Introduction", in Adam Smith, *An Inquiry into the Nature and Causes of the Wealth of Nations*. Edwin Cannan, ed., 1904. pp. 1-56。——译者注

体、脆弱政体（fragile states）和失败政体的国家而言。许多国家和国际组织——例如世界银行、欧盟、英国国际发展部（DFID）、瑞典国际开发署（SIDA），都开始对这些问题提出倡议。

弱政体或脆弱政体的专门指数　政体可以用各种实证指数具体描述[①]，例如布鲁金斯学会针对所有发展中国家的 2008 年**弱政体指数**（Index of State Weakness）和包含所有国家的政体四数据库（Polity IV）中的 2009 年**脆弱政体指数**（State Fragility Index）。

尽管两个指数背后的精确分类不同，但结果都显示有 40～50 个国家承受着最严重的弱政体或者脆弱政体问题，绝大部分集中在撒哈拉以南的非洲和南亚、中亚地区。当然，关于如何精确度量弱政体或脆弱政体尚未达成一致意见。比如说，弱政体指数采用了 8 个维度指标的加总，力图反映国家在安全、政治、经济和社会领域的有效性和合法性。[②]

仔细观察分类指标会发现一些问题。经济合法性采用出口部门的制造业比重来衡量，但是这个指标该怎么解读并不那么明确。领导人任期持久性是政治有效性指标，但其相关方向也非常模糊。尽管这些看起来并不是大问题，但是却触及我们该如何深入解读政体脆弱性——必须小心翼翼地辨别表现和原因。这对于一个有待正确展开的概念框架来说是难以避免的。尽管如此，两个指数还是很明确地指向一个观点：弱政体特性（或脆弱政体特性）本质上是一个内在的多维概念。

---

① 莱斯和帕特里克（Rice and Patrick，2008）概括了弱政体或者脆弱政体的不同实证度量方式。
② 每个国家都依据其 1994 年以来的实际状况进行了 8 个维度的评分。具体来看，对安全有效性的三个度量指标来自 1994～2007 年颠覆性冲突的发生频率；安全合法性度量国家镇压；政治有效性的三个度量指标是制度、领导人任期持久性和政变频率；政治合法性的度量指标是宗派主义、种族和碎片化；经济有效性采用人均 GDP 来度量；经济合法性采用制造业出口比重来度量；社会有效性采用人类发展指数来度量；社会合法性采用婴儿死亡率来度量。

一个有挑战性的议程 本书提供了研究国家弱政体或者脆弱政体的视角，尝试着将其引入主流经济分析。将现有观念引入新的领域，是成熟科学的标志。我们基于这种思路，用基准观念和方法推进国家能力建构研究。关键是理解如何建构有效政体。

视角的中心是互补性理念。如后文所示，政体发展和有效性的几乎所有维度都呈正相关关系。进一步来看，历史记录生动地展示了政治权威、税收制度、法院制度和民主如何在互为因果的复杂网络中共同进化，试图通过复制单一路径的简单方式注定失败。

然而，这种复杂性并不会否认从数理角度进行理论化和数据对照的可行性。相反，我们认为，建构代表现实的简单模型有助于了解复杂的过程，使我们能够更加清晰地辨别某些特征。此外，观察数据并发现经验规律要远远胜过添加故事。数据对于我们理解重要性和可观察性居于中心地位。事实上，我们的模型在可同时被理论化定义和（原则上）实证化度量的变量和程度上是结构化的。这推动了理论的学科化并拓展了其应用范围。

本部分概述了我们的主要观点，也提供了回顾历史证据和讨论我们思想发展过程的机会，但并不试图详尽无遗。首要目的是展示我们的研究及其与主流经济学的关系，以及与其他学科和非主流视角的紧密联系。

1.1 显著相关

除人均收入外，许多其他特征也可用于对发达国家的质量给出定义。一个是国家通过执行各种政策向家庭和企业提供福利与服务的制度性能力。我们将这个能力定义为国家能力。另一个是和平解决利益冲突而不是诉诸暴力的能力。我们将其（倒数）定义为政治动乱。

　　弱国家制度导致的政策失败，常见于极度贫困的国家和内部充斥着动乱的社会中。相反，大多数发达国家一切运转正常：强国家制度、高收入、内部冲突能和平解决。这些都支持着强政策的实施。这个相关性指向发展集群，国家能力水平和政治动乱倾向随收入水平而呈现系统性差异。因此我们的集群概念并不描述邻近国家具有相同结果变量的强相关性。相反，我们用这个概念来描述同一国家不同结果变量的强相关性。更好地理解作为一般发展问题的发展集群是本书的主要目标。

　　财政能力和司法能力　说明集群需要具体的实证指标。我们将国家能力分为两种。第一种国家能力侧重于国家的抽取性角色，称为财政能力。例如，一个国家是否有必需的基础性能力，可以通过管理、监督和执法的形式，从诸如收入和消费的宽泛税基中获取税收，从而为居民提供收入或服务？第二种国家能力侧重于国家的生产性角色。例如，一个国家是否有能力提供道路交通和电力等产品与服务，从而提高私人部门的生产率？是否能够提供诸如法庭、受过教育的法官和登记员等必要基础设施与人员，以提供规制和法律服务（如保护私人产权和执行契约等）的形式来提高私人收入？我们将后一种能力称为司法能力，并集中关注。

　　在后面章节中，我们将讨论两种国家能力的不同指标。现在用两个具体指标来展示。第一个指标是税收占 GDP 的比重，采用的是国际货币基金组织（IMF）在 20 世纪 90 年代末（1999 年）的数据。我们把获取税收的能力作为一种财政能力指标。第二个指标是政府反转移政策指数，采用国际国别风险指南（International Country Risk Guide，ICRG）的数据来衡量，同样是 20 世纪 90 年代末（1997 年）的数据，并将其标准化在 0 至 1 之间。ICRG 数据本身是一系列主观感受指数的加总，在宏观发展文献中普遍被用于衡量产权保护程度。① 我们将其作为一个司法能力指标。

就像我们后面强调的，财政能力和司法能力是经济学家尚未充分研究的概念，所以如何精确度量确实是一个问题。例如，采用税收总量会带来纳税能力与纳税意愿的问题。本书采用的度量指标，至多是与各种国家能力最接近的指标。我们将会看到，采用不同度量方式得出的实证结果非常相近。第 2 章到第 4 章提供了关于本书数据及其来源的更多细节和讨论。

若干基本事实　图 1.1 显示财政能力和司法能力指标是正相关的。用纵轴表示税收占 GDP 的比重，横轴表示产权保护指数，图形非常清晰地显示，有更高财政能力的国家往往有更高的司法能力。这两个指标都与同期人均 GDP 正相关。按照佩恩表（Penn World Tables，PWT）中各国 2000 年的人均 GDP 将观测值分为低、中、高收入国家时，可以看到几乎所有高收入国家都出现在图形右上角，而低收入国家都出现在图形左下角。而且，三个收入组中每组的财政能力与司法能力依然存在明显的正相关关系。

右上角最上面的两个观测值——丹麦和挪威都是高收入国家，税收占 GDP 的比重超过 50%，产权保护水平与瑞士等国家并列为全球最高等级。左下角最左侧的两个观测值——马里和尼日尔都是低收入国家，税收占 GDP 的比重最低，产权保护指数的得分也最低。从图 1.1 中还可以看到，几个高收入国家明显偏离回归曲线。税收占 GDP 的比重超过 30%，但产权保护指数在最低组的国家是塞舌尔。高收入国家中税收占 GDP 的比重低于 10% 的三个国家是巴林、科威特和阿曼，都是石油国家。

① 例如，阿西莫格鲁、约翰逊和鲁滨逊（Acemoglu, Johnson, and Robinson, 2001），以及霍尔和琼斯（Hall and Jones, 1999）。

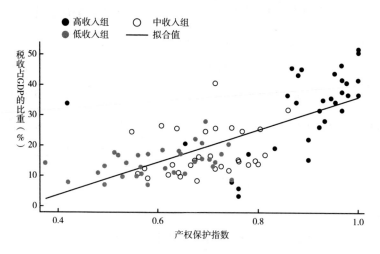

图 1.1　基于 2000 年收入分组的财政能力和司法能力

　　图 1.2 显示国家能力的两个维度与政治动乱系统性相关。我们根据武装冲突数据库（Armed Conflict Dataset，ACD），以 1950～2000 年这半个世纪中是否发生过一年以上的内战为标准把国家分成两组。很明显，低国家能力水平组的内战经历更普遍。图 1.2 上半部分有两个国家稍显突出，税收占 GDP 的比重高但国家经历过内战的是法国，税收占 GDP 的比重超过 40% 但产权保护指数居中的和平国家是博茨瓦纳。

　　图 1.3 还是财政能力和司法能力散点图，但观测值按照 2009 年脆弱政体指数的数据重新进行分组。这里的相关性更明显。如果按照国家是否存在脆弱性进行分类，观测值可被近乎完美地分为两组：不脆弱-高国家能力组和脆弱-低国家能力组。

1.2　主要问题

　　本书的首要目的是解释为什么会出现如图 1.1 和图 1.3 所示的发展集

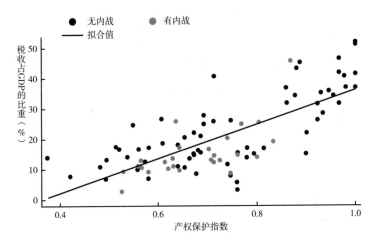

图1.2 基于内战分组的财政能力和司法能力

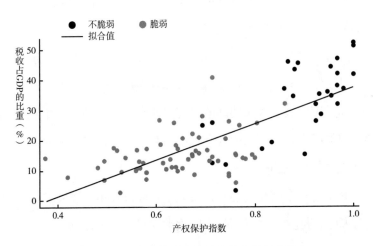

图1.3 基于脆弱性分组的财政能力和司法能力

群。为了充分理解数据呈现的类型,我们需提出和回答以下三个一般性问题:

(1)什么力量塑造了不同的国家能力建构?为什么这些能力会共同变化?

（2）什么因素导致了政治动乱的不同形式？

（3）什么因素解释了国家能力、动乱和收入的集群？

亚当·斯密在1755年写下本章开头所引那一段话的时候已经看得非常清楚。斯密把"和平、易税和尚可容忍的司法"（peace，easy taxes，tolerable administration of justice）列举为繁荣的充分条件。斯密所述繁荣的三大支柱与我们的基本相近，只是侧重点稍有不同。对于我们来说，和平是指没有国内动乱（和政治镇压）而非没有国际战争。实际上，我们认为后者是有效建构国家能力的重要力量。对我们来说，易税是指税收容易抽取且税基广泛，并不是税收多少的问题。进一步地，对我们来说，尚可容忍的司法就是要确保国家支持契约执行、保护产权和限制（公共或私人）掠夺。经过这些关注点的细微转换，三个基本问题就可以变成实现斯密的繁荣三大支柱情景的国家使命。

基于这样一种努力，我们把研究文献的四类观点汇聚到一起：①对长期发展及其决定因素的研究；②对内战和其他形式国内冲突的研究；③有关历史对于国家发展类型重要性的研究；④有关经济和政治如何互动以形成社会结果的研究。我们从前人文献中获益良多，在接下来的篇幅中将尽可能详细地对其加以回顾。

在理解上述三个核心问题时，我们基于最近几年对发展过程中的与国家能力建构和动乱有关的经济学和政治学研究，例如贝斯利和佩尔森（Besley and Persson，2009b，2010a，2010b，2011）的研究。尽管我们必须依靠前期成果，但本书在综合和全局视野上已经超过前期论文太多。与我们的研究论文一样，本书的目标是发现新证据，提出新理论。为了实现这个目标，大部分章节都将理论推导和实证证据融合在一起。

本书理论从一系列正规模型中导出，用来逐步揭示我们在数据中所观察到的发展集群。在发展的大背景下，很多经济和政治结果在双向交互的网络中共同决定，但解析这个网络要从简单开始，逐步添加新因素和更复杂的互动。例如，在第 7 章之前，政治制度都是给定的，并作为其他结果的决定因素。第 7 章开始研究这些政治制度本身如何决定。

除了有助于理解理论以外，实证大多采用原始数据或截面同期数据和历史数据的偏相关形式。这些相关性与理论预测紧密相关。但也有少数例外，我们未能采用更精确的实证策略来分离数据中的因果关系。因为我们的研究总体上认为大多数有意义的变量都是共同决定的，想更进一步并不容易。要得到数据中的因果关系，要求我们令人信服地分离出特定变量的外生变化。与其他跨国数据的研究一样，这并不容易。

导论的剩余部分概述了全书的主要信息。我们解释了理论研究方式，描述了理论所推导出的重要观点，并初步了解数据。概述部分会勾勒出后面 7 章的轮廓。在本章末尾，我们揭示了后文中将逐步展开的某些主题。

1.3 财政能力

经济学家已有研究 国家能力并不是一个传统经济学重点研究的概念。除了极少数例外，传统的宏观发展分析将人均收入而不是支持政策实施的国家制度作为需要解释的主要对象。考虑图 1.1 至图 1.3 中国家能力的两个指标。就财政能力而言，无论是公共财政学还是政治经济学中的税收理论，都强调对特定税基征收特定税率的能力限制。这些一般性动机约束，与不完全信息或者政治压力有关，但不是缺乏管理型基础设施所带来的约束。就司法能力而言，契约理论和财政学都普遍假设政府有执行契约和保护投资者的能力，不去分析如何获得这种能力。这种抽象忽略了由政府的抽取性能力和生产性能力所带来的政策制定障碍，这在对发达国家历史的研究中未受到充分重视，却是今天贫穷国家存在的普遍现实。

历史学家已有研究　与经济学家的忽视相反，政治史学家和经济史学家认为国家抽取能力的提升本身是一种重要现象。进一步地，历史学家将这种能力与军事上的成功联系在一起，认为其是民族国家成功发展的关键因素（Brewer，1989；Hintze，1906；Tilly，1975，1985）。正如一句名言所说："战争塑造国家，国家孕育战争。"（war made the state and the state made war）（Tilly，1975，p. 42）。

与这个论断相符，为了应对实际或者潜在的外部冲突，美国、英国、瑞典等国家确实对税收制度进行了改革和扩展。米格德尔（Migdal，1988）等政治科学家强调发展中国家的一个主要问题是这些国家的能力太弱，以至于缺乏从经济中抽取收入和实施有效管制的能力。然而，历史学家没有真正系统地探究国家的财政（抽取）能力和司法（生产）能力之间的联系，尽管斯特雷耶（Strayer，1970）强调了欧洲国家早期发展中的财政和法律制度建构。

基本理论视角　本书研究框架的基石是区分政策制定和制度建构。特别是，国家能力建构需要时间，当前能力对当前在位政府的政策会造成约束。例如，今天征收所得税的能力受到当前国家财政能力的限制，也就是受到监督和执行税收征管的能力和实行所得税企业代扣代缴所必需的制度的限制。研究框架的另一个基准是把国家能力建构看作相继在位者有意识、前瞻性决策的结果。我们把未来国家能力决策模型化表述为明确的投资问题，核心是在位者衡量未来不确定条件下预期收益的现期成本。

财政能力投资　第 2 章提供了理论分析国家能力建构的最简单的初始模型。图 1.4 所示的流程图是对第 2 章内容的典型展示。图形和后面流程图中的字体有特定含义：粗斜体表示分析中的内生结果，斜体表示当下给定但最终会内生化的变量，正体表示全书都视为给定的变量。如图 1.4 所示，第 2 章中大部分的经济和政治因素被视作给定的，用外生参数来表示。但我们在后面章节将分析一般化时，一些参数会变成内生变量。

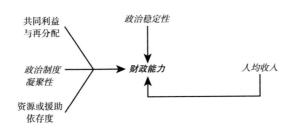

图 1.4　第 2 章的研究范围

核心模型的最简单版本包括两个系统化的集团、两个时期和单一形式的国家能力。在每一期中，政府代表某个集团对给定的收入水平设定税率。收入可用于各种形式的支出，现存政治制度限制了在位者可以向本集团转移的资金数量，对于反对者是成本。作为成本，第一期在位政府可以选择投资财政能力并在第二期变现。在位者下一期能否连任不确定，是一个外生变量，政府未来收入如何使用也是如此。我们分析给定的经济和政治因素如何影响投资动机。

三种可能政体　在一系列抽象参数值的共同作用下，特定时期的特定国家可能最终形成以下三种政体之一。第一种可能结果是共同利益政体（common-interest state）。在这种政体下，未来的政府收入将主要用于共同利益，例如，抵御外部冲突的威胁。在共同利益政体下，任何在位者都会对财政能力进行大量投资。

第二种可能结果是再分配政体（redistributive state）。在这种政体下，因为在位者或多或少受到政治制度的限制，主要政府收入都被预期用于再分配。如果政治足够稳定，在位者还会投资财政能力。

最后一种是弱政体（weak state）。在这种政体下，政府收入也被预期用于再分配，但政治制度是非凝聚性的，政治不稳定程度很高。在弱政体下，没有在位者会投资国家财政能力。

基本框架的扩展　第 2 章展示了核心模型如何具备微观经济含义，还展示了如何放松基本框架中的一系列严格假设：只有两个时期，税收没有带来经济扭曲，线性方程形式，单一产品，没有收入不平等，相等的集团规模，没有政治极化等。在这些扩展情况下，我们展示了核心模型如何修改，以及这些修改对分析财政能力投资的具体含义及其所带来的新见解。

1.4　司法能力

第 3 章继续扩展第 2 章中展示的核心模型，特别是引入了政策和国家能力的第二个维度，即市场支持型规制和司法能力所带来的限制。这种扩展主要是出于两个目的：它允许我们研究国家能力建构两个维度的相互关系，还可以内生化收入，因为市场支持能有效提高私人收入。本章为后续章节常用的简式模型提供了微观基础。一种微观基础强调资本市场的不完全契约，另一种微观基础是其他私人主体和政府官员的掠夺行为导致的私人产权保护不完善。第 3 章还展示了私人资本积累影响国家能力投资上限的方式。

国家能力互补性　第 3 章的直接结论是财政能力和司法能力具有互补性。换言之，国家能力一个维度的投资会强化另一个维度的投资。如果未来财政能力较强，投资司法能力以增加市场收入和扩展潜在税基所带来的额外财政收益是有利可图的。相应地，如果未来司法能力较强，市场收入就高，税基就大，一样可以激发投资财政能力的动机。

互补性有重要含义。一方面，提供了如图 1.1 所示财政能力和司法能力，以及与收入为什么两两正相关的清晰线索；另一方面，这意味着国家能力有很多共同决定因素，即提高财政能力的因素应该也能提高司法能力，反之亦然。

第 2 章和第 3 章的视角验证了哪些决定因素？图 1.5 给出了不同决定因素的线索，对结果进行准确描述必须看后面的正式分析。需要注意流程图中的收入用粗斜体，而非斜体展示。这显示了第 3 章比第 2 章更广泛的分析视角。

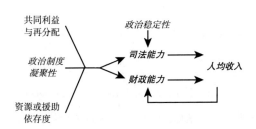

图 1.5 第 3 章的研究范围

公共收入的用途 如果额外的收入预期将被用于两个集团的共同利益，例如用于经典的公共品而非再分配，那么任何集团的继位者都将乐于投资额外的财政能力建构。这一预测显然符合经济史学家和政治史学家的说法。通过互补性，我们还可以得到辅助性预测：在位者也会有更强的动机去建构支持市场的司法能力，因为可以对更广的税基征收更高的税率。

战争作为共同利益指标 基本观点与数据是否相符？国防作为经典公共品，是典型的共同利益支出。假定过去外部冲突的实际发生率是当前可感知高风险的良性近似，我们可以用历史上的战争发生率来代表当前的公共品需求。理论预测区分了过去的公共品需求是过去司法能力和财政能力投资的正向决定因素，还是今天我们可以观测到的国家能力存量的正向决定因素。我们利用战争相关数据来计算按年份比重度量的外部战争发生率（战争频率），时间期限是 1816~2000 年。如果独立年份晚于 1816 年，则从独立年份开始计算。

当然，把过去的战争看作给定，并不是否认战争反映了两个或更多国家互动关系的事实。合理的解释至少要求分析两个国家的国家能力与战争风险的共同决定因素。这种方式是自然的和有趣的，但是已经超出了本书的范围。

下面观察过去战争频率与图 1.1 和图 1.3 中财政能力和司法能力两个指标的相关关系。我们在第 2 章和第 3 章会看到其他指标也得出了相似结果。具体来说，在其他国家能力决定因素不变的情况下，我们计算了国家能力和过去战争频率的偏相关关系。这些保持不变的因素包括民族同质性、政治制度、政治稳定性和法律起源（第 2 章和第 3 章有数据和偏相关计算的细节）。

图 1.6 显示偏相关关系与理论预测一致：过去战争的高频率与今天的高国家能力相关。[1] 图 1.6（a）考察了财政能力，是税收占 GDP 的比重与战争频率的散点图。[2] 斜率为正，大体表明一个国家处于战争的年份每多 20%，当下抽取的税收占 GDP 的比重就会高 10%。图 1.6（b）考察了

---

[1] 样本中的两个例外国家即英格兰和法国的战争发生率超过了 40%。为了图形简洁，图 1.6 在显示与国家能力偏相关时排除了英格兰和法国。加上这两个国家只对估计结果产生很小的影响。

[2] 纵轴和横轴都包括了正负数。主要是因为我们保持了税收占 GDP 的比重和战争发生率的其他决定因素不变——消除这些影响因素可以得到每个变量的残差，集中在 0 处。

司法能力，是产权保护指数与战争频率的散点图。图中斜率也为正，尽管这个产权保护指数的大小难以直接解释，但还是可以看到产权保护指数的变化与战争频率变化相关。这个初步证据与扩展的辛茨－梯利（Hintze-Tilly）假说一致。

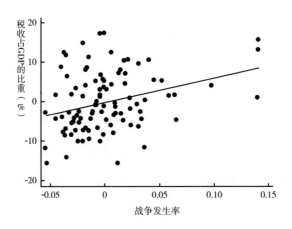

（a）外部战争与财政能力

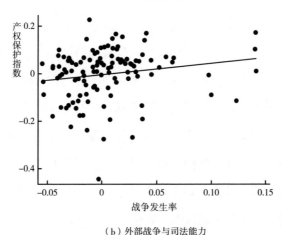

（b）外部战争与司法能力

图1.6　国家能力与外部战争

民族同质性　第 2 章和第 3 章还考察了将一个社会的支出用于公共品而不是再分配的其他可能影响因素，不存在极化或不同集团公共品需求异质性。用人口中的民族同质性来衡量这个因素时，我们发现数据显示出民族同质性与两种形式的国家能力显著偏相关。

这种论断将民族和文化同质性看作给定。本书未能继续探究的一个有意义的扩展，是明确考虑国家如何培育这些同质性。事实上，民族主义学者的共同论断是，欧洲民族和文化的相对同质性是国家用种种机制来社会化其居民以增强国家军事力量的结果。参见波森（Posen，1993）对这种观点及对法德历史性对立案例研究的简明陈述。

政治制度 理论明确的第二个决定因素是政治制度的结构，我们称之为政治制度凝聚性。有些国家的在位者在制度约束下对反对者很友善，这些约束包括通过对执政者的制衡和选举制度，赋予选举失利政党更大的相对代表权。无论哪个集团掌权，这种制度都会推动共同利益而非增加再分配性支出。这反过来也给当前在位者提供了保证，因为国家未来不会被用于压制其利益。在第 7 章之前，我们都把政治制度凝聚性看作给定。因此，过去凝聚性政治制度的更高概率，应当与两种形式国家能力的高投资都有关，所以我们今天能观测到高水平的司法能力和财政能力。

再次回到原数据。我们用政体四数据库中的行政约束变量来衡量理论中的制度约束（第 2 章和第 3 章中其他政治制度变量也有相似结果）。具体来看，每个国家都计算该指标自 1800 年（或者独立年份）至 2000 年的平均得分。该原始变量按 1 至 7 取值。我们将每个国家的平均得分标准化为 0 至 1 之间。图 1.7 采用与图 1.6 相同的计算方式，分别显示了过去的凝聚性政治制度与当前财政能力 ［图 1.7（a）］ 和司法能力 ［图 1.7（b）］ 的各自偏相关关系。

很明显，行政约束与两个形式的国家能力都显著正相关。图 1.7（a）回归线的斜率意味着，如果一个国家的行政约束比另一个国家高一倍标准差（约0.31），今天其税收占 GDP 的比重就会比另一个国家高5个百分点。图1.7（b）展示的行政约束与司法能力的偏相关系数也是正值，并且比与财政能力的相关度更高。

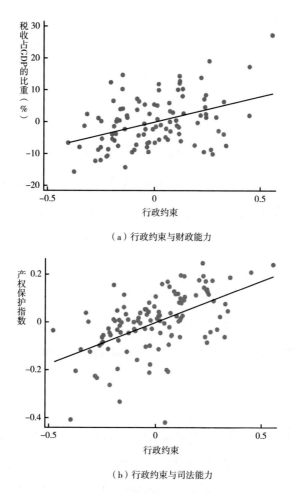

（a）行政约束与财政能力

（b）行政约束与司法能力

图 1.7　国家能力与行政约束

政治稳定性　图 1.5 中国家能力的另一个决定因素是政治稳定性。如果共同利益很少，政治制度缺少凝聚性，则每个在位者集团都会把大部分国家收入根据本集团利益进行再分配。如果政治不稳定性很高，当前在位者集团面临很高的被取代概率，则财政能力投资可能会马上停止。因为这种投资可能会在未来产生回击效应，把更多资金转移出在位者集团。就像我们在第 2 章和第 3 章看到的，衡量政治稳定性的实证指标确实与财政能力和司法能力的各种指标同方向变动。

　　然而，很多穷国，特别是存在弱政体和脆弱政体特征的国家，政治不稳定性内在地与政治动乱联系在一起。这是本书后面要考虑的内容。稍后我们将继续讨论政治不稳定性。

　　经济结构　除了政治决定因素之外，图 1.5 也揭示了很多经济决定因素，其中之一是经济结构。如果保持收入水平不变，资源租金或（现金）援助就会对收入影响巨大。这取决于这些资源（或援助）直接流向政府的程度，越高的资源或援助依赖度意味着市场收入越少。窄税基弱化了投资市场支持型司法能力的动机，互补性也降低了财政能力投资的吸引力。这个简单论断可能会为非洲和亚洲部分资源依赖型国家或援助依赖型国家为何缺乏国家能力建构动机提供一个重要线索。这个观察与租金型国家发展障碍的标准表述一致〔参见马达维（Mahdavy，1970）对伊朗石油收入的早期研究〕。

　　人均收入　如果保持经济结构不变，更高水平的人均收入对应更高水平的市场收入，会提高对两种国家能力的投资动机。低收入会降低财政能力和司法能力投资。这些表述视收入为给定的，很可能存在反向的反馈效应。特别是，其他条件不变，支持市场的更低司法能力会导致更低的收入。我们发现这种效应在微观基础模型的版本中会出现。

　　第 3 章还将讨论低财政能力导致低收入的可能。这种机制非常微妙：如果没有通过税收和转移支付进行再分配，在位者集团会采用为本集团寻租的方式进行再分配。使用诸如无效率规制的方式寻租，产生的生产性扭曲会强化低收入。这不仅是一种逻辑可能性，而且可能是财政能力内生决定情况下的政治均衡。第 3 章解释了如何用这个结论去类比最优税环境下的戴蒙德–米尔利斯（Diamond-Mirrlees）生产效率规范理论。

诸如图 1.1 中的国家能力与收入的相关性，可能会反映双向因果关系。图 1.5 显示了这种双向反馈关系。正反馈效应存在可能产生良性循环或恶性循环，导致发达国家的强国家能力集群，落后国家的弱国家能力集群。

国家能力陷阱　我们预期，缺乏足够国家能力的国家会通过投资经济制度来提高税收和支持市场，从而获得国家能力。但事实往往并非如此，我们的分析揭示了两个原因。

弱政体的制度是非凝聚性的，没有动机投资财政能力。如果一个国家终结于这种国家能力陷阱，会严重限制公共品的供给能力。

我们同样研究了掠夺性政体（predatory states）。这出现在劣治环境下，当少数精英可以采用掠夺性行为从私人部门中直接抽取租金之时。这种掠夺行为经常与高度腐败联系在一起，而且可能伴随着其他形式的非法掠夺。劣治意味着国家没有为生产者提供法律保护，从而强化了这种行为。这种政体将终结于司法能力陷阱，没有动机去创建有效的司法体系和推进法治。

1.5　政治动乱

第 2 章和第 3 章的分析意味着在面临外部战争风险时，可以用增强共同利益而不是再分配的方式去推动国家能力建构。内部政治风险则完全不同。播下内部动乱种子的条件，几乎都不是共同利益的标志，而是集团间极端再分配争斗的标志。仅从直觉出发就可以明白，内部动乱风险在推动国家能力建构时的激励方向，与外部威胁完全不同。与直觉一致，我们已经发现内战频繁的国家只有较低水平的国家能力（见图 1.2）。第 4 章和第 5 章将更详细地研究发展集群的这个方面。

基本事实　可悲的是，内战——政府与某些叛乱组织之间的武装冲突——在过去 60 年中非常普遍。按照 ACD 的数据，1950 年以来全世界超过 10% 的国家-年份与内战联系在一起。除了这些对抗性冲突，很多政府试图在没有内战的情况下对国民实施暴力行为，以提高其继续执政的可能性。我们将这种单边冲突定义为镇压。按照班克斯（Banks，2005）的数据，1950 年以来的所有国家-年份中的 8% 以清洗（purges，即清除政治对手）的严重形式与镇压相关（第 4 章有更多数据细节）。

图 1.8（a）和图 1.8（c）是各年份发生内战和镇压的国家比例的散点图，显示了世界范围内内战和镇压随时间变化的趋势。很明显，在到达冷战结束的转折点之前，内战一直在上升，但同时镇压却在不断下降。图 1.8（b）和图 1.8（d）是各国动乱发生率与其 1980 年人均收入的散点图。可以看到，内战几乎具有穷国特色，而镇压主要发生在世界收入分配中稍高的位置。有趣的是，两组图都显示出政治动乱两种形式之间的替代性。

经济学家和政治科学家的已有研究　毫不稀奇，大量政治科学家和少数经济学家研究过内战的决定因素。然而，至少就我们从数据观察到的发展集群现象而言，研究是碎片化的。一方面，现有对冲突和内战的理论研究几乎都未曾涉及制度，包括国家能力，也没有特别注重与数据相合；另一方面，对内战和镇压的实证分析缺乏理论支撑，结论难以解释。实际上所有的实证分析都视收入为给定，即使动乱和收入有着某些相似的决定因素。

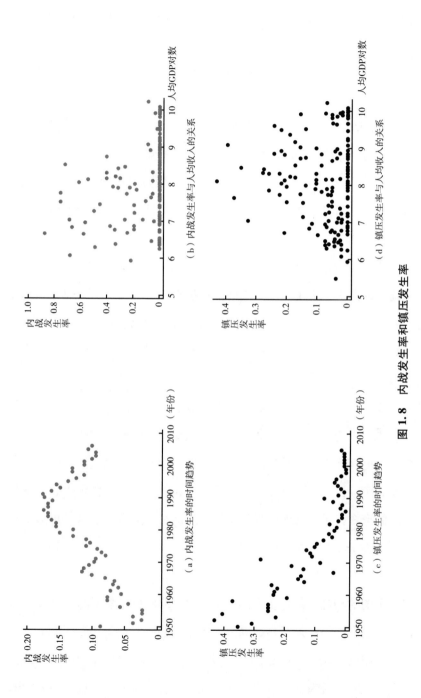

图 1.8 内战发生率和镇压发生率

例如，关于"资源诅咒"有两类分离的文献。一类认为资源依赖会导致低收入和低增长，另一类认为资源依赖会导致内战。最后，关于内战和镇压，各自有不同的文献，即使两种现象都反映了政治制度难以和平解决利益冲突。

我们研究政治动乱的方法有两步。第一步，扩展核心模型以容纳内战和镇压共存的可能性，预测两种形式的动乱与国家能力投资的主要决定因素如何相关。扩展核心模型有效内生化了国家能力建构的一个决定因素，即政治稳定性。第二步，在更加丰富的框架中同时分析政治动乱和国家能力建构。

基础理论视角　第 4 章开头使用了和第 3 章一样的两集团-两期模型，将国家能力投资和人均收入看作给定。另外，我们允许两个集团投资动乱。反对者集团可以在第一期投资动乱，并尝试在第二期夺权。在位者集团同样可以投资动乱来提高其保持在位的概率。士兵必须按照当下工资水平雇用；反对者集团必须从本集团内部抽取必要的财源，而在位者集团可以使用公共收入资源。两个集团都会面临权衡：投资动乱的成本，必须与掌握权力的更高概率，以及通过再分配机会来提升本集团利益相匹配。在简单环境中可以讨论两个核心问题：①什么时候才会观察到动乱而非和平，动乱的形式又是什么？②哪种经济、政治和制度变量决定了单边动乱（镇压）和双边动乱（内战）？

三种可能的动乱　给定上文的"冲突技术"，两个集团的动乱投资倾向都是一个潜在变量的增函数，即投资动乱的边际收益与边际投资成本的比值。我们将展示按潜在变量排序的三种动乱结果。首先，当收益-成本比值预期较低时，没有任何一个集团会发现投资动乱有利可图，我们会看到**和平**。其次，随着这个比值升高，在位者集团而不是反对者集团会发动动乱，我们会看到**镇压**。在位者集团的动乱门槛低于反对者集团的动乱门槛，是因为我们假定在位者集团有低成本或高战斗效能的优势。最后，如果收益-成本比值足够高，两个集团都会投资动乱，我们会看到**内战**。

政治动乱的决定因素　上述简单理论明确了哪些是镇压和内战的根源。第一直觉是这些动乱结果是按照潜在变量排序的。这意味着它们有共同的决定因素，因此对镇压和内战的研究应当结合起来。另一部分结果与发展集群更加紧密相关，我们遵循了第 2 章和第 3 章将冲突可能性与国家能力决定因素相关联的思路。

为了解释这个结果，必须更加深入地探究动乱的预期边际收益和投资成本。任何集团的动乱投资都会提高其掌握权力和制定政策的概率，边际收益就是赢家在再分配蛋糕中能获得的预期收益（即未来收入期望减去公共品支出），而边际成本就是支付给战士的实际工资。

图 1.9 将国家能力的决定因素列为政治动乱的潜在决定因素。首先，如果共同利益很少，未来收入中预期用于公共品的就很少，从而提高了投资政治动乱来掌权的预期收益。其次，如果政治制度是非凝聚性的，赢家会从任意再分配中获得更高收益，从而也会提高斗争的潜在收益。再次，因为用于再分配的蛋糕会变大，更高水平的资源租金或现金援助期望也会提高斗争的潜在收益。最后，较低水平的人均收入会降低实际工资，从而降低动乱投资成本。回顾围绕图 1.5 的讨论就会得出惊人结论：所有降低在位者投资国家能力动机的因素，都倾向于提高两个集团进行动乱投资的动机。这些更强的动机在多大程度上会变成实际内战或者镇压，取决于在位者集团和反对者集团的动乱门槛。反过来，这又反映了在位者集团和反对者集团获得斗争资源的相对成本和斗争的相对能力。

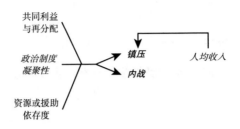

图1.9 第4章的研究范围

基本框架的扩展 第4章稍稍扩展了一下政治-动乱分析框架。其中之一与第2章的扩展方式相同，重新引入了政治异质性或极化。总体上，较高程度的政治异质性会减少社会共同利益，提高掌权收益，更进一步刺激两个集团投资动乱的动机。这个扩展情形为我们提供了研究动乱的动机——贪婪和不满。参见科利尔和霍弗勒（Collier and Hoeffler，2004）的相同研究框架。

另一个扩展讨论了第3章曾提到的掠夺主题。如果在位者集团采用的动乱投资决策是由能从国家掠夺行为中受益的少数精英做出的，则其还会存在额外的掌权动机。结果是整个社会的镇压和内战倾向加强。当缺乏制度约束的统治精英侵犯其他公民时，这种效应会更强。

实证支持 第4章剩余部分还展示了如何从理论预测过渡到严肃的实证检验。第一步，使用基准模型，结合可观测和不可观测的变量和参数，推导出一系列可验证的预测。第二步，找到可信数据来表征理论所示决定因素的时变特征。通过采用自然灾害发生率对实际工资的冲击和联合国安理会成员资格对援助影响的冲击这两个指标，我们为模型预测找到了很强的计量经济学证据。外生冲击影响了各个国家发生镇压和内战的可能性。特别是，援助的突然增加显著提高了两种冲突的发生概率。

1.6 政体空间

第 3 章研究财政能力和司法能力投资，与第 4 章研究政治动乱采用了实质上相同的核心模型，第 5 章把它们结合在一起，考察了通过动乱投资来内生决定政治稳定性时的国家能力投资问题。

图 1.10 的流程图展示了分析框架。

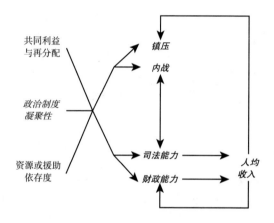

图 1.10　第 5 章的研究范围

国家能力与政治动乱　第 5 章的分析揭示了国家能力与政治动乱关联的三种渠道。第一，正如我们看到的，一些共同变量导致了这些结果，尽管方向相反。第二，存在放大效应，提高内部冲突风险的其他因素，可能会增加在位者集团所感知到的政治不稳定性，总体上降低建构强制度的动机。第三，框架中存在反馈效应，国家能力投资会改变冲突的可能性。反之亦然。

基于上述分析，我们预测国家能力与政治动乱负相关。图 1.2 显示的原始数据确实符合这个预测。图 1.11 进一步展示了 1950~2000 年内战发

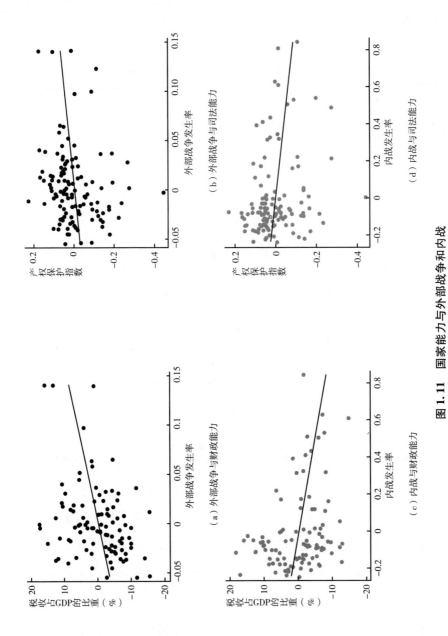

图 1.11 国家能力与外部战争和内战

生率与财政能力和司法能力的两个偏相关的散点图（按图 1.6 和图 1.7 计算）。相应地，与外部战争（图形上半部分）的相关系数为正，与内战（图形下半部分）的相关系数为负。当然这里还未清晰地指向因果关系。通过上面三种渠道，国家能力和内部动乱在很大程度上可能是共同决定的。

基于第 3 章包含微观基础的扩展情形，第 5 章的分析还重新考察了私人资本形成。这个扩展情形显示了更高的内战风险会抑制私人投资。低投资意味着低收入，这就形成了低收入与冲突发生率相互关联的另一种机制。

更大的图景　第 5 章的理论模型还可以表示为图 1.12。矩阵列举了 9 种可能出现的结果，结合了三种政体——弱政体、再分配政体与共同利益政体，以及三种动乱政体——和平、镇压与内战。

第 5 章展示了给定核心模型的参数值，如何预测特定国家于特定时期在政体空间的位置。对这些结果进行准确描述必须看后文的正式分析，但目前概览的简单答案是，我们预测结果可能会集中在矩阵的对角线上。特别是，对公共品高需求和具有凝聚性政治制度的国家将会出现在右上角，与高国家能力和零政治动乱联系在一起。不具备这些前提条件的弱政体或再分配政体会经历两种动乱之一，其在矩阵中的确切位置取决于特定的参数值。

我们将图 1.12 的矩阵填充结果称为"安娜·卡列尼娜发展原理"，改编自列夫·托尔斯泰 19 世纪 70 年代小说中的第一句话，我们认为：繁荣的国家都是相同的，贫穷的国家却各有各的贫穷方式。

	弱政体	再分配政体	共同利益政体
和平			
镇压			
内战			

图 1.12　我们定义的政体空间

1.7 发展援助

援助是在协助还是在破坏发展，抑或视情况而定，是学术界和实务界过去几十年中一直争论不休的话题。乐观主义者认为援助会推动繁荣，其他人则针锋相对地认为援助对国家建构和冲突的解决会产生有害后果。

不同政体的不同干预形式 第 6 章运用模型分析具体问题。我们展示了如何用分析框架来分析不同形式的外部干预：现金援助、工程援助、技术援助、和平维护或者冲突调解。图 1.13 展示了这个分析范围。本书框架允许我们分析不同外部干预政策、国家能力建构、冲突和（最终）福利的均衡响应。

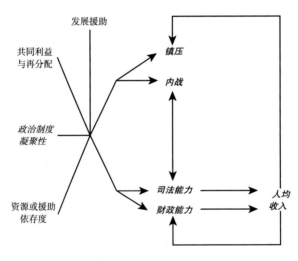

图 1.13 第 6 章的研究范围

按照图 1.12 的矩阵，可以分析对发展援助的响应如何受到各种前提条件的影响。脆弱政体的情况尤其复杂，缺乏有效政体易遭受政治动乱，而我们的模型框架至少可以尖锐地指出这些困境。尽管我们没有得出任何确定性结论，但我们相信该框架推进了已有的讨论。

症状与决定因素　关于援助对弱政体影响的讨论没有任何内在理论基础，这解释了为什么已有研究会混合症状和决定因素。例如，脆弱政体指数经常包含低人均收入标准。其他条件不变，尽管低收入有强化动乱投资的动机，但也仅仅是一个中间因素。我们的分析表明，脆弱政体的基本决定因素是社会共同利益、政治制度结构、资源或援助依赖度，或者组织和实施动乱的技术之类。至于内战、镇压、公共品低支出、低税收、弱产权保护和腐败等，都是症状。

鲍尔悖论　综上，第 6 章展示了外部援助效果可能取决于援助类型和接受国的经济状况。我们的一部分结论与彼得·鲍尔的悲观悖论有所共鸣，即援助只对并不真正需要援助的国家才能有效运转。但我们的框架可以同时涵盖援助乐观主义和悲观主义。援助可能带来不利影响属于悲观主义，特别是这些响应从实证角度来看似乎难以理解。然而非常明确的是，良好的干预设计可以使援助更加有效。

1.8　政治改革

本书的核心模型表明，凝聚性政治制度与政治动乱一样，是国家能力的决定因素，也是决定援助效果的重要条件。当然，凝聚性是一个理论概念，难以直接对应现实世界。第 7 章将讨论理论如何对应现实。总体上，民主比独裁更具有凝聚性，议会制政府比总统制政府更有凝聚性，比例选举制度比多数票选举制度更有凝聚性，但联邦制政府并不一定比单一制政府更有凝聚性。

如前文所述，本书采用渐进式思路，一直到第 6 章都将政治制度凝聚性看作给定。考虑政治制度在讨论中的重要性及其随时间而变化的事实，我们从第 7 章开始内生化制度选择的艰巨任务。我们沿着图 1.14 的路线讨论规范和实证的政治改革模型。

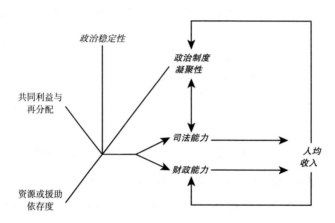

图 1.14　第 7 章的研究范围

不同期限　通过假定制度是无知之幕下的制宪会议一次性且一劳永逸的设计结果，我们首先得到一个模型基准结论。此时召集人总是会创建凝聚性制度，因为这种制度安排为国家能力建构提供了最好的激励。

然后我们观察第一期在位者集团的第二期选择。我们发现此时选择凝聚性制度需要相当高程度的政治权力竞争。这可能对应了欧洲 19 世纪早期几十年间的政治改革。面对工业化不断壮大形成的工人运动，加上土地和产业精英们太过分裂而缺乏共同目标，许多拥有自由派和保守派政府的国家（如丹麦、瑞典和荷兰）通过改革转向了完全的议会制民主和（或）比例代表制选举。

我们能观察到结果的另一面是：若在位者集团缺少权力竞争，可能导致改革转向缺乏共识的制度。这个结论为思考非洲独立后的 10 年提供了思路。很多非洲国家（如尼日利亚、苏丹和乌拉圭）的在位者集团以复制欧洲议会民主制度的方式开启后殖民时代。由于第一代在位者集团缺少很大的被取代威胁，随后在缺乏制衡的情况下迅速废除了这些欧洲制度，转向了统治者钟爱的总统制。

微观政治基础　第 7 章在宏观政治环境中讨论改革问题，但我们试图建立微观政治基础。这样就可以讨论政策制定者的任命和政策谈判过程中的妥协等制度细节，使我们洞察政治过程中的哪些特征决定了政治制度凝聚性与政治和平更替率。

首先，我们发现，动乱的潜在可能性为凝聚性政治制度的建构带来了权衡问题。这种制度是在位者集团所需要的，因为降低了使用动乱的成本。然而动乱也会带来权力巩固的可能性，这会降低创建凝聚性政治制度的激励。

其次，对在位者集团行为的宏观分析忽略了制度选择中的惯性。第 7 章还表明，对绝对多数的正式要求，能让凝聚性政治制度更加可持续。我们还研究了信任在加强凝聚性中的可能作用。

最后，我们转向政治制度的不同维度，引入第 3 章对腐败和掠夺的扩展。这是为了考虑在位者集团通过改善治理使掠夺更难的可能性。就像凝聚性政治制度的情况一样，低更替概率降低了治理改善的可能性。但新因素会发生重要作用：只占总人口少部分的权力精英通常会抵制这种治理改革，以确保其掌权的租金。

1.9　研究主题

前文概述了本书的各章内容。接下来简单描述贯穿全书的若干主题，对我们研究的特定方面感兴趣的读者可以将此作为阅读指引。

核心模型　我们大多数理念都通过全面系统的两集团-两期模型和前文的逐步扩展方式来表述。核心模型采用宏观经济和宏观政治视角，意味着绝大部分分析集中于在位者集团（对国家能力和政治动乱）和反对者集团（对政治动乱）的投资决策，其他经济和政治行为的结果都以简化形式表示。[1] 核心模型及其结论包含在第 2 章到第 7 章的第一部分，题目都包含"核心模型"。

对我们的理论分析感兴趣的读者，可以逐章阅读领会核心模型如何逐步建构和扩展。每一章核心模型中行为关系的微观经济和微观政治基础会在后面部分讨论，一般称为"模型扩展"。辅助章节部分还包括了其他各种形式的扩展，放松或者修改了核心模型的某些假设。

极化与不平等　核心模型的主要政治角色是两个完全对称的集团，这便于正规分析。但对称性的假设明显过度简化，极化、收入不平等、集团规模差别等现象是现实经济和政治生活的一部分。一个专题探讨了这些现象的含义，特别是包含在 2.2.3 至 2.2.5 节、3.2.2 节和 4.2 节。如果不顾及过度简化的风险，我们的总体结论是极化和收入不平等的加剧会弱化在位者对国家能力的投资动机，从而强化对政治动乱的投资动机。

掠夺性政体　很多发展中国家由一小部分权力稳固的精英统治，这会加重集团之间和集团内部的精英与普通成员之间的对抗性。这种压力作为一个重要主题，极大地扩展了近期经济学和政治科学中对发展的研究。我

---

① 对政府稳定政策宏观政治分析的开创性贡献，参见林德贝克（Lindbeck，1976）。

们在核心模型的扩展中也关注了这个问题，特别是在 3.2.4 节、4.2.4 节、5.4 节和 7.2.6 节。我们对这个主题的总体讨论，强调了掠夺性政体为投资国家能力带来了门槛，创造了更强烈的政治动乱投资动机，为福利增进型改革制造了额外障碍。

资源和援助依赖　资源和援助依赖是重要的研究领域和发展主题。特别是，一些文献用"资源诅咒"这个概念来表达资源（援助）丰裕可能实际上降低了收入的假设。另外一些不同文献则认为资源丰裕可能会助长动乱。对资源依赖的讨论贯穿全书，最明显的是第 2 章到第 5 章的核心模型扩展。汇总在 5.2 节，我们发现两种假设可能来自同一个综合模型。第 4 章到第 6 章从理论和实证上关注了援助效果。

私人资本积累　为了突出分析的创新部分，模型总体上缩减了在位政府的积累决策，省略了私人的物质资本、人力资本和生产性知识积累。这个假设不但不现实，也错失了与传统增长理论衔接的机会。我们扩展了微观基础从而引入私人资本积累。特别是，3.2.3 节考虑了私人投资和政府国家能力投资之间的互动，5.2 节在给定的双方动乱投资下考察了私人投资和冲突风险之间的互动。两种情形中的私人资本积累都倾向于放大简单模型结果，相当于为结果增加了一个乘数效应。

数据　我们试图在全书建立一个全新的理论基础，并尽可能地与数据保持一致。因此每章的导论部分都引入了相关事实，常常是以原始数据类型或相关性的方式。每章结尾几乎都会重新回到数据，用研究本章模型预测的偏相关关系的形式。第 4 章在实证领域走得更远，用理论推导出了一个更加可信的策略，并且比其他章更加严格地将其应用于实证。

文献注解　感谢同行的贡献。他们的工作要么先于我们，要么和我们处在同一时期。很多情况下我们会在书中适当位置讨论，但是我们也不想让文章思路被文献所打断。因此在每章末尾，我们收集了关于该主题更广泛的文献信息，称为"文献注解"。

1.10　本章结论

第8章总结了已知的主要内容，现在阐述似乎为时尚早。现在对本章开头提出的关于发展集群的三个问题做一般性回答。

（1）什么力量塑造了不同的国家能力建构？为什么这些能力会共同变化？本书的研究结果是，答案存在于国家能力的某些共同决定因素，以及不同国家能力投资的互补性上。本书还考虑了在什么条件和投资陷阱下，不会有任何国家能力建构动机存在。

（2）什么因素导致了政治动乱的不同形式？我们的答案是，在很大程度上，这些因素与国家能力的决定因素相同，包括收入。

（3）什么因素解释了国家能力、动乱和收入的集群？本书认为，答案部分存在于共同的决定因素或阻碍因素中，部分存在于收入与国家能力、收入与动乱之间的双向反馈。

除了抽象的理论讨论以外，第8章还用具体实证形式总结了我们的发现。根据理论强调的主要结果变量，我们定义和计算了近150个国家的繁荣支柱指数。用国家能力和政治动乱理论决定因素的实际数据，我们讨论了能在多大程度上用一些社会经济和政治变量预测指数的结果。比较每个国家的实际数据和预测结果，一组社会经济和政治变量给研究发展集群带来了有趣的视角，也使我们发现了理论研究的缺陷所在。

无论这些发现的价值如何，我们的工作朝全面理解收入、制度和动乱的集群迈出了坚实步伐。最后一章为后续研究列举了一些问题。

1.11 文献注解

对发展中国家政府政策（国家的和国际的）有影响力的当代评论包括科利尔（Collier，2007），伊斯特利（Easterly，2006），萨克斯（Sachs，2005）和斯特恩、德蒂尔和罗杰斯（Stern，Dethier and Rogers，2005）。这些文献提供的不同视角，为理解本书的争论提供了有用的背景。科利尔和冈宁（Collier and Gunning，1999）及萨克斯等（Sachs et al.，2004）讨论了非洲经济表现糟糕的原因。

学界对国家在经济发展中的适当角色有持久争论。钱纳里（Chenery，1975）简洁地总结了影响战后发展政策制定的因素的讨论，原则上明确了国家干预可以带来更好经济表现的发展中经济体所具有的重要结构特征。鲍尔（Bauer，1972）对此及其暗含的援助含义进行了抨击。

缪尔达尔（Myrdal，1968）较早发现了弱制度问题。他在《亚洲的戏剧》一书中不断重复"软政体"（soft state）这个主题——面临立法缺失、执行不力、勾结与腐败等各维度问题。贝茨（Bates，1981）提供了一个理解视角，认为非洲众多政策问题的核心是政府失灵。现在学界已经把政治置于理解发展的核心位置，观察经济和政治发展已经理所应当。近期研究已经把政治经济学视为发展的核心，例如阿西莫格鲁和鲁滨逊（Acemoglu and Robinson，2005）、比诺·德·梅斯基塔、莫罗、西弗森和史密斯（Bueno de Mesquita，Morrow，Siverson and Smith，2003），以及诺斯、温加斯特和沃利斯（North，Weingast and Wallis，2009）等的研究。博克斯泰特、阿伦丹和普特曼（Bockstette，Areendam，and Putterman，2002），钱达和普特曼（Chanda and Putterman，2004），普特曼（Putterman，2008）将国家早期表现与当代经济表现联系在一起并强调了制度的作用。关于制度对发展重要性的论述，可以参见罗德里克、萨布拉马尼安和特雷比（Rodrik，Subramanian，and Trebbi，2004）。

在关于发展的讨论中，失败政体已经是一个核心概念。科利尔（Collier，2008）关注了在贫穷国家引入民主的结果。贝茨（Bates，2008，2009）讨论了在非洲建构有效国家所遇到的难题。如本章开始讨论的，一系列政策文献讨论了弱政体和失败政体（ERD，2009；OECD，2010a；Rice and Patrick，2008；USAID，2005）。

经济史文献为发展类型提供了多种解释。大部分集中于解释 19 世纪早期西欧收入增长的原因。一系列接近互补性解释的文献强调了不同因素的重要性。诺斯和托马斯（North and Thomas，1973）提供了基于制度的解释，兰德斯（Landes，1998）和克拉克（Clark，2008）更加强调文化变迁，默克尔（Mokyr，1990）则强调了技术的作用。罗森伯格和伯泽尔（Rosenberg and Birdzell，1986）强调了市场组织弹性及其与经济和政治之间的互动。

斯特雷耶（Strayer，1970）的重要贡献在于帮助我们理解了财政和司法制度在中世纪欧洲国家发展中的关键角色。蒂切克（Dincecco，2011）从历史视角观察了弱政体与强政体。曼恩（Mann，1986，1993）基于社会学视角研究了权力来源与国家发展。盖尔纳（Gellner，1983）强调了民族主义推动国家发展的重要性。正如文中注释所示，波森（Posen，1993）认为欧洲国家策略性地发展了民族利益来对抗敌国。

财政能力与国家能力建构的一般关系，及其与战争的关系是经济史和政治史文献中争论的主要问题，例如布鲁尔（Brewer，1989）、辛茨

（Hintze，1906）和梯利（Tilly，1985）等的研究。然而，弱政体很晚才进入学院派的经济学文献。阿西莫格鲁（Acemoglu，2005）提出的正式模型展示，因为弱政体的统治者期限较短，不愿为生产性公共品投资，从而降低了未来提高税收的能力；强政体统治者则因任期较长而缺乏明确的积累动机。贝斯利和佩尔森（Besley and Persson，2009b，2010a）把财政能力和司法能力建构作为联合投资问题进行研究，推导出了互补性的一般结论。阿西莫格鲁、蒂基和温迪格尼（Acemoglu，Ticchi，and Vindigni，2011）则研究了官僚在有效（无效）国家能力建构中的作用。

2 财政能力

财政史是人类史最本质的概括。为满足国家需要而对经济进行的必要抽取及其使用，深刻地影响了国家命运。

约瑟夫·熊彼特，《税收国家的危机》，1918

在第 1 章的概述之后，我们现在开始介绍知识框架，了解国家能力及其形成和维护的力量。本章将用正式模型介绍我们的主要理念，尤其侧重于财政能力建构。这种方式的关键部分是这样一种理念，即财政能力构成了一种资本投资，使未来的收入增加成为可能。

政府可以选择再分配和公共品的供给水平，所需收入来自所得税，但税收水平受到财政能力的限制。我们的核心模型只包含两个时期，第一期的在位政府决定是否增加第二期的财政能力。政治因素在理论中的重要作用通过两种渠道实现。其一，政治制度是影响税收使用的关键因素，决定了在位政府可以向其支持者集团分配的可用收入。其二，政治因素进入政权更替过程。模型的一个推导把财政能力投资作为政治制度和政府被取代概率的函数。决定财政能力投资的因素还包括经济结构，表现为收入水平和政府获得非税收入的能力，如资源租金或外部援助。

核心模型非常简单，尽可能清晰准确地展示要点。我们采用简化式来描述财政能力，在本章稍后部分我们将展示简化式的微观基础。在后续扩展中放宽了核心模型中的一些简化假设，并展示了其对结果的影响。

在正式建构财政能力模型之前，我们先提供一些基本事实，简要概述现有文献。

基本事实 19 世纪和 20 世纪的财政国家增长，至少在现在的发达国家群体中是一个无可争辩的事实。为了使这一增长成为可能，必须提高财政收入，这意味着征新税、扩旧税。

图 2.1 展示了财政能力随时间的推移而演化。该图呈现了自 1800 年以来 75 个样本国家两种税制更新的分布。[1] 黑线代表所得税的引入，灰线代表一个国家是否有增值税。尽管样本有限，但图 2.1 清楚地说明了税收征管投资如何随着时间推移而演变。所得税在 19 世纪中叶开始出现，两次世界大战期间在样本国家中已经非常盛行。增值税出现得更晚，到 20 世纪末依然未覆盖全部样本。本章模型旨在解释推动税收制度如此演化的力量。图 2.1 所展示的一个随时间变化的特点是，国家需要投资支撑税收征管的行政机构。[2]

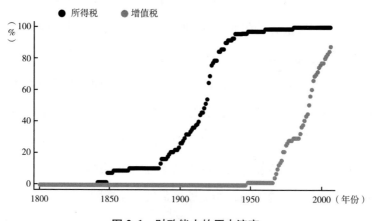

图 2.1　财政能力的历史演变

图 2.1 中的小范围样本忽视了世界上大部分贫穷国家。我们希望本章模型也能够分析国家间的财政能力差异。从第 1 章图 1.1 可以看出，富裕国家税收占国民收入的比重往往比贫穷国家更高。衡量财政能力的其他指

---

[1]　样本限定为引入所得税时已经有数据的国家。

[2]　埃迪特和詹森（Aidt and Jensen，2009a）用面板数据研究了 1815~1939 年 17 个国家引入所得税背后的因素，如支出压力和选举权的扩大。

标也是如此。因为不同类型税收所需要的征管投资不同，观察不同类型税收的不同用途就变得非常有趣。总体上，交易税和所得税是两种截然相反的情况。征收交易税必须要能观察主要航运港口的贸易流量。尽管这种税收制度在某种意义上会鼓励走私，但还是比征收所得税要容易得多。所得税需要对整个经济的执法和遵从结构进行重大投资。

因此，给定税收总量不变，我们可以从交易税和所得税的各自比重中得到一个有趣的财政能力指标。① 图 2.2 按照 IMF 提供的数据（忽略了消费税、商业税和资本税）绘制，使用最新的所得税收入和交易税收入占总税收比重（1999 年）。图 2.2 中纵轴表示所得税收入占总税收的比重，横轴表示交易税收入占总税收的比重，可以观察到一对明显的负相关关系：对所得税依赖程度高的国家往往对交易税的依赖程度相对较低。图2.2 还显示不同收入组的情况明显不同：高收入组国家更依赖所得税，而中收入组国家特别是低收入组国家更依赖交易税。

图 2.3 也显示了 20 世纪 90 年代末所得税收入占比和交易税收入占比两个比重的关系，现在是按照税收总量占 GDP 的比重高低进行分组。观察值分为三组：税收占 GDP 的比重超过 25% 的国家，税收占 GDP 的比重为 15%~25% 的国家，以及税收占 GDP 的比重不足 15% 的国家。高税收组的国家看起来依然明显不同，通过所得税的形式获取大部分税收。

财政能力建构的现有文献 经济学家目前还没有太关注财政能力。如第 1 章所述，多数规范性和实证性税收理论几乎都没有触及这一点，即缺乏征管基础设施是增加政府税收的重要约束条件。

公共财政经济学家确实注意到了便于有效征管和防止避税行为的税收遵从与执法结构 [参见斯莱姆罗德和伊达沙基（Slemrod and Yitzhaki,

---

① 不包含其他间接税，如增值税、财产税和公司税等。

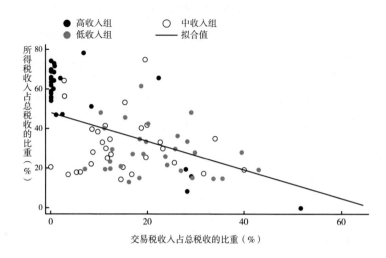

图 2.2　1999 年按照收入分组的所得税和交易税

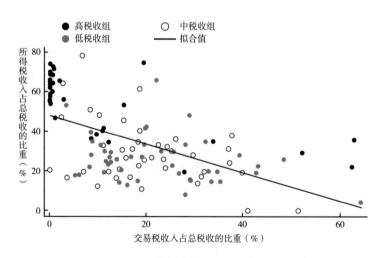

图 2.3　1999 年按照总税收分组的所得税和交易税

2002）的综述〕。然而，这类研究总体上有一种规范性倾向，并未将此能力建构解释为在位者集团基于政治动机的有意识和前瞻性的行为。在这个意义上，我们的方法与库基尔曼、爱德华兹和塔贝里尼（Cukierman，

Edwards and Tabellini，1992）关于铸币税的使用如何取决于税收制度效率，以及税收制度的选择如何取决于政治稳定性和极化等因素的开创性（理论和实证）研究有关。

发展中国家依赖交易税超过所得税（和铸币税）这一点，当然已经被许多学者关注和讨论过［参见伯吉斯和斯特恩（Burgess and Stern，1993）、辛里希斯（Hinrichs，1966）和坦茜（Tanzi，1992）的早期贡献］。最近，高登和李伟（Gordon and Li，2009）把畸形的税收结构描述为一个待解谜题。他们提出的解释基于非正规性和欠发达金融系统之间的相互作用。但这些特征基本上是给定的，不是动态过程的均衡结果。

在第1章中我们注意到政治科学家和经济史学家对国家财政能力的广泛研究，涉及战争在刺激财政能力需求方面的关键作用，以及此类国家能力建构对民族国家成功发展的重要性。这些研究描述了许多有趣的案例，例如布鲁尔（Brewer，1989）的文献。还有很多文献试图将研究更加一般化，例如本章开头所引的熊彼特的著作，还包括利维（Levi，1988）和梯利（Tilly，1985）的研究。特别是，梯利的目标是解释欧洲例外主义，作品看起来受到德国百科全书式学者、历史学家奥托·辛茨（Hintze，1906）研究成果的极大启发。森特诺（Centeno，1997）等学者认为拉丁美洲可能是梯利假说的一个例外，即战争是建构财政能力的主要驱动力。

米格德尔（Migdal，1988）等发展学者强调了发展中国家的弱政体问题。这些国家往往缺乏增加财政收入和有效管理的能力。赫布斯特（Herbst，1990，2000）等学者曾大胆假设，如果非洲大陆的外部战争更频繁的话，非洲的一些国家或许能够改善它们的弱政体问题。

章节规划 接下来的章节中，我们列出了财政能力建构的核心模型。在基本设定之后，首先在一个规范性框架下提供了考察社会规划者可以采取的决策和投资问题。然后我们发现，根据参数集可以产生三种政体——共同利益政体、再分配政体和弱政体。

2.2 节首先给基本模型中使用的财政能力简化式提供了微观经济基础。我们还讨论了基本模型如何在不同的方向上开发和扩展，以增加研究方法的现实性。然后引入了更多关于公共品、组间极化、收入不平等、组规模差异、税收扭曲、多重税基以及无限期的更一般的模型。这些特征未包含在 2.1 节的基本模型中。

2.3 节讨论了我们所提出理论的一些实证含义，展示了数据中的部分偏相关关系。2.4 节总结本章。依照惯例，最后一节有相关文献注解。

2.1 核心模型

现在引入一个基准模型，后文会不断扩展。第一个版本模型中的若干经济和政治因素以参数形式存在，后面会随研究需要而转为内生变量。然而即使是在这一章，模型也是动态的。事实上，除了标准政策工具设定外，模型的主要创新特征是给予政府通过投资来改善国家运行状况的机会。

2.1.1 基本结构

设定两个时期 $S = 1$，2，两个集团 A 和 B 的人口各占一半。模型中不存在私人储蓄或政府债务。总人口规模标准化为 1，每人都有收入 ω。收入在本章是一个外生参数，在第 3 章中通过建构微观经济基础而成为内生变量。

第一期之初执政的集团，称为在位者集团，用 $I_1 \in \{A, B\}$ 表示。另一个集团为反对者集团，用 $O_1 \in \{A, B\}$ 表示。第一期和第二期之间权力和平过渡的外生概率为 γ。因此，参数 γ 是衡量政治不稳定性的指标。

政治不稳定性在本章和第 3 章中都是参数，在第 4 章中通过引入动乱模型而内生化。第 7 章进一步讨论了权力和平过渡概率的微观政治基础。

效用函数是（拟）线性的：

$$u_S^J = c_S^J + \alpha_S V(g_S) \qquad (2.1)$$

右边第一项 c_S^J 表示一个典型 J 集团成员在 S 期的私人消费，g_S 为公共品。S 期的私人消费取决于税后收入净值加上转移性支出。写成：

$$c_S^J = (1 - t_S)\omega + r_S^J$$

其中，t_S 是所得税税率，r_S^J 是 J 集团在 S 期的转移性收入。

公共品 式（2.1）第 2 项中的 $V(g_S)$ 是公共品的消费效用，α_S 表示该商品价值（的变体）。$V(\cdot)$ 是平滑、递增的凹函数。核心解释将 g_S 看作标准公共品。全书提到的经典例子是"国防"，此时 α_S 可以被看作是否存在"外部威胁"。实践中观察到的现代福利国家中许多转移性支出项目由于受益广泛而与 g 近似，例如某种类型的疾病保险或失业保险，这种收益会在整个生命周期中近乎平均地积累。

假设公共品价值是随机的：α_S 服从两点分布 $\alpha_S \in \{\alpha_L, \alpha_H\}$，其中 $\alpha_L > 2 > \alpha_H > 1$，并且 $\mathrm{Prob}[\alpha_S = \alpha_H] = \phi$，在 S 期制定政策时 α_S 实现，对 α 的冲击服从跨期独立同分布。α 的特定值被用来确定公共品是否比转移性支出更加值得，在某种程度上与政治制度结构有关（后文详述）。参数 ϕ 在分析中起重要作用，因为可被用来衡量公共品需求。在国防这个例子中可以将 ϕ 看作"外部威胁"。

举两个简单例子来明确上述含义：（a）线性情形，$V(g_S) = g_S$；（b）非随机情形，$V(\cdot)$ 是平滑、递增的凹函数，满足稻田条件，$\phi = 1$ 且 $\alpha_H = \alpha$。尽管一些重要经济效应最好用特例（b）来说明，但特例（a）才是分析的主体。

财政能力　所得税受限于现有财政能力，即 $t_S \leqslant \tau_S$，我们将其视作特定形式的资本存量。正如 2.2.1 节进一步讨论的，其微观基础可以表示为在非正规部门工作的个人可以获得其收入的 $(1-\tau_S)$ 部分。初始存量为 τ_1，可以通过在 $S=1$ 期投资 $[\tau_2 - \tau_1(1-\delta)]$ 来实现第二期财政能力 τ_2，其中 $\delta \in [0, 1]$ 是折旧率。此时此刻，最好把这种投资当作有效征收所得税所必需的征管机构建设。

简单模型的重要限制是将（劳动）收入作为唯一税基。现实世界中税收制度面临的最大挑战之一，是对资本所得征税而不是对劳动所得征税。许多限制避税和逃税的尝试就是精确设计税制，防止在两种税基之间进行套利。

假设投资财政能力的成本为凸函数 $F[\tau_2 - \tau_1(1-\delta)]$，其中 $F_\tau(0) = 0$，即没有投资时边际成本可忽略。[①] 即使添加固定成本，对主要结果也不会产生实质性影响。正如我们将看到的那样，一个可能的结果是产生弱政体，在位者集团不投资。增加固定成本只意味着弱政体的普遍性。注意，收入水平 ω 不影响投资成本。我们会在 2.1.3 节讨论其他可能性。

现在假设财政能力建构的投资是不可逆的，即这种投资不能是负值，投资必须超过折旧。2.2 节中的一个扩展情形允许投资为负，即财政能力可以在两期内被"吃掉"或被故意损毁。

政府预算　两个集团人口各占总数的一半。S 期的政府预算约束由如

---

① 从这里开始，函数的下标都表示偏导数。

下公式给出:

$$R + t_s\omega = g_s + m_s + \frac{r_s^I + r_s^O}{2}$$

其中, $m_s = \begin{cases} F[\tau_2 - (1-\delta)\tau_1] & 若 S = 1 \\ 0 & 若 S = 2 \end{cases}$

m_s 表示第一期的投资成本,R 是政府额外独享的非时间依存性收入来源。我们将 R 解释为自然资源租金或外部(如现金)援助。像 α 一样,我们允许 R 随机[1],但假定其为在做出任何政策决定之前就已经确定,并在两期内保持不变。

政治制度 政治制度限制了在位者集团的转移性支出。此刻假设在位者集团不存在代理问题,谁代表该集团掌权都关心整个集团的平均福利。下一章引入代理问题,我们将假定统治集团的某个精英只关心自己的利益。在模型中,我们将对转移性支出的约束设定为在位者集团必须把转移性支出中的固定比例 σ 分配给反对者集团。可以用参数 $\theta = \dfrac{\sigma}{1+\sigma} \in [0, \frac{1}{2}]$ 来方便地表示更有"凝聚性"的制度;θ 越接近其最大值 $1/2$,政治制度的凝聚性越强。

这是一种简约、易于求解但简化的审视政治的方式。我们以两种更一般的方式来解释高 θ 值。现实世界中的一种对应是通过宪法对行政当局的制衡来保护少数派,这也是一种分权结果。在现实中我们进一步期望民主比独裁施加了更强的行政机构约束。现实世界中的另一种对应是比例代表制选举或议会民主制度下的决策制定对输家利益有更强的政治代表性。有

---

① R 的随机结构对我们的论证不太重要。在许多情况下 R 可以被视为参数。在解释数据时确实用到了它,后文分析把 R 的随机性在本质上看作时间问题。

关宪法规则政策效果的文献认为，这两种制度安排都能让政策制定者内化更高比例人口的偏好（Aghion，Alesina and Trebbi，2004；Persson，Roland and Tabellini，2000；Persson and Tabellini，2000）。

参数 θ 也可以被看作政策制定者在动态环境中所能做出的承诺，我们将在接下来的研究中讨论这一点。实际上，高 θ 值代表制度承诺将对未来的公共资源进行更加公平的分配。一旦 θ 接近零就不可能有任何承诺，因为赢家通吃。θ 体现的任何有限的承诺权力，都将激励我们框架中的政策制定者继续掌权。[①]

正如稍后我们将看到的，θ 是影响政策制定、国家能力投资和动乱投资的关键参数之一。在本书大部分内容中我们视其为恒定和外生。第 7 章将详细讨论为该参数提供微观政治基础的不同方式。该章还讨论了 θ（或其暗含的制度特征）内生化的含义，这允许我们探索政治改革的动机。

期限 核心两期模型中的事件演进如下。

（1）财政能力的初始存量为 τ_1，在位者集团为 I_1。自然决定了 α_1 和 R。

（2）I_1 选择一组第一期政策集 $\{t_1, g_1, r_1^I, r_1^O\}$，并（通过投资）决定第二期的财政能力存量 τ_2。

（3）I_1 继续掌权的概率为（$1 - \gamma$）。这决定了 α_2。

（4）I_2 选择第二期政策集 $\{t_2, g_2, r_2^I, r_2^O\}$。

我们求解政策和财政能力投资的子博弈完美均衡，从第 4 阶段开始逆向求解。

[①] 由于我们处于两期环境中，不能通过反复博弈来增加承诺。这显然是框架未来扩展的一个有趣方向。

2.1.2 政治最优政策

核心模型的简单结构，允许我们在任意给定财政能力水平下求解在位者集团的最优政策。财政能力水平和在位者集团的身份，是模型的"状态变量"。无论谁掌权，都将选择政策向量 $\{g_S, t_S, r_S^I, r_S^O\}$ 来最大化自己的任期支付，满足式（2.2）和政府预算约束：

$$\alpha_S V(g_S) + (1 - t_S)\omega + r_S^I$$

满足：

$$t_S \le \tau_S, \; r_S^O \ge \sigma\, r_S^I \tag{2.2}$$

式（2.2）的第一个约束出于有限财政能力，第二个约束由政治制度结构所施加。每期最优政策都可以表述为三个组成项：所得税税率、转移性支出和公共品支出。我们首先求解最优的 t_S，然后求解 r_S^I，代入在位者集团目标函数，最后通过最大化来确定 g_S。

均衡税收和转移性支出　首先，我们观察到，设定的均衡税率将会耗尽财政能力，即：

$$t_S = \tau_S$$

这是因为在位者集团从更高税率中至少可以获益 $2(1 - \theta)\,\omega$（从更大转移性支出中获得的边际收益），损失为 ω（私人收入的减少）。因为 $2(1 - \theta) \ge 1$，因此结果如上。

其次，我们考察对每个集团的最优转移性支出。其他条件不变，在位者集团将最大化本集团获得的转移性支出。从政府预算约束出发，得到以下解：

$$r_S^J = \beta^J (R + t_S\omega - g_S - m_S), \text{对于 } J \in \{I, O\} \tag{2.3}$$

其中：

$$\beta^I = 2(1 - \theta) , \beta^O = 2\theta$$

这些转移性支出是扣除公共品支出和财政能力投资后的剩余项，需要稍后确定。参数 θ 决定了剩余收入在两个集团之间的分配方式。若 $\theta = 1/2$，则转移性支出会平均分配；但对一个完全不受约束的在位者集团，有 $\theta = 0$，为本集团夺取所有可用收入。

均衡公共品供给 再次，我们通过如下定义函数 $\widehat{g}(\alpha, x)$，来观察政治最优的公共品供给：

$$\alpha V_g [\widehat{g}(\alpha,x)] = x \tag{2.4}$$

很明确的是，$\widehat{g}$ 随 α 的增加而增加，随 x 的增加而减少。公共品供给水平由下式给出：

$$G(\alpha,\tau_s) = \begin{cases} R + \tau_s \omega - m_s & \text{若 } \alpha V_g(R + \tau_s \omega - m_s) \geqslant 2(1 - \theta) \\ 0 & \text{若 } \alpha V_g(0) < 2(1 - \theta) \\ \widehat{g}[\alpha, 2(1 - \theta)] & \text{其他} \end{cases} \tag{2.5}$$

有两个可能的角点解。如果 $\alpha V_g(R + \tau_s \omega - m_s) \geqslant 2(1 - \theta)$，公共品价值极高，那么所有财政能力投资的剩余税收都将用于公共品。当公共品价值 α 较大和（或）θ 值较接近 $1/2$ 时，就很可能出现这种情况。

若 $\alpha V_g(0) < 2(1 - \theta)$（即公共品不是很有价值），就会出现相反的角点解。此时所有政府支出都用于转移性支出，支出水平通过在式（2.3）中设定 $g_s = 0$ 来确定。当 α 较低时（如恰好 $\alpha = 0$）和（或）当 θ 接近于零时，就可能出现这种情况。后一种情况反映了这样一个事实：在弱制度约束下，转移性支出对于在位者集团极具吸引力。

在这两个角点解之间，是由式（2.4）确定的可能内解。此时公共品的边际价值等于用放弃的转移性支出来表示的边际成本，由 $2(1 - \theta)$ 给出。

如前所述，我们经常使用 $V_g = 1$ 的易处理的线性情形。这允许式（2.5）三种可能性中只出现两种——角点解。此时有一个所谓的"碰碰"解，即所有公共支出要么全部用于公共品，要么全部用于转移性支出。这个假设当然并不现实。但它确实使得该模型易于分析，因为存在一个由制度凝聚性决定的门槛值 $\alpha = 2(1 - \theta)$。高于门槛值时，所有支出都将用于公共品；对低于此门槛值的 α，在位者集团只提供转移性支出。

间接效用　把这些政治最优政策代入效用函数式（2.1），我们得到 $J \in \{I, O\}$ 集团 S 期的如下"间接支付"函数：

$$
\begin{aligned}
W(\alpha_S, \tau_S, m_S, \beta^J) = {} & \alpha_S V(G[\alpha_S, \tau_S]) \\
& + (1 - \tau_S)\omega + \beta^J[R + \tau_S\omega - G(\alpha_S, \tau_S) - m_S]
\end{aligned} \tag{2.6}
$$

为便于后面参考，定义两个"值函数"很有用。

在位者集团的值函数定义为：

$$
U^I(\tau_2) = [\phi W(\alpha_H, \tau_2, 0, \beta^I) + (1 - \phi)W(\alpha_L, \tau_2, 0, \beta^I)]
$$

反对者集团的值函数定义为：

$$
U^O(\tau_2) = [\phi W(\alpha_H, \tau_2, 0, \beta^O) + (1 - \phi)W(\alpha_L, \tau_2, 0, \beta^O)]
$$

取决于由 τ_2 和由 ϕ 表示的公共品期望价值。模型的对称性意味着第二期值的唯一差异是集团的在位状态。

将所有这些部分合并，从第一期看 J 集团第二期的期望效用，在位者集团为：

$$
W[\alpha_1, \tau_1, m_1, 2(1 - \theta)] + (1 - \gamma)U^I(\tau_2) + \gamma U^O(\tau_2)
$$

反对者集团为：

$$
W(\alpha_1, \tau_1, m_1, 2\theta) + \gamma U^I(\tau_2) + (1 - \gamma)U^O(\tau_2)
$$

这加总了第一期已实现的收益和未来的期望收益，后者取决于在位者集团是否期望继续掌权，事件发生的概率为 $(1-\gamma)$。

2.1.3 财政能力投资

我们现在探讨财政能力投资决策。为了得到明确结果，将重点放在公共品的线性效用情形，即 $V(g)=g$。我们将在 2.2.2 节中讨论如果放松这个假设会发生什么。

最优财政能力投资是通过选择 τ_2 来最大化下式得出：

$$W\{\alpha_1,\tau_1,F[\tau_2-(1-\delta)\,\tau_1],2(1-\theta)\,\} + (1-\gamma)\,U^I(\tau_2) + \gamma\,U^O(\tau_2)$$

结果是一个投资的"欧拉方程"，也就是，使因增加财政能力投资而放弃的消费（以转移性支出或公共品的形式）等同于实施更高所得税率所带来的未来收益。[①] 欧拉方程如下：

$$\begin{aligned}
-\,W_m[\,\alpha_1,\tau_1,m_1,2(1-\theta)\,]\;F[\,\tau_2-(1-\delta)\,\tau_1\,] \\
= (1-\gamma)\,U_\tau^I(\tau_2) + \gamma\,U_\tau^O(\tau_2) \\
\text{c. s.} \qquad \tau_2-(1-\delta)\,\tau_1 \geq 0 \qquad\qquad (2.7)
\end{aligned}$$

其中 c. s. 代表互补松弛性，对应财政能力投资为零的可能性。

第一期成本取决于公共资金的边际成本：

$$\lambda_1 \equiv -\,W_m[\,\alpha_1,\tau_1,m_1,2(1-\theta)\,] = \max\{\,\alpha_1,2(1-\theta)\,\}$$

λ_1 的表达式反映了第一期的两种可能性。如果 $\alpha_1 \geq 2(1-\theta)$，则公共资金的边际成本是公共品支出的机会成本 α_1。相反，如果 $\alpha_1 < 2(1-\theta)$，机会成本就是放弃的转移性支出。这可以通过观察方程 (2.5) 看出来。

---

① 我们使用欧拉方程来表述适用于多期（即多于两期）模型的研究框架，随后在 2.2.8 节扩展了财政能力模型。

使用特定的模型结构，把欧拉方程（2.7）简化为：

$$\omega[E(\lambda_2 - 1)] \leqslant \lambda_1 F_\tau[\tau_2 - (1-\delta)\tau_1]$$
$$\text{c. s.} \qquad \tau_2 - (1-\delta)\tau_1 \geqslant 0 \qquad (2.8)$$

其中，

$$E(\lambda_2) = \phi\alpha_H + (1-\phi)\lambda_2^L \qquad (2.9)$$

是第二期公共资金的期望值，满足

$$\lambda_2^L = \begin{cases} \alpha_L & \text{若}\,\alpha_L \geqslant 2(1-\theta) \\ 2[(1-\theta)(1-\gamma) + \gamma\theta] & \text{其他} \end{cases} \qquad (2.10)$$

方程（2.8）包含的投资决策权衡非常明显。右边是边际成本乘以 λ_1 代表的第一期税收收入的边际价值。

方程（2.8）的左手边是财政能力的"边际效益"，包括两部分，一个正值和一个负值。负值项用方程（2.8）左手边的（$-\omega$）表示，这是税收增加导致的私人收入损失。

正项 $\omega E(\lambda_2)$ 是提高财政能力所带来的公共收入未来值，取决于公共收入如何分配。由于 $\alpha_H > 2 > 2(1-\theta)$，要实现公共品高价值总是要求公共品支出。唯一的问题是当 $\alpha_2 = \alpha_L$ 时会发生什么。当 $\alpha_s = \alpha_L$ 时，如果公共收入全部分配给公共品，就有 $E(\lambda_2) = \phi\alpha_H + (1-\phi)\alpha_L$。但因为 $\alpha_L < 2(1-\theta)$，如果公共收入被全部分配给转移性支出，有 $E(\lambda_2) = \phi\alpha_H + (1-\phi)2[(1-\theta)(1-\gamma) + \gamma\theta]$。表达式 $2[(1-\theta)(1-\gamma) + \gamma\theta]$ 是不知第二期能否继续掌权的第一期在位者集团看到的转移性支出期望值。在概率 $(1-\gamma)$ 下，继续在位并获得可用收入中的 $2(1-\theta)$ 作为转移性支出，而在概率 γ 下，在位者集团下台，仅能获得收入中的 $2\theta(<1)$ 作为转移性支出。

假设 $F_\tau(0) = 0$，可以看出刚刚讨论的边际效益和边际成本比较的逻辑，揭示了财政能力投资水平为正的一个充要条件是 $E(\lambda_2) - 1 \geqslant 0$。实际上，这个条件要求未来的公共资金要比放弃的私人消费更有价值。方程 (2.8) 表明这取决于关键参数：$\{\phi, \alpha_H, \alpha_L, \theta, \gamma\}$。下一个任务是理解投资决策如何取决于这些参数和解释这种依存性。在 2.3 节中，我们将更小心地讨论模型的实证意义。

2.1.4 规范基准：庇古计划者

在讨论模型的实证含义之前，先研究一个判断均衡结果的规范基准。具体来说，庇古计划者通过最大化期望效用来定义最优政策和财政能力投资，视两个集团的支付权重均等。这个功利主义标准在这里看起来自然而然，对应许多公共经济学教科书中的标准政策规范分析，如阿特金森和斯蒂格利茨（Atkinson and Stiglitz，1980）的分析。①

方便的是，功利主义目标已经体现在政治最优政策模型中，作为 $\theta = 1/2$ 和 $\gamma = 0$ 的特殊情况而存在。此时模型预测零转移性支出是最优的，即两期都是 $r_S^I = r_S^O = 0$。在线性效用下，庇古计划者不会希望在两个集团之间重新分配资源。这使得我们可以精确识别当 $\alpha_L < 2(1 - \theta)$ 时政治最优政策中隐含的政策失败。在这种情况下，在位者集团将本该用于公共品上的支出用在了转移性支出上。因此，这会潜在导致公共品供给不足，而转移性支出供给过剩。然而，简单模型没有税收扭曲，因为计划者和在位者集团都将设置 $t_S = \tau_S$。

我们将结果总结在如下命题中。

命题 2.1：假设财政能力投资由庇古计划者在功利主义偏好下做出，那么：

---

① 核心模型中在计划者支付项中增加对平等的偏好不会影响结果。

（1）财政能力投资为正；

（2）更高的 ϕ 或 ω（或更高的 α_H 和 α_L）增加财政能力投资。

命题的第一部分通过观察 $E(\lambda_2) = \phi \alpha_H + (1 - \phi) \alpha_L > 1$ 即可得到。在我们的假设下，计划者将所有税收都用于公共品支出。一句话，公共支出足够有价值，从而证明为更高税收而放弃私人收入是合理的。这并非必然，而是取决于所对应的公共项目质量，以及在不降低公共品边际价值的情况下，可以在任意规模上开展同样好项目的能力。

在 $V(\cdot)$ 为递增凹函数的情况下，假设公共品价值是 $V(g)$，那么计划者最终将不希望增加财政能力到这个点：公共支出增量的边际价值减去私人收入损失等于零。在更一般的模型中，公共项目交付效率也是一个潜在问题。

因此，我们在此设立的规范基准仅用于说明目的。当我们探讨政治最优投资决策如何与计划者的选择产生分歧时，这将非常有用。我们认为这当然是一个可行方案，因为对世界上许多不能提供卫生设施和清洁用水等基本公共卫生福利的贫穷国家来说，通过投资财政能力来推动公共利益可以获得巨大收益。近期发展经济学文献中的随机控制实验已经提供了许多高回报项目的例子，例如驱虫和接种疫苗计划（Duflo, Glennerster and Kremer, 2007）。例子还会更多。这些项目在缺乏公共资金时可能难以推动，这是弱财政能力带来的更大问题。此时提高税收有增加公共福利的潜力。另一个例子是，许多国家未能通过制定法律和建立秩序来保障基本的个人安全。

对命题 2.1 第 2 部分的比较静态分析放在下一节。

2.1.5 三种政体类型

本小节将首次讨论模型的理论含义，因为这个模型会重复出现。

模型分析表明，三种政体类型都可能作为均衡结果出现。每一种类型都讨论了基于关键参数的比较静态。哪种政体类型将会出现主要取决于两个关键条件。

凝聚性：

$$\alpha_L \geq 2(1 - \theta)$$

这要求 θ 足够接近 $1/2$，即政治制度充分一致地体现权力制衡或少数派代表权原则。

稳定性：

$$\phi \alpha_H + (1 - \phi) 2[(1 - \gamma)(1 - \theta) + \gamma\theta] \geq 1$$

当凝聚性条件失效时，稳定性条件才有意义。这一点是否满足，取决于 γ 所代表的均衡政治更替水平。当 γ 低，即政治更替水平低时，条件更有可能满足。

图 2.4 通过两个关键参数 θ 和 γ 展示了何时上述条件才能满足。图 2.4 展示了 $\phi = 0$ 时的特殊情形。

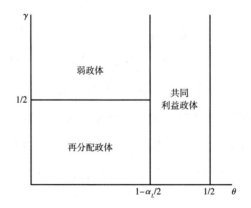

图 2.4 参数和不同类型的政体（$\phi = 0$）

当 ϕ 变成正值时，描述稳定性条件的水平线上移，斜率为正，描述凝聚性条件的垂直线不受影响。[①] 现在展示均衡财政能力投资如何取决于这两个条件。

共同利益政体 我们从满足凝聚性条件的情况开始，此时有如下结果。

命题 2.2：如果凝聚性条件满足，结果与命题 2.1 完全一致。

为使这一结果成立，参数 θ 要足够接近 $1/2$。所以无论 α_s 是高是低，第二期的公共收入增量都会分配给公共品。此时第一期在位者集团确信公共资源将被用于共同利益，而无论第二期是谁掌权，公共资源都将被用于公共品。这让在位者集团相信财政能力建构有回报。此时有 $E(\lambda_2) > 1$，根据方程（2.8），这意味着财政能力投资为正。

这自然是一个充分条件而非必要条件。当 ϕ 等于 1 时，也能得到同样结果。现在我们讨论这个命题所蕴含的比较静态及其解释。

共同利益和战争 命题2.2（以及命题2.1）表明，强共同利益如何在激发财政能力建构动机中发挥重要作用。历史上，国防一直是全国范围内提供的主要公共品。事实上，在很长的时间里，这曾是很多民族国家的主要支出。如前所述，变量 α_s 可以被看作外部战争威胁和潜在侵略的指代变量，事件发生的概率为 ϕ。结论表明，阻止这种冲突发生需要公共

---

① 在一般情况下，满足稳定性等式条件的参数组合符合下面的曲线：

$$\gamma(\theta) = \frac{1 - \left[\dfrac{1 - \phi\,\alpha_H}{2(1 - \phi)}\right] - \theta}{1 - 2\theta}。$$

支出，共同利益政体（或社会规划者）更有可能通过投资来应对战争风险。①

如前所述，建立军事力量的需要，往往被认为是财政国家崛起背后的一个关键因素。模型参数 ϕ 清晰地展示了这一点。因此，命题 2.1 第二部分的比较静态分析体现了辛茨（Hintze，1906）和梯利（Tilly，1985，1990）等人讨论的通过发动战争建构国家能力的经典动机。蒂切克和波拉多（Dincecco and Prado，2010）使用前现代战争的因果关系来解释当下财政能力（以直接税收入占总税收的比重来衡量），然后把人均 GDP 与财政能力相联系。

这个结果对于发展中国家寻求高回报的公共项目有所启示。如果公共干预措施可以通过随机控制试验实施，并推广和加总出较大的总体收益，我们预期这将有助于创建共同利益政体。可以说，西方福利国家历史上一直在寻找高回报的公共项目，这已经是西方国家和平时期经济发展的引擎。创建有效的公共卫生系统似乎是一个特别重要的例子。这种制度之所以可持续，在很大程度上是因为其回报被居民视为共同利益支出。

收入 命题 2.1 中的第二个比较静态结果表明，当工资或收入 ω 更高时，在共同利益政体（或计划者）中投资财政能力变得更有吸引力。这自然符合高收入能扩大税基的事实。因此，与第 1 章的观察结果一致，更高的人均收入与更高的税收占 GDP 比重相关。

有理由怀疑简单核心模型是否为这种相关性提供了令人信服的证明。首先，收入是外生因素，而政府所做的许多事情，包括投资国家能力，都

---

① 如果庇古计划者真的存在并且真实利他，那么他们可能会以上帝的方式聚在一起解决所有国际争端。但是我们当前的计划者所处的是有限疆域，在面临外部威胁时只能支持国家和民族利益。

可能对收入水平产生或正或负的影响。因此，将 ω 视为外生因素并不是特别合理。我们将在下一章中详细讨论这些问题。

其次，虽然公式中的投资成本似乎不受 ω 影响，但是我们有理由认为事实并非如此。如果劳动是唯一生产要素，且 $F(\cdot)$ 代表劳动需求形式的投资成本，则成本更应该是 $\omega F[\tau_2 - (1 - \delta)\tau_1]$。然而，此时 ω 会以乘子的形式出现在欧拉方程（2.8）的两边。因为成本和收益受到同比例影响，所以收入增加可能会对财政能力投资没有影响。

更一般地来说，投资政府能力的成本可能取决于要素组合。技术进步的性质可能会影响投资成本和私人收入。这让我们回想起不平衡增长的有关辩论。鲍莫尔（Baumol，1967）据此提出了著名的"成本病"理论：如果公共部门活动在劳动节约型技术进步中受益较少，则公共部门的运行成本可能会随时间的推移而上升。这可能同时体现在供给 g 的成本和投资 τ 的成本上。因此，更高的 ω 值可能会阻碍供给 g 和投资 τ。但这个阻碍作用必须同命题 2.1 衡量的更高收入带来的更高收益相比较。显然，对这些问题进行彻底讨论需要一个多期模型，以更加详细地讨论投资技术问题。

资源依赖 最后，结论也有助于思考 GDP 中的自然资源份额如何影响财政能力投资。为了解这一点，我们观察到 GDP 的自然资源份额或援助 $R/(R + \omega)$ 随 ω 的提高而降低。因此，若保持总收入 $(R + \omega)$ 不变，R 较高的国家拥有更低水平的财政能力投资。如果将 R 解释为自然资源租金，那么在 ω 给定的情况下，资源的间接影响在于对自然资源征税的成本比对市场收入征税更加低廉。这是对自然资源流的合理假设。因此，这个推导给出了许多资源丰裕的非洲和中亚国家税收制度不发达的可能原因。在 1.2.2 节中我们展示了当公共品价值出现曲率时，这一结果会更加明确。詹森（Jensen，2010）用天然气和石油价格乘以其在国家能源总产值中的比重构建国家特别价格指数，从而给出了符合这一理念的计量经济学证据。他（使用面板数据）发现政府收入中的自然资源比重每增加 1 个百分点，国家财政能力下降 1.4%。

再分配政体　再分配政体满足稳定性条件，但凝聚性条件失效。这意味着财政能力投资为正，由此得出以下命题。

命题 2.3：如果凝聚性条件失效，但稳定性条件满足，那么当 $\alpha_s = \alpha_L$ 时，再分配政体将会把公共收入用于转移性支出，则：

(1) 存在财政能力投资；

(2) ϕ 或 ω 的提高会增加投资；

(3) 较低的 γ 值无疑会增加投资，若 γ 大于（小于）1/2，则 θ 的提高会增加（减少）投资。

凝聚性条件失效，意味着 α_L 的公共品价值导致在位者集团将公共收入用于转移性支出。因此，财政能力投资决策是受未来的转移性支出前景所驱使。但是要从这个前景中获得回报，要求在位者集团保留在位的概率足够高。因此，模型预测投资财政能力的动机最强时有 $\gamma \to 0$ 且 $\theta \to 0$。根据制度非凝聚状况，政治稳定性可能会增强投资动机。此时，在位者集团是经典的财政剩余索取者，拥有很长的时间期限。当 $\phi \to 0$ 时，这种动机可能会得到支撑，即在位者集团会在没有共同利益激励的情况下投资财政能力。

事实上，如果稳定性足够，在位者集团的投资可能会超过庇谷社会规划者（若有相同的 α_L）。这让人回忆起公共选择文献（Buchanan，1967；

Buchanan and Tullock，1962）中曾经密集讨论过的那种过大政府。不过这里的财政能力建构机制多少有些不同。低 θ 值类似于布坎南（Buchanan，1967）所讨论的政治失败，因为当 $\alpha_S = \alpha_L$ 时，政策并不满足维克赛尔一致性。[①]

比较静态证实了共同利益政体中共同利益和收入（ϕ 和 ω）的重要性。命题 2.3 第三部分则揭示了一些有状态依存特征的比较静态。

政治稳定性　因为制度非凝聚，政治稳定性（以较低的 γ 来表示）会通过延长在位者集团的在位期限来增强投资动机。[②]

非民主政治制度中政治稳定性如何影响国家能力投资的历史案例，发生在 1688 年光荣革命后的英国，具体为 1715~1759 年辉格党在议会中占支配地位时期（Stasavage，2007，表 1）。[③] 据马赛厄斯和奥布莱恩（Mathias and O'Brien，1976）测算，在该期间税收占 GDP 的比重从 16% 上升到 20%。同期实施的行政制度意味着，1713 年以后对英国国内产品和服务征收的消费税和间接税收入占到了税收收入的 3/4 以上（O'Brien，2005）。支配精英对国家能力的巨大投资，因所得税的引入达到顶峰，这奠定了英法战争时期英国对法国的财政优势，以令人信服的方式帮助英国增加公债并赢得战争。1803~1812 年，英国政府已经积累了足够的财政能力，把税收占 GDP 的比重提高到 36% 的水平（Mathias and O'Brien，1976）。

---

① 维克塞尔提出并由布坎南进一步发展的基准是，政策应该一致地偏好零支出状态。这在我们的设定中自动排除了转移性支出。

② 这与邓宁（Dunning，2010）的论点相似，即低政治生存概率使在位者集团不在自然资源租金抽取上投资。

③ 当然，这种观点假设辉格党在建构财政制度时，预期到他们在这一时期的政治优势。

政治制度　其他状态依存的比较静态结果考虑了政治制度凝聚性，由参数 θ 所表示。这里的结果不太明确，取决于政治稳定性。若在位者集团确信能够继续掌权，即 γ 较低（低于 $1/2$）时，凝聚性政治制度会弱化投资动机。由于投资受到再分配愿望的驱动，更高的 θ 值（意味着让反对者集团分享更多的转移性支出）会弱化在位者集团投资财政能力的动机。在政治不稳定的相反情形下（当 γ 超过 $1/2$ 时），较高的 θ 值作为一种保险机制可以降低反对者集团夺权的激励，在位者集团也更愿意投资财政能力。

局部和全局比较静态　状态依存的特定比较静态说明了理论的两个方面。关于 γ 的结果产生了一个特定的预测：当政治制度不够凝聚以创造共同利益政体时，政治稳定性应该不影响投资。这意味着不足以在数据中看到 θ 和 γ 代理变量之间有交互作用。我们将在 2.3 节回到这一点。

θ 的结果说明了模型预测的另一个方面。模型某些参数以多种途径影响投资。θ 值决定了哪种政体能够存在：足够高的 θ 值足以创建共同利益政体，从而间接影响财政能力投资。我们将这些效应称为全局比较静态，因为它们决定了政体类型。与之相比，局部比较静态如命题 2.3 所述，代表在某种特定政体类型中对投资的直接影响。全局和局部比较静态关系可能存在相互拉力，拉向不同方向。较高的 θ 值可能会降低财政能力投资（当政治稳定性 γ 较低时）。这种局部或全局的区别，在思考模型预测和数据的关系时非常重要，我们稍后继续讨论。

弱政体　弱政体是凝聚性条件和稳定性条件同时失效的情形。以下结果总结了模型中弱政体的行为。

命题 2.4： 如果凝聚性条件和稳定性条件同时失效，就会产生弱政体，此时在位者集团没有动机投资财政能力。

稳定性条件失效的事实，现在意味着投资财政能力的边际收益为负。缺乏凝聚性制度叠加高政治更替水平时，任何财政能力投资都可能被反对者集团在掌权期间用于转移性支出，这阻碍了在位者集团提高财政能力投资。给定折旧率 δ 为正，此时财政能力实际上是下降的。如果我们在财政能力投资成本中加入固定成本，将进一步增加弱政体的可能性。欧拉方程（2.8）左手边的净边际收益不仅必须高于零，还要大到足以覆盖投资的固定成本。

总而言之，弱政体会遭受三种低迷情形：低参数 θ，所以政治制度不能保护共同利益；高参数 γ，所以政治不稳定性很高；低参数 ϕ，所以共同利益很弱。这些参数结合起来，意味着增加税基的动机很弱。

显然，由于投资水平始终为零，弱政体中没有任何局部比较静态可以讨论。但 θ 和 γ 可以对投资产生全局和局部效应，此时 θ 和 γ 的效应方向相同：高 γ 提高了社会终结于弱政体的可能性，和再分配政体一样，高 γ 减少了投资（如命题 2.3 所述）。

2.1.6 小结

总体来看，这个简单模型的预测相当犀利。某些参数（θ、γ 和 ϕ）影响均衡状态下观察到的政体类型，从而影响政府对财政能力的投资。某些参数（ω、ϕ 和间接的 R）只能在共同利益政体和再分配政体中对投资产生局部影响。其他参数（γ 和 θ）只能在再分配政体下产生局部效应。另外，没有哪个参数可以对弱政体的投资水平产生局部效应。

三种政体的福利经济学意味着什么呢？我们已经观察到只有共同利益

政体才能复制庇古计划者的结果，此时结果总是有帕累托效率的。再分配政体的失败主要在于某个集团受到偏爱，其在位期间会把政体作为抽取工具，但分配仍然是帕累托最优的。

弱政体更有意思，因为其存在一种帕累托改进的政策兼投资向量。如果确信新增的公共收入能公平分享，那么在位者集团乐于投资财政能力。根据贝斯利和科特（Besley and Coate，1998）的观点，这种均衡造成政治失败。用阿西莫格鲁（Acemoglu，2003）的语言来说，弱政体是政治科斯定理失败的例子。[①] 为了两个集团都得到改善，其可能会被要求使对方相信，无论谁掌权都不会将政体作为不公平再分配的工具。但它们做不出任何超过参数 θ 中所体现的制度化承诺。这就是为什么我们看不到通过政治改革来实现这一点。第 7 章会继续讨论这个问题。

2.2　扩展模型

上一节的核心模型的确简单。进一步来讲，由于我们做了许多简化，所以可以非常直接地分析模型含义。但这些简化是有成本的，它们抽象掉了很多可以实际影响政体投资的现实世界特征。用各种方式扩展模型来增强模型的现实相关性非常容易。本节将讨论一些扩展情形。

2.2.1　财政能力的微观基础

前文初步给出了财政能力如何决定的基本简化式模型。为进一步深入探讨，假设存在额外的外部选择，可以在非正规部门工作，工资为 ω。用 d_s 代表未缴付税款的期望惩罚。如果代理人理性计算缴税还是逃税，

---

① 这个想法可以追溯到科斯（Coase，1960）通过谈判来得到公共品供给有效解的开创性论文。

最大执行税率变为:

$$\tau_S = \frac{\omega + d_S - \underline{\omega}}{\omega}$$

此时的财政能力投资是增加政府税务部门管理能力的投资,遵从结构以及征收所得税(或增值税)的基础设施,表现为 d_S 的增加。与阿林哈姆和桑德莫(Allingham and Sandmo,1972)的税收执法经典模型一样,财政能力成本只反映了罚款和检查的投资。$F(\cdot)$ 由与 d_S 相关的执行成本决定。

执行成本可能也受到经济结构特征的影响。例如,克莱文、克雷纳和塞斯(Kleven, Kreiner and Saez,2009)认为,正式雇用会导致雇主和雇员向税务部门交叉报告的可能性,这降低了税务遵从成本并减少了税务部门直接监管的需求。通过交叉报告降低税收成本所引起的生产结构变化,可能符合 $F(\cdot)$ 函数的特征。

不完全税收遵从 核心模型假定税收遵从是完全和普遍的,但遵从可能会存在异质性。引入这个现实特征的一个简单方法是,根据逃税的偏好或机会,让惩罚的影响随人群而变化。假设不遵从的成本是 $q(d_S, \varkappa)$,其中 $\varkappa$ 在人口中均匀分布且标准化,因而 $q_\varkappa > 0$ 服从 $\varkappa \in [0, 1]$,更高的 $\varkappa$ 意味着逃税成本更高或不太可取。例如,可以有 $q(d_S, \varkappa) = \varkappa d_S$,其中 $\varkappa$ 代表逃税时被查到、必须受到 d_S 惩罚的概率。$q(d_S, \varkappa)$ 也可以表示逃税被抓到后的污名或羞辱,更高的 $\varkappa$ 代表更严重的污名或羞辱。

对于固定的 d_S,如果满足

$$\frac{\omega + q(d_S, \varkappa) - \underline{\omega}}{\omega} \geq t_S$$

则 $\varkappa$ 类型居民将遵从 t_S 的所得税，缴税居民的比例为 $[\,1 - \widehat{\varkappa}(t_S,\,d_S)\,]$。假设存在一个内解，就有：

$$\frac{\omega + q[\,d_S,\,\widehat{\varkappa}(t_S,d_S)\,]\ \underline{\underline{-\,\omega}}}{\omega} = t_S$$

如果 d_S 足够高，仍然会有完全遵从。很明显，$\widehat{\varkappa}(t_S,\,d_S)$ 随 t_S 的增加而增加，随 d_S 的增加而减少，即当税率较高时税收较少，当惩罚或检查力度较大时纳税较多。具体来说，税率 t_S 的税收收入为：

$$[\,1 - \widehat{\varkappa}(t_S,d_S)\,]\,t_S\omega$$

我们现在可以将财政能力表达为：

$$\tau_S = \widehat{\tau}(d_S) = \max_t\{[\,1 - \widehat{\varkappa}(t_S,d_S)\,]\,t_S\omega\}$$

通过提高遵从水平，在给定的税率 t_S 下增加 d_S 的投资将增加税收收入。

税收道德　如果考虑社会规范对税收遵从水平的影响，模型会更有意思。假设欺骗成本为 $q(d_S,\,\varkappa,\,\widehat{\varkappa})$，除了作为个体自身遵从成本的函数，成本还取决于选择遵从居民的均衡比率 $\widehat{\varkappa}$。合理解释是，作为污名或羞辱模型，实施欺骗行为感受到的污名或羞辱取决于有多少他人选择遵从。如果 $q_{\widehat{\varkappa}} < 0$，更高欺骗比例降低了税收欺骗的成本，就有可能出现多重遵从均衡。这说明了税收文化对遵从水平的影响。有强遵从文化的国家与规范不被接受的国家相比，实现相同财政能力水平的成本更低。已经讨论过这个问题的经济学家和政治科学家包括利维（Levi，1998）、托尔格勒（Torgler，2007）和罗思坦（Rothstein，2000）。

哪些因素进入 $q(\cdot)$ 并作为函数的组成部分，多少是有些开放的。例如，可以假定税收欺骗意愿取决于纳税人对资金分配公平程度的感受。再如，可以假定税收欺骗意愿负向取决于公共品供给的期望水平 g_s。此时，税收欺骗意愿将间接取决于 θ。也就是说，其他条件不变，拥有更加凝聚性政治制度的国家可能会获得更高的均衡税收遵从水平。这将在更高 θ 和财政能力投资成本之间创建互补性，也暗示在用公共品换取居民税收遵从的视角下，税收遵从可以作为居民和政府之间的某种形式契约。

目前的讨论是推测性和粗略的。但是税收道德问题相当重要，有可能对许多欧洲国家的高税收水平有很强解释力。税收道德的概念也进入了政权合法性辩论的核心，这是本书还没有深入触及的概念。遵从规范、政权合法性、财政能力和制度之间的相互作用，构成了未来研究中有趣而重要的主题。

2.2.2 公共品更一般的模型

通过假定公共品线性偏好和公共品价值服从随机两点分布，我们推导出了财政能力投资问题。本小节通过放宽这个假定来探讨一些含义。

拟线性 为了解线性假设的含义，假设偏好为拟线性，符合以下条件：

$$u_S^J = c_S^J + \alpha V(g_S)$$

其中 $V(\cdot)$ 是凹函数，α 是当期已知的不变参数。这个公式抓住了公共品边际效用递减的自然特征。如我们对方程（2.5）讨论的那样，现在公共品供给水平有一个可能的内解。如果随着 $g \rightarrow 0$，有 $V_g \rightarrow \infty$，那么将总是存在内解。这给政府通过分配资源来实现转移性支出和公共品支出的混合增加了现实性。

这种情况下的关键特征是，公共资金的边际价值变为：

$$\lambda_S = \max_t \{ \alpha V_g [G(\alpha, \tau_S)], 2(1 - \theta) \}$$

新欧拉方程　这种公共品需求函数并没有改变模型的基本含义，但财政能力和司法能力投资的欧拉方程需要修改。现在公共资金的边际价值期望为：

$$E(\lambda_2) = \gamma \lambda_2 + (1 - \gamma) \lambda_2^L$$

其中：

$$\lambda_2^L = \begin{cases} \alpha V_g [G(\alpha, \tau_S)] & \text{若 } \alpha V_g [G(\alpha, \tau_S)] \geqslant 2(1 - \theta) \\ 2\theta & \text{其他} \end{cases}$$

再一次强调，若 $E(\lambda_2) \geqslant 1$，则存在对财政能力投资为正的需求。现在定义 τ_2^* 是庇古计划者选择的财政能力水平，服从：

$$\omega [\alpha V_g (R + \tau_2^* \omega) - 1] = F[\tau_2^* - (1 - \delta) \tau_1] \tag{2.11}$$

假设 $\tau_2^* > (1 - \delta) \tau_1$，即起点上的政体小于理想状态。它使得共同利益政体中公共品的边际价值等同于投资的边际成本。

不同类型政体　凝聚性条件现在修改为：

凝聚性：

$$\alpha V_g (R + \tau_2^* \omega) \geqslant 2(1 - \theta)$$

同样，θ 足够接近 1/2 可以保证上式成立。如果条件满足，庇古计划者选择的财政能力水平可持续，因为所有支出都将用于公共品。稳定性条件修改为：

稳定性：

$$2\left[\,(1-\gamma)\,(1-\theta)+\gamma\theta\,\right]\geqslant 1$$

如果 θ 和 γ 接近零，结果必然成立。

与核心模型一样，共同利益政体只将支出用于公共品。财政能力投资存在成本，意味着共同利益政体中的最优政府规模，总是小于林达尔-萨缪尔森规则下的规模，此时将满足 $\alpha V_g(g)-1=0$。这是因为在决定政府最优规模时，必须把政体建构成本考虑在内，但标准的公共财政模型通常不考虑这类建构成本。

再分配政体将全部支出用于公共品和转移性支出的混合，对公共品支出更少。弱政体的逻辑是一样的：在财政能力可以被用作给另一个集团的转移性支出时，不值得建构财政能力。

自然资源　关于自然资源强度对财政能力投资的影响，这一版本的模型得出了更犀利的预测。求导式（2.11）我们观察到：

$$\frac{\partial \tau_2^*}{\partial R}=\frac{\alpha V_{gg}(R+\tau_2^*\omega)}{\dfrac{F_{\tau\tau}\left[\tau_2^*-(1-\delta)\,\tau_1\right]}{\omega}-\alpha\omega V_{gg}(R+\tau_2^*\omega)}<0$$

即自然资源更多时，庇古政府对财政能力的需求更低。

如果以下条件满足，该模型包含了极端租金政体的可能性：

$$\alpha V_g(R)<2(1-\theta)$$

此时在给定的制度质量下，国家有太多的自然资源，在位者集团可以按照偏好在公共品上尽可能多地支出。就像再分配政体一样，如果此种政体进一步建构财政能力，结果只能是提高再分配能力。

这个讨论说明了自然资源如何同时产生局部和全局比较静态，影响政体类型和特定类型政体下的财政能力水平（当政体为共同利益政体时）。全局效应是负还是正，取决于稳定性条件是否满足。

公共品价值的连续分布 现在扩展核心模型以包括公共品价值的连续变化，但采用线性需求。不再用 α_S 的两点分布，现在假设连续分布 $\alpha_S \in [1, \alpha_H]$，在 $\alpha_H > 2$ 时分布函数为 $H(\alpha)$。[1] 此时存在一个 α 的临界值等于 $2(1-\theta)$，高于临界值时所有公共支出都用于公共品。

现在修改式（2.9）为：

$$E(\lambda_2) = \{1 - H[2(1-\theta)]\} E\{\alpha:\alpha \geq 2(1-\theta)\} + H[2(1-\theta)] 2[(1-\theta)(1-\gamma) + \gamma\theta]$$

公共品需求现在变为 α 分布的一阶随机控制变化项。这种转变将增加财政能力需求，代表共同利益的增加。

如果 $E(\lambda_2) < 1$，弱政体仍会存在离散选择。分析的主要变化是，共同利益政体的概念变得模糊不清，所有 $\theta < 1/2$ 的经济体都存在公共品供给不足问题，因为在 $\alpha_S \in [1, 2(1-\theta)]$ 区间公共品的最优政治选择低于庇古最优水平。虽然可以将共同利益政体严格定义为 $\theta = 1/2$，但这样未免太过死板。应该按照建构财政能力所需的更强或更弱的共同利益动机或再分配动机来划分，这样就可以按照 θ 和 γ 值进一步远离或靠近共同利益政体。只要 $\theta < 1/2$，γ 的增加就会减少财政能力投资。

2.2.3 极化或异质性

到目前为止，我们都假设两个集团对公共品有相同估值方式。然而，事实并非总如此。阿莱西纳、巴基尔和伊斯特利（Alesina，Baqir and

---

Easterly，1999）就有力地论证了这一点。

在偏好中引入极化 分析集团特定价值提供了考察两个集团之间极化或异质性效应的简单方法。为了探讨这一点，现在假设两个集团的公共品需求不完全相关。这可能与社会的横向分裂，如民族、语言或宗教等因素有关。[①] 为使事情更加清晰，假定在位者集团和反对者集团有不同估值，但来自相同的两点分布 $\{\alpha_H,\ \alpha_L\}$。因此，用 $\{\alpha_S^I,\ \alpha_S^O\}$ 代表集团 I 和 O 在 S 期公共品的实现值，并用参数 $(1 - \iota) = \mathrm{Prob}\{\alpha_S^O = z \mid \alpha_S^I = z\} \leqslant 1$ 来衡量不同估值之间的相关性。可以用更高的 ι 值来表示更严重的极化，因为这意味着利益不可调和，还可以通过假定 $\iota = 0$ 来一般化我们的基准模型。

在本部分和接下来的讨论中，我们交替使用极化和异质性的概念。这在两集团模型中是可行的，但在多集团情景中二者存在概念性差别。[②] 在随后的实证分析中将异质性作为一个碎片化的特别指标，我们认为这是描述偏好多样性的合理方式。

修正公共资金的边际成本 通过轻微修改，S 期公共资金的边际成本实现值现在变为 $\lambda_S = \max\{\alpha_S^I,\ 2(1 - \theta)\}$，即取决于在位者集团的公共品估值。为理解其对投资财政能力的含义，我们必须确定第一期在位者集团的公共资金期望值 $E(\lambda_2)$，因为其在方程（2.8）中影响投资财政能力的动机。无论是谁在第二期执政，我们现在都用 ϕ 来指代第二期公共品高价值的概率。然后 $E(\lambda_2)$ 的表达式变成：

---

① 可以通过允许在位者集团选择公共品混合来分析微观基础。

② 参见艾斯特班和雷（Esteban and Ray，1994）关于如何测量极化的讨论。

$$E(\lambda_2) = \phi[\alpha_H(1 - \gamma\iota) + \alpha_L\gamma\iota] + (1 - \phi)\lambda_2^L \tag{2.12}$$

其中 λ_2^L 现在定义为：

$$\lambda_2^L = \begin{cases} [\alpha_L(1 - \gamma\iota) + \alpha_H\gamma\iota] & 若\alpha_L \geq 2(1 - \theta) \\ 2[(1 - \theta)(1 - \gamma) + \gamma\theta] & 其他 \end{cases}$$

决策权属于在位者集团。即使在位者集团选择提供公共品，其保持政治控制的概率也会对公共资金的期望值产生影响。因为当前在位者集团对公共品估值很高时，反对者集团的估值常常很低。

凝聚性和极化或异质性

当凝聚性条件满足时，就有 $E(\lambda_2) = \phi\alpha_H + (1 - \phi)\alpha_L$，所以 λ_2 的无条件期望与极化无关。然而，当凝聚性条件失效时，我们有：

$$E(\lambda_2) = \phi[\alpha_H - \gamma\iota(\alpha_H - \alpha_L)] + (1 - \phi)2[(1 - \theta)(1 - \gamma) + \gamma\theta]$$

如果定义 $\tilde{\alpha}_H = [\alpha_H - \gamma\iota(\alpha_H - \alpha_L)]$ 为高价值状态的"公共品有效价值"，我们看到更严重的极化会有效降低 $\tilde{\alpha}_H$，从而弱化共同利益。因此，

$$\frac{\mathrm{d}E(\lambda_2)}{\mathrm{d}t} = -\gamma(\alpha_H - \alpha_L) < 0$$

即更严重的极化降低了未来公共收入的期望值，在政治不稳定性很强时效应更显著。将此结果用于在位者集团的投资问题，得出如下新结果。

命题 2.5：如果凝聚性条件失效，更强的极化或异质性（用 ι 值增加来衡量）会降低再分配政体的财政能力投资，提高经济处于弱政体的可能性。政治不稳定性越强（γ 值越高），效应越大。

到此，模型预测非凝聚性政体中极化或异质性有降低财政能力投资的

作用。

这个结果与阿莱西纳、巴基尔和伊斯特利（Alesina，Baqir and Easterly，1999）的研究结果一致，他们讨论了民族分裂如何弱化公共品供给动机。这种效应在我们的公共品线性需求框架中并没有出现（尽管修改模型来涵盖此特性很容易）。相反，在再分配政体中，模型预测了更弱的财政能力投资动机。此时我们预期公共品支出水平与极化负相关。该模型还预测民族（或宗教或语言）分裂会提高终结于弱政体、不进行任何投资来提高财政能力的可能性。政治不稳定性越强，效应越大，因为集团间的公共品偏好相关性越弱，在位者集团越害怕权力转移。[①] 此时局部和全局比较静态导向相同方向。在探索数据中的偏相关性时，我们会回到2.3 节中命题 2.5 的预测。

2.2.4 收入不平等

核心模型中的对称性假设虽然便于分析，但并不实际。本小节考虑非对称收入水平，接着考虑非对称集团规模。

如伊斯特班和雷（Esteban and Ray，1994）有力论证的那样，收入不平等是社会极化的自然来源之一。阿莱西纳和佩罗蒂（Alesina and Perotti，1996）的实证分析表明，收入不平等可能也与政治不稳定性密切相关。这里不深究这些研究机制，但它们非常有趣。

收入结构和税收　在标准模型中，收入不平等是决定所得税的重要因素。贝斯利和佩尔森（Besley and Persson，2009b）提出了包含收入不平等的简单国家能力投资模型。卡德纳斯（Cardenas，2010）、卡德纳斯和

[①] 这个结果与阿莱西纳和塔贝里尼（Alesina and Tabellini，1990）的结论有关，即发行债务的动机随着政治极化的加强而加强。

图兹门（Cardenas and Tuzemen，2010）扩展了该框架并强调收入不平等的作用。

为了探讨这个问题，我们应考虑在位者集团和反对者集团间的工资差异 ω^J，$J \in \{I, O\}$。为简单起见，假设存在两个工资水平：$\omega^J \in \{\omega^L, \omega^H\}$。现在用 ω 表示平均工资，$\omega = (\omega^L + \omega^H)/2$。转移出任何剩余公共收入（不用于公共品支出或建构财政能力的收入）都像核心模型中一样受到政治制度约束。

加入转移性水平后，J 集团的效用函数是：

$$\alpha_S g_S + (1 - t_S) \, \omega^J + \beta^J [R - t_S \omega - g_S - m_S]$$

其中：

$$\beta^I = 2(1 - \theta) \, , \beta^O = 2\theta$$

财政能力现在只有在 $\lambda_S \geq \dfrac{\omega^I}{\omega}$ 时才能得到充分利用，即公共资金的边际价值大于在位者集团收入除以平均收入的比率。这与梅尔策和理查兹（Meltzer and Richards，1981）的逻辑相同。如果 S 期在位者集团比平均水平还穷，上述条件绝对成立，和基准情况中一样，有 $t_S = \tau_S$。

当在位者集团比平均水平更富有时，需要考虑以下三种情况。

（1）高度不平等：富有的在位者集团将不会选择征收任何所得税用于转移性支出或公共品融资，即 $t_S = 0$。这发生在公共品价值与税收成本相比过低时，即：

$$\alpha_H < \frac{\omega^H}{\omega}$$

此时，$G(\alpha_H) = G(\alpha_L) = 0$，其中 $G(\alpha_S)$ 是 S 期估值函数的公共品政治最优供给。

（2）中度不平等：只有当 $\alpha_H = \alpha_L$ 时，富有的在位者集团（ $t_S = \tau_S$ ）才会征收所得税。此时，

$$\alpha_H \geq \frac{\omega^H}{\omega} > \max\{2(1-\theta), \alpha_L\}$$

我们有 $G(\alpha_H) = \tau_S \omega - m_S$ 和 $G(\alpha_L) = 0$。

（3）低度不平等：在位者集团总是最大限度地利用财政能力，$t_S = \tau_S$ 。以下这一点需要满足：

$$\max\{2(1-\theta), \alpha_L\} \geq \frac{\omega^H}{\omega}$$

此时，$G(\alpha_H) = \tau_S \omega - m_S$，若 $\alpha_L < 2(1-\theta)$，则 $G(\alpha_L) = 0$。若 $\alpha_L \geq 2(1-\theta)$，则 $G(\alpha_L) = \tau_S \omega - m_S$。这与核心模型实质相同。

我们用两个函数项——所得税税率 $T(\omega^I, \alpha_s)$ 和公共品 $G(\alpha_s)$，对三种情况的税收选择进行总结。

修正财政能力投资 现在考虑收入不平等对财政能力投资的含义。利用上一节中的分析，我们发现 S 期 $J \in \{I, O\}$ 集团的"间接"支付函数变为：

$$W(\alpha_S, \tau_S, m_S, \omega^J, \beta^J) = \alpha_S G(\alpha_S) + [1 - T(\omega^I, \alpha_S) \omega^J]$$
$$+ \beta^J [T(\omega^I, \alpha_S) \omega - G(\alpha_S) - m_S]$$

现在可以定义这些情形下的值函数，取决于 ω^J。表示为

$$U^I(\tau_2, \omega^I) = [\phi W(\alpha_H, \tau_2, 0, \omega^I, \beta^I) + (1-\phi) W(\alpha_L, \tau_2, 0, \omega^I, \beta^I)]$$

和

$$U^O(\tau_2, \omega^O) = [\phi W(\alpha_H, \tau_2, 0, \omega^O, \beta^O) + (1-\phi) W(\alpha_L, \tau_2, 0, \omega^O, \beta^O)]$$

在位者集团第一期的两期效用期望为：

$$W\{\alpha_1, \tau_1, F[\tau_2 - (1 - \delta) \tau_1], \omega^I, 2(1 - \theta)\}$$
$$+ (1 - \gamma) U^I(\tau_2, \omega^I) + \gamma U^0(\tau_2, \omega^I) \tag{2.13}$$

与核心模型类似，财政能力的最优水平通过选择 τ_2 来最大化上述式子来得到。由于我们对均衡如何取决于 ω^I 感兴趣，用 $\tilde{\tau}_2(\omega^I)$ 表示该解。

在进行详细分析之前，我们对结果做一个概览。如果在位者集团贫穷（$\omega^I = \omega_L$），其倾向于增加财政能力投资（与不包含任何不平等的模型相比）。直觉上，贫穷的在位者集团会比一般居民支付更小比例的财政能力成本。同样的道理，富有的在位者集团不太热衷财政能力。这会导致更高还是更低的财政能力取决于经济和政治权力的联合分布，即在位者集团更有可能富有还是贫穷。

修正欧拉方程 为了证明这一点，通过选择 τ_2 最大化式（2.13），我们得到如下的欧拉方程修正版本：

$$\omega \left[E(\lambda_2; \omega^I) - \frac{\omega^I}{\omega} \right] \leq \lambda_1(\omega^I) F[\tau_2 - (1 - \delta) \tau_1]$$
$$\text{c. s.} \qquad \tau_2 - (1 - \delta) \tau_1 \geq 0 \tag{2.14}$$

其中，$\lambda_1(\omega^I) = \max \{\alpha_1, 2(1 - \theta), \omega^I/\omega\}$。如前所述，$E(\lambda_2, \omega^I)$ 表示第二期公共收入的期望值。这取决于在位者集团的收入水平，我们现在正式探讨这种依存关系。与财政能力投资有关的是 $E(\lambda_2, \omega^I)$ 与在位者集团收入份额 ω^I/ω 之比，这代表了提高所得税税率的成本收益率，即所谓公共支出的税收价格。

低度不平等 在低度不平等情形下，对于 $\omega^I \in \{\omega_L, \omega_H\}$，有：

$$E(\lambda_2, \omega^I) = \phi \alpha_H + (1 - \phi) \lambda_2^L \qquad (2.15)$$

其中 λ_2^L 定义如式（2.10）。现在有 $\tilde{\tau}_2(\omega^L) > \tilde{\tau}_2(\omega^H)$，即当财政能力投资为正时，贫穷的在位者集团会对财政能力投资更多。此时，不平等仅仅通过对增加税收的成本-收益效应发挥作用。我们称之为不平等的税收价格效应。在任何情况下，财政能力都会被充分利用。

中度不平等 在中度不平等情形下，有

$$E(\lambda_2, \omega^H) = \begin{cases} \phi \alpha_H + (1 - \phi) \gamma \alpha_L & \text{若} \alpha_L \geq 2(1 - \theta) \\ \phi \alpha_H + (1 - \phi) \gamma 2\theta & \text{其他} \end{cases}$$

和

$$E(\lambda_2, \omega^L) = \phi \alpha_H + (1 - \phi)(1 - \gamma) \max\{\alpha_L, 2(1 - \theta)\}$$

无论是对富有还是贫穷的在位者集团，财政能力的边际价值都有所减少，因为在 $\alpha_2 = \alpha_L$ 时，富有的在位者集团不会使用财政能力。这构成富有在位者集团投资财政能力的另一个阻碍。当 $\alpha_1 = \alpha_L$ 时，$\lambda_1 = \omega^H / \omega = \max\{\alpha_L, 2(1 - \theta)\}$ 是第一期公共品价值的实现值。但是由于高度不平等比低度不平等有更大的税收价格效应，因此会推动穷人决策。

高度不平等 最后，在高度不平等情形下，有

$$E(\lambda_2, \omega^H) = \begin{cases} \gamma[\phi \alpha_H + (1 - \phi) \alpha_L] & \text{若} \alpha_L \geq 2(1 - \theta) \\ \gamma[\phi \alpha_H + (1 - \phi) 2\theta] & \text{其他} \end{cases}$$

和

$$E(\lambda_2, \omega^L) = (1 - \gamma)[\phi \alpha_H + (1 - \phi) \max\{\alpha_L, 2(1 - \theta)\}]$$

进一步来看，一直有 $\lambda_1 = (\omega^H)/\omega > \max\{\alpha_L, 2(1 - \theta)\}$。因为富有

的在位者集团不会使用可用的财政能力，只有在位者集团贫穷时才会使用。同样，这将减弱两个集团的投资努力。然而与中度不平等的情况相同，因为存在更大的税收价格效应，从而有助于推动穷人决策。

小结 总体上，我们并没有找到更高水平的收入不平等对财政能力投资决策的确定性影响。但如果把经济不平等与政治不平等结合起来，情况会更清晰一些。可以考虑的例子是富有的在位者集团期望继续掌权，所以 $\omega^I = \omega^H$ 且 $\gamma = 0$。这里，高度不平等将导致财政弱政体，而在中度不平等下，只有足够强的共同利益才能带来弥补（高 θ 值）。因此，政治稳定将导致再分配政体的出现，这是观察核心模型得出的一个重要启示。只有在不平等程度不够高，或者在位者集团并不富裕，又或者共同利益足够强的情况下，这种逻辑才能恢复。

卡德纳斯和图兹门（Cardenas and Tuzemen，2010）使用了类似模型，并允许两个集团（精英和平民）之间存在收入不平等。当（更富的）精英掌权并存在政治不稳定性时，收入和政治不平等将导致更低的国家能力投资。相反，如果由（更穷的）平民统治，则政治和收入的高度不平等将导致更高的国家能力投资。

因为 $\alpha_L \geq 2(1 - \theta)$ 不足以保证共同利益政体出现，凝聚性政治制度的价值也会被高度不平等所削弱。事实上，即使 $\theta \to 1/2$ 且富人掌权，其也不会有任何动机去投资财政能力。在通过所得税融资的情况下，公共支出的税收价格对富人来说过高，投资财政能力并不值得。

本小节的要旨是，我们有理由去想象收入不平等对财政能力发展具有重要作用。尽管那些效应并不完全直接，我们考虑更多的是，低度不平等更有可能推动大规模的财政能力投资。鉴于高度收入不平等尤其限制了富有在位者集团的投资动机，如果经济力量和政治力量相继而生，这一结论将得到强化。[①] 卡德纳斯（Cardenas，2010）使用100多个样本国家的横截面数据实证分析了这个问题，发现政治和（特别是）经济不平等看起来与国家能力投资的低动机相关。他用收入不平等解释了拉丁美洲总体上不发达的财政能力。

2.2.5 集团规模差异

考虑基本框架中不包含的另一种不对称性，此时两个集团在规模上存在差异。在我们的结构中，主要考虑在位者集团占人口的比重。因此，用 ρ^J，$J \in \{I, O\}$ 来代表每个集团的人口比重。

这种不对称类型对模型的主要影响通过分配转移性支出的动机来实现。S 期的政府预算约束为：

$$R + t_s\omega = g_s + m_s + \rho^I r_s^I + (1 - \rho^I) r_s^O$$

给定制度约束，即 $r_s^O \geqslant \sigma r_s^I$，现在有：

$$r_s^I = \frac{1}{\rho^I + (1 - \rho^I)\sigma}(R + t_s\omega - g_s - m_s)$$
$$\equiv 2(1 - \theta^I)(R + t_s\omega - g_s - m_s)$$

满足：

$$\theta^I \in \left[\frac{\rho^I - \frac{1}{2}}{\rho^I}, \frac{1}{2}\right]$$

$$r_s^O = 2\theta^O(R + t_s\omega - g_s - m_s)$$

$$\theta^O \equiv \sigma(1 - \theta^I) \in \left[0, \frac{1}{2}\right]$$

---

① 这个讨论中假设富人不能损毁财政能力。但如果可以的话，有时候这样做是最佳的。

盯住 θ 所代表的制度，与核心模型的比较会更清晰。主要区别是现在有反映在位者集团和反对者集团的各自独立参数，将转移性支出份额作为两个集团规模的函数。

政策 如果 $\rho^I < 1/2$，那么在 σ 足够低时，可能有 $\theta^I < 0$，这意味着 $2(1 - \theta^I) > 2$。直觉上，当小集团执政时，转移性支出会更具吸引力。对于给定的 σ，用于转移性支出的每单位税收收入将不成比例地属于在位者集团。另一个极端是 $\rho^I \to 1$，即使 $\sigma = 0$ 也存在一个大集团，使得 $\theta^I = 1/2$。接近全部人口的更大集团，通过转移性支出进行再分配没有吸引力，因为要用自己的口袋为转移性支出买单。

使用 θ^I 的这些新定义，我们发现政治最优政策和国家能力投资的含义会非常直接。政府现在是否选择将支出用于公共品，取决于 $2(1 - \theta^I) \leq \alpha_S$ 是否满足。对于给定的 σ，与核心模型相比，大集团掌权时将支出用于公共品的可能性会更大。相反，其他条件不变，小精英执政不大可能推行共同利益政策。此时，即使 $\alpha_S = \alpha_H$，也完全可能没有公共品支出，当 $\sigma < 1$ 和 ρ^I 足够小时就会出现这种情况。这是使用模型分析一小部分精英"腐败统治"的一种方式。所有支出都以转移性支出形式支付给精英，所以有 $\lambda_1 = 2(1 - \theta^I)$。现在投资存在的唯一可能性是在再分配政体中（至少在第一期如此）。

财政能力投资 财政能力的欧拉方程为：

$$\omega\{2[(1 - \gamma)(1 - \theta^I) + \gamma\theta^O] - 1\} = \omega\left(2(1 - \theta^I)\{[1 - \gamma(1 - \sigma)]\} - 1\right)$$

(2.16)

$$\leq 2(1 - \theta^I)F_\tau[\tau_2 - (1 - \delta)\tau_1]$$
$$\text{c. s.} \quad \tau_2 - (1 - \delta)\tau_1 \geq 0$$

(2.17)

现在投资财政能力的条件是 $2(1-\theta^I)\{[1-\gamma(1-\sigma)]\} > 1/2$。$\rho^I$ 越小，执政精英规模越小，越不利于激发投资动机。

硬币的另一面是掌权的集团越大，投资动机越强。事实上，从小精英集团到大集团的权力转移，可能会导致从再分配政体转变为共同利益政体。这是否会增加财政能力需求并不直接，因为那将取决于 ϕ。但权力转移将导致完全不同的公共支出类型，资源将分配给公共品支出，而不是偏向一小部分精英的转移性支出。

2.2.6 税收扭曲

核心模型假设征收所得税并不会产生动机抑制效应。可以很容易引入可变劳动供给来进行修改。偏好变为：

$$u_S^J = c_S^J + \alpha_S g_S - \frac{\epsilon}{\epsilon+1}(l_S^J)^{\frac{\epsilon+1}{\epsilon}}$$

其中，l_S^J 是 J 集团成员 S 期的劳动供给，ϵ 是劳动供给弹性。这个式子继续忽略劳动供给的收入效应，允许我们分别分析政策和投资决策。

劳动供给与税收收入   与当前偏好相关的劳动供给函数是：

$$l_S^J = [(1-t_S)\omega]^\epsilon$$

劳动供给对净工资的反应，导致高所得税税率带来标准的净损失问题。间接效用函数修改为：

$$\alpha_S g_S + \frac{[\omega(1-t_S)]^{1+\epsilon}}{1+\epsilon} + r_S^J$$

所得税收入为：

$$t_S(1-t_S)^\epsilon \omega^{1+\epsilon}$$

使用这些，将政府预算约束修改为：

$$R + t_s (1 - t_s)^\epsilon \omega^{1+\epsilon} = g_s + m_s + \frac{r_s^I + r_s^O}{2}$$

最优所得税税率 现在确定最优的所得税税率与标准问题的相似性。根据 $r_s^I = 2(1 - \theta) [R + t_s(1 - t_s)^\epsilon \omega^{1+\epsilon} - m_s - g_s]$，选择公共品水平和所得税税率来最大化 $\alpha_s g_s + \frac{[\omega(1 - t_s)]^{1+\epsilon}}{1 + \epsilon} + 2(1 - \theta) [R + t_s(1 - t_s)^\epsilon \omega^{1+\epsilon} - g_s - m_s]$，满足 $t_s \leq \tau_s$。这产生了政治最优所得税税率：

$$t_s^* = \min \left\{ \tau_s, \frac{(\lambda_s - 1)}{[\lambda_s(1 + \epsilon) - 1]} \right\}$$

其中 $\lambda_s = \max \{\alpha_s, 2(1 - \theta)\}$。公共品选择与核心模型完全相同。

所得税随公共收入的影子价格 λ_s 的增加而增加，这取决于边际单位的公共收入是分配给转移性支出还是公共品。有两种情况：一种是 λ_s 足够高，那么所有财政能力都能得到利用，且 $t_s^* = \tau_s$；另一种情况是一个内解 $t_s^* < \tau_s$，其中所得税水平被用来权衡公共支出价值（由 λ_s 代表）和净损失。结果符合标准逆弹性（Ramsey）规则，即更大劳动供给弹性与更低的最优税率相关联。

财政能力利用不足？ 第二种最优税率内解的可能性带来一个问题。给定财政能力建构成本，在某些财政能力未被利用时，政府是否还希望拥有一定水平的财政能力？要了解这一点，必须重新考虑投资决策。首先我们假定：

$$\min \{\alpha_L, 2(1 - \theta)\} \geq \left[1 - \frac{\tau_1(1 - \delta)\epsilon}{1 - \tau_1(1 - \delta)} \right]^{-1}$$

如果初始财政能力水平较低，这个条件必然满足。这意味着如果没有财政能力投资，那么第二期在位者集团将完全利用所有可用财政能力。

现在定义 $T(z)$ 服从

$$\omega^{1+\epsilon}\left[1 - T(z)^{\epsilon}\right]\left\{z\left(1 - \frac{T(z)^{\epsilon}}{1 - T(z)}\right) - 1\right\} \leqslant F_{\tau}\left[T(z) - (1 - \delta)\tau_1\right]\lambda_1$$

$$\text{c. s.} \qquad T(z) - (1 - \delta)\tau_1 \geqslant 0 \qquad\qquad (2.18)$$

当 z 是财政能力期望值时，这是满足财政能力欧拉方程的第二期财政能力值。[①] 很明显，$z \leqslant E(\lambda_2)$，其中 $E(\lambda_2)$ 服从式（3.6）的定义。[②] 存在财政能力投资的充分条件：

$$z \geqslant \frac{1}{\left[1 - \dfrac{\tau_1(1-\delta)\epsilon}{1 - \tau_1(1-\delta)}\right]} \qquad\qquad (2.19)$$

为理解这个条件，如果没有投资，那么第一期后财政能力的剩余数量为 $\tau_1(1-\delta)$。由于式（2.19）的右边比 $z \geqslant 1$ 更加严格，税收带来的净损失使财政能力投资没有吸引力。所以，当我们允许所得税的任何净损失时，第二期公共品的价值必须使边际单位的公共收入价值更高。

如果 $\alpha_2 = \alpha_H$，任何最优投资的财政能力都将得到充分利用。否则，新增财政能力投资的边际价值将为零，即：

$$1 = \alpha_H\left(1 - \frac{\tau_2\epsilon}{1 - \tau_2}\right) > E(\lambda_2)\left(1 - \frac{\tau_2\epsilon}{1 - \tau_2}\right) \geqslant z\left(1 - \frac{\tau_2\epsilon}{1 - \tau_2}\right)$$

因此，式（2.19）不能满足。与忽略投资成本的标准最优所得税模

---

① 正式的方程为：$T(z) = \arg\max_{\tau}\left\{\dfrac{[\omega(1-\tau)]^{1+\epsilon}}{1+\epsilon} + z\left[\tau(1-\tau)^{\epsilon}\omega^{1+\epsilon}\right] - \lambda_1 F\left[\tau - (1-\delta)\tau_1\right]\right\}$。

② $z \leqslant E(\lambda_2)$ 事实上归因于第二期存在未利用的财政能力。

型相比，可以得出一些有趣的结论。我们的模型预测，由于财政能力建构成本不菲，政府有时会受到其所设定的所得税税率的限制。

然而，在其他情况下，第二期在位者集团可能会选择无约束的最优所得税，这意味着财政能力利用不足。当 $\alpha_2 = \alpha_L$，财政能力未得到充分利用时，最优值的充分条件是：

$$\frac{[\min\{\alpha_L, 2(1-\theta)\} - 1]}{[\min\{\alpha_L, 2(1-\theta)\}(1+\epsilon) - 1]} < T(\phi\alpha_H)$$

$\phi\alpha_H$ 足够大时，上述条件将得到满足，即在公共品需求非常强时，在位者集团有足够的愿望去建构财政能力，就如同面对战争的高风险或深度经济危机之时。

总体上，模型预测的财政能力上限由

$$\tau_2 = \frac{[E(\lambda_2) - 1]}{[E(\lambda_2)(1+\epsilon) - 1]}$$

给出。这个水平低于收入最大化所得税税率所对应的财政能力，即拉姆齐税率 $[\tau_2 = 1/(1+\epsilon)]$。

概括一下，这种核心模型扩展并不会引起逻辑上的任何重要变化。但因为考虑净损失，因而允许对政府规模的更多常规限制。特别是，税基对税率的更大弹性将倾向于减少财政能力需求，至少当财政能力通过所得税建构时是如此。

2.2.7　从交易税到所得税

现在讨论其他税基存在的情况。考虑本章导论介绍的原始数据，研究交易税有特别意义。这能让我们能够思考财政能力建构的一个重要问题：在经济发展过程中如何从依赖交易税转向依赖所得税。为简化起

见，我们回到所得税没有产生净损失的简单情形，否则必须用更复杂的
代数来处理。[1]

产品与价格 为探讨这个问题，假设一个与核心模型不同的效用函数，即：

$$u_S^J = \alpha_S \, g_S + x_S^{A,J} + \frac{\varepsilon}{\varepsilon - 1} \, (x_S^{M,J})^{\frac{\varepsilon - 1}{\varepsilon}}$$

其中，$x_S^{K,J}$ 是 S 期对于产品 $K \in \{A, M\}$ 的需求。为说明观点，可以将 A 看作农产品，将 M 看作工业品，都可以进出口。用劳动可以生产 ω 单位的农产品和 $\dfrac{\omega}{\kappa}$ 单位的工业品，其中 $\kappa > 1$。考虑一个工业品进口且政府能够对进口品征税的经济。农产品价格标准化为 1，时不变工业品价格 P 满足 $P < \kappa + \psi$，其中 ψ 代表贸易成本。

假定现在有一种可以通过关税自由提高收入的现成技术。如前所述，财政能力增加了通过所得税提高收入的能力。由于关税 z_S 的存在，工业品的消费价格与世界价格不同，用 $Q_S = P - \psi + z_S$ 表示。参数 ψ 代表贸易成本，可以将其解释为"自然"开放度指标的倒数。

贸易和关税收入 工业品需求由 $x_S^{M,J} = Q_S^{-\varepsilon}$ 给出。按处理劳动供给的方式，忽略商品税收的需求收入效应，来自进口工业品的关税收入为：

$$z_S(P - \psi + z_S)^{-\varepsilon}$$

政府预算约束则修改为：

---

[1] 这部分来自贝斯利和佩尔森的研究（Besley and Persson，2010c），他们考虑了两个税基的净损失。

$$R + t_s\omega + z_s(P - \psi + z_s)^{-\varepsilon} = g_s + m_s + \frac{r_s^I + r_s^O}{2}$$

与核心模型的唯一不同是存在交易税形式的额外收入来源。政府提高关税收入的能力有限，因为如果关税税率过高，工业品国内生产就会变得有吸引力，导致交易税税基崩溃。这种情况会在 $P - \psi + z_s \geqslant \kappa$ 时出现。

假定对于所有的 $z \in [0, \kappa - P + \psi]$，有：

$$-z\varepsilon(P - \psi + z)^{-(1+\varepsilon)} + (P - \psi + z)^{-\varepsilon} > 0$$

这个条件是说，税收收入总是随关税水平的提高而增加，除非达到"窒息价格"（$\kappa - P + \psi$）。因此，关税收入在 $z = \kappa - P + \psi$ 时达到极限。

均衡税收　在位者集团获得的转移性支出现在变成：

$$r_s^I = 2(1 - \theta)\left[R + t_s\omega + z_s(P - \psi + z_s)^{-\varepsilon} - m_s - g_s\right]$$

出于和核心模型相同的原因，设定 $t_s = \tau_s$ 仍然是最优的。用公共品供给和关税税率来最大化

$$\alpha_s g_s + \frac{(P + z)^{1-\varepsilon}}{\varepsilon - 1} + 2(1 - \theta)\left[R + t_s\omega + z_s(P - \psi + z_s)^{-\varepsilon} - m_s - g_s\right]$$

定义 $Z(\lambda)$ 服从

$$\lambda\left[-Z\varepsilon(P - \psi + z)^{-(1+\varepsilon)} + (P - \psi + z)^{-\varepsilon}\right] - (P - \psi + z)^{-\varepsilon} \leqslant 0$$
$$\text{c.s.} \quad Z \geqslant 0$$

可以将最优关税税率表述为：

$$z_s^* = \min\left\{\kappa - P + \psi, Z(\lambda_s)\right\}$$

如前一小节所得税的例子一样，这服从标准的拉姆齐税率逻辑。假定

用关税为转移性支出或公共品融资，只要没有达到上限，最优关税解服从

$$\frac{z_S{}^*}{P + z_S{}^*} = \left(\frac{\lambda_S - 1}{\lambda_S}\right)\frac{1}{\varepsilon}$$

与需求弹性成反比。很明显，当公共资金价值 λ_S 更高时，关税会更高。和前面一样，公共资金的价值在提供公共品时等于 α，在将公共收入用于转移性支出时等于 $2(1 - \theta)$。

交易税和所得税比重　为衡量两种税收占总税收中的比重，定义

$$\eta_S = \frac{z_S{}^*(P - \psi + z_S{}^*)^{-\varepsilon}}{R + z_S{}^*(P - \psi + z_S{}^*)^{-\varepsilon} + \tau_S\omega} \tag{2.20}$$

为关税收入占总税收的比重。很明显，它随 τ_S 的增加而减少。

在这个简单模型中，最优财政能力投资 τ_S 的条件与核心模型完全相同。因此，我们直接照搬三种类型政体的投资水平预测结论，分析关税收入占总税收的比重。模型预测财政能力增加可提高总收入、降低关税收入比重。这个预测与图 2.3 中列举的原始数据类型一致。直觉上，这是因为我们假定财政能力积累只会增加征收所得税的能力。

值得指出的是，在公共品价值中重新引入曲率会带来什么结果。和 2.2.2 一样，公共品价值为 $\alpha V(g)$，其中 $V(\cdot)$ 为递增的凹函数。公共品需求服从：

$$\alpha V_g(\widehat{g_S}) = 2(1 - \theta)$$

假设存在内解。如果财政能力足够高，公共品需求将达到 $\widehat{g_S}$，否则所有税收都将被用于公共品支出。因此，公共资金的边际价值是：

$$\lambda_S = \max\{\alpha V_g[R + \tau_S\omega + z_S(P - \psi + z_S)^{-\varepsilon} - m_S], 2(1 - \theta)\}$$

此时，由于财政能力 τ_S 积累和经济受约束，最优关税税率会下降，因为这与 λ_S 正相关。关税在 $Z[2(1-\theta)]$ 时达到最小值。当政治制度完全凝聚（ $\theta \to 1/2$ ）时，关税趋于 0。这是因为共同利益政体没有再分配的理由去征收关税。关税税率下降的预测，强化了从关税收入向所得税收入的转变，之前仅通过式（2.20）分母中 τ_S 的增加就看到了这一点。如果在位者集团从自然资源或援助 R 中获得了更多收入，则从关税向所得税的转变将会减弱。

2.2.8　无限期界模型

因为只研究两期结构，我们的动态分析可能会受到质疑。因此，我们现在探讨把模型扩展到无限期界情景。[①] 为方便处理，我们在其他方面进行简化，假定具有公共品非随机拟线性偏好，为常数 α 乘以 $V(g_S)$；财政能力的线性投资技术为 $F_\tau = f$；同时忽略非税收入，所以 $R = 0$。

期限结构　现在时间是无限的，由时期 $S = \{1, 2, \cdots\}$ 表示。与两期模型一样，在位何给定时期 S 里，在位者集团表示为 $I_S \in \{A, B\}$ ，反对者集团表示为 $O_S \in \{A, B\}$ 。在每一期开始，权力和平转移的外生概率为 γ ，此时 $I_S \neq I_{S-1}$ 。在概率（ $1-\gamma$ ）下，在位者集团继续掌权，此时 $I_S = I_{S-1}$ 。转移概率服从跨期独立同分布。

财政能力　收入随时间恒定并由 ω 给出。在位者集团进入 S 期有累积的财政能力存量 τ_S ，这限制了当前的所得税税率选择 $t_S \leqslant \tau_S$ 。我们设置上限 $\bar{\tau} < 1$ ，可以解释为技术可行的最高税率，与制度可行的最高税率

τ_S 相对。财政能力每期以 δ 的速度折旧，财政能力投资的单位成本固定为 f。现在假设财政能力可以被取消和"消费"，即财政能力投资可以是负值。我们假设 $\omega > 2\delta f$，相对于现有的人均禀赋来说，只要维持当前财政能力存量的成本足够低，这一假设就可以满足。

政策和间接效用 期内约束转移性支出的政治制度，与核心模型完全相同。每期的政府预算约束是：

$$t_S\omega \geq g_S + f[\tau_{S+1} - (1-\delta)\tau_S] + \frac{r_S^I + r_S^O}{2} \tag{2.21}$$

归属每个集团的转移性支出为：

$$r_S^J = \beta^J\{t_S\omega - g_S - f[\tau_{S+1} - (1-\delta)\tau_S]\}$$

与上文相同，其中 $\beta^I = 2(1-\theta)$ 且 $\beta^O = 2\theta$。与核心模型相同，充分利用所有财政能力对在位者集团来说总是最优的，因此设定 $t_S = \tau_S$。

给定继承来的财政能力水平 τ_S，J 集团 S 期的间接效用现在为：

$$W(\tau_S, g_S, \tau_{S+1}, \beta^J) = \alpha V(g_S) + \beta^J\{\tau_S\omega - g_S - f[\tau_{S+1} - (1-\delta)\tau_S]\} + (1-\tau_S)\omega \tag{2.22}$$

决策问题 现在研究在位者集团的马尔可夫最优化问题，其中 τ 是单一状态变量（取决于掌权集团）。使用一个特定的均衡概念，随后详细表述。[①]

在位者的值函数 $U^I(\tau)$ 可以被递归性定义为：

$$U^I(\tau) = \max_{\tau', g}\{W[\tau, g, \tau', 2(1-\theta)] + (1-\gamma)U^I(\tau') + \gamma U^O(\tau')\} \tag{2.23}$$

服从

---

① 未来的一个有趣延伸是考虑子博弈完美均衡和历史依存策略的作用。

$$\omega\tau \geq g + f[\tau' - (1 - \delta)\tau] \qquad (2.24)$$

和

$$\tau' \leq \bar{\tau} \qquad (2.25)$$

从现在开始我们省略时间下标，用 τ' 表示下一期保留的国家能力。

用政策函数 $T(\tau)$ 和 $G(\tau)$ 求解在位者集团问题，也可以递归性定义反对者集团的值函数：

$$U^o(\tau) = W[\tau, G(\tau), T(\tau), 2\theta] + \gamma U^I[T(\tau)] + (1 - \gamma) U^o T(\tau) \quad (2.26)$$

这个表达式表明政策由 $T(\tau)$ 和 $G(\tau)$ 控制，在概率 γ 下反对者集团成为下届政府，实现政治权力更替。

均衡定义 按照贝斯利、伊泽茨基和佩尔森（Besley, Ilzetzki and Persson, 2010）的研究，我们寻找一个连续对称的马尔可夫完美均衡（CSMPE）。均衡理念正式表述如下。

定义：动态国家能力博弈的连续对称马尔可夫完美均衡，是满足下列条件的一组函数 $U^I(\tau)$, $U^o(\tau)$, $G(\tau)$ 和 $T(\tau)$：

（1）$U^I(\tau)$ 满足式（2.23）至式（2.25）；

（2）$G(\tau)$ 和 $T(\tau)$ 是最大化问题式（2.23）到式（2.25）中 G 和 τ' 的解；

（3）$U^o(\tau)$ 由式（2.26）给出；

（4）函数 $U^I(\tau)$、$U^o(\tau)$、$G(\tau)$ 和 $T(\bar{\tau})$ 对所有的 τ 连续。

模型现在是一个完全动态博弈，我们通过描述这些函数来求解。

广义欧拉方程　为了研究这种均衡，观察式（2.23）至式（2.25）中定义在位者集团问题的 g 和 τ' 的一阶条件满足

$$\alpha V_g(g) = \lambda + 2(1 - \theta) \tag{2.27}$$

和

$$c\alpha V_g(g) \leqslant (1 - \gamma) U_\tau^l(\tau') + \gamma U_\tau^0(\tau') \tag{2.28}$$

其中 λ 是式（2.24）的拉格朗日乘子。只要式（2.25）不起作用，式（2.28）就满足等式。

注意，只要公共品为 $\hat{g}$，就有 $\lambda = 0$，服从

$$\alpha V_g(\hat{g}) = 2(1 - \theta) \tag{2.29}$$

基本上是式（2.5）的内解。

存在一个临界点 $\tau = \hat{\tau}$，此时政府支出恰好是 $\hat{g}$，如式（2.29）定义。在 $\hat{\tau}$ 以上，在位者集团将按照最优化原则将资金用于转移性支出。

国家能力按照广义欧拉方程演化，此时是一个在 $\tau = \hat{\tau}$ 处不连续的非线性二阶微分方程。我们把方程分解成两种情形，第一种是当 $\tau' \geqslant \hat{\tau}$ 时，第二种是当 $\tau' < \hat{\tau}$ 时。当 $\tau' \geqslant \hat{\tau}$ 时，有：

$$\begin{aligned}
f\alpha V_g(g) =\ & 2(1 - \theta)(1 - \gamma)[\omega + f(1 - \delta)] - \omega \\
& + 2\gamma\theta[\omega + f(1 - \delta) - f T_\tau(\tau')] \\
& - (1 - \gamma)\{\alpha V_g(g'')[\omega + f(1 - \delta)] - \omega - 2(1 - \theta)f\} T_\tau(\tau') \\
& + \gamma\{\alpha V_g(g'')[\omega + f(1 - \delta)] - \omega - 2\theta c\} T_\tau(\tau')
\end{aligned} \tag{2.30}$$

当 $\tau' < \hat{\tau}$ 时，有：

$$\begin{aligned}
f\alpha V_g(g) =\ & \alpha V_g(g')[\omega + f(1 - \delta)] - \omega \\
& - (1 - \gamma)\{\alpha V_g(g'')[\omega + f(1 - \delta)] - \omega - f\alpha V_g(g')\} T_\tau(\tau') \\
& + \gamma\{\alpha V_g(g'')[\omega + f(1 - \delta)] - \omega - f\alpha V_g(g')\} T_\tau(\tau')
\end{aligned} \tag{2.31}$$

虽然看起来很复杂，但这些方程式都符合直觉。

在两种情形中，式（2.30）和式（2.31）的左手边都代表了累积国家能力的机会成本，右手边给出了国家能力新增部分的边际价值。

庇古基准　有必要简要回顾这个情景中的庇古解，其中 $\theta = 1/2$ 且 $\gamma = 0$。问题归结为一个比较标准的动态规划问题，其值函数写作：

$$U^I(\tau) = \max_{\tau',g} \{ \alpha V_g + \omega(1-\tau) - g - f[\tau' - (1-\delta)\tau] + U^I(\tau') \}$$

服从

$$\omega\tau \geqslant g + f[\tau' - (1-\delta)\tau]$$

方程解有单一、全局稳定的稳态，符合

$$\alpha V_g(g^*) = \frac{\omega}{\omega - f\delta} > 1$$

和

$$\tau^* = \frac{g^*}{\omega - f\delta} < \widehat{\tau}$$

如果财政能力无成本，计划者将积累足够的财政能力，来为实现林达尔-萨缪尔森最优水平公共品供给融资。然而，供给这个水平的公共品需要当前支出以维持必要的财政能力存量。事实上，$f\delta$ 是维持此水平财政能力的增量成本。因此，长期公共品供给低于林达尔-萨缪尔森最优水平。如之前描述的扭曲性所得税情形，花费资源来维持税收基础设施的需要，导致该解与传统规范性公共财政模型的解不同。稳态的财政能力投资足以支持公共品供给，但庇古计划者没有转移性支出。

政治均衡　在 $\theta < 1/2$ 和 $\gamma > 0$ 的情形中，有三种可能的长期结果，与两期模型中展示的结果相近。会得到哪个结果取决于以下两个条件，对核心模型的凝聚性和稳定性条件进行了适当修改。

凝聚性：

$$2(1 - \theta) \leqslant \frac{\omega}{\omega - f\delta}$$

稳定性：

$$(1 - \gamma)(1 - 2\theta) + \theta > \frac{(1 - \theta)f + \dfrac{\omega}{2}}{f(1 - \delta) + \omega}$$

与核心模型一样，凝聚性条件保证结果收敛于庇古最优。这是一个共同利益政体。并不要求 $\theta = 1/2$ 且 $\gamma = 0$，但需要较弱的凝聚性条件才能实施规划解。在庇古水平的公共品上，没有在位者政府希望把资源用于转移性支出。从凝聚性条件可以看出，这个共同利益稳态要求 θ 超过明确定义的基准值。

（θ, γ）的剩余空间被稳定性条件分成两部分。这种分割与先前从图 2.4 中所看到的相似。再分配政体出现在凝聚性条件失效且修正的稳定性条件得到满足时，要求 $\tau = \bar{\tau}$ 并且全局稳定。这里财政能力最大化，公共品供给达到 $\hat{g}$，剩余的税收收入用于转移性支出。

与之前一样，弱政体在凝聚性条件和稳定性条件都失效的情况下出现，此时 $\tau = \hat{\tau}$。但收入足够低时，经济在接近林达尔-萨缪尔森水平处供给任何公共品。这个结果也是全局稳定的。

我们建议有兴趣的读者参考贝斯利、伊泽茨基和佩尔森（Besley, Ilzetzki and Persson，2010）对动态和稳态的分析细节。读者可以明确的是，这个多期设置保留了两期分析的一般性结论。

2.3　实证含义与数据

我们通过观察横截面数据来了解目前理论的启示。虽然我们展示了一系列偏相关，但必须指出这些仅仅是相关性。因此，这里的实证探讨并不是对模型预测具有说服力的检验，我们并不认为已经揭示了数据中的因果关系类型。对理论进行有说服力的检验需要一个更加可信的实证策略，可以从财政能力可预测的决定因素中分离出外生变化。也就是说，我们相信这里提供的实证为理论带来了生命。此外，本章的理论确实被证明是选择指标的有用指南。

衡量财政能力　为衡量财政能力，即模型中的变量 τ，我们使用五种不同的代理变量，其中四种来自 IMF 的数据。[①] 某些变量已经包含在本书第 1 章和本章前面的图形中。

我们从 IMF 的数据中选取了税收占 GDP 的比重数据，取自 20 世纪 90 年代末。虽然这不一定能够准确度量财政能力，但这个变量很可能与财政能力高度相关。在不变的税收总额下，我们还使用了 IMF 的数据来度量所得税收入占总税收的比重，也取自 20 世纪 90 年代末。因为模型中采用了征收所得税的能力，这成为衡量财政能力的自然尺度。如2.2.7 节包含交易税收入的扩展模型所展示的那样，交易税收入的下降很可能是财政能力积累过程的重要内容。基于此，我们用 IMF 的数据来度量 20 世纪 90 年代非交易税收入的比重。此外，使用这些数据来计算所得税收入比重和交易税收入比重的差额，作为财政能力的第四个度量

---

① 数据来自鲍恩斯高和基恩（Baunsgaard and Keen, 2005）。

指标。

回顾 2.2.1 节对财政能力微观基础的讨论，非正规经济规模可能与政府征税能力成反比。因此，更大规模的正规经济可能意味着更大的财政能力。我们采用世界银行 2006 年的数据，用 1 减去 GDP 中的非正规经济比重来测度正规经济的规模。

在所有这些情况下，财政能力越高，建构的变量值越大。我们通过除以样本标准差来修正变量规模，让不同版本解释变量的回归系数大致可比。表 2.1 展示了这些不同财政能力指标之间的相关系数。如预期的那样，相关系数为正且比较大，表明代理变量确实包含了某些共同组成部分。总体来看，IMF 指标之间的相关性（0.7~0.95），比正规部门比重和税收收入比重之间的相关性（0.55~0.62）更高。可能的解释是，正规经济指标比其他变量包含了更多噪声。

度量模型参数 接下来必须找到模型中决定财政能力核心参数的实证对应。对于所有变量，我们使用 2000 年以前的变量值，这样在测量结果变量时可将它们视为预先给定。当然这并不能保证自变量与误差项不相关，但会降低该可能性。

为度量共同利益的支出需求，即模型中的参数 ϕ，我们计算了战争相关数据库（COW）中从 1816 年（或国家独立以来）到 2000 年每个国家处在外部战争年份的比例（每年都计算二元指示变量"内战"和"外战"之和）。这个理念是，战争的高发生率与高战争风险相关，后者被认为是财政能力投资的正向决定因素（至少在某些政体类型中）。

表 2.1　财政能力指标间的相关性

	税收占GDP的比重	所得税收入比重	非交易税收入比重	所得税与交易税收入比重差额	正规经济比重
税收占 GDP 的比重	1.000				
所得税收入比重	0.815	1.000			
非交易税收入比重	0.729	0.693	1.000		
所得税与交易税收入比重差额	0.846	0.954	0.878	1.000	
正规经济比重	0.564	0.587	0.580	0.624	1.000

2.2.3 节强调了共同利益支出需求的另一个方面。我们认为集团之间在公共品估值上的极化（异质性）倾向于减少 $\tilde{\alpha}_H$，即第一期在位者集团视角下公共品的高有效价值。实证中用社会中的民族分裂程度来指代这一参数。特别是，我们依据民族碎片化的程度来得出民族分裂指标，这也是费伦（Fearon，2003）指标。作为民族碎片化指标，这一变量反映了从社会中随机选出的两个人属于两个不同民族的概率，范围从 0（完全同质化）到 1（高度碎片化）。为得到更高的 $\tilde{\alpha}_H$ 值，即更低的（极化）异质性和更强的投资动机，我们用 1 减去这个分裂指数来度量民族同质性。

为了得到每个国家的政治制度凝聚性，即模型中的参数 θ，我们用政体四数据库编码中的行政约束数据（常数 X" Xconst"，用每年 1~7 的范围），计算了从 1800 年（或独立年份）到 2000 年行政约束的平均值。这个变量是模型中在位者集团所面临约束的合适代理，我们将国家得分标准化在 0 和 1 之间。

关于政治稳定性，即模型中的参数（$1-\gamma$），我们通过同一时期非公开行政招聘的平均值来度量。也就是说，假设一个国家的行政官员是从小团体内部选出，在位者集团（期望）继续掌权的观念就变得更加根深

蒂固。我们使用的数据也来自政体四数据库（变量"Xrcomp"和
"Xropen"的得分之和，任一年份取值都为2和7之间）。为得到政治稳定
性指标，我们对上述平均值求倒数并再次将它们标准化到0和1之间。

对于收入，即模型中的参数 ω，我们使用佩恩表2000年的对数人均
GDP（变量"2005年不变国际价格实际人均GDP"，是数据库的6.3版本）。

2.2.4节讨论了收入不平等。为得到模型中接近1的 ω^I/ω 代理值，
我们从戴宁格尔和斯夸尔（Deininger and Squire，1996）的数据中建构了
一个低度收入不平等的二元指标，数据尽可能新（特别指标是使用数据
库中最低的1/3国家的基尼系数）。

正如细心的读者将会发现，我们已经定义了理论推测的与财政能力有
正相关关系的所有右手边变量，也就是结果中将出现正回归系数。

基本相关性 我们从展示五个财政能力指标与代理参数 ϕ、θ、
$(1-\gamma)$ 和 $\tilde{\alpha}_H$ 之间的基本偏相关性开始。表2.2中的列（1）表明，所有
四个代理参数——过去的战争、高行政约束、政治稳定性和民族同质性，
都与税收占GDP的比重显著正相关。所有其他财政能力的度量指标也有
相同的相关类型，几乎没有例外。

这些系数的大小有何意义？举个例子，战争发生率的估计系数在2以
下波动。这意味着在过去200年中（或自独立以来），一个国家在历史上
有25%（而不是0）的时间陷于战争，与当前更高财政能力的相关度大约
为样本标准差的一半。采用同样的计算方法，一个国家历史上有25%的
更高行政约束得分，与当前更高财政能力的相关度也是样本标准差的一
半。具体来说，一半标准差约等于5%的税收占GDP的比重和10%的所得
税收入占总税收的比重。

表 2.2　财政能力和协变量：简单相关性

	(1)税收占 GDP 的比重（2000 年）	(2)所得税收入比重（2000 年）	(3)非交易税收入比重（2000 年）	(4)所得税与交易税收入比重差额（2000 年）	(5)正规经济比重（2000 年前后）
2000 年以前外部战争发生率	1.897 * (1.142)	1.213 (0.952)	2.387 ** (0.915)	1.972 ** (0.965)	1.671 ** (0.690)
2000 年以前平均行政约束	2.130 *** (0.374)	2.309 *** (0.335)	1.135 *** (0.312)	2.001 *** (0.307)	1.768 *** (0.356)
2000 年以前平均非公开行政招聘	1.080 ** (0.432)	1.254 *** (0.451)	0.541 (0.391)	1.054 *** (0.392)	1.490 *** (0.447)
民族同质性（1-民族分裂）	1.058 *** (0.300)	0.438 (0.271)	0.656 ** (0.304)	0.606 ** (0.270)	0.709 ** (0.298)
观测值	104	104	103	103	109
R^2	0.503	0.465	0.301	0.482	0.317

注：＊表示在 10% 水平下显著；＊＊表示在 5% 水平下显著；＊＊＊表示在 1% 水平下显著。

交互效应　表 2.2 中的相关性并不能印证模型预测，特别是 2.1 节中推导出的与全局和局部比较静态有关的讨论。在那里我们预期增加 ϕ 会提高财政能力 τ，这符合"辛茨-梯利假说"。这一结论只有在共同利益政体或再分配政体中成立，在弱政体中不成立，凝聚性强（θ 值高）时才会有更大的战争效应（ϕ 值高）。同样，模型预测政治不稳定性（$1-\gamma$）对投资财政能力决策有影响。然而，这些局部比较静态仅在 θ 值足够高并且 γ 的范围满足稳定性条件时才存在。因此我们预期，当凝聚性弱时，强政治稳定性会对财政能力投资决策产生正效应，但当凝聚性强时无此效应。通过全局比较静态，我们进一步预期高 θ 值将提高国家处于共同利益政体或再分配政体的可能性，对财政能力的投资为正。

为了研究这些问题，我们通过把国家分成两组来形成凝聚性强与弱的双变量，按照标准化行政约束变量的平均得分是高于还是低于 0.5 来划分。对于低于该值的国家，我们将凝聚性二值变量编码为低（值为 0）。这适用于样本中约 2/3 的国家。对剩余的 1/3 平均得分大于 0.5 的国家，我们将凝聚性二值变量编码为高（值为 1）。

然后在表 2.2 的列表中添加两项，即高行政约束二值变量指标乘以过去战争连续指标，低行政约束二值变量指标乘以过去政治稳定性连续指标（还添加了二元行政约束变量本身，但因为不显著，未在表中列出）。

表 2.3 显示了估计结果，为五个财政能力指标增加了更多符合理论的细节。理论中的基本参数仍然与财政能力指标显著相关。特别是，行政约束的平均值仍然与财政能力的所有指标保持强烈显著正相关。但交互项极少能显示出理论预期的类型。虽然这有点令人失望，但我们想强调之前说过的一点：此类横截面相关性对理论检验来说不够可靠，至多可以作为有用性诊断。因此，这项估计应该被视为存在瑕疵。对理论更有说服力的检验似乎应该采用时间序列上的变化，而不仅仅依靠横截面的变化。

收入和收入不平等　正如我们在 2.1 节的解释，模型也可以对收入与财政能力之间的关联做出预测。其他条件不变，更高的 ω 提高了我们的两期基准模型中共同利益政体和再分配政体的国家能力。在 2.2.8 节的无限期界模型中，更高的收入也提高了再分配政体和更高财政能力的可能性。给定这一点，我们应该预期当行政约束较强时，更高的人均收入与财政能力正相关。我们也可考虑表 2.2 和表 2.3 回归方程的右手边变量与人均收入相关，最好能知道这些结果是否稳健。

表 2.3 财政能力和协变量：交互项					
	(1)税收占GDP的比重(2000年)	(2)所得税收入比重(2000年)	(3)非交易税收入比重(2000年)	(4)所得税与交易税收入比重差额(2000年)	(5)正规经济比重(2000年前后)
2000年以前外部战争发生率	3.136 (2.928)	1.221 (3.076)	7.819*** (2.426)	4.604** (2.288)	−1.029 (2.790)
外部战争×强行政约束	−1.539 (3.030)	−0.134 (3.180)	−6.204** (2.449)	−3.096 (2.421)	3.176* (2.880)
2000年以前平均非公开行政招聘	1.934* (1.167)	2.074*** (0.683)	1.053* (0.536)	1.834*** (0.635)	1.125** (0.562)
非公开行政招聘×弱行政约束	−1.425 (1.140)	−1.176 (0.774)	−0.838 (0.636)	−1.156 (0.701)	0.961 (0.630)
强行政约束	0.495 (0.388)	0.169 (0.371)	0.010 (0.516)	0.080 (0.365)	−0.572 (0.460)
2000年以前平均行政约束	1.083* (0.596)	1.790*** (0.543)	1.078** (0.516)	1.679*** (0.501)	2.772*** (0.658)
民族同质性(1−民族分裂)	0.774** (0.312)	0.233 (0.285)	0.472 (0.358)	0.389 (0.291)	1.021*** (0.352)
观测值	104	104	103	103	109
R^2	0.550	0.490	0.337	0.503	0.352

注：*表示在10%水平下显著；**表示在5%水平下显著；***表示在1%水平下显著。

　　然而，在回归中增加收入确实引起了其他问题。在下一章中，我们指出右手边包括收入的回归确实会有问题，原因是我们预期政府的生产性角色会在人均收入与财政能力之间产生正相关。此外，这种相关性是由理论分离出来的其他决定因素所驱动的。

　　表2.4中的前三列在同样的模型中，把对数人均收入添加到表2.2中的税收占GDP的比重、所得税收入占总税收的比重和正规经济比重上（我们还尝试增加了收入与强行政约束的交互项）。关于收入的结论，与理论预测和第1章已经确认的实证集群相符，即人均收入与财政能力的三

项指标强烈正相关。几乎所有其他参数和表 2.2 都保持了相同符号，但只有与平均行政约束、平均非公开行政招聘的相关性在统计上显著。

表 2.4 财政能力和协变量：附加控制变量						
	(1)税收占 GDP 的比重（2000 年）	(2)所得税收入比重（2000 年）	(5)正规经济比重（2000 年前后）	(1)税收占 GDP 的比重（2000 年）	(2)所得税收入比重（2000 年）	(5)正规经济比重（2000 年前后）
2000 年以前外部战争发生率	1.536 (1.076)	0.884 (0.867)	1.203 * (0.660)	0.819 (1.341)	0.583 (0.860)	1.484 ** (0.659)
2000 年以前平均行政约束	1.595 *** (0.415)	1.757 *** (0.383)	0.891 ** (0.397)	1.163 ** (0.452)	1.240 *** (0.402)	1.131 ** (0.429)
2000 年以前平均非公开行政招聘	0.686 * (0.408)	0.866 ** (0.410)	0.989 ** (0.428)	0.891 * (0.474)	0.473 (0.396)	1.249 ** (0.475)
民族同质性（1 - 民族分裂）	0.718 * (0.368)	0.085 (0.339)	−0.010 (0.372)	0.423 (0.384)	0.024 (0.322)	0.084 (0.397)
2000 年对数人均 GDP	0.209 ** (0.105)	0.221 ** (0.099)	0.398 *** (0.106)	0.350 *** (0.112)	0.342 *** (0.083)	0.378 *** (0.117)
低度不平等				0.513 * (0.297)	0.321 ** (0.151)	−0.182 (0.191)
观测值	103	103	109	83	83	90
R^2	0.531	0.496	0.404	0.591	0.570	0.480

注：* 表示在 10% 水平下显著；** 表示在 5% 水平下显著；*** 表示在 1% 水平下显著。

最后三列在同样框架中加入了我们的低度收入不平等指标。总体上，低度不平等与高财政能力相关。这与 2.2.4 节的理论基本预测一致，特别是当我们愿意在经济和政治权力之间假定反馈关系时。其他相关性基本未受到影响。我们提出的实证结果纯粹是说明性的，但确实意味着理论强调的特定决定因素可能有助于理解财政能力的跨国类型。我们确实还需要做很多工作，才能以更严肃的方式用数据印证理论。特别是，依然有空间去解释国家数据的时间变化，例如，通过历史事件（包括战争和政治改革），或者引入新税基如所得税，来加以解释。

2.4 本章结论

本章探讨了影响财政能力投资的因素。我们建立了一个核心模型来说明共同利益、政治制度等经济和政治因素对国家能力建构的影响。模型的关键特征是描述了均衡的政体类型。我们还展示了该模型可以被赋予微观经济基础，以及如何在多个方向上扩展以接近现实。

本章的重点是政府的抽取性角色和传统公共财政模型中提出的问题，为接下来的分析奠定基础。本章模型基于许多简化假设，尽管分析起来方便，但也是有代价的。特别是保持经济的生产率固定，把人均收入视为外生。这是一个重要缺陷，因为本书的主要目标就是理解国家能力和收入在不同发展水平上的集群。此外，政府生产性角色下的许多活动确实会直接或间接地通过市场运作来影响私人部门收入。下一章将介绍如何把这些行动放进框架中。

2.5 文献注解

这里使用的核心模型基于贝斯利和佩尔森的研究（Besley and Persson，2009b，2010b）。许多基本思想由辛茨（Hintze，1906）和梯利（Tilly，1985，1990）的论述发展而来。库基尔曼、爱德华兹和塔贝里尼（Cukierman，Edwards and Tabellini，1992）的早期研究模型发现，所得税（财政能力）的投资减少了对铸币税的依赖。他们还表述了极化和政治不稳定性的含义。

有关税收与发展的大量文献与本章的基本问题相关。伯吉斯和斯特恩（Burgess and Stern，1993）及卡尔多（Kaldor，1963）概述了低收入国家的税收情况，以及重组和改进征管的方式。关于税收和发展问题的论文集包括伯德和奥德尔曼（Bird and Oldman，1980）、戈登（Gordon，2010）、纽伯里和斯特恩（Newbery and Stern，1987）。基恩（Keen，2010）对政策经验和最新文献进行了回顾。

众多有影响力的文献研究了历史上塑造税制的力量，这些文献经常强调政治制度在这一进程中的重要作用。邦尼（Bonney，1999）的论文集观察了整个欧洲在各种不同道路上的历史经验。蒂切克（Dincecco，2011，第1章）系统概述了历史文献。霍夫曼和罗森塔尔（Hoffman and Rosenthal，1997）概述了公共财政与战事的相关问题。英国公共财政对战争核心作用的具体讨论参见布鲁尔（Brewer，1989）和奥布莱恩（O'Brien，2001，2005）。马赛厄斯和奥布莱恩（Mathias and O'Brien，1976）对比了法国和英国的历史经验，将差异归因为经济和政治结构。卡拉曼和帕慕克（Karaman and Pamuk，2011）讨论了早期现代欧洲的证据。

熊彼特（Schumpeter，1918）的文章是财政社会学的经典文献，本章开场白就来自他的著作。现代文献将税收与文化、政治和治理联系起来，包括布劳提甘、菲尔斯塔德和摩尔（Brautigam，Fjeldstad and Moore，2008）、利维（Levi，1988）和摩尔（Moore，2004）。税收越来越被视为广义国家建构议程的一部分。利维（Levi，1988）讨论了这种理念，将税收制度视为居民与政府之间的契约，把政府信任和税收联系起来。佩罗尼和沙夫（Perroni and Scharf，2007）用包含集体惩罚的重复博弈框架正式发展了这个理念。

建构财政能力的核心是扩展税收执法和遵从的理念。有关税收执法的正式论文最早出自阿林汉姆和桑德莫（Allingham and Sandmo，1972），作者模型化了人们在决定缴税时的赌博行为，不遵从则面临概率性罚款。考威尔（Cowell，1990）、斯莱姆罗德和伊达沙基（Slemrod and Yitzhaki，

2002）考虑的关键模型和证据就主要来自阿林汉姆-桑德莫（Allingham-Sandmo）方法。克莱文、克雷纳和塞伊斯（Kleven, Kreiner and Saez, 2009）把企业税收交换看作减少遵从成本的方式，并认为这是造成 20 世纪政府税收大幅增长的重要因素。

税收道德是理解税收遵从的核心，这一观点正在被越来越多地关注。托尔格勒（Torgler, 2007）考察了理论和实证文献，运用心理学和经济学解释了人们为什么缴税。这种文献倾向于从理性赌徒模型中分离出来，更广泛地解释纳税人的动机。佐尔特和伯德（Zolt and Bird, 2005）对发展中国家扩展个人所得税领域的相关问题做了有用的概述，其中遵从是一个更严重的问题。

坦茜（Tanzi, 1987）的文章仍然是关于税收与发展类型的有用定量概述。对税收和税基选择证据的全面论述参见肯尼和温纳（Kenny and Winer, 2006）。还有一些研究考察了具体税收。埃迪特和詹森（Aidt and Jensen, 2009a）进行了引入所得税影响因素的事件研究。贝里和贝里（Berry and Berry, 1992）研究了导致美国各州采用所得税的因素。斯契夫和斯塔萨维奇（Scheve and Stasavage, 2010）从历史角度分析遗产税，强调了经济和政治发展的重要性。基恩和洛克伍德（Keen and Lockwood, 2010）研究了采用增值税的影响因素。艾森曼和金加拉克（Aizenman and Jinjarak, 2008）认为，政治不稳定性降低了增值税的征税效率。高登和李伟（Gordon and Li, 2009）强调了发展中国家严重依赖交易税的事实，并提出了一个理论解释。鲍恩斯高和基恩（Baunsgaard and Keen, 2005）考虑了贸易自由化对税收的影响，詹森（Jensen, 2010）研究了石油财富的税收收入和其他形式税收之间的关系。蒂切克（Dincecco, 2011）广泛地、历史性地研究了税收与政治改革的相互作用，特别是分析了几个西欧国家的财政集权和有限政府。

卡德纳斯（Cardenas，2010）、卡德纳斯和图兹门（Cardenas and Tuzemen，2010）扩展了贝斯利和佩尔森（Besley and Persson，2009b）的模型，从理论和经验上研究收入不平等对财政能力投资的影响。格拉德斯坦（Gradstein，2008）、冲和格拉德斯坦（Chong and Gradstein，2007）也考虑了不平等与国家能力之间的联系。阿莱西纳、巴基尔和伊斯特利（Alesina，Baqir and Easterly，1999）研究了极化对公共财政的影响，发现更严重的极化与更低水平的公共品供给有关。艾斯特班、雷和杜克洛（Esteban，Ray and Duclos，2004）在理论和实证上研究了一系列极化指标。

有关税收和公共品供给政治经济学的概述包括赫蒂奇和温纳（Hettich and Winer，1999）、佩尔森和塔贝里尼（Persson and Tabellini，2002）的文章。大批动态公共财政和政治经济学的新兴文献与本章模型有关。戈洛索夫、奇温斯基和沃宁（Golosov，Tsyvinski and Werning，2006）考察了规范性文献。阿西莫格鲁、戈洛索夫和奇温斯基（Acemoglu，Golosov and Tsyvinski，2008，2009），阿兹蒙蒂（Azzimonti，2009），白和拉古诺夫（Bai and Lagunoff，2011），以及巴塔利尼和科特（Battaglini and Coate，2007，2008）等人研究了包含政府更替的动态政治均衡。巴塔利尼和科特（Battaglini and Coate，2007）的动态公共品模型与2.2.8节的无限期界模型有很多相似之处。这些论文与阿吉翁和博尔顿（Aghion and Bolton，1990）、阿莱西纳和塔贝里尼（Alesina and Tabellini，1990）以及佩尔森和斯文森（Persson and Svensson，1989）的策略性公债文献有关，都研究了存在政治更替情况下的债务策略问题。

3 司法能力

除了保护每个人的私人权利，公共品没有什么本质性的特别之处。

威廉·布莱克斯通，《英国法律评论》，1765~1769

本章为研究图景增加了重要的新维度——政府改善私人市场的努力——这种干预方式我们称为司法能力。政府的这种生产性角色涉及提高资源利用效率、激发积累资本的动机等在学术和政策讨论中频繁出现的问题。事实上，创造一个更好的营商环境，是发展经济学文献的常见问题。

回顾一下，我们注意到，经济学家对"为什么有的国家贫穷，有的国家富裕"这个大问题大体有两类观点。第一类观点由阿吉翁和豪伊特（Aghion and Howitt，1998）发展，将贫困与技术联系起来，认为贫穷国家因为无法获得或使用现代技术而处于贫困循环之中。这是索洛（Solow，1956）研究思路的现代版本，强调技术变迁是长期增长的引擎。第二类观点，如班纳吉和杜弗洛（Banerjee and Duflo，2005）所述，将贫困与资源错配联系在一起，认为不能按最有效率的方式使用资本存量、劳动和其他稀缺生产要素的国家会陷于贫困。后一种观点强调了抑制发展和增长的结构特征，代表了源于刘易斯（Lewis，1954）研究思路的现代版本。

本章的研究采用发展与增长的第二种观点，把经济制度运行不佳导致的资源错配看作经济绩效差的核心原因。我们对资源错配的处理包括静态方面和动态方面。

静态资源错配是指在给定的人力和物质资本下，由于契约或者私有产权保护摩擦因素，经济没有按照最有效的方式使用这些资源。降低这些摩擦的程度，可以在给定的资本存量和技术水平下提高国民收入。这种可能性与生产要素被假定用于最有效用途的标准新古典模型和现代内生增长理论不相符合。

动态资源错配是指在此基础上，由于资本回报率降低而对要素积累形成了不良激励。进一步来看，摩擦也可能阻碍结构变迁。

在发展过程中，经济制度的改善有助于内生性地提高收入水平及其增长速度。因此，理解政府采取这些改善措施的动机，是理解经济繁荣和所存在障碍的关键。

为探索这些问题，本章继续发展核心模型，方式是引入由低司法能力导致的契约摩擦或劣质私有产权保护，然后考虑政府为什么会或者不会处理这些问题。与前一章论述的财政能力一样，本章允许政府投资司法能力，我们将其理解为更好的经济制度。我们把司法能力投资与财政能力投资放在一起研究，所以现在模型有两个状态变量——财政能力和司法能力。由于更高的司法能力可以改善经济运行，这一扩展框架也可用于研究收入内生化。

核心模型中的财政能力与司法能力相互补充。这使得模型非常易于处理，并允许我们对财政能力和司法能力的共同进化提出一些可验证的预测。正如在第 1 章中所观察到的那样，这种互补性还使我们能够思考财政能力和司法能力在原始数据中为什么会出现集群。

通过扩展这种简化式框架，我们探讨了司法能力的微观经济基础。具体来说，建立了一个包含劳动和资本的一般均衡模型，并用它来展示政府如何去建构经济制度。这些制度可以通过改善私营部门的契约环境来改善经济的资源配置，进而提高收入。这种制度建构是司法能力投资的核心案例。

使用这个简单的一般均衡模型，我们思考缺乏财政能力是如何影响不同集团平等获得司法能力（即推行法治）的动机。我们展示了司法能力和财政能力之间如何产生额外互补性：经济体中具有更强税收能力的政府倾向于使用有效的再分配工具（税收和转移性支出）而非无效率工具（生产无效率导致的准租金再分配）。我们把这与戴蒙德和米尔利斯（Diamond and Mirrlees，1971）的生产-效率论联系起来。

此外，我们进一步扩展模型，将私人资本形成涵盖进来。这引申出进一步的互补性，从而有助于放大标准增长促进机制对经济的影响。

最后分析当由其他居民或腐败官僚带来掠夺的可能性时，司法对私人生产的另一种支持角色。司法能力现在使政府能够保护私有产权免遭这种掠夺。然而，正如我们所表明的那样，对此，司法能力是否能够得到充分施展尚不明确，特别是由一小部分有能力获得主要掠夺成果的精英来制定政府政策时更是如此。事实上，这种寻租的精英动机可能会制造出一个掠夺性的弱政体，从而陷入司法能力陷阱。

基本事实　在开始扩展模型之前，我们提醒读者第 1 章讨论过的集群类型。图 1.1 显示，以税收占 GDP 的比重来衡量的财政能力和按照产权保护指数来衡量的司法能力之间存在很强的正相关关系。进一步来看，这些国家能力指标都与收入紧密相关。

实际上，其他国家能力指标也是如此。例如，我们可以使用第 2 章中的财政能力替代指标之一，即 20 世纪 90 年代末所得税收入占总税收的比重。我们将这一指标和本章司法能力的一个替代指标即契约执行指数（来自世界银行的"营商环境调查"，更新到 21 世纪初）画在一张图上。顾名思义，该指数侧重于契约执行而不是私有产权执行。结果如图 3.1 所示，像图 1.1 中一样，将相关国家按人均国民收入在 2000 年世界收入分配中的位置划分为上、中、下三组。显然，财政能力和司法能力用这两个替代指标来度量也是正相关的。像图 1.1 一样，财政能力和司法能力都与收入呈正相关关系。显然，我们扩展的任何模型都应该与这种相关性保持一致。

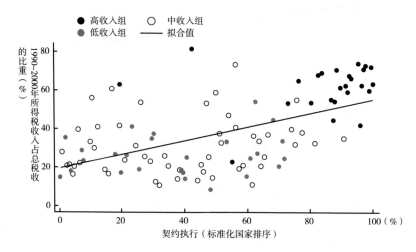

图 3.1　按 GDP 分组的所得税收入和契约执行

现有文献　与本章相关的大量文献都研究了政府创建市场支持型制度的动机。诺思和温加斯特（North and Weingast，1989）做出了开创性贡献，他们认为，英国光荣革命时期的政治改革是市场经济发展的必要条件。这也是阿西莫格鲁、约翰逊和罗宾逊（Acemoglu，Johnson and Robinson，2001）对前殖民地人均收入与移民死亡率之间相关性的关键解释。同样，恩格曼和索科洛夫（Engerman and Sokoloff，2002）认为，要素禀赋在导致收入不平等的同时，通过其对制度的影响塑造了美洲的不同发展类型。

　　一些重要的文献集中研究了金融市场的支持制度，例如保护小股东或私人产权，参见阿西莫格鲁和詹森（Acemoglu and Johnson，2005），拉波塔、佩兹西拉内斯、施莱佛和维什尼（La Porta，Lopez de Silanes，Shleifer and Vishny，1998），帕加诺和沃尔平（Pagano and Volpin，2005），以及拉詹和津加莱斯（Rajan and Zingales，2003）。斯文森（Svensson，1998）的早期贡献从理论和实证上都提出政治不稳定性和极化阻碍了各国政府保护私人产权的动机，反过来又会影响私人投资。根据这些文献线索，我们将市场支持制度视为内生。但我们方法的一个关键区别是把市场支持制度和税收放在一起研究。

许多研究者发现各种金融发展指标或产权保护指标，与经济增长之间存在正相关关系（Hall and Jones，1999；King and Levine，1993）。但那些指望在税收和增长之间发现负相关关系的人基本都空手而归（Benabou，1997）。

自从拉波塔等人（La Porta et al.，1998）的文章发表以后，大量文献研究了国家法律起源对经济发展各方面的影响。这些发现的主流解释是，司法制度影响了不同社会契约的书写和执行。

章节规划　本章结构如下。3.1 节扩展了第 2 章的核心模型框架以涵盖司法能力。这里政府对市场和生产的支持能力采用简化式。我们研究在位政府的投资决策，展示第 2 章的基本分析框架如何容纳两个维度的国家能力建构理念。同时还扩展了一些比较静态问题，第 2 章中明确的决定因素现在已经成为国家能力的共同决定因素。

3.2 节在若干方面拓宽和深化了核心模型。第一小节在一个两时期、两集团、两部门、两因素模型中，以契约执行的形式为司法能力提供微观经济基础。除了深化对核心模型的注解，微观经济基础还允许我们探索其他一些问题。3.2.2 小节提出的问题是：给定水平下司法能力是否总会得到充分利用，以及这种状况是否会持续。3.2.3 小节增加了私人资本积累，我们观察到其将成为司法能力建设的补充。3.2.4 小节提出了一个对司法能力提供替代解释的模型，即实施更强的产权保护以免遭掠夺，以及如何用这种设置来思考一小部分腐败精英的统治。最后一个扩展展示了司法能力陷阱的可能性，此时弱政体不是源于政治上的不稳定性，而是源于统治精英的寻租动机。

3.3 节讨论了本章所扩展理论的实证含义，并将第 2 章的实证结果扩展到增加司法能力。在 3.4 节我们提供了本章总结，在 3.5 节提供了相关文献注解。

3.1　包含司法能力的核心模型

现在假定 J 集团的收入不再以参数给定，而是通过一个函数 $y = y(p_S^J)$ 给出，$J \in \{I, O\}$。当 $p_S^J \leq \pi_S$ 时，$y(\cdot)$ 是递增的凹函数。变量 p_S^J 表示能提升生产率的集团特定法律支持，π_S 是限制政府提供此类支持的司法能力。3.2.1 小节将讨论这个公式的其他微观基础，并进一步探讨其启示。我们还讨论了与一般提高生产率的投资相比，司法能力有何特别含义。在此处的公式中，一个集团的收入水平仅仅取决于该集团所获得的法律支持。假设司法能力不会折旧，在满足 $L_\pi(0) = 0$ 的情况下可以通过第一期的递增凸成本函数 $L(\pi_2 - \pi_1)$ 来投资，从而在第二期得到增强。提高司法能力投资的例子包括健全法庭基础设施，培训和雇用法官，以及设立法庭判决的执行机构。

分析司法能力投资的含义，只需要对 2.1 节中建构的模型做两个微小修改。如第 2 章所述，税收针对收入 $y(p_S^J)$ 征收，现在收入可以采用工资或土地、资本等其他要素所有权回报的形式。J 集团 S 期的私人消费现在变成：

$$c_S^J = (1 - t_S)\, y(p_S^J) + r_S^J$$

消费随 p_s^I 的增加而提高。因为对该集团的法律支持越大，私人收入越高。

S 期的政府预算约束修改为：

$$R + t_s \frac{y(p_s^I) + y(p_s^O)}{2} = g_s + m_s + \frac{r_s^I + r_s^O}{2} \tag{3.1}$$

对于任意集团，很明显，现在 p_s^I 越高，应纳税所得额也越高。预算约束表明，法律支持政策 $\{p_s^I,\ p_s^O\}$ 和财政政策 $\{r_s^I,\ r_s^O\}$ 可以在不同集团之间以歧视性方式使用。

我们还必须在政府的政策选择中加入两个额外特征。首先，必须考虑到政府在给定司法能力下对每个集团的法律支持政策，即决定 $\{p_s^I,\ p_s^O\}$。其次，必须考虑司法能力投资决策 π_s，以及财政能力投资。

期限 模型的时间结构与前一章基本相同。但是为了完整性，在此提醒读者：

（1）从国家能力的初始存量 $\{\tau_1,\ \pi_1\}$ 和现任集团 I_1 开始，自然决定 α_1 和 R；

（2）I_1 选择一系列第一期政策 $\{t_1,\ r_1^I,\ r_1^O,\ p_1^I,\ p_1^O,\ g_1\}$，并（通过投资）确定第二期的财政能力和司法能力存量 $\{\tau_2,\ \pi_2\}$；

（3）I_1 以概率 $(1-\gamma)$ 继续掌权，自然决定 α_2；

（4）I_2 选择第二期政策 $\{t_2,\ r_2^I,\ r_2^O,\ p_2^I,\ p_2^O,\ g_2\}$。

和第 2 章一样，我们在政策和国家能力投资中寻找子博弈完美均衡。

3.1.1 政治最优政策

在位者集团选择 $\{g_s,\ t_s,\ p_s^I,\ p_s^O,\ r_s^I,\ r_s^O\}$ 来最大化

$$\alpha_S \, g_S + (1 - t_S) \, y(p_S^J) + r_S^J$$

满足

$$t_S \leq \tau_S, p_S^J \leq \pi_S, \text{对于} J \in \{I, O\} \text{ 和 } r_S^O \geq \sigma \, r_S^I \qquad (3.2)$$

和政府预算约束式（3.1）。这些要求只是考虑到国家能力的限制和政府在选择转移性支出时受到的制度约束。

公共品供给、税收和转移性支出按照第 2 章的基本分析框架确定。财政能力充分利用；存在转移性支出，从而在位者集团可以获得相当于收入 $2(1 - \theta)$ 倍的剩余索取权，既没有用于公共品支出，也没有用于国家能力投资。全部税收收入减去国家建构成本后的资金，在 $\alpha_S \geq 2(1 - \theta)$ 时用于公共品支出，否则用于转移性支出。

新的政策问题是选择法律支持 p_S^J。这里有以下结果。

命题 3.1：对于 $S \in \{1, 2\}$，任何在位者集团 I_S 和任何 α_S，所有司法能力都将得到充分利用，$p_S^I = p_S^O = \pi_S$。

因此，在司法能力的范围内，政府向两个集团提供全部法律支持。这是模型的明显启示，显示了如下简单逻辑。由于 $y(\cdot)$ 随 p^J 的增加而增加，因此可通过私人产品或政府预算约束的方式，从增加法律支持中获益。简而言之，结果与戴蒙德和米尔利斯（Diamond and Mirrlees，1971）著名的生产-效率论有关。

至少从核心模型来看，这一结果与我们对财政能力的发现是相似的，所有创建出来的国家能力都在实际使用。但驱动这一结果的模型关键特征是 $y(p)$ 随着且只随着对"本集团"的司法保护 p_S^J 的增加而增加。在 3.2 节中，我们将在包含微观基础的模型中重新讨论这一问题，并探讨对在位者集团来说，何时限制反对者集团获得司法能力是最优的。

3.1.2　国家能力投资

在展示司法能力将得到充分应用之后，现在可以将所有政治最优政策集合纳入在位者集团和反对者集团的支付函数，得出 $J \in \{I, O\}$ 集团在 S 期的"间接"支付函数：

$$W(\alpha_S, \tau_S, \pi_S, m_S, \beta^J) = \alpha_S G(\alpha_S, \pi_S, \tau_S) + (1 - \tau_S) y(\pi_S)$$
$$+ \beta^J [\tau_S y(\pi_S) - G(\alpha_S, \pi_S, \tau_S) - m_S] \qquad (3.3)$$

研究在位者集团第一期的优化问题时，必须考虑两个状态变量 $\{\tau_2, \pi_2\}$。可以将该在位者集团的新投资目标重写为：

$$W[\alpha_1, \tau_1, \pi_1, F(\tau_2 - \tau_1) + L(\pi_2 - \pi_1), 2(1 - \theta)]$$
$$+ (1 - \gamma) U^I(\tau_2, \pi_2) + \gamma U^O(\tau_2, \pi_2)$$

其中 $U^J(\tau_2, \pi_2)$ 是集团 $J \in \{I, O\}$ 的值函数。[①]

$$U^I(\tau_2, \pi_2) = [\phi W(\alpha_H, \tau_2, \pi_2, 0, \beta^I) + (1 - \phi) W(\alpha_L, \tau_2, \pi_2, 0, \beta^I)]$$

和

$$U^O(\tau_2, \pi_2) = [\phi W(\alpha_H, \tau_2, \pi_2, 0, \beta^O) + (1 - \phi) W(\alpha_L, \tau_2, \pi_2, 0, \beta^O)]$$

分别对应第二期的在位者集团和反对者集团，都取决于上述两个状态变量。

读者即将看到的是，我们对核心模型只做必需的轻微修改，以引入政府的生产性和抽取性角色。现在考虑两种形式国家能力投资的含义。

---

① 出于对称性考虑，我们假设财政能力像司法能力一样不会折旧，因此财政能力的投资成本只是 $F_\tau(\tau_2 - \tau_1)$。

欧拉方程　现在财政能力和司法能力的欧拉方程（一阶条件）如下：

$$y(\pi_2)\,[E(\lambda_2) - 1] \leqslant \lambda_1 F_\tau(\tau_2 - \tau_1)$$
$$\text{c. s.} \qquad \tau_2 - \tau_1 \geqslant 0 \tag{3.4}$$

和

$$y_\pi(\pi_2)\,[1 + E(\lambda_2) - 1)\,\tau_2] \leqslant \lambda_1 L_\pi(\pi_2 - \pi_1)$$
$$\text{c. s.} \qquad \pi_2 - \pi_1 \geqslant 0 \tag{3.5}$$

如第 2 章所示，

$$\lambda_1 = \max\,\{\alpha_1, 2(1 - \theta)\}$$

是第一期公共资金的实现价值，

$$E(\lambda_2) = \phi\,\alpha_H + (1 - \phi)\,\lambda_2^L \tag{3.6}$$

是第二期公共资金的期望价值，符合

$$\lambda_2^L = \begin{cases} \alpha_L & \text{若}\,\alpha_L \geqslant 2(1 - \theta) \\ 2[(1 - \theta)\,(1 - \gamma) + \gamma\theta] & \text{其他} \end{cases} \tag{3.7}$$

式（3.4）与 2.1 节的基本相同，而式（3.5）则是新的。

式（3.5）的左手边是司法能力轻微增长的边际收益，包括两部分：第一部分是 $y_\pi(\pi_2)$，代表对第二期生产率的直接影响；第二部分是 $y_\pi(\pi_2)\,\tau_2[E(\lambda_2) - 1]$，代表了司法能力投资的额外"间接"效应，通过税基扩大带来的公共资源增加来获得。

互补性　这是模型的一个重要方面。当 $E(\lambda_2) - 1 \geqslant 0$，即当投资一种形式的国家能力，能够增加另一种国家能力投资的边际回报时，财政能力投资和司法能力投资是互补性投资。为了看到这一点，请注意式（3.5）的左手边随 τ_2 的增加而增加，而式（3.4）的左手边随 π_2 的增加而增加。

直觉上，司法能力的增加可以增加收入，从而增加税收，使财政能力在边际上更有价值。如果公共资源的边际价值足够高，财政收入的增加会提高私人收入的价值，因为它会以更高税收收入的形式产生一个边际回报。

除了本身有趣之外，由于支付函数是超模函数，可以很方便地用单调比较静态来探讨这一特性。具体来说，任何能够提高式（3.5）和式（3.4）左手边的值的因素，将同时增加两种形式的国家能力投资。[①] 更正式地讲，假设我们把相关"参数"ϕ写成简化式目标函数$n(\tau_2, \pi_2, \phi)$，并假设$n(\cdot)$是(τ_2, π_2)的超模函数。如果$\partial^2 n(\cdot)/\partial \tau_2 \partial \phi \geq 0$且$\partial^2 n(\cdot)/\partial \pi_2 \partial \phi \geq 0$，那么$(\tau_2, \pi_2)$随$\phi$单调递增。这是一个特定参数的改变就可以同时增加式（3.5）和式（3.4）左手边的确切条件。

均衡投资与不同类型政体 现在探索什么条件下两种投资都为正。给定零固定成本的假设 $[F_\tau(0) = L_\pi(0) = 0]$，充分条件就是$E(\lambda_2) - 1 \geq 0$。然而，司法能力的必要条件更弱，这是由式（3.5）左手边第一项司法能力投资得到的直接收益决定的。

与第2章一样，仍然会有三种政体，其出现的条件也完全相同。如果凝聚性条件满足 $[\alpha_L \geq 2(1 - \theta)]$ 和（或）ϕ趋于1，就会有一个共同利益政体，同时投资两种能力。这同样符合最优功利主义。如果凝聚性条件失效且ϕ不趋于1，但稳定性条件 $\{\phi \alpha_H + (1 - \phi)2[(1 - \gamma)(1 - \theta) + \gamma\theta \geq 1]\}$ 满足，就会有一个再分配政体，也将共同投资两种形式的国家能力。如果凝聚性和稳定性条件都不满足，就会有弱政体。弱政体不投资财政能力，但仍

---

① 详见米尔格罗姆和香农（Milgrom and Shannon，1994）的定理5和定理6。托普基斯、米尔格罗姆和香农（Topkis, Milgrom and Shannon，1994，定理4）最早得到这个结论并将其一般化。

然可能投资司法能力。即使如此，其他条件不变，其司法能力投资也低于共同利益政体和再分配政体。这是因为当 $E(\lambda_2) < 1$ 时，式（3.5）左手边的第二项为负。

3.1.3 比较静态

现在探讨这种更丰富的国家建构模型的影响，关注财政能力和司法能力投资。这通过一系列比较静态结果来实现，我们将其与经济学家和历史学家的文献讨论联系起来。

公共品价值 首先考虑公共品高需求的影响。

命题 3.2：更高的公共品需求期望，提高了共同利益政体和再分配政体的国家能力投资：

$$\frac{\partial E(\lambda_2)}{\partial \phi} = \alpha_H - \lambda_2^L > 0$$

共同利益使财政能力更有价值。这个结果可以用来理解关于战争在国家能力建设方面重要性的"辛茨-梯利假说"。然而，它很明显可以更广泛地应用于任何具有国家性质的公共品，如广泛的医疗保健计划或建立福利国家。这些是共同利益活动，但必须得到融资。如果对这类公共品或服务的需求期望很高，那么就有很强的动机去投资财政能力，并通过互补性来投资司法能力。

政治不稳定性和凝聚性 接下来观察政治制度的稳定性和凝聚性。

命题 3.3：如果制度缺乏凝聚性且处于再分配政体，则弱政治不稳定性会促进财政能力和司法能力投资。

这是因为更低的 γ 值可以提高保持稳定的可能性。另外，如果这个条件满足，那么 λ_2^L 随 γ 的增加而减少。政治制度凝聚性越弱，这种效应越大。与第 2 章一样，更强的政治制度凝聚性对再分配政体国家能力的影响不确定，但如果 θ 超过 $\alpha_L = 2(1-\theta)$ 的隐含值，则会使经济跨越边界，政体变为共同利益政体。

在第 2 章中，我们提到英国在光荣革命以后的那个世纪，辉格党长期统治国家，是一个非凝聚性政治制度带来相当多财政能力投资的历史案例。当时的战争威胁 ϕ 值高，应该也起到了同方向的拉动作用。根据本章的扩展模型，财政能力建构应当伴随着司法能力投资，即市场支持。

事实上，克勒曼和马奥尼（Klerman and Mahoney，2005）的近期研究记录了 18 世纪英国法律制度的一系列改革。在逐步的改革中，通过增加撤销法官职务的难度（1701 年），以及延长法官任期以超出特定君主的统治期限（1761 年），议会增强了司法独立性。议会在 18 世纪三次（分别是 1758～1759 年、1779 年和 1799 年）大幅提高了法官薪水。克勒曼和马奥尼（Klerman and Mahoney，2005）的事件研究方式显示，推进这些改革时期的股权回报率上升，意味着司法改革实际上被视为强化了私人产权。

18 世纪的英国案例似乎与我们模型的一般推论相一致，包括互补性。光荣革命增强了议会的力量，模型中的 θ 值上升。[1] 在不断面对来自法国的战争威胁时，模型中的高 ϕ 值——主导议会的稳固联盟实施改革以增强国家的征税能力，通过改革来提供更加可信和更好的法律服务来支持私人市场——增加了模型中的 τ 和 π。

---

① 这取决于 θ 的微观政治基础。我们将在第 7 章进一步讨论。

投资成本 决定投资成本的因素如何影响投资决策？这将在以下命题中得到回答。

命题 3.4：司法能力和财政能力的低成本，会同时增加共同利益政体和再分配政体的司法能力和财政能力投资。

这可以理解为 $L(\cdot)$ 或 $F(\cdot)$ 的向下乘法移位。对于给定的 π_2 和 τ_2，它会减少式（3.5）和式（3.4）的右手边。

在拉波塔等（La Porta et al., 1998）之后，很多近期的制度研究强调了法律起源的重要性。我们的模型通过成本函数 $L(\cdot)$ 为法律起源提供了直接的理论解释。如果某些法律起源影响了达成契约的容易度，将促进司法能力投资。通过两种形式国家能力的基本互补性，相同的法律起源会在相同方向上影响税收制度投资。

收入和增长 假设不同国家不同时期存在外生的生产率差异。在 $y(p_s^I)$ 函数中我们将其建模为移位，即：

$$y_s^I = \Lambda_s y(p_s^I)$$

不同 Λ_s 值可以代表国家之间的生产率自然差异。比方说，源于地理位置或生产率的"希克斯"（Hicks）中性进步。现在有如下命题。

命题 3.5：在共同利益政体和再分配政体中，高生产率（更高的 Λ_2）的经济体将选择更高水平的财政能力和司法能力投资。

我们观察到较高的 Λ_2 将同时增加式（3.5）和式（3.4）的左手边。

给定互补性存在，这将增加两种形式的国家能力投资。这个结果同时具备横截面和时间序列含义。

关于对跨国收入差距的意义，我们预期地理环境恶劣国家的国家能力投资较少。这些投资倾向于放大潜在差异，因为它们会对收入产生反馈。此外，当政治制度薄弱时，产生的收入差距可能是最大的，此时 θ 低到足以保证弱政体，而不投资任何形式的国家能力。

在观察时间序列差异时，我们的模型预测，正向的生产率冲击（比如新技术的产生），倾向于随制度的改善而放大。至少在非弱政体和经济受到制度约束的情形中是如此。弱政体的增长会更慢，因为其不会从我们确定的放大效应中获益。

Λ_2 的变化产生了"外生增长"。但即使没有出现"外生增长"，由于司法能力累积带来的制度发展，模型也将出现"内生增长"。为了看到这一点，如下定义总收入：

$$Y(p_s^I, p_s^o, R) = R + \frac{\Lambda_s[y(p_s^I) + y(p_s^o)]}{2}$$

然后，本节模型预测的增长率为：

$$\frac{Y(\pi_2, \pi_2, R) - Y(\pi_1, \pi_1, R)}{Y(\pi_1, \pi_1, R)}$$

如果 $\pi_2 > \pi_1$，即使所有的标准经济增长源泉（如技术改进和资本积累）都不存在，增长率依然为正。

通过改善契约或产权环境，继而改善资源配置，政府成为经济增长的引擎。进一步地，通过互补性，政府规模将与司法能力和收入共同增长。从先前的比较静态结果可以推导出，这种内生增长率受到政治制度和政治稳定性（θ，γ）的影响。

3.1.4 小结

给定图 1.1 和图 3.1 中所示原始数据的相关性，比较静态结果是非常有趣的。很明显，财政能力和司法能力之间的互补性，有助于解释我们在图中观察到的二者之间的强相关性。

思考收入与国家能力之间的正相关关系时，图景会稍显复杂。司法能力可能与金融发展紧密相关（如在下一节展现的微观基础模型中，私人信贷占 GDP 的比重与 π 成比例）。如前所述，由更好制度带来的金融发展可以引发收入的内生增长。但这种关系很容易反转：根据命题 3.5，外生增长带来的高收入强化了投资司法能力的动机，从而推动了金融发展。

财政能力和司法能力之间的互补性，对于理解税收和收入增长之间的关系非常有益。如果高司法能力是由本节提出的决定因素驱动的，我们预期它将与更强的财政能力共存。这些决定因素的变化倾向于导致税收和增长正相关。即使在弱政体中 [$E(\lambda_2) < 1$，财政能力投资为零]，税收和增长不相关，司法能力和国家收入仍然正相关。[1]

上述观察与发展宏观经济学中的最新实证发现有关。许多研究人员发现，金融发展指标和产权保护指标与经济增长之间存在正相关关系（Hall and Jones，1999；King and Levine，1993）。尽管命题 3.5 警告我们这种相关性可能无法反映金融市场的因果关系，而可能是反向因果关系，但预期在税收和增长之间找到负相关关系的诸多研究人员却毫无所获（Benabou，1997）。尽管简单，但我们的模型至少提供了对这些发现的可能解释。

---

[1] 回忆第 2 章关于收入分配的讨论。贝斯利和佩尔森（Besley and Persson，2009a）的研究显示，收入分配的变化通常会驱动财政能力和司法能力反方向变化，导致税收与增长负相关。

3.2 模型扩展

本节旨在深化和扩展对包含司法能力的核心模型的理解，从如何使用简单的一般均衡模型对 3.1 节的分析提供微观经济注解开始，然后从几个方面扩展模型，以观察资本所有者的准租金、私人资本积累和保护私人部门免遭掠夺的司法能力的影响。

3.2.1 微观经济基础

到目前为止，我们只是假定一个简化函数 $y(p_S^J)$。现在为这个函数增加一些微观经济结构，并研究其含义。例如，简化式的一个重要特点是 J 集团的收入完全取决于对该集团的特定法律支持，而不受向另一集团提供的法律支持的影响。我们探讨这个假设何时是正当的。为了分析这个问题和其他类似问题，首先要建构一个没有司法能力的模型，然后考虑如何引入司法能力。

两部门经济　3.1 节中的模型仅仅从 J 集团 S 期的人均收入由 $y(p_S^J)$ 给出开始，没有细化任何一种生产结构。本节建立了一个包含资本的模型经济，让个人可以拥有资本和劳动，也假设一些具备企业家才能的人可以在要素市场中获得资本和劳动。这些市场能否运行良好，依赖于契约的摩擦程度。对资本和劳动的需求决定了要素价格：均衡工资和资本租金。政府可以通过提供法律支持以减轻市场摩擦来支持经济。

这个框架比照经典的二元经济方式，由刘易斯（Lewis，1954）第一次提出并由费和拉尼斯（Fei and Ranis，1964）予以扩展。按照这种思路把二元经济分为"先进"和"传统"部门。然而，与以往的贡献不同，我们赋予制度在促进先进部门发展中的核心地位。比照二元经济的作用，是在传统生产中提供一种外部选择，它提供了外部工资 $\underline{\omega}$。

生产技术　先进部门在一个规模报酬不变的柯布-道格拉斯生产函数中使用劳动和资本：

$$H_s(K,L) \ = \ K^{\eta} \, L^{1-\eta} \tag{3.8}$$

其中，K 和 L 分别表示所用资本和劳动数量。J 集团的一部分居民 κ^J 能够使用该技术，用 $\kappa = \dfrac{\kappa^A + \kappa^B}{2}$ 代表整个经济中有这种能力的人口比例。实际上，这个公式暗含了一个第三方未定价的要素，即"企业家才能"，这是天生具备的。

传统部门的生产只使用劳动，并提供工资 $\underline{\omega}$。我们可以将第 2 章中的分析视为一种 $\omega = \underline{\omega}$ 型经济，即只有传统部门生产。

要素禀赋和价格　J 集团的每个成员 S 期拥有的资本禀赋 K_S^J 在当时是外生给定的（我们将在 3.2.3 节中增加私人资本积累）。与 3.1 节中的简化模型不同，这允许不同集团的产出异质性。整个经济的人均资本存量为：

$$K_s \ = \ \sum_J \frac{K_S^J}{2}$$

因此，即使没有集团内的不平等，集团间也存在不平等。假设每个人都可以通过某种后备技术获得保底回报率 $\underline{\rho}$。在有盗窃或通货膨胀风险的情况下，$\underline{\rho} < 1$，支撑技术是可以把现金藏在床下。这也可能是美国国债的回报率，传统上被认为是一种开放世界资本市场上的安全投资。经济有两

个要素价格：当个人选择租借给先进部门时，ρ 是资本交易价格，ω 是工资率。很明显，对任何先进部门，必须有 $\rho \geqslant \underline{\rho}$ 和 $\omega \geqslant \underline{\omega}$。

新古典基准经济　首先考虑有上述生产技术和要素禀赋的无摩擦世界。这是新古典经济学的标准世界，市场运行完善。

按照标准做法，以集约生产函数的形式开始非常有用。这依赖于 $k = K/L$，表示先进部门的资本密度。在要素价格 (ρ, ω) 下，先进部门的生产者选择 $\{k, L\}$ 来最大化

$$L[(k)^{\eta} - \rho k - \omega]$$

如果我们用 $\{\hat{k}, \hat{L}\}$ 来表示解，直观来看，它必须满足

$$\rho_s = \eta(\hat{k})^{\eta-1} \text{和} \omega_s = (\hat{k})^{\eta} - \rho_s \hat{k} \tag{3.9}$$

资本的边际产出等于回报率，工资率耗尽所有剩余。在相同的要素价格下，先进部门的所有企业表现相同。根据式（3.9），目前尚不清楚是否有传统部门生产。要了解这一点，必须求解一般均衡和相应的要素价格。

四种可能的新古典均衡　可以直观感觉到，按照某些要素价格是否由外部选择来决定，有四种可能的一般均衡结果。为检验这些可能性，可以如下定义 $\bar{k}$：

$$\eta(\bar{k})^{\eta-1} = \underline{\rho}$$

我们将其作为在给定的可用外部选择下，先进部门可以采用的劳均资本最大数量。

例 1：如果 $K_S \geq \bar{k}$ 且 $(1 - \eta)(\rho/\eta)^{\frac{\eta}{\eta-1}} \leq \underline{\omega}$，那么 $\rho_S = \underline{\rho}$ 且 $\omega_s = \underline{\omega}$。例 1 中两个部门都有生产，且某些资本被分配给外部选择。这通常发生在资本充足或资本外部回报高的经济体中。结果，先进部门的资本和劳动回报位于其保留价格之上。如果 $\underline{\rho}$ 太低，这种情况就不可能发生（至少在资本存量有限的情况下）。

例 2：如果 $K_S \geq \bar{k}$ 且 $(1 - \eta)(\rho/\eta)^{\frac{\eta}{\eta-1}} > \underline{\omega}$，我们将得到 $\rho_S = \underline{\rho}$ 且 $\omega_s > \underline{\omega}$。例 2 中我们只看到先进部门生产。然而，某些资本被分配给外部选择。再一次，这只能发生在资本充足和 $\underline{\rho}$ 不是太低的情况下。

例 3：当 $K_S < \bar{k}$ 且 $(1 - \eta)(K_S)^\eta < \underline{\omega}$ 时，就会有 $\rho_S > \underline{\rho}$ 且 $\omega_s = \underline{\omega}$。这里和例 1 一样，两个部门都有正生产。然而，资本完全被用于先进部门。这是一个传统部门有相当高生产率的情形，可以与先进部门成功竞争。在这个世界中，资本相当稀缺。

例 4：如果 $K_S < \bar{k}$ 且 $(1 - \eta)(K_S)^\eta > \underline{\omega}$，会有 $\rho_S > \underline{\rho}$ 且 $\omega_s > \underline{\omega}$。这种情况下只有先进部门的生产为正，两种要素的回报都超出外部选择。当先进部门的生产相对于传统生产而言利润足够丰厚时，例 4 将会盛行。从效果来看，整个经济运行得就像一个单一部门模型。每个企业家都经营着一家先进部门公司，每家公司都使用相同份额的资本存量 K_S/κ 和 $1/\kappa$ 的劳动。因此，要素价格分别由

$$\rho_S = \eta(K_S)^{\eta-1}$$

和

$$\omega_s = \eta K_S^{\eta} - \rho_S K_S = (1 - \eta)(K_S)^\eta$$

给出。

资本存量水平决定了这些要素价格以及人均收入水平，即 $y_S = (K_S)^\eta$。

这一新古典经济的国民收入水平完全由技术和可用要素决定，似乎与制度无关。然而，实际上我们已经假设所有交易无摩擦、产权得到充分保护、无偷窃或掠夺，从而暗含了制度的重要作用。这对任何经济都是非常强的假设，特别是处于发展早期阶段的经济。下一个任务是探索制度不完善的后果，这将使我们的思路集中于司法能力如何改善经济运行上。

制度约束的经济　　新古典经济是市场经济的标准教科书范本，把契约执行或私人产权保护制度视作理所当然。我们现在简单修改模型，让这些假设照耀现实，为司法能力改善资源配置留一个位置。现在经济受到制度约束，比无摩擦的新古典经济运作低效。制度约束意味着政府有通过投资司法能力来减少摩擦以提升经济效率的潜能。感觉上，我们所考虑的例子是为了让司法能力的概念鲜活。但实际上它们很重要，是理解更高司法能力有助于增加收入的准确方式。

资本市场不完善性　　发展经济学的悠久传统认为资本市场约束是贫穷经济体的核心和重要特征。[①] 我们遵循这个传统，将其作为研究政府的市场支持性角色的一种方式。具体来说，假定借贷执行有限，因为借款人有可能跑路，造成无抵押贷款无法偿还。因此，个人只能以其初始财富的一定比例借钱（即为抵押）。正式地，有：

---

① 参见班纳吉（Banerjee，2003）、班纳吉和杜弗洛（Banerjee and Duflo，2010）的综述。

$$K \leqslant (1 + p_s^J) K_s^J \tag{3.10}$$

其中，$p_s^J \in [0, \pi_s]$。这种抵押约束有效限制了企业家借款超出其财富 $p_s^J K_s^J$ 的特定部分。这个符号意味着，政府的法律支持提高了借款人可以承诺的有效抵押品数量。对限制这种法律支持的司法能力很容易解释，例如法院和合格法官的数量，以及政府信用登记的存在及其质量。

劳动需求和资本市场约束　如果资本约束起效，对于 $J \in \{I, O\}$，J 集团的最优劳动需求 $\tilde{L}_s^J$ 满足

$$\omega_s = (1 - \eta) \left[\frac{(1 + p_s^J) K_s^J}{\tilde{L}_s^J} \right]^\eta \tag{3.11}$$

这意味着先进部门的生产将获得准租金。

我们集中于 $\underline{\rho} = 0$ 的极端情形，此时新古典经济中的所有资本都将被分配给先进部门（前面提到的例 3、例 4）。① 这意味着先进部门的有效资本供给价格实际上是零。如我们所见，在没有制度约束的情况下，先进部门每家公司的平均运行资本是 K_s / κ。然而，企业家只能运行 $(1 + p_s^J) K_s^J$。因此，如果

$$\kappa^J K_s^J (1 + p_s^J) < K_s^J$$

则制度约束对 J 集团有效。而如果

$$1 + \pi_s < \min \left\{ \frac{K_s}{\kappa^I K_s^I}, \frac{K_s}{\kappa^O K_s^O} \right\}$$

则两个集团在经济中都将受到制度约束。

---

① 这极大地简化了代数运算，直接并入到更合理的 $\underline{\rho} > 0$ 的情形，但基本分析保持不变，如同在例 3 和例 4 中一样。

换言之，因为 π_S 足够小，所以两个集团都不能获得足够的资本来实现新古典经济的结果。在对称情形下可归结为一个简单条件 $(1 + \pi_S) \kappa < 1$。

现在假设两个集团都实质性受此制约，并且检查相应的产出水平以及它们如何依赖于 p_S^J。根据工资率是否由外部选择的传统部门来设定，要考虑两种情况。

例 3′：部分传统生产。这是接下来要在内容中阐明的基准例子。这种情形是

$$\left\{ \frac{\sum_J \kappa^J [(1 + p_S^J) K_S^J]}{2} \right\}^{\eta} (1 - \eta) \leqslant \underline{\omega} \tag{3.12}$$

也就是说，如果所有的可用劳动都被部署在先进部门，并且现有司法能力被两个集团最大限度地利用，此时劳动边际产出将低于传统部门的工资。

均衡工资率由传统工资 $\underline{\omega}$ 确定。一般均衡中传统和先进部门都使用劳动，就像上一节中的例 3 一样。两集团之间在 $\omega_S = \underline{\omega}$ 下，通过分配劳动来求解式（3.11）。

J 集团的人均收入为：

$$y^J(p_S^J) = \kappa^J \{ [(1 + p_S^J) K_S^J]^{\eta} (\tilde{L}_S^J)^{1-\eta} - \underline{\omega} \tilde{L}_S^J \} + \omega \tag{3.13}$$

$$= \eta \left[\frac{\underline{\omega}}{(1 - \eta)} \right]^{\left(1 - \frac{1}{\eta}\right)} (1 + p_S^J) \kappa^J K_S^J + \underline{\omega} \tag{3.14}$$

第一项是准租金，源于制度约束资本分配的现实。

现在考虑到 J 集团的契约环境改善，可以通过任意给定抵押品借入更多的资金。由于私人消费的线性效用（风险中性），现在可以把这种改进理解为一个典型法院按要求执行债务契约的更大可能性。效应服从[1]

$$y_P^J(p_S^J) = \kappa^J \eta \left[(1 + p_S^J) K_S^J \right]^{\eta-1} (\tilde{L}_S^J)^{1-\eta}$$
$$= \eta \left[\frac{\omega}{(1-\eta)} \right]^{(1-\frac{1}{\eta})} \kappa^J K_S^J > 0 \tag{3.15}$$

其与 J 集团的资本所有权成正比。

这个微观基础支持了 3.1 节中两集团平分资本所有权的基本模型。法律支持通过改善契约环境、减少资本市场摩擦和扩大企业家活动范围的方式来增加生产，但每个集团的收入只取决于其所获得的法律支持。

例 4′：没有传统生产。现在考虑如果式（3.12）不满足会发生什么。现在所有劳动力都在先进部门，工资率服从

$$\omega_S(p_S^J, p_S^O) = (1-\eta) \left[\sum_J \frac{K_S^J}{2} (1 + p_S^J) \kappa^J K_S^J \right]^{\eta} \tag{3.16}$$

此时，两个集团所获得的法律支持都影响到均衡工资率。因此，两集团之间存在（货币）外部性。现在，

$$\frac{\partial \omega_S(p_S^J, p_S^O)}{\partial p_S^J} = (1-\eta) \eta \frac{\kappa^J}{2} K_S^J \left[\sum_J \frac{\kappa^J}{2} (1 + p_S^J) K_S^J \right]^{\eta-1} > 0$$

劳动力需求随着资本的增加而增加，工资率也是如此。

---

[1] 该计算使用了包络条件和方程（3.11）。

现在每个集团的收入取决于其所获得的法律支持。使用式（3.11）和式（3.16），J 集团的人均收入为：

$$y_P^J(p_S^I, p_S^O) = \kappa^J \{ [(1 + p_S^I) K_S^J]^{\eta} (\tilde{L}_S^J)^{1-\eta} - \omega_S(p_S^I, p_S^O) \tilde{L}_S^J \} + \omega_S(p_S^I, p_S^O)$$

$$= \left[\sum_J \frac{\kappa^J}{2} (1 + p_S^I) K_S^J \right]^{\eta} \left[\eta \frac{\kappa^J (1 + p_S^I) K_S^J}{\sum_J \frac{\kappa^J}{2} (1 + p_S^I) K_S^J} + (1 - \eta) \right] \tag{3.17}$$

再次强调，第一项是先进部门企业家赚取的准租金。[①]

现在考虑增加 p_S^I 和 p_S^O 对在位者集团人均收入的影响，由下式给出。

对于 $J = I$ ，有：

$$\frac{\partial y^I(p_S^I, p_S^O)}{\partial p_S^I} = (1 - \kappa^I \tilde{L}_S^I) \frac{\partial \omega_S(p_S^I, p_S^O)}{\partial p_S^J}$$

$$+ \kappa^I \eta [(1 + p_S^I) K_S^I]^{\eta-1} (\tilde{L}_S^I)^{1-\eta} \tag{3.18}$$

对于 $J = O$ ，有：

$$\frac{\partial y^I(p_S^I, p_S^O)}{\partial p_S^O} = (1 - \kappa^I \tilde{L}_S^I) \frac{\partial \omega_S(p_S^I, p_S^O)}{\partial p_S^J} \tag{3.19}$$

有两种效应需要考虑。式（3.18）和式（3.19）都包括均衡工资变化所产生的影响。如已经观察到的，工资率随着在先进部门生产中使用更多资本而上升。这是否会让在位者集团获得边际利益，取决于该集团是劳动净需求者还是净供给者。如果 $\kappa^I \tilde{L}_S^I = 1$ ，集团自我满足，工资率的变化会导致集团内部再分配而非集团间再分配。然而，即使两个集团事前相同，就企业家的比例和资本持有情况而言，如果 $p_S^I \neq p_S^O$ ，则两个集团也会事后不同。因此，法律支持的分配功能可以将一个集团从劳动自给自足

---

① 如果这些集团是同质的，可以平等获得财产权，则 $y^J(p_S, p_S) = [\kappa(1 + p_S) K_S]^{\eta}$ 。这低于 $\kappa(1 + p_S) < 1$ 时的新古典经济产出。

者，变为一个劳动的净需求者或净供给者。

第二个效应仅在式（3.18）中出现。与式（3.15）相同，这反映了所用资本数量增加带来的准租金增加。此效应一直为正，直到所有资本都用于先进生产。

观察到人均国民收入为：

$$Y(p_s^I, p_s^O) = \frac{y^I(p_s^I, p_s^O) + y^O(p_s^I, p_s^O)}{2}$$

$$= \left[\sum_J \frac{\kappa^J}{2}(1 + p_s^J) K_s^J \right]^\eta \tag{3.20}$$

因此，很明显，对于 $J \in \{I, O\}$，有：

$$\frac{\partial Y(p_s^I, p_s^O)}{\partial p_s^J} > 0 \tag{3.21}$$

因此，通过向两个集团提供法律支持，国民收入无疑会增加。工资变化让一个集团获利，另一集团受损。但这纯粹是两集团之间的转移，国民收入不受影响。真正增加国民收入的，是更多的法律支持促使更多的资本被投入生产。

司法能力和全要素生产率 我们现在展示，司法能力的变化可以被视为全要素生产率（TFP）的变化。为了这个目标，我们使用资本市场不完善模型，其中先进部门的工资超过 $\underline{\omega}$（例4´）。假设 $\{p_s^I, p_s^O\}$ 是两集团所获得的法律支持。与式（3.20）中一样，经济中的人均收入为 $Y(p_s^I, p_s^O)$。

对于给定的要素禀赋——资本 K_s 和单位劳动禀赋，我们已经展示了收入如何随所获法律支持而变化。如果两集团都满足 $p_s^J = \pi_s$，那么增加的司法能力投资会进一步提高人均收入。事实上，对比不同时期的收入，我们发现这可能是增长的一个来源。

生产率增进型司法能力　为了探索司法能力如何成为经济增长的一个来源，现在考虑资本为 K_S、劳动禀赋为 1 的经济。最大化的人均潜在产出是 $(K_S)^\eta$。把实际产出写为：

$$Y(p_S^I, p_S^O) = \lambda(p_S^I, p_S^O) (K_S)^\eta$$

其中 $\lambda(p_S^I, p_S^O) \leqslant 1$，衡量的是资本市场的不完善和次优制度导致的与生产可能性前沿的距离。

国民收入由式（3.20）给出，我们有：

$$\lambda(p_S^I, p_S^O) = \left[\sum_J \frac{\kappa^J}{2}(1 + p_S^J) \frac{K_S^J}{K_S} \right]^\eta$$

假设经济处在一个对称的情形中，对于 $J \in \{I, O\}$，满足 $K_S^J = K_S$ 且 $\kappa^J = \kappa$，即两集团的资本所有权或企业家能力无差异。那么，如果 $p_S^I = p_S^O = \pi_S$，则所有的司法能力都将被使用。可以写为：

$$\lambda(\pi_S, \pi_S) = [\kappa(1 + \pi_S)]^\eta$$

因此，只要 $\kappa(1 + \pi_S) < 1$，产出就低于其潜在值。这是一个符合直觉的条件。这意味着，企业家可以使用的资本数量小于全部可用资本，后者已经标准化为 1。

还要注意到，在经济均衡状态，总信贷与 GDP 的比值可以写为：

$$\frac{\pi_S}{(1 + \pi_S)^\eta} \frac{(K_S)^{1-\eta}}{\kappa^\eta}$$

这个比例是金融发展文献的一个核心指标，随司法能力而单调递增。当我们讨论模型的实证含义时，会在 3.3 节回到这个指标。

解释 对国民收入水平的讨论揭示，其他条件不变，司法能力变化可以通过全要素生产率提升来衡量。然而，这些都不是技术变迁，而是更好市场制度带来的资源配置效率的提升。

这种观点，即制度改善可以提高资源使用效率，激发经济增长，是我们先前讨论过的发展经济学古老传统的一部分，与现代增长理论中盛行的技术论有所不同。

在很多方面，这里所采取的方法与阿西莫格鲁、约翰逊、鲁滨逊（Acemoglu，Johnson and Robinson，2001）和诺思（North，1990）等提出的经济增长和发展基于制度的视角更密切相关。因此，我们才能够把这些理念嵌入我们的方法中，与国家能力投资联系起来。

作为公共品的司法能力 如果获得法律支持是纯私人产品，那么给予一个集团更多支持就必须以另一集团的利益为代价。如果是这种情形，确定谁获得法律支持将不可避免地成为两个集团之间的再分配政策。然而我们推定，司法能力有某些公共品元素。我们都知道，纯公共品有两个属性：非竞争性和非排他性。

扩展公式中以 p_S^J 体现的司法权力，假定 π_S 是非竞争但排他的物品，则一个集团获取更多并不会减少另一个集团的可用数量。对于 $J \in \{I, O\}$ 来说，我们将其正式地表述为 $p_S^J \leqslant \pi_S$ 这个假设。这与第 2 章中对财政能力的建模方式相似。即使不存在直接的再分配问题，也存在每个集团是否充分获得司法能力的问题，即是否满足 $p_S^J = \pi_S$。

排他性与法治 如果司法能力是纯公共品，那么集团之间的零歧视是可能存在的，因为它们具有非竞争性和非排他性。此时对于 $J \in \{I, O\}$，

必然有 $p_S^J = \pi_S$。这对应一种情形，一旦法院和其他形式的保护或增强基础设施建立，就不可能排除任何人在法律的阴影下制定契约。如果集团完全相同，这可能是一个自然假设。一旦集团在地理位置、部门构成或民族方面存在差异，那么在位者集团就有可能调整法院提供的法律服务，从而使特定地区、部门或民族受益。

不管这是技术性出现，还是在位者集团决策的结果，在法律权利充分扩展的情形下，$p_S^J = \pi_S$ 都符合对法治社会含义的标准解释。[①] 不仅法律和执法手段应当存在，而且所有居民都应平等地受到法律约束。在司法能力排他的情形下，我们就可以探寻法治能否在政策均衡中充分体现。

司法能力与基础设施　与一般的生产率提升型基础设施投资相比，这里建模的司法能力有一些鲜明特征。道路、电信和桥梁等基础设施直接进入生产函数的假设非常自然，先进部门的产出将是：

$$\Lambda\left(\pi_S\right) K^\eta L^{1-\eta}$$

其中 $\Lambda(\cdot)$ 是递增的凹函数，π_S 是基础设施存量。这实际上就是阿西莫格鲁（Acemoglu，2005）的国家能力投资公式。

将基础设施按照地理位置定位到特定集团的想法非常自然。这样对于 $J \in \{I, O\}$，我们就可以拥有集团特定的基础设施冲击 $\{\pi_S^J\}$。然而，这类模型并不等同于这里讨论的 p_S^J 决策模型，因为我们是在事后决定基础设施存量如何使用。因此，一个集团是否可以获得基础设施，应该由 $(S-1)$ 期而不是 S 期的在位者集团决定。这可能意味着，即使在位者集团失权，对其所在区域的投资也可能会持续。当然，基础设施会随时间折

[①] 当然，法治比普遍性更重要。这一概念意味着法律规则可以被合理预知而不是受制于行政决策的突发奇想。

旧，但投资基础设施的动机与投资资产的动机相比会有很大不同，分配有一个事后的相机成分。①

然而，在投资司法能力（特别是完全利用）和投资一般生产性基础设施之间还是有很多相似之处的。因此，很多关于政府生产性投资的想法可以转移到传统的基础设施投资中。

额外互补性　我们在 3.1 节侧重讨论的互补性完全来自政府的预算约束，但模型暗示了互补性的其他来源。如 2.2.1 节所示，假设 $\underline{\omega}$ 代表传统部门的税前选择。进一步，假设我们处在前面提到的例 2 中，此时先进部门的工资高于传统部门的保留工资，正规部门的工资满足 $\omega_s(p_s^I,\ p_s^O) \geqslant \underline{\omega}$。

然后，私人将面临是在先进（正规）部门工作并缴税还是在传统（非正规）部门工作而不缴税的选择。简单税收套利意味着先进部门的个人所得税税率为：

$$t_s \leqslant \frac{\omega_s(p_s^I,p_s^O) + d_s - \underline{\omega}}{\omega_s(p_s^I,p_s^O)}$$

如 2.2.1 节所述，d_s 是任何逃税者被抓后的直接惩罚。正如第 2 章所解释的，可以考虑将财政能力投资看作提升 d_s。现在定义所得税的财政能力极限为：

$$\tau_s = \frac{\omega_s(p_s^I,p_s^O) + d_s - \underline{\omega}}{\omega_s(p_s^I,p_s^O)}$$

这个公式中的财政能力与司法能力直接相关，且对于任意集团 J，财政能力随 p_s^J 的增加而增加。特别是，如果 $p_s^I = p_s^O = \pi_s$，那么，

---

① 不应该过分夸大差异。关于收费和维修计划的决策是事后相机决定的。

$$\tau_S = \frac{\omega_S(\pi_S, \pi_S) + d_S - \underline{\omega}}{\omega_S(\pi_S, \pi_S)}$$

会随 π_S 的增加而增加。更先进部门的机会创造了人们在那里工作并缴税的动机，这为财政能力和司法能力创造了额外的互补性。司法能力提高了先进部门的工资，促进了税收征管，进而提高了财政能力。

财政能力与司法能力的其他"行政"互补性也值得一提。建构司法能力的重要方面可能是投资土地登记机构，以便更好地保护土地私人产权或投资信贷登记机构，以便执行债务契约。这些登记机构还创建了土地和金融资产所有权的信息，反过来会让土地或资产更容易成为税基。因此，可将这种登记机构投资视为某种"联合生产"，同时提高政府征管能力和增加支持市场的直接收益。换句话说，它们同时提高了司法能力和财政能力。

3.2.2 税收本质

在 3.1 节的核心模型中，最大限度地向每个集团扩展司法能力总是最优的。但如 3.2.1 节所示，在位者集团可以通过扩展反对者集团的司法能力可得性来增加或降低其收入。在本小节中，我们探讨了将司法能力扩展到两个集团的动机以遵循法治原则，此时获得的法律保护具有普遍性。

政策问题再探讨　一旦重新引入税收和再分配，政策问题就会变得更加复杂。改变对反对者集团的法律支持，会使在位者集团受益还是受损，受到公共收入效应的影响。现在展开进一步探索，以揭示税收和司法能力之间的另一个重要互补性，我们称之为税收本质效应。

为了探讨这一点，现在允许 y' 依赖于（3.2.1 节例 4'）方程（3.17）

中的向量 (p_S^I, p_S^O)。因此，在位者集团在 S 期的政策支付为：

$$\alpha_S g_S + (1 - t_S) y^I(p_S^I, p_S^O) + r_S^I$$

如果在位者集团比反对者集团有更多的劳动力需求，那么 $\partial y^I(p_S^I, p_S^O) / \partial p_S^O < 0$。正如 3.2.1 节的解释，对在位者集团收入的负效应，是劳动需求增加导致的普通工资上涨，使本集团企业家所获得的准租金下降。政府预算约束现在修改为：

$$R + t_S Y(p_S^I, p_S^O) = g_S + m_S + \frac{r_S^I + r_S^O}{2}$$

加入政府转移性支出水平，假设所得税按照最高水平设定，在位者集团的支付函数可以写为：

$$\alpha_S g_S + (1 - \tau_S) y^I(p_S^I, p_S^O) + 2(1 - \theta) [R + \tau_S Y(p_S^I, p_S^O) - g_S - m_S] \quad (3.22)$$

法治的财政能力限制　现在观察到如下命题。

　　命题 3.6：假设 $\kappa^I K_S^I > \kappa^O K_S^O$，在 $\widehat{\tau}(\alpha_H) < \widehat{\tau}(\alpha_L)$ 的范围内存在 $\widehat{\tau}(\alpha)$，满足对所有的 $\tau_S \geq \widehat{\tau}(\alpha)$，所有的司法能力都被充分利用，即 $p_S^I = p_S^O = \pi_S$。但如果 $\tau_S < \widehat{\tau}(\alpha)$，那么 $p_S^I = \pi_S$ 且 $p_S^O = 0$。

　　证明：式（3.22）对 p_S^I 求导有：

$$(1 - \tau_S) \frac{\partial y^I(p_S^I, p_S^O)}{\partial p_S^J} + \tau_S \lambda_S \frac{\partial Y^I(p_S^I, p_S^O)}{\partial p_S^J} \quad (3.23)$$

其中 $\lambda_S = \max\{\alpha_S, 2(1 - \theta)\}$。对于 $J = I$，很明显这是个递增函数，所以 $p_S^I = \pi_S$。然后用式（3.17），对于 $J = O$，第一项的符号取决于

$$1 - \frac{2 \kappa^I K_S^I (1 + \pi_S)}{\kappa^I K_S^I (1 + \pi_S) + \kappa^O K_S^O (1 + p_S^O)}$$

如果 $\kappa^I K_S^I > \kappa^O K_S^O$，那么对于所有的 $p_S^O \in [0, \pi_S]$ 来说上式都是负值。式（3.23）的第二项是正值。现在定义 $\tilde{\tau}(\lambda_S) \in [0, 1]$，满足：

$$[1 - \tilde{\tau}(\lambda_S)] \frac{\partial y^I(p_S^I, p_S^O)}{\partial p_S^O} + \tilde{\tau}(\lambda_S) \lambda_S \frac{\partial Y(p_S^I, p_S^O)}{\partial p_S^O} = 0$$

观察到 $\tilde{\tau}(\lambda_S) < 1$。现在让

$$\widehat{\tau}(\alpha_L) = \tilde{\tau} \max\{\alpha_L, 2(1 - \theta)\}$$
$$> \tilde{\tau}(\max\{\alpha_H, 2(1 - \theta)\}) = \widehat{\tau}(\alpha_H)$$

证毕。

这一结果是说，除非财政能力足够高，否则拥有更多企业家的在位者集团会拒绝反对者集团获得法律支持。这是因为在位者集团更喜欢低工资，并可以通过保持低 p_S^O 来确保这一点。税收以公共品 g 的形式创造了集体消费需求，从而社会化了人均收入增加的收益。因此，税收的临界值正向取决于公共品需求。原因是公共品高需求提高了公共资金的价值，鼓励在位者集团允许反对者集团强化产权以产生高工资，从而通过税收制度创造收益。这种共同利益动机减少了无效率地降低反对者集团的工资和整个经济中人均收入的诱惑。

τ 的临界值也取决于不同集团企业家活动的不平等程度。在位者集团的企业家活动越多，财政能力的临界值越高。两个集团同质化时命题不再

成立，因为人均收入低时，低工资不能让在位者集团受益。[1] 命题 3.6 也显示了 $\kappa^I K_S^I$ 和 $\kappa^O K_S^O$ 之间的微小差异，该差异可以因集团间法律保护的不同而变大，这加深了不平等程度。

命题 3.6 暗含了税收与效率之间的深层互补性。通过税收－转移性支出制度进行再分配，可鼓励在位者集团追求法治，加大对整个社会的市场支持，而不是加强本集团的狭隘利益。进一步来说，若利用共同利益政体的动机更强，法治就更强。[2]

对国家能力投资的意义 司法能力未得到充分利用的可能性，会影响到投资财政能力和司法能力的动机。我们首先考虑这对财政能力投资的意义，然后考虑对司法能力投资的意义。

如命题 3.6 所示，对财政能力投资的第一个影响来自如下观察，即未能将法律保护全面扩展到两个集团，内生地导致了更大的不平等。如在2.2.4 节观察到的，在模型中加入不平等改变了投资财政能力的动机。低收入集团对财政能力的需求更高，但高收入集团需求较低。这些偏好只是反映了以每个集团放弃的私人收入来衡量的财政能力边际成本。如命题 3.6 所示，这个效应将在低财政能力水平上被放大。

模型表明，掌权的贫穷集团可以通过让税收制度投资超过临界值 $\hat{\tau}(\alpha_S)$ 而直接增加收入，这将导致司法能力使用更加有效进而提高收入。这种效应会永久影响产出，因为财政能力投资不可逆。

对财政能力投资的第二个影响，与哪个集团掌权无关。为了说明这一点，假设 $\hat{\tau}(\alpha_H) \leqslant \tau_2 \leqslant \hat{\tau}(\alpha_L)$，且凝聚性条件不满足。此时对两集团来

---

[1] 除资本持有的不平等外，贝斯利和佩尔森（Besley and Persson，2011）说明了得到这个结果的另一种方法。假定企业家不提供任何劳动，那么两个集团都可以通过降低工资来获得更多的在位收入。

[2] 效率与税收之间的互补性是一个普遍现象。但如果税收带来了净损失，那可能是税收达不到为反对者集团提供法律保护的程度。

说，投资财政能力的边际收益较低。对于在位的富裕集团来说，这个边际收益是：

$$(1 - \phi)(1 - \gamma)2(1 - \theta) Y(\pi_2, 0) + [\phi \alpha_H + (1 - \phi)\gamma 2\theta]Y(\pi_2, \pi_2)$$

而对于在位的贫穷集团而言，这个边际收益是：

$$(1 - \phi)\gamma 2(1 - \theta) Y(\pi_2, 0) + [\phi \alpha_H + (1 - \phi)(1 - \gamma)2\theta]Y(\pi_2, \pi_2)$$

由于 $Y(\pi_2, 0) < Y(\pi_2, \pi_2)$，这些项都小于司法能力被充分利用时的边际收益 $\phi \alpha_H + (1 - \phi)2[(1 - \gamma)(1 - \theta) + \gamma\theta]Y(\pi_2, \pi_2)$。这降低了财政能力投资动机，因为税收少，增加了低收入状态下弱政体持续的可能性。

最后，我们必须考虑这对司法能力投资的意义。司法能力不充分利用，降低了这种能力的投资回报。[①] 其他条件不变，这降低了司法能力投资。如果财政能力投资也很低，那么两种形式国家能力的互补性将导致对司法能力的负面影响复杂化。因此，我们预期可能会是一个低税收、司法能力利用水平低且有偏的政体，如命题3.6所示，这也会减少司法能力投资，从而进一步强化了低税收和低收入的共生性。

弱政体对收入和增长的影响　关于财政能力不足的讨论，对思考收入和增长有重要意义。如前所述，人均收入的增长率为：

$$\frac{Y(p_2^I, p_2^O) - Y(p_1^I, p_1^O)}{Y(p_1^I, p_1^O)} = \sum_{J \in \{I, O\}} \left[\frac{y^J(p_2^I, p_2^O) - y^J(p_1^I, p_1^O)}{2y^J(p_1^I, p_1^O)} \right]$$

即使 π_S 不随时间而变，如果能达到 $p_2^O = \pi_2$，即经济跨越命题3.6中

---

① 这并不是显而易见的。因为使用的资本越少，资本边际产出就越高。然而可以证明，这实际上是我们假设的柯布–道格拉斯技术情形。

的任意临界值，那么财政能力的增加也能带来增长。然而，不投资财政能力的弱政体，并不能逃离财政能力陷阱。这造成了税收与人均收入之间的强关联。

为了进一步说明这些想法，考虑两个政体 W（弱）和 S（强）。假设两个政体具有相同的初始司法能力，$\pi_1^W = \pi_1^S = \pi_1$，但 $t_1^W < \hat{\tau}(\alpha_L)$ 且 $t_1^S > \hat{\tau}(\alpha_L)$。由于初始财政能力不同（$t_1^W < t_1^S$），两个政体处于命题 3.6 中财政能力临界值的相反位置。

比较第一期和第二期的收入水平。如果第一期的在位者集团富有，那么，

$$Y_1^S - Y_1^W = Y(\pi_1, \pi_1) - Y(\pi_1, 0) > 0$$

由于对反对者集团的法律保护无效，在第一期 W 的收入水平较低。如果富有的在位者集团在第二期持续执政，我们有：

$$Y_2^S - Y_2^W = Y(\pi_2^S, \pi_2^S) - Y(\pi_2^W, 0) > Y(\pi_1, \pi_1) - Y(\pi_1, 0)$$

其中不等式遵循 $\pi_2^S > \pi_2^W$。

由于财政能力较低，第二期 W 比 S 追求更低效率的法律保护政策，低司法能力投资导致经济增长较慢。与弱政体相比，强政体不仅 GDP 水平较高，而且收入优势随着时间的推移而增长。

命题 3.6 的这些含义提出了对图 1.1 中相关性的另一种可能解释。利用 3.1 节的结果，可能会看到弱政体与低收入相伴随，这可能是其他因素共同导致了弱政体和低收入，也可能是低收入导致了弱政体（回想命题3.2）。本小节的结果表明，弱政体可在实际上导致低收入，从某种程度上来说是因为其鼓励实施会扭曲生产的政策。

在投资陷阱中思考如何逃离无效法律保护非常有趣。结论表明，外生环境和政治改革可能会起作用。在预期外部冲突严重或概率很大的情形下

（较高的 ϕ 或 α_{II}），通过改善未来的共同利益政体前景，可以减少高成本的无效法律保护。弱化政治不稳定性（低 γ 值）的改革可能会引致第一期财政能力投资。我们将在第 7 章探讨这种改革的可能性。

独立司法机构　这一节维持了控制法律支持的假设，即拥有政治权力者决定是否要遵循法治。如果两个集团都同意不利用事后权力对不同集团引入低效和歧视性的法律支持来榨取租金，就可能会带来两个集团成员的事前福利增加。然而在我们的模型中，一旦权力被分配，这样的协议可能是事后不可信的。因此，将这些决定委托给关心经济效率和（或）可以平等获取法律保护的独立司法机构，可能会给社会带来福利。[①] 当富人垄断了政治权力的时候，这样的委托就特别有价值。因此，"投资"司法独立，将与财政能力和司法能力投资互补。

这一讨论提供了额外视角来看待独立司法系统的有益影响。然而，这里有一些棘手的问题需要处理：法理上的独立并不一定意味着事实上的独立。[②] 到底是什么使委托给独立机构比两集团间的非正式协议更可信呢？

我们将在第 7 章讨论政治和体制改革时再次回到这些问题。

金融发展的辩论　有必要把本小节的结果与金融发展政治起源的近期研究联系起来。正如我们所讨论的，这些研究表明，创造或保留租金的愿望可以阻止统治精英建构运转良好的金融市场所需的制度（Pagano and Volpin，2005；Rajan and Zingales，2003）。这些研究通常会考虑金融部门而不考虑税收制度。因此，政治起源论可能会暗含缺乏财政能力的假设，

[①] 这一观点与基德兰德、普雷斯科特（Kydland and Prescott，1977）和罗戈夫（Rogoff，1985）关于独立保守的中央银行的观点相似。

[②] 费尔德和沃伊特（Feld and Voigt，2003）对这些问题进行了有益讨论，并提出法理上和事实上司法独立性的实证指标。

这使得在位者集团对市场投资或实现收入最大化没有兴趣，转向通过税收和转移性支出来进行其想要的再分配。

阿西莫格鲁（Acemoglu，2003，2006）强调，明确提出政治科斯定理问题非常重要，即为什么有关集团不能聚在一起谈判，得到人均收入最大化的结果，然后在它们之间分配利益？至少，我们必须明确地说明阻碍这种结果产生的摩擦因素。在我们的分析中，摩擦来自缺乏可信机制来超出参数 θ 所体现的制度承诺。这是因为财政能力过低。[1] 将这种方法应用于金融不发达的政治根源研究的关键创新在于，把国家能力的两方面看作是共同内生演化的，并影响政策激励。

这个讨论比本小节中的具体例子更有一般性。下一步的研究可能会考虑弱政体和导致低收入的其他政策性生产扭曲的共同决定因素，比如关税或烦琐监管。

补充或替代？　核心模型中的国家能力天然互补。我们的模型发现，总是有力量推向互补方向。然而在某些函数中这些力量很弱，我们甚至能找到国家能力的两方面互为替代品的情形。为了说明这一点，回到 2.2.2 节的函数，此时公共品需求出现曲率。现在第二期公共资金的边际价值期望为：

$$E(\lambda_2) = \begin{cases} \alpha V_g [\tau_2 y(\pi_2) + R] & \text{若 } \alpha V_g [\tau_2 y(\pi_2) + R] > 2(1-\theta) \\ 2[(1-\gamma)(1-\theta)+\gamma\theta] & \text{其他} \end{cases}$$

式（3.4）和式（3.5）的欧拉方程依然有效。

如果 $\alpha V_g [\tau_2 y(\pi_2) + R] \leqslant 2(1-\theta)$，那么财政能力和司法能力现在像核心模型一样有互补关系。然而，如果 $\alpha V_g [\tau_2 y(\pi_2) + R] > 2(1-\theta)$，

---

[1]　在没有财政能力或制度支持的情况下，穷人向富人做出承诺以换取更好法律服务的假设是不可靠的。

那么只有在

$$1 + \frac{\tau_2 y(\pi_2)}{\tau_2 y(\pi_2) + R}\left(\frac{V_{gg} g_2}{V_g}\right) \geqslant 0$$

的情况下，财政能力和司法能力才互补。这要求公共品需求弹性
（$-V_{gg} g_2 / V_g$）足够低。直觉上，这个问题出现是因为随着更多国家能力的
累积，出现公共品边际价值下降。通过降低 $E(\lambda_2)$，每种类型国家能力
投资的边际回报降低了。

我们关注提高了一种或两种国家能力投资边际回报的决定因素的比较
静态。这可能会造成一种假象，认为两个集团对国家能力的需求总是一致
的。但并非如此，对不同类型国家能力的需求可能会随政治控制而改变。
这恰恰是 2.2.4 节中介绍的收入不平等问题。通过非常相似的公式，贝斯
利和佩尔森（Besley and Persson，2009a）表明，高收入集团对司法能力
（而不是财政能力）的需求更大，低收入集团则相反。

尽管两种形式的国家能力仍然互补，但不同集团的国家能力形式可能
是替代关系。我们的模型将开始接近传统阶级政治，一个集团需要高税收
和低水平市场发展，另一个集团则需要低税收和高水平市场发展。国家能
力的混合演化，将取决于掌权集团和经济不平等的程度。

3.2.3 私人资本积累

3.1 节的基本模型是动态的，但只考虑了两种形式的国家能力积累。
本小节通过私人资本积累的方式扩展模型。为简单起见，只研究一期的资
本，因为没有新投资，第一期的资本存量在第二期之前全部折旧，这样可
自然地分析国家能力与私人积累之间的交互作用。

模型修正　回到本节兴趣点，考虑 3.2.1 节中的例子，集团内部和集

团之间的每个人都相同，并且工资率超过了 ω 。我们的假设是，每个阶段每个居民有概率 κ 成为企业家，并且在此概率下做出积累决策。因此，每个人都是事前相同的。

还假设参数满足 $p_S^I = p_S^O = \pi_S$ ，即司法能力被充分利用，那么人均收入期望（明显取决于人均资本存量 K ）为：

$$y(\pi_S, K) = \begin{cases} \rho(K_2) K + \omega(K_2) + R & 若 \kappa(1 + \pi_S) \geq 1 \\ [\kappa(1 + \pi_S) K]^{\eta} + R & 其他 \end{cases} \quad (3.24)$$

其中，$\rho(K_2) = \eta(K_2)^{\eta-1}$ 是市场确定的资本租金价格。在 $\kappa(1 + \pi_S) \geq 1$ 的情形下，资本被完全用于先进部门，收入取决于人均总资本。居民将总人口的人均资本水平 K_2 看作给定，不受私人积累决策的影响。而在 $\kappa(1 + \pi_S) < 1$ 的情形中，居民自有资本水平是重要的，因为这就是他们作为企业家获得资本的决定因素。

通过式（3.24），我们有：

$$y_K(\pi_S, K) = \begin{cases} \eta(K_2)^{\eta-1} & 若 \kappa(1 + \pi_S) \geq 1 \\ \eta[\kappa(1 + \pi_S)]^{\eta}(K)^{\eta-1} & 其他 \end{cases}$$

在 $K = K_2$ 的情形下，当生产资本的使用没有制度约束时，储蓄的边际回报率最高，因为当 $\kappa(1 + \pi_S) < 1$ 时，制度约束起效。

要研究考虑 K 的积累决策，请注意第一期效用为：

$$y(\pi_1, K_1)(1 - \tau_1) + \alpha_1 g_1 + r_1^J - K$$

积累只会减少第一期的私人消费。第二期效用则变为：

$$y(\pi_2, K)(1 - \tau_2) + \alpha_2 g_2 + r_2^J$$

期限　模型的安排现在修改如下：

（1）从国家能力初始存量 $\{\tau_1, \pi_1\}$ 、人均资本存量 K_1 和在位者集

团 I_1 开始；

（2）所有居民选择为第二期积累多少资本 K；

（3）自然决定 α_1 和 R，并决定哪些居民为第一期企业家；

（4）I_1 选择第一期政策集 $\{t_1, r_1^I, r_1^O, p_1^I, p_1^O, g_1\}$，并（通过投资）确定第二期财政能力和司法能力存量 $\{\tau_2, \pi_2\}$；

（5）I_1 在概率 $(1-\gamma)$ 下继续掌权，自然决定 $\alpha_2 \in \{\alpha_L, \alpha_H\}$，并决定哪些居民在第二期是企业家；

（6）I_2 选择第二期政策集 $\{t_2, r_2^I, r_2^O, p_2^I, p_2^O, g_2\}$。

模型的唯一新特征是对第二期的私人投资决策。我们把这个决策放在了第一期的 α_1 和 R 实现值之前，确切时机在这里并不重要，但是在第5章重新引入私人投资时将变得重要，因为对政治动乱的集体投资决定了政治不稳定性 γ。

如前所述，我们寻找子博弈完美均衡。

最优私人投资　关于公共品选择、税收和转移性支出的公共决策和前文一致。新部分是在第二阶段的资本积累决策。定义

$$W(\alpha_S, \tau_S, \pi_S, m_S, \beta^J, K, K_S) = \alpha_S G(\alpha_S, \pi_S, \tau_S, K_S) + (1-\tau_S)y(\pi_S, K) \\ + \beta^J [\tau_S Y(\pi_S, K_S) - G(\alpha_S, \pi_S, \tau_S, K_S) - m_S]$$

其中 $\beta^I = 2(1-\theta)$，$\beta^O = 2\theta$。从第二阶段来看第一期的效用期望为：

$$\phi W(\alpha_H, \tau_1, \pi_1, m_1, \beta^J, K_1, K_1) + (1-\phi) W(\alpha_L, \tau_1, \pi_1, m_1, \beta^J, K_1, K_1) - K$$

注意，K 从表达式的剩余部分中简单扣减，表示投资的私人消费成本都是固定的，与 α_1 无关。

第二期的值函数现在取决于私人资本存量和第二期的人均资本存量。

对于在位者集团，有：

$$U^I(\tau_2, \pi_2, K, K_2)$$
$$= [\phi W(\alpha_H, \tau_2, \pi_2, 0, \beta^I, K, K_2) + (1 - \phi) W(\alpha_L, \tau_2, \pi_2, 0, \beta^I, K, K_2)]$$

对于反对者集团，有：

$$U^O(\tau_2, \pi_2, K, K_2)$$
$$= [\phi W(\alpha_H, \tau_2, \pi_2, 0, \beta^O, K_1, K_2) + (1 - \phi) W(\alpha_L, \tau_2, \pi_2, 0, \beta^O, K, K_2)]$$

关于最优资本积累决策，在位者集团为：

$$\widehat{K}_2^I = \arg\max_{K \geq 0} \{(1 - \gamma) U^I(\tau_2, \pi_2, K, K_2) + \gamma U^O(\tau_2, \pi_2, K, K_2) - K\}$$

反对者集团为：

$$\widehat{K}_2^O = \arg\max_{K \geq 0} \{\gamma U^I(\tau_2, \pi_2, K, K_2) + (1 - \gamma) U^O(\tau_2, \pi_2, K, K_2) - K\}$$

由于两个集团有相同的生产函数，面临相同的第二期税率，所以结果直接就是 $\widehat{K}_2^I = \widehat{K}_2^O$。

我们现在证明以下命题。

命题 3.7：假设 $(1 - \tau_2) \underline{\omega}^\eta < 1$，那么对于 $J \in \{I, O\}$，第二期资本的最优水平是求解

$$(1 - \tau_2) y_K(\pi_2, \widehat{K}_2^J) = 1$$

证明：对于 $\kappa(1 + \pi_2) < 1$，最优化会产生

$$\eta [\kappa(1 + \pi_s)]^\eta (\widehat{K}_2^J)^{\eta-1} = 1$$

如果 $\kappa(1 + \pi_2) \geq 1$，个人收入 y_1 下的第一期最优积累决策为：

$$\widehat{K}_2^J(K_2, y_1) = \begin{cases} = 0 & \text{若}(1 - \tau_2) \eta (K_2)^{\eta-1} < 1 \\ \in [0, (1 - \tau_1) y_1] & \text{若}(1 - \tau_2) \eta (K_2)^{\eta-1} = 1 \\ = (1 - \tau_1) y_1 & \text{若}(1 - \tau_2) \eta (K_2)^{\eta-1} > 1 \end{cases}$$

我们要求私人投资是映射 $\widehat{K}_2^I(K_2) = K_2$ 的一个不动点。可以直接看到，$\widehat{K}_2^I(0) > 0$，在命题 3.7 的假设下，当 $y_1 \geqslant \underline{\omega}$ 时，$\widehat{K}_2^I(\underline{\omega}) < 1$。因为 $\widehat{K}_2^I$ 是连续的，中值定理意味着在对称投资下存在一个不动点，满足

$$(1 - \tau_2)\, \eta\, (K_2^I)^{\,\eta - 1} = 1$$

证毕。

这个条件符合直觉，即税后资本净收益率必须等于第一期消费的边际价值。[①] 若非如此，每个人都可以通过增加或减少储蓄获益。如果市场不完善，个人能从成为企业家的储蓄中获益，这种条件可满足。在完美市场的世界中储蓄并确定资本租价，就像新古典经济一样，这个条件也能满足。

私有资本和司法能力的互补性　在命题 3.7 中，税后边际资本回报率设定为 1，也就是以前面第一期消费表示的机会成本。从这个条件出发，当经济受到制度约束时，$\kappa(1 + \pi_2) < 1$，然后有：

$$\frac{\partial \widehat{K}_2}{\partial \pi_S} = \frac{\eta}{1 - \eta} \frac{\widehat{K}_2}{(1 + \pi_s)} > 0$$

换句话说，更好的法律制度和私人资本积累之间存在互补性。这一结果意味着，我们的方法所表明的通过政府积累司法能力促进增长的机制，与标准投资增长模型之间确实有某种关联。这种联系表明，应该可以在生产资本密度与司法能力之间看到更深层的数据集群。

根据这一观察，我们可以推导出人均收入的司法能力增长效应，并考

---

① 命题的这个假设足以保证一个内解。

虑到互补性。增加 π_2 对收入的总效应由下式给出：

$$\frac{\mathrm{d}y(\pi_2,\widehat{K}_2)}{\mathrm{d}\pi_2} = y(\pi_2,\widehat{K}_2)\,\frac{\eta}{1+\pi_2}\left(1 + \frac{1+\pi_2}{\widehat{K}_2}\frac{\partial\widehat{K}_2}{\partial\pi_2}\right)$$

$$= y(\pi_2,\widehat{K}_2)\,\frac{\eta}{(1+\pi_2)(1-\eta)}$$

投资更强的司法能力会对收入产生乘数效应，因为它会带来额外的私人资本。

在实证预测上，互补性意味着私人投资率和司法能力具有相同的决定因素。我们会在 3.3 节讨论实证意义时再回到这个观察。

修正国家能力投资　现在考虑私人积累对司法能力投资决策的影响，从 τ_S 固定和外生的情况开始。回到方程（3.5），我们可以看到，现有在位者集团投资司法能力的边际回报比没有乘数效应的情况下更高。

当然，要将前面的生产率模型完全揉进标准的增长模型还有很多工作要做。但总体来说，我们应该预期经济制度的改善会强化经济增长的标准机制。对同一想法的另一种应用是内生创新，需要将知识产权保护制度与技术授权制度结合起来。

在内生化财政能力时会发生什么？读者能正确地猜到，在内生资本积累下，我们将会得到与 2.2.6 节内生劳动供给结果相近的税收抑制效应。因此，财政能力和司法能力投资可能会导致不同结果。一旦司法能力达到 $\kappa(1+\pi_S) \geqslant 1$ 这一点，我们就只能得到税收对资本积累的标准抑制效应。然而在这一点之下，高税收的影响将被更多司法能力建设所抵消。

3.2.4　掠夺与腐败

3.2.1 节中司法能力的微观基础集中于经济制度，主要是为了方便私人部门，特别是私人资本市场的契约执行。这一节再来看看掠夺的经济成本。掠夺可能来自法治不完善导致的强制私人权威，也可能是官僚为中饱私囊而滥用权力的行为。在任何一种情况下，掠夺性行为基本上都接近于对生产征税的机制，导致资源错配和无效率生产。

国家可以建立经济制度以加强法治，通过更健全的法律体系来保护私人产权、改善生产者境况，还可以通过赋予生产者法律地位的形式来对抗恶政，从而制衡官僚权力。

我们采用本章先前提出的两部门模型来研究这些现象。此时，假定掠夺行为只发生在先进生产部门。因此，掠夺阻碍了经济向先进部门的结构转型，降低了人均收入。

我们使用本模型来研究依靠掠夺行为生存的寻租阶层的统治。这种统治缺乏保护经济免受掠夺的动机，是司法能力陷阱的来源。

引入掠夺　为简化研究，我们关注对称情形。经济中每个居民持有私人资本 K 的相同份额（外生给定），每个集团中都有相同的企业家比例 κ。

官僚及其私人代理人的掠夺是一种（非正规）税收，其技术在后面说明。同质掠夺者包括经济中两个集团的成员 $J = I, O$。用 $n^J \in [0, 1]$ 来指代 J 集团的掠夺者份额，$n^I + n^O = 1$。租金在掠夺者内平均分配，J 集团获得 n^J 份额的掠夺资源，分担 n^J 份额的掠夺成本。

这种设定很容易导致一种特殊情形，即完全腐败（$n^I = 1 - n^O = 1$），所有掠夺租金都属于统治集团（也可以建立一个租金完全来自集团间再分配的模型）。

我们继续假设，在位者政府通过最大化平均效用的方式来维护本集团的利益。接下来还会考虑另一种更现实的情况，即租金抽取集中在一个小集团（一小部分精英）手中。

掠夺作为税收　假设先进部门在生产后，J 集团生产者的部分产出面临受到掠夺者"盗窃"的可能性。我们把这种盗窃模型化为某种生产税，用 μ 表示。掠夺者可以在掠夺中歧视不同的集团 J，设计针对特定集团掠夺的可获利性。税率取决于对目标集团私人产权 p_S^J 的正规保护，以及掠夺者针对目标集团 J 的掠夺努力程度，用 χ_S^J 表示。即使假定两个集团有相同的潜在生产可能性，如果 $p_S^I \neq p_S^O$，掠夺率也会不同。

假设一个简单函数形式，税率为：

$$\mu(\chi, p) = (1 - p)\chi$$

其中 $\mu_\chi = (1 - p) > 0$，即掠夺率越高，税率越高。如果 $p = 1$，那么掠夺没有回报。如同上一节所示，假设 $p_S^J \in [0, \pi_S]$，其中 π_S 是司法能力。

掠夺者的目标　扣除掠夺后，J 集团 S 期先进部门的期望产出现在是：

$$[1 - \mu(\chi_S^I, p_S^J)] K^\eta L^{1-\eta}$$

假设 χ^J 由所有掠夺者共同行动的努力程度来决定。共同行事的掠夺者就像一个垄断性"掠夺公司"，在位者集团和反对者集团的代理人分别持有公司 n^I 和 n^O 的股份。

对每个目标，假设掠夺努力成本由 $C(\chi)$ 给出，其中 $C(\cdot)$ 是递增的凸函数。由此，J 部门的掠夺利润（租金）为：

$$\mu(\chi_S^J, p_S^J) K^\eta L^{1-\eta} - C(\chi_S^J)$$

我们专注于如下情况：

$$[1 - \mu(\chi_S^I, p_S^J)] \eta K_S^{\eta-1} > \underline{\rho} \tag{3.25}$$

这意味着外部选择的资本回报率非常低，所有资本都被用于先进部门的生产。给定传统生产部门的外部可用工资，依据下列条件是否满足，会产生两种情况。

先进部门生产率：

$$[1 - \mu(\chi_s^J, p_s^J)] \ (1 - \eta) \ K_s^{\eta} > \underline{\omega} \tag{3.26}$$

这个假设在资本丰裕的经济体更可能满足。此时传统工资较低，几乎没有均衡掠夺，所以 $\mu(\cdot, \cdot)$ 远小于 1，先进部门的生产更有吸引力。

部分传统部门生产 假设式（3.25）满足，但先进部门生产率条件失效，那么劳动需求 $\tilde{L}_s^J$ 满足以下条件：

$$[1 - \mu(\chi_s^J, p_s^J)] \ (1 - \eta) \left(\frac{K_s}{\tilde{L}_s^J \kappa}\right)^{\eta} = \underline{\omega} \tag{3.27}$$

这同 3.2.1 节新古典模型中的例 3 类似。

针对 J 集团 S 期的最优掠夺率为：

$$\widehat{\chi}_s^J = \arg\max\{\mu(\chi, p_s^J) \ (K_s)^{\eta} \ (\kappa \tilde{L}_s^J)^{1-\eta} - C(\chi)\}$$

劳动力现在有一部分部署在传统部门。这个最优掠夺率将掠夺努力的边际收益，等于用下面条件给出的边际成本：

$$(1 - p_s^J) \ (K_s)^{\eta} \ (\kappa \tilde{L}_s^J)^{1-\eta} = C_\chi(\widehat{\chi}_s^J)$$

增加对 J 集团的法律支持 p_s^J 会产生两种效应。第一种是 $\widehat{\chi}_s^J$ 减少所产生的掠夺效应，第二种是劳动力进入先进部门为 J 集团企业家工作所产生的再分配效应。劳动需求服从方程（3.27）。

零传统部门生产 如果先进部门生产率条件式（3.26）满足，则式（3.27）中的 $\tilde{L}_S^I$ 等于 $1/\kappa$，所有劳动力都在先进部门就业。

针对 J 集团 S 期的最优掠夺率现在为：

$$\hat{\chi}_S^J = \arg\max\{\mu(\chi, p_S^J)\,(K_S)^{\,\eta} - C(\chi)\,\}$$

如果假设存在内解，一阶条件是：

$$(1 - p_S^J)\,(K_S)^{\,\eta} = C_\chi(\hat{\chi}_S^J) \tag{3.28}$$

此时 p_S^J 增加只有掠夺效应，没有再分配效应。

法律保护分配 在给定的司法能力存量 π_S 下，我们现在使用上述框架来考虑政府设定 $\{p_S^I,\ p_S^O\}$ 的决策。

确定这一点首先要注意的是，J 集团 S 期先进部门的人均产出满足：

$$[1 - \mu(\hat{\chi}_S^J, p_S^J)\,]\ \tilde{y}(p_S^J)$$

其中，

$$\tilde{y}(p_S^J) = \begin{cases} (K_S)^{\,\eta} & \text{若}[1 - \mu(\hat{\chi}_S^J, p_S^J)\,]\,(1-\eta)\,(K_S)^{\,\eta} > \underline{\omega} \\ (K_S)^{\,\eta}\,(\kappa\,\tilde{L}_S^J)^{\,1-\eta} & \text{其他} \end{cases}$$

J 集团的净掠夺收入为：

$$n^J\left[\mu(\hat{\chi}_S^J, p_S^J)\,\right]\ \tilde{y}(p_S^J) + \mu(\hat{\chi}_S^O, p_S^O)\ \tilde{y}(p_S^O) - C(\hat{\chi}_S^J) - C(\hat{\chi}_S^O)$$

将这些表达式放在一起，有：

$$y^I(p_S^I, p_S^O) = \left[\,1 - n^O\mu(\hat{\chi}_S^I, p_S^I)\,\right]\ \tilde{y}(p_S^I) + n^I\mu(\hat{\chi}_S^O, p_S^O)\ \tilde{y}(p_S^O)$$
$$- n^I\left[\,\sum_J C(\hat{\chi}_S^J)\,\right] + (1 - \kappa\,\tilde{L}_S^I)\,\underline{\omega} \tag{3.29}$$

注意，I 集团通过掠夺本集团成员产生的收入 $n^I \mu(\widehat{\chi}_S^I, p_S^I) \, \tilde{y}(p_S^I)$ ，在集团内部被减去了。

规范基准　将上述表达式代入 O 集团的相应表达式，得到人均收入为：

$$Y(p_S^I, p_S^O) = \frac{\sum_{J \in \{I, O\}} [\, \tilde{y}(p_S^I) - C(\widehat{\chi}_S^I) + (1 - \kappa \, \tilde{L}_S^J) \, \underline{\omega}]}{2}$$

因为 $\mu(\widehat{\chi}_S^I, p_S^I)$ 项是掠夺者和被掠夺者之间的纯转移，所以并不包含在这个表达式中。

现在有如下强规范性结果。

命题 3.8：当 $p_S^I = p_S^O = \pi_S$ 时，人均收入达到最大化，即在给定的司法能力下，生产者得到充分的法律保护。

证明：证明很简单。生产总值 $\sum_{J \in \{I, O\}} [\, \tilde{y}(p_S^I) + (1 - \kappa \, \tilde{L}_S^J) \, \underline{\omega}]$ 最大化，可以通过先进部门生产的隐性税收最小化（$p_S^I = p_S^O = \pi_S$）来得到。掠夺带来的总净损失 $-\sum_{J \in \{I, O\}} C(\widehat{\chi}_S^I)$ 最小化，可以通过尽可能地阻止掠夺（$p_S^I = p_S^O = \pi_S$）来得到。

这个结论与 3.2.1 节模型中发现的结论相同。鼓励掠夺的唯一预期效果是再分配。但因为掠夺降低了产出，没有社会效益。最好是将对每个集团的掠夺水平降到最低，保证法治。

政治均衡　如果所有的掠夺完全是集团内部事务，即所有的掠夺努力和收入都保持在集团内部，那么命题 3.8 的规范性结果将在政治均衡中继续满足。这将复制得出命题 3.1 的逻辑，每个集团只会关心本集团的掠夺水平，并将掠夺水平设置得尽可能低。

然而，在这里的掠夺例子中，为两个集团提供充分法律保护可能不再是在位者集团的最优选择，还要看掠夺租金如何分配。关键是我们的框架中没有一个政府可以承诺设定 $p_S^I > 0$，从而事前创造的司法能力也可能不被事后使用。如果在位者集团的租金不成比例（$n^I >> n^O$）提供差别化的法律保护可能会更好，可以最大化在位者集团可获得的净收入。如果 n^I 趋于 1，n^O 趋于 0，通过式（3.29）$n^I C(\hat{\chi}_S^I)$ 项可以看出，对 I 集团的掠夺产生了最大净损失（因为几乎全部掠夺租金都在 I 集团内转移）。因此，最好最大限度地阻碍对 I 集团的掠夺，即设置 $p_S^I = \pi_S$ 来最小化成本。同时，通过 $n^I \mu(\hat{\chi}_S^O, p_S^O) \tilde{y}(p_S^O)$ 项，对集团 O 的掠夺为 I 集团创造了大量租金。因此，最好通过设置 $p_S^O = 0$ 来最大化从集团 O 抽取的租金。完整的正式论证与 3.2.2 节中税收本质的内容非常相似，不再重复。同时请注意，先前关于高财政能力通过赋予平均收入分配足够大权重来纠正生产效率扭曲的见解，同样适用于当前环境。

含义 与 3.2.2 节对税收本质的分析相似，这里也表明了一种观点。在 3.2.2 节我们认为，在位者集团的短期机会主义寻租行为会造成预期社会福利的损失，要求把司法能力的实施委托给独立司法机构。同一种论调在这里也适用：把抓捕掠夺者的任务委托给有明确使命的独立机构，可能符合社会的长期利益。当掠夺者本身就是政府官员时，这种情况要求对官僚机构进行政治独立（和诚实）的监督。但是，发展中国家（和发达国家）尝试打击腐败的大量经验表明，这样的改革说起来容易做起来难。

要改变社会规范和执行代理人的动机是出了名的难。

掠夺性政体? 到目前为止，我们都假定寻租回报被广泛享有，在位者集团以整个集团的平均收入作为行动基础。每个集团内部都存在科斯谈判的想法可能过于乐观。直觉上我们经常会考虑寻租和掠夺合二为一的世界，占统治地位的小集团以其狭隘的个人利益为基础进行这些行动。这个替代世界有更大的破坏性含义，可以作为一个掠夺性政体的基础。

现在假设统治阶层是自利的腐败精英，他们进行完全掠夺并垄断掠夺租金。为了模型化这种情况，假设所有的掠夺租金都归于在位者集团的一小部分人（即 $e^l < 1$），同时由其承担掠夺成本。设定掠夺水平来最大化掠夺收入减去成本后的净收入。为简单起见，假设两集团以相同方式被精英统治，每个集团的精英规模相同。如果有政治更替的话，就发生在这些精英统治者之间。

治理 在此情景中，我们引入额外的政治制度参数，即治理参数 $\zeta \in [0，1]$ 来补充 θ 和 γ。可以把 ζ 看作对精英阶层施加的交易成本，在任意给定法律保护水平 p_s^l 下减少可抽取的租金。因此，精英的人均租金实现水平现在是：

$$\frac{\sum_{J \in \{l,0\}} [\mu(\widehat{\chi}_s^l, p_s^l) \ \tilde{\gamma}(p_s^l) - C(\widehat{\chi}_s^l)]}{e^l}(1 - \zeta)$$

其中 $\zeta = 0$ 是最弱的治理类型，$\zeta = 1$ 最强。对 ζ 的一个可能解释是独立司法机构约束政府的程度。当然，先前提出的关于独立司法机构可信代理的要求仍然有效。

和核心模型一样，在位者集团的居民受益于通过税收系统配置的官方资源，但在位者集团受到 θ 所代表的政治制度约束。在理论上，以 θ 衡量的凝聚性和以 ζ 衡量的良治关注不同的分配问题。然而在现实中，由于两者都与行政约束有关，因此我们预期 θ 和 ζ 相互关联。

间接效用　　J 类非精英居民的效用为：

$$\alpha_s g_s + (1 - t_S) \left[1 - \mu(\widehat{x}_s^J, p_S^J) \right] \tilde{\gamma}(p_S^J) + r_S^J$$

精英代表成员（假设都属于 I 集团成员）的效用是：

$$\frac{\sum_{J \in \{I, O\}} \left[\mu(\widehat{x}_s^J, p_S^J) \ \tilde{\gamma}(p_S^J) - C(\widehat{x}_s^J) \right]}{e^I} (1 - \zeta)$$

$$+ \alpha_s g_s + (1 - t_S) \left[1 - \mu(\widehat{x}_s^I, p_S^I) \right] \tilde{\gamma}(p_S^I) + r_S^I \qquad (3.30)$$

精英对式（3.30）第二项所代表的集团一般利益不太重视。然而，这也取决于治理质量 ζ。如果 $\zeta = 1$，在位者集团只关心本集团福利。这个公式（相当合理地）假定从掠夺中获得的租金不受所得税的影响，因为租金具有非正规性。

用政府预算约束来求解转移性支出，有：

$$r_S^I = 2(1 - \theta) \{ R + t_S [1 - \mu(\widehat{x}_s^I, p_S^I)] \ Y(p_S^I, p_S^O) - g_s - m_s \} \qquad (3.31)$$

与 3.1 节的核心模型一样，我们还有 $t_S = \tau_S$ 和由角点解确定的公共品需求，取决于 α_S 值与 $2(1 - \theta)$ 的比较。唯一有趣的新问题是抗衡掠夺的法律保护如何得到。

重新审视法律保护　　令 $t_S = \tau_S$，将式（3.31）代入式（3.30），并将最优公共品决策代入在位者集团的支付函数。假设相应的收益函数在 (p_S^I, p_S^O) 上是凹函数。对 p_S^I 的选择将在司法能力和财政能力约束下最大化支付函数。对于在位者集团来说，一阶条件是：

$$\frac{\partial[\mu(\widehat{\chi}_s^l,p_s^l)\ \tilde{y}(p_s^l) - C(\widehat{\chi}_s^l)]}{\partial p_s^l}(1-\zeta) + e^l[(1-\tau_s)+\tau_s\lambda_s]\frac{\partial[1-\mu(\widehat{\chi}_s^l,p_s^l)]\ \tilde{y}(p_s^l)}{\partial p_s^l} \gtreqless 0$$

$$\text{c. s.} \quad p_s^l \in [0,\pi_s] \tag{3.32}$$

对于反对者集团来说，一阶条件是：

$$\frac{\partial[\mu(\widehat{\chi}_s^o,p_s^o)\ \tilde{y}(p_s^o) - C(\widehat{\chi}_s^o)]}{\partial p_s^o}(1-\zeta) + e^l\,\tau_s\,\lambda_s\frac{\partial[1-\mu(\widehat{\chi}_s^o,p_s^o)]\ \tilde{y}(p_s^o)}{\partial p_s^o} \gtreqless 0$$

$$\text{c. s.} \quad p_s^o \in [0,\pi_s] \tag{3.33}$$

如前所述，$\lambda_s = \max\{\alpha_s, 2(1-\theta)\}$ 是公共资金的边际价值。

式（3.32）和式（3.33）的第一项为负。随着 p_s^l 的增加，该项代表弱法律保护下更高租金给精英带来的边际损失。第二项为正，代表加强法律保护所带来的收入增加。对于在位者集团来说，这包括通过政府预算约束获得的收益和收入增加。

通过式（3.32）和式（3.33），我们现在有以下结果。

命题 3.9：产权保护取决于治理强度，有两个临界值，$\zeta_H(\tau_s, \pi_s, \lambda_s, e^l) > \zeta_L(\tau_s, \pi_s, \lambda_s, e^l)$，满足：

（1）如果 $\zeta \geqslant \zeta_H(\tau_s, \pi_s, \lambda_s, e^l)$，那么 $p_s^l = p_s^o = \pi_s$；

（2）如果 $\zeta \in [\zeta_L(\tau_s, \pi_s, \lambda_s, e^l), \zeta_H(\tau_s, \pi_s, \lambda_s, e^l)]$，那么 $\pi_s \geqslant p_s^l \geqslant p_s^o \geqslant 0$；

（3）如果 $\zeta \leqslant \zeta_L(\tau_s, \pi_s, \lambda_s, e^l)$，那么 $p_s^l = p_s^o = 0$。

证明：通过（包络定理）首先观察到，

$$\frac{\partial[\mu(\widehat{\chi}_s^l,p_s^l)\ \tilde{y}(p_s^l) - C(\widehat{\chi}_s^l)]}{\partial p_s^l} = -\widehat{\chi}_s^l\ \tilde{y}(p_s^l) < 0$$

即当 p_s^J 减少时，租金总是较高。现在定义 ζ_H 满足

$$-\hat{\chi}_s^o \; \tilde{y}(\pi_s)\,(1-\zeta_H) + e^I\,\tau_s\,\lambda_s\,\frac{\partial\,[\,1-\mu(\hat{\chi}_s^o,\pi_s)\,]\;\tilde{y}(\pi_s)}{\partial\,\pi_s} = 0$$

因为支付函数被假定为凹函数，对于所有的 $\zeta \geq \zeta_H$，有 $p_s^o = \pi_s$。此外，通过式（3.32）我们还能看到 $p_s^I = \pi_s$。注意，ζ_H 总是小于 1。现在定义 ζ_L 满足

$$-\hat{\chi}_s^I \; \tilde{y}(0)\,(1-\zeta_L) + e^I\,[\,(1-\tau_s) + \tau_s\,\lambda_s\,]\,\frac{\partial\,[\,1-\mu(\hat{\chi}_s^I,0)\,]\;\tilde{y}(0)}{\partial\,p_s^I} = 0$$

因为是凹函数，对于 $\zeta \leq \zeta_L$，有 $p_s^I = 0$。为了 $\zeta_L > 0$，要让 e^I 足够小，否则 $\zeta_L = 0$。此外，从式（3.33）可以直接看出在 ζ_L 处就有 $p_s^o = 0$，更不用说对所有的 $\zeta \leq \zeta_L$。

最后，我们观察到，对于 $\zeta \in [\zeta_L, \zeta_H]$，$p_s^I$ 至少对在位者集团来说严格为正。从式（3.32）和式（3.33）中，可以直接看出 $p_s^I > p_s^o$。

解释 命题 3.9 给我们提供了三个例子。如果是良治即 $\zeta \geq \zeta_H(\tau_s, \pi_s, \lambda_s, e^I)$，则抗衡掠夺的最大保护将给予两个集团，且所有司法能力都将得到充分利用。如果是劣治即 $\zeta \leq \zeta_L(\tau_s, \pi_s, \lambda_s, e^I)$，那么没有任何集团可获得任何法律保护来抗衡掠夺。在这两个极端之间，司法保护偏好在位者集团中的成员。这就像一个私人产权保护的寡头系统，按照在位者集团的偏好，每个集团获得的保护不同。同时，司法保护仍然不足以充分利用全部司法能力。

与 3.2.1 节模型的不同在于，命题 3.9 的显著特征是两个集团都可能得不到法律保护。这提供了腐败或掠夺在经济上高代价的生动例证。要点不仅包括提高 $\mu(\hat{\chi}_s^J, p_s^J)$ 的标准渠道，而且腐败降低了执政精英为居民提

供法律支持从而抗衡掠夺活动的兴趣。然而，损害可能会不止于这个静态效应，掠夺也降低了投资司法能力的动机。我们稍后讨论这个可能。

命题 3.9 表明，均衡的劣治要求精英足够少。为了理解这一点，可以观察随着 $e^I \to 0$，式（3.32）和式（3.33）中的第二项趋于 0，更弱的法律保护使寻租收益支配了私人收入的所有正效应，或政府预算约束带来的效应。直觉上，较低的 e^I 使精英更少地代表本集团利益，这与科斯结果的分歧加大。

治理的门槛值也取决于 λ_S。从式（3.32）和式（3.33）中可以清楚地看到，加强私人产权保护的收益部分来自更高的公共收入。然而，如果 $\alpha_S = \alpha_H$，即公共品的价值非常大（比如战时经济）时，共同利益动机可能会变得足够强，从而引发打击腐败和掠夺的尝试。对于强大的少数精英来说，这样一个由共同利益带来的"冲击"确实非常大。重新激发有效配置司法能力的动机的主要希望是 ζ 会增加。

最后，我们观察到，降低这些动机的措施之一，是试图对掠夺和腐败的回报征税。这种活动就其性质来说似乎不太可能发生。一旦到了对掠夺回报征税的程度，就意味着对改善治理也有相同效果。

投资司法能力的动机　现在探讨劣治对司法能力投资动机的启示。让我们专注劣治的例子。按照命题 3.9，我们定义如下。

劣治：

$$\zeta \leqslant \zeta_L(\tau_S, \pi_S, \lambda_S, e^I)$$

正如在命题 3.9 中所看到的，在劣治下政府缺乏为任一集团成员提供法律保护的动机。如果 $p_S^I = p_S^O = 0$，有 $y_\pi(\pi_2) = 0$。将此逻辑应用于式（3.5）的司法能力欧拉方程，意味着政府现在没有动机投资司法能力。

我们将这个例子称为掠夺性政体，因为是执政精英肆无忌惮的掠夺破坏了创造法律制度和支撑法治的动机。

我们在以下命题中总结了这一观点。

命题 3.10：如果满足劣治，政体是掠夺性的，没有动机投资司法能力。这也减弱了第一期在位者集团投资财政能力的动机。

掠夺性政体在某些方面与我们在 2.1 节和 3.1 节中确定的弱政体相当，因为在位者集团没有动机投资于任何形式的国家能力。然而，这里有三个重要的区别。

第一，弱政体被定义为缺乏投资财政能力的动机，这是因为分配政府资源的制度凝聚性有限。掠夺性政体中的"弱"来源于劣治（即 ζ 值很低），使统治者能从弱司法制度中直接获益。

第二，掠夺性政体原则上可以与 2.1 节后半部分定义的三种政体共存。一个共同利益政体甚至有可能同时存在掠夺！寻租问题的出现，并非因为集团之间缺乏凝聚性，而是因为集团内部存在"代理"问题。然而，给定高 θ 和 ζ 值可能有许多共同特征，一个共同利益政体是掠夺性政体的可能性并不大。因此我们预期，掠夺性政体主要出现在凝聚性条件不满足时，即弱政体和再分配政体中。

第三，与弱政体不同，掠夺性政体有直接的经济效率含义：这些政体有低水平且无效率的生产。造成了低法律保护程度、腐败和低收入之间的直接关联。

给定财政能力与司法能力之间的互补性，不愿建构司法能力也会减弱财政能力投资的动机。掠夺性政体中没有任何一个精英集团有动机打破这个陷阱，即使 γ 很高、政权将会更替，因为无论什么司法能力被创造出来都永远不会得到使用。换句话说，加强法治的举措将会被放弃。

即使没有劣治的最坏情形，满足 $\zeta < \zeta_H(\tau_S, \pi_S, \lambda_S, e^I)$ 的任何情况都意味着投资司法能力的弱动机。因此，改善治理将成为投资司法能力和财政能力的补充。

投资私人资本的动机 我们也可以观察到，掠夺性政体只有极弱的私人资本积累动机，因为回报率被压低了 $[1 - \mu(\hat{x}_s^I, p_s^I)]$。因此，如果以与 3.2.3 节所述的相同方式引入私人资本积累，我们预期掠夺性政体也会有更低水平的私人积累。这种效应并不一定与 τ_S 有关，因为掠夺边际与标准税收边际是分开的。由于掠夺性政体建构司法能力的动机更弱，我们预期掠夺边际比税收边际更重要。

小结 对掠夺性政体分析的扩展，使我们的方法可以纳入一组新焦点。我们强调了掠夺和腐败的常规静态扭曲，也强调了另外两种（有关联的）边际，即掠夺性扭曲：①拒绝居民获得法律保护的动机；②创建无效法律制度的动机。因此，掠夺性政体揭示了政体脆弱性的新维度，补充了先前发现的维度。

在第 4 章我们将会看到，掠夺性政体的出现还会带来其他负面后果，特别是会强化支配在位者集团和反对者集团的精英投资动乱的动机，以维持或获得权力。

此外，我们的分析激发了把改善治理作为促进发展的一种手段的需要，这是近期发展政策文献中的常见主题。用本小节模型的视角，正确的做法是实施改善治理参数 ζ 的政治改革。第 7 章我们将讨论旨在减少精英俘获的改革，以及我们可以预期此类改革何时会内生地出现。

3.3 实证解释和数据

我们用结束第 2 章的方式来结束本章，观察横截面数据来验证本章所提出理论的含义。和第 2 章一样，这里展示的仅仅是一些相关性暗示。然而，就像在第 2 章一样，我们认为理论是度量和解释这些相关性的有益指南。

衡量司法能力　为衡量司法能力（模型中的变量 π），我们使用五个不同的代理变量，一个来自国际国别风险指南，另外四个来自世界银行的营商环境调查。[①]　其中一些已经在本章和第 1 章的图表中展示过。

从国际国别风险指南来看，我们将政府反转移政策的年度指标作为政府影响私人投资动机的近似指标。我们采用了可用的最新年度（1997 年）指标值，这个指标应用广泛，很难与任何具体理论机制准确对应。然而，如第 1 章所述，该指标在宏观经济发展文献中被普遍用于衡量产权保护。从这种含义出发，该指数与我们在 3.2.4 节对掠夺理论的讨论相互呼应。与财政能力诸指标相比，我们还不完全清楚这究竟是 π_s 还是 $\{p_s^I, p_s^O\}$ 的指标。

第二项指标也相当普遍。它是一个国家的营商环境（标准化）排名，是一系列特定国家商业环境排名的汇总指数，反映了政府对企业施加的一系列限制。我们相当自信的是，其与基础经济制度有很强关联，因此也反映 π_s。

我们从营商环境项目中选择更贴近理论的具体指标作为第三、第四和第五个指标。第三个指标是财产登记便利度的（标准化）国家排名。这显然与资产抵押的便利度有关。这与 3.2.1 节中的微观基础模型相当接

---

① 见 www. doingbusiness. org。

近，其中 $p_S^J = \pi_S$ 时允许企业家利用自己的财富。第四个指标是信贷获取便利度的（标准化）国家排名，这也与包含资本市场不完善性的微观基础模型有关。第五个指标是契约执行程度的（标准化）国家排名，这也应该与资本市场交易有关，但也可能与总体司法制度有关。

表 3.1 显示了五种司法能力指标的相关矩阵。毫无意外，它们都是正相关，这反映了本书一直强调的那种集群。当然，这些指标之间也存在明显差异。

表 3.1　司法能力指标之间的相关性

	政府反转移政策	营商环境	财产登记便利度	信贷获取便利度	契约执行程度
政府反转移政策	1.000				
营商环境	0.801	1.000			
财产登记便利度	0.508	0.567	1.000		
信贷获取便利度	0.668	0.788	0.436	1.000	
契约执行程度	0.728	0.706	0.385	0.407	1.000

度量模型参数　对于这些指标，我们严格按照与第 2 章相同的方式选择建构代理变量 $\{\phi, \theta, 1 - \gamma, \tilde{\alpha}_H\}$。读者不妨重新回忆一下。然而值得强调的是，这里采取的方法与第 2 章有两个差异，都由本章的理论模型所引发。

首先，第 2 章中人均收入被视为外生，并在表 2.4 中作为一个回归因子，因为模型当时提供了财政能力与外生收入 ω 之间相关性的预测。然而，本章强调了收入的内生性，显然使这种回归解释产生了问题。实际上，本章模型甚至可以说明人均收入应该出现在回归方程的左手边。

其次，本章模型表明，我们可能想要强调影响投资更好法律制度的成本变量。正如 3.1 节所讨论的，这与法律起源的实证文献存在天然联系。实际上，模型通过对 $L(\cdot)$ 函数的影响提供了一种对法律起源的自然解释。因此，我们在后面所有具体实证中都包含了法律起源指标集。事实上，这一理论表明，法律起源之外的某些东西更能影响司法能力。通过我们发现的互补性，法律起源和理论确定的其他决定因素应当对司法能力和财政能力有共同影响。这告诉了我们数据中能够精确找到的相关性。因此，下文重新回顾了财政能力的某些指标，以确定这些预测的相关结构是否会在数据中出现。

度量其他结果　尽管本章关注司法能力，但我们也想检查司法能力的决定因素是否与理论所暗示的其他结果相关。正如 3.2.1 节对微观经济模型的讨论中所指出的那样，我们预期私人信贷与司法能力的决定因素单调相关。遵循金和莱文（King and Levine，1993）在其金融发展文献中的常规做法，我们衡量了在可用数据的最新年份（1997 年）私人信贷占 GDP 的比重。[1]

参考 3.2.3 节和司法能力与私人投资之间的互补性，我们预期私人投资与司法能力的决定因素正相关。我们用 2006 年佩恩表中的私人投资指标（数据库版本 6.3 中的变量" ci "）来分析司法能力主要结论的期限问题。

给定 3.2.4 节对掠夺与腐败的拓展，我们预期已有腐败与司法能力的决定因素负相关。我们通过一些不同来源的腐败感知指标来度量腐败。在透明国际组织（Transparency International）提供的若干年数据中，我们再次使用了 2006 年数据。[2] 注意，该指数值越高意味着腐败越少。

---

[1]　我们非常感谢乔凡尼·法瓦拉（Giovanni Favara）提供这些数据。

[2]　这是可变腐败感受指数 CPI。CPI 侧重公共部门的腐败，将腐败定义为为了私人利益而滥用公权。

基本相关性 表 3. 2 首先展示了司法能力五个指标 [参数代理变量 ϕ 、θ 、$(1-\gamma)$ 和 $\tilde{\alpha}_H$，加上法律起源指标] 之间的偏相关性。正如理论所预期的，列（1）显示：2000 年以前外部战争发生率、2000 年以前平均行政约束、2000 年以前平均非公开行政招聘以及民族同质性都与 20 世纪 90 年代末的政府反转移政策显著正相关。其他司法能力的指标也有相同的相关类型，财产登记便利度的相关性稍弱。对于从营商环境调查中提取的四种排名，2000 年以前外部战争发生率的估计系数以 0. 5 为均值波动。这意味着在过去的 200 年间，一个国家处在战时状态的历史平均值是 25%（而不是 0），大致对应 12. 5% 的较佳表现，即在世界排名中相差 20 位左右。通过同样的计算方法可以得出，2000 年以前平均行政约束强 20% 的国家，世界排名大约靠前 10%，即靠前 15 位左右。

法律起源也与司法能力指标相关。特别是与法国法律起源（省略类别）相比，斯堪的那维亚法律起源和德国法律起源效应为正且高度显著。可能令人惊讶的是，对于法律起源文献中强调的普通法，英国法律起源与司法能力指标的相关性较弱。

交互效应 与第 2 章中模型的全局和局部比较静态讨论一样，表 3. 2 中的相关性并没有真正触及模型的详细预测。这些论点与我们讨论财政能力相关性时的论点实质上相同，但如 3.1 节所述，当财政能力和司法能力互补时，这些论点将得到强化。由于只有在共同利益或再分配政体中高 ϕ 值才能提高司法能力 π，所以当凝聚性（θ）很高时，预期战争效应更强（高 ϕ 或 α）。因为政治不稳定性（$1-\gamma$）只有在 θ 足够低时才对司法能力有影响，因而在稳定性条件成立的 γ 范围内，在凝聚性低而不是高时，更高的政治稳定性对司法能力有正向影响。通过全局比较静态，我们预期高 θ 值可以提高产生共同利益或再分配政体以及进行司法能力投资的可能性。

表 3.2 司法能力和协变量：简单相关性

	(1)政府反转移政策	(2)营商环境	(3)财产登记便利度	(4)信贷获取便利度	(5)契约执行程度
2000 年以前外部战争发生率	1.294 ** (0.580)	0.427 ** (0.185)	0.278 (0.441)	0.355 * (0.203)	0.749 *** (0.230)
2000 年以前平均行政约束	2.085 *** (0.291)	0.535 *** (0.084)	0.222 * (0.122)	0.358 *** (0.092)	0.287 *** (0.108)
2000 年以前平均非公开行政招聘	1.467 *** (0.303)	0.235 ** (0.109)	0.229 (0.152)	−0.082 (0.114)	0.202 * (0.09)
民族同质性	1.079 *** (0.259)	0.241 *** (0.073)	0.257 *** (0.091)	0.286 *** (0.089)	0.104 (0.096)
英国法律起源	−0.157 (0.189)	0.148 *** (0.050)	0.106 * (0.064)	0.062 (0.054)	0.103 * (0.054)
斯堪的那维亚法律起源	0.931 *** (0.286)	0.276 *** (0.067)	0.327 *** (0.079)	0.127 (0.081)	0.452 *** (0.069)
德国法律起源	0.627 *** (0.185)	0.280 *** (0.054)	0.244 *** (0.079)	0.219 *** (0.051)	0.365 *** (0.063)
社会主义法律起源	0.013 (0.153)	0.062 (0.050)	0.155 ** (0.059)	−0.007 (0.059)	0.265 *** (0.053)
观测值	122	147	147	147	147
R^2	0.623	0.552	0.293	0.414	0.442

注：＊表示在 10% 水平下显著；＊＊表示在 5% 水平下显著；＊＊＊表示在 1% 水平下显著。省略类别是法国法律起源。

同第 2 章一样，我们对表 3.2 中使用的具体方程再增加两个交互项：①外部战争×强行政约束；②非公开行政招聘×弱行政约束。

表 3.3 对司法能力五种指标的回归更详细、更符合理论特征。但结论喜忧参半。很多相关性都符合期望的方向，但许多并不显著。然而，表 3.2 所示结果中的 2000 年以前平均行政约束、民族同质性和法律起源仍得到了较好的验证。

表 3.3　司法能力和协变量：交互项

	(1)政府反转移政策	(2)营商环境	(3)财产登记便利度	(4)信贷获取便利度	(5)契约执行程度
2000 年以前外部战争发生率	1.369 (1.918)	0.708 (0.518)	1.529 *** (0.549)	0.515 (0.659)	1.052 * (0.561)
外部战争×强行政约束	0.146 (2.062)	-0.299 (0.554)	-1.535 ** (0.680)	-0.203 (0.676)	-0.320 (0.596)
2000 年以前平均非公开行政招聘	0.547 (0.630)	-0.030 (0.199)	0.151 (0.257)	-0.059 (0.210)	-0.038 (0.229)
非公开行政招聘×弱行政约束	1.097 * (0.657)	0.245 (0.204)	0.028 (0.259)	0.010 (0.212)	0.254 (0.233)
2000 年以前平均行政约束	2.147 *** (0.561)	0.632 *** (0.127)	0.235 *** (0.175)	0.613 *** (0.147)	0.216 (0.150)
民族同质性	1.150 ** (0.296)	0.256 *** (0.070)	0.241 *** (0.091)	0.310 *** (0.089)	0.102 (0.096)
英国法律起源	0.137 (0.171)	0.145 *** (0.050)	0.112 * (0.065)	0.074 (0.053)	0.092 (0.057)
斯堪的那维亚法律起源	0.931 *** (0.286)	0.340 *** (0.101)	0.347 *** (0.091)	0.171 (0.107)	0.492 *** (0.097)
德国法律起源	0.714 *** (0.286)	0.305 *** (0.054)	0.265 *** (0.078)	0.227 *** (0.059)	0.388 *** (0.067)
社会主义法律起源	-0.037 (0.171)	0.061 (0.052)	0.132 ** (0.062)	0.005 (0.062)	0.254 *** (0.056)
观测值	122	147	147	147	147
R^2	0.635	0.566	0.318	0.441	0.450

注：＊表示在 10%水平下显著；＊＊表示在 5%水平下显著；＊＊＊表示在 1%水平下显著。省略类别是法国法律起源。

其他结果指标　虽然司法能力是制度变量影响结果的主要渠道，但这些变量也应与理论暗含的其他结果指标相关。从某种程度上来说，我们对司法能力的衡量不够准确，有必要看一下其与先前提到的三个结果变量（私人信贷占 GDP 的比重、腐败感受和私人投资率）的偏相关性。事实上，如果这些相关性不符合表 3.2 和表 3.3 中所发现的形式，我们会考虑理论暗含的机制存在问题。因此，这些相关性可以作为更深一步的现实检验。

结果展现在表 3.4 的前三列中，使用与表 3.2 相同的具体形式。我们看到 2000 年以前外部战争发生率、2000 年以前平均行政约束、2000 年以前平均非公开行政招聘、民族同质性、德国法律起源等决定因素都与三种备选结果指标正相关。如果这些决定因素都通过司法能力投资起效，表 3.4 就是我们期望得到的精确结果。

财政能力和司法能力的共同决定因素　最后转向理论的重要预测，即财政能力和司法能力的共同决定。由于两者之间具有互补性，共同因素会同时影响司法能力和财政能力。表 3.4 的最后几列对此进行探讨，重复了表 2.2 的相关性。我们将先前的三项财政能力指标（税收占 GDP 的比重、所得税收入比重和正规经济比重）作为被解释变量。为与本章理论相一致，我们还在右手边加入了法律起源虚拟变量。

列（4）至列（6）的结果证实，就代理参数 ϕ、θ、$(1-\gamma)$ 和 $\tilde{\alpha}_H$ 而言，加上德国和斯堪的那维亚法律起源，其与财政能力和司法能力的相关性类型是相似的。给定收入和国家能力之间原始数据的总体集群程度，这可能并不会令人惊讶。但本章扩展的理论为我们思考这些集群提供了一种精确的方式，因为理论和数据高度一致。

与第 2 章结尾所给出的对相关性的解释相同，这里给出的结果只是启发性和建议性的。但结论同样意味着我们的理论观点与对司法能力和财政能力跨国差异的解释相关。在下一阶段实证研究必须探索各个国家时间序列数据的变化。

表 3.4　司法能力其他结果和协变量：简单回归

	(1)私人信贷占 GDP 的比重	(2)腐败感受	(3)私人投资率	(4)税收占 GDP 的比重	(5)所得税收入比重	(6)正规经济比重
2000 年以前外部战争发生率	2.490 ***	2.130 ***	0.132	3.227 ***	2.056 *	2.159 ***
	(0.571)	(0.495)	(0.659)	(1.160)	(1.100)	(0.807)
2000 年以前平均行政约束	1.729 ***	1.799 ***	0.906 ***	1.491 ***	1.690 ***	1.485 ***
	(0.331)	(0.275)	(0.260)	(0.420)	(0.421)	(0.375)
2000 年以前平均非公开行政招聘	1.099 **	0.870 ***	0.751 **	0.640	0.849 *	1.249 ***
	(0.429)	(0.310)	(0.356)	(0.388)	(0.473)	(0.471)
民族同质性	0.489	0.693 ***	0.991 ***	0.650 **	0.171 ***	0.549
	(0.301)	(0.254)	(0.216)	(0.311)	(0.283)	(0.353)
英国法律起源	0.131	0.078	0.298 *	0.047	0.225	0.089
	(0.218)	(0.156)	(0.161)	(0.178)	(0.183)	(0.223)
斯堪的那维亚法律起源	−0.346	1.719 ***	0.154	1.966 ***	1.114 ***	0.499 **
	(0.410)	(0.212)	(0.212)	(0.348)	(0.293)	(0.215)
德国法律起源	1.618 ***	1.117 ***	0.272	0.677 *	1.273 ***	0.892 ***
	(0.417)	(0.231)	(0.232)	(0.359)	(0.219)	(0.221)
社会主义法律起源	N/A	−0.376 ***	0.268 *	−1.027 ***	−0.308	−0.172
		(0.120)	(0.146)	(0.171)	(0.450)	(0.239)
观测值	96	147	154	104	104	109
R^2	0.633	0.643	0.332	0.630	0.554	0.375

注：* 表示在 10% 水平下显著；** 表示在 5% 水平下显著；*** 表示在 1% 水平下显著。省略类别是法国法律起源。

3.4　本章结论

本章关注政府在改善经商环境方面的生产性作用。对政府绩效改善的度量类似于对全要素生产率（TFP）的度量，国家间的收入差异可以用经济制度质量的差异来解释。这对于理解为什么有些国家会进行司法制度投资并有效使用这种司法能力至关重要。

本章的不变主题是政府抽取性（税收）与生产性（支持市场）角色

互补的可能性。这是实证观察到的市场发展和国家发展携手并进的核心。但我们框架的主要见解是，必须了解政府通过投资来改善经济运行的动机。国家与市场发展的共同驱动因素是影响生产率的政治制度和自然禀赋。我们在第 2 章中提出并在本章扩展的核心模型中揭示了这些共同决定因素。

本章提出了互补性的三个更深来源。首先，通过税收制度进行再分配的更强能力，使得政府更少地使用低效的再分配方式，比如拒绝向某些企业家群体提供法律服务。其次，完善的法律制度可能会使人们脱离非正规经济并进入正规经济，降低税收征管成本。这两种渠道在 3.2.1 节讨论过。最后，提升司法能力可以通过传统渠道促进资本积累和经济增长，如 3.2.3 节所述。

本章发展的框架也有助于理解观察到的收入与两种形式的国家能力集群的背后力量。一方面，某些共同因素（如共同利益和凝聚性政治制度）决定了两种形式的国家能力。司法能力将通过 3.1 节讨论的内生增长机制和 3.2.3 节讨论的互补性私人积累渠道来提升收入。此外，正如 3.2.4 节所讨论的，高财政能力也可能通过激励在位者集团不去从事生产扭曲性寻租活动，从而提高收入。另一方面，3.1 节强调了从收入到国家能力的驱动力量，即较高的外生增长扩展了税基并推动司法和财政能力投资。

很容易理解收入和国家能力之间双向关系中的正反馈机制可以带来良性或恶性循环。这些循环有助于解释数据中观察到的发展集群的一个重要维度。

最后，我们探讨了非法税收（掠夺）的作用。当与精英控制相结合时，这是最具破坏性的，揭示了当掠夺租金归属精英阶层时，精英阶层和居民间治理关系的作用。这可能导致司法能力陷阱，我们称之为掠夺性政体。掠夺效应进一步强化了本章前面发现的机制。

3.5 文献注解

本章的司法能力模型主要关注公共机构如何执行私人契约。用迪克西特（Dixit，2009）的术语来说，我们是在考虑基于执行而非基于信息的制度。特别是，我们没有关注私人部门之间的自执行契约。用格雷夫（Greif，2005）的术语来说，我们主要考虑的是契约执行制度（政府执行私人部门之间的协议）而不是强制约束制度（阻碍政府剥削私人部门）。但我们在掠夺性政体中引入的治理制度是后一种。

发展经济学的一个悠久传统是将资源再配置到回报更高的活动，将此作为提高收入的主要机制。也许关于这一观点最著名的表述是在刘易斯（Lewis，1954）的论文中，他强调了劳动从传统部门转移到先进部门是发展的关键机制。正如班纳吉和杜弗洛（Banerjee and Duflo，2005）所述，这一路线最近在资本市场错配中得到了越来越多的认可。

谢长泰和克莱诺（Hseih and Klenow，2009）利用印度和中国的微观数据强调了资本市场错配的总生产率效果。雷斯图恰和罗杰森（Restuccia and Rogerson，2008）研究了政策引致资源错配的总体影响。这些观点更一般性的含义在谢长泰和克莱诺（Hseih and Klenow，2010）的论文中得到发展。他们得出的结论是50%~70%的国家间人均收入差异可以被全要素生产率差异而不是物质或人力资本的差异解释。宋铮、斯多斯莱登和齐利博蒂（Song, Storesletten and Zillibotti，2011）对中国的研究认为，新企业进入资本积累的过程是中国经济增长的主要来源，这主要是因为资本市场的不完善性。

阿西莫格鲁（Acemoglu，2006）强调了资源错配的政治根源，特别关注导致生产无效率的逆向要素价格效应。他还强调了财政能力的重要性，但视该能力为给定。

许多研究强调了金融发展与经济增长之间的关联。参见贝克（Beck，2010）对法律制度及其对经济发展影响的文献。早期讨论者包括格申克龙（Gerschenkron，1962）和熊彼特（Schumpeter，1934）。阿吉翁、豪伊特和梅尔-福克斯（Aghion, Howitt and Mayer-Foulkes, 2005），金和莱文（King and Levine, 1993）等提供了对这些观点的现代验证。莱文（Levine，2005）提供了有关金融与经济增长的大篇幅文献综述。

影响资本市场发展的经济和政治因素一直是活跃的研究领域。拉波塔、佩兹西拉内斯、施莱弗和维什尼（La Porta, Lopez de Silanes, Shleifer and Vishny, 1998）开创的法律起源传统，强调了某些法律传统（特别是那些植根于普通法的法律传统）尤其有助于特定资本市场的发展。拉波塔、佩兹西拉内斯和施莱弗（La Porta, Lopez de Silanes and Shleifer, 2008）总结了这一类研究。

拉波塔等（La Porta et al., 1999）更一般地探讨了政府质量及其决定因素，包括法律起源，他们发现在很多维度上更大的政府与更有效的政府相联系。冲和格拉德斯坦（Chong and Gradstein, 2007）、格拉德斯坦（Gradstein, 2008）在理论和实证上考察了不平等与产权保护之间的联系。霍奇森（Hodgson，2006）通过费伦（Fearon，2003）的指标研究发现，碎片化是解释1989年后苏联国家实际人均GDP增长差异的最重要的、统计上最显著的变量之一。

营商环境对经济发展的重要性是近期许多研究的主题，大部分强调了法律起源的重要性。例如，德加科夫、麦克利什和施莱弗（Djankov, McLiesh and Shleifer, 2007）发现，法律起源是债权人权利和信息分享制度的重要决定因素，制度又影响信贷供给。德加科夫、拉波塔、佩兹西拉内斯和施莱弗（Djankov, La Porta, Lopez de Silanes and Shleifer, 2002）发现商业管制和法律起源之间存在关系。坎托尼和尤赫特曼（Cantoni and Yuchtman，2009）研究了德国国家历史上市场发展类型如何受到司法制度可得性的影响，并试图将14世纪晚期教会分裂后中世纪大学的地理位置作为法律制度的工具变量，来规避同时性问题。

拉詹、津加莱斯（Rajan and Zingales，2003）和斯文森（Svensson，1998）强调了政治在金融市场发展中的作用，帕加诺和沃尔平（Pagano and Volpin，2005）在法律起源路线上也强调这一点。这一传统还体现在帕加诺和沃尔平（Pagano and Volpin，2001，2006）及佩罗蒂和冯泰登（Perotti and von Thadden，2006）的研究中。卡塞利和根纳伊利（Caselli and Gennaioli，2008）提出了一个关于金融市场制度改革的有趣的政治经济学模型。

各种具有政治经济学取向的宏观经济模型探讨了政府政策与经济增长之间的联系，包括阿莱西纳和罗德里克（Alesina and Rodrik，1994）、克鲁塞尔和里奥斯-鲁利（Krusell and Rios-Rull，1996）、帕伦特和普雷斯科特（Parente and Prescott，2000）、佩尔森和塔贝里尼（Persson and Tabellini，1994）的模型。阿西莫格鲁（Acemoglu，2003）用政治科斯定理建立了这些观点之间的联系，贝斯利和科特（Besley and Coate，1998）基于政府未采用帕累托改进政策建构了政治失败理论。

现在有大批微观经济学文献强调私人产权对改善发展中国家资源配置的作用，贝斯利和加塔克（Besley and Ghatak，2010）对此进行了述评。还有一批使用微观数据的实证文献，包括班纳吉、格特勒和加塔克（Banerjee, Gertler and Ghatak，2002），贝斯利（Besley，1995），菲尔德（Field，2007），约翰逊、麦克米兰和伍德拉夫（Johnson, MacMillan and Woodruff，2002）等的文献。

巴罗和萨拉伊马丁（Barro and Sala-i-Martin，1992）考察了税收用于生产性投资时税收与增长之间的联系。贝纳布（Benabou，1997）综述了一系列试图将税收和增长联系起来的文献。更贴近本章论述思路的是蒂切克和波拉多（Dincecco and Prado，2010）的论文，将前现代战争伤亡作为当前财政制度的工具变量，他们认为财政能力与发展之间存在正向关联他们。

掠夺性政体对发展的约束是一个传统想法。德龙（De Long，2000）从历史视角对这个概念进行了回顾。诺思（North，1990）、诺思和托马斯（North and Thomas，1973）的开创性工作强调了产权保护在推动西欧历史发展中的核心作用。德龙和施莱弗（De Long and Shleifer，1993）用中世纪欧洲的城市增长来验证了这些想法。诺思和温加斯特（North and Weingast，1989）认为1688年的光荣革命是英国历史上建立安全财产权的关键事件，这也触发了财政和金融的重大变化。斯塔萨维奇（Stasavage，2003）通过同时观察法国和英国的方式讨论了他们的看法。

阿西莫格鲁、约翰逊和鲁滨逊（Acemoglu，Johnson and Robinson，2001）通过预测创建生产性或掠夺型政体制度的方式，强调了移民死亡率在解释现代收入水平上的实证意义。霍尔和琼斯（Hall and Jones，1999）的实证研究背后也有类似的想法。杰利马和罗兰（Jellema and Roland，2010）强调了制度集群。贝茨（Bates，1981，2009）开创性地研究探讨了非洲国家制度的重要性。

关于掠夺性政体的理论模型已经由许多学者提出，包括阿扎姆、贝茨和比艾（Azam，Bates and Biais，2009），格罗斯曼和金姆（Grossman and Kim，1995），格罗斯曼和诺阿（Grossman and Noh，1994），麦圭尔和奥尔森（McGuire and Olson，1996），莫塞勒和波拉克（Moselle and Polak，2001），奥尔森（Olson，1993），温加斯特（Weingast，1997）等。在制度文献中，关于制度哪方面最重要有相当大的争论。阿西莫格鲁和约翰逊

（Acemoglu and Johnson，2005）认为最稳健的发现是，保护私人产权而不是推动契约制度更重要。这需要更加重视掠夺性政体的危险。

与掠夺性政体的研究相关，现有大量文献研究腐败的原因和结果，参见特瑞斯曼（Treisman，2000）和斯文松（Svensson，2005）的概述。尽管因果关系的方向难以确定，但莫罗（Mauro，1995）的早期贡献强调了跨国数据中腐败与增长之间的负相关关系。霍奇森和江（Hodgson and Jiang，2007）认为腐败研究不应该局限于公共部门，因为公共和私人的界限并不总是那么清晰。这导致与寻租文献的关联，因为寻租活动既可以是公共活动，也可以是私人活动。最初的寻租模型来自克鲁格（Krueger，1974）和图洛克（Tullock，1967）。赫尔曼（Hillman，2011）提供了关于寻租行为主要思想和现有文献的近期综述。

尽管制度备受重视，但有些学者仍对制度能在多大程度上帮助解释经济增长表示怀疑。布鲁姆和萨克斯（Bloom and Sachs，1998），盖洛普、萨克斯和施莱弗（Gallup，Sachs Shleifer，1999）强调地理而非制度本身，而格莱泽、拉波塔、佩兹西拉内斯和施莱弗（Glaeser，La Porta，Lopez de Silanes and Shleifer，2004）则强调人力资本而不是制度。

4 政治动乱

君王有两种担忧：内忧源于本国臣民，外患源于外部敌人。

尼科洛·马基雅维利，《君主论》，1513

我们在第 2 章和第 3 章提出了一个框架，分析如何建构国家的抽取性和生产性能力，特别强调了财政能力和司法能力投资。政治在这些讨论中当然非常重要，但为了简化，我们仅用两个简单参数对政治的力量进行模型化，抓住了政治制度的本质（凝聚性）和政治更替率（稳定性）。尽管分析时很好用，但这种方法把解决政治冲突的机制留在了后面。现在是时候更详细地探讨这些问题了。

本章目的是在更好地理解我们所观察到的包含政治动乱的发展集群方面迈出第一步。研究政治动乱的原因本身就很重要。因此，我们借鉴和扩展现有文献，从分离内部政治动乱的可能决定因素开始。此外，政治动乱与之前的模型至少在两个方面密切相关。

首先，第 2 章和第 3 章的理论表明，外部动乱风险即战争风险，可以通过提高社会不同集团的共同利益，使其超过再分配利益来推动国家建构。内部政治动乱风险似乎有所不同。引发内部动乱的条件很难是共同利益的标志，而是国内集团间再分配斗争的极端形式。直觉上，内部政治动乱风险与外部动乱风险可能会在不同方向上驱动国家建构的动机。因此，我们预期在位者可能有两种担忧，如同马基雅维利在本章开篇强调的，这两种担忧与国家能力投资的不同后果有关系。

其次，我们提出的理论表明，政治不稳定性（前几章的参数 γ）可能是国家能力投资的重要障碍，特别是在共同利益政体的理想状态之外（回顾稳定性条件）。诸如叛乱和内战等政治动乱形式是所在国政治不稳定的重要决定因素。

由于以上原因，有必要从理论和经验上探讨政治动乱的决定因素，这是本章的主要目标。[①] 这将会内生化先前的参数 γ，允许我们在更一般的环境中回顾国家能力投资，这是第 5 章的任务。在深入探讨政治动乱的理论和实证之前，先讨论一些关于不同形式动乱的背景事实，并简要论述现有的政治科学和经济学文献。

背景事实　政治动乱是弱制度的政治标志。这种动乱最明显的标志是以内战形式表现的彻底冲突。武装冲突数据库（ACD）把特定国家与某些叛乱集团之间的冲突导致死亡人数超过 1000 的年份编码为内战年。将此定义用于 1950 年以来有数据的国家和年份时，发现各年度内战的平均发生率超过 10%，在 20 世纪 90 年代早期达到峰值，超过 15%。图 1.8（a）显示了在全球范围内内战发生率的变化趋势；图 1.8（b）显示了各个国家内战发生率的变化趋势与 1980 年人均 GDP 的对比。图 1.8 从 1950 年或者独立年份开始算起（如果独立年份更晚），展示了内战是如何不成比例地集中于世界上的贫穷国家。这些冲突的死亡人数累计超过 1500 万人。[②]

内战的关键特征是叛乱分子和政府之间的双边冲突。然而，因为政府通过种种手段侵犯人权、实施镇压，许多居民也遭受着单边政治动乱的影响。班克斯（Banks，2005）数据库显示了一种赤裸裸的镇压，我们称之为"清洗"，即通过暗杀或逮捕来消灭在位政府不欢迎的政治对手。为创建一个镇压和内战不重叠的指标，我们编码了一个国家没有内战（根据

---

① 虽然模型和实证有些区别，但第 4 章与贝斯利和佩尔森（Besley and Persson，2009a，2010b）的论文有关（特别是 2010b）。贝斯利和佩尔森（Besley and Persson，2008）提出外部和内部动乱可能驱动国家能力走向不同方向的观点。

② 详见拉西纳和格莱迪奇的研究（Lacina and Gleditsch，2005）。

武装冲突数据库的定义），但在班克斯数据库中有正的清洗数据的年份。根据这个指标，自 1950 年以来约有 7% 的国家–年份与镇压有关。图 1.8 (c) 显示了在没有内战的情况下，世界范围内的清洗运动随时间而产生的变化。有趣的是，截至 20 世纪 90 年代早期，镇压发生率几乎是内战发生率的镜像。[①] 图 1.8 (d) 绘制了各国镇压发生率与 1980 年人均 GDP 的对比，显示发生镇压的国家往往比普遍发生内战的国家收入水平更高。

图 1.8 中所有随时间和国别的变化都表明，两种形式的动乱倾向可能会互相替代。

接下来的分析是为了确定动乱的决定因素，我们展示了某些变量（比如凝聚性的政治制度）是单边和双边政治动乱背后的共同因素。当然，直接冲突和政府镇压以不同的形式和强度出现。我们这里侧重研究动乱的大规模和严重形式，即内战（而不是国内冲突）和严重（而非轻微）的政府压制。[②] 与内战的大量文献相比，我们关注动乱的发生，而不是动乱的原因或者持久性，因为理论对后两者几乎没有什么启示。

表 4.1 揭示了隐藏在图 1.8 背后的国家。它列出了那些基本没有冲突但经历过镇压和（或）内战的国家。就内战而言，表 4.1 左右两部分之间的分界线划分的是零年和某年或某几年，从 1950 年或独立年份（如果独立年份更晚）开始算起。表上下两部分之间的界限是镇压年份 5%（备选是 0），包括自 1950 年（或独立年份）以来的所有年份。表 4.1 显示，按照镇压年份低于 5% 的定义，这些国家中有 67 个没有动乱。若镇压临界线被设定为 0 年，则这个数字就变成了 30[③]（国家用斜体标记）。在其他国家中，38 个国家同时遭受内战和镇压，34 个国家有镇压无内战，只有

---

① 我们在 4.4 节中展示，这种镜像并不是对清洗和内战重复观察的机械结果。

② 我们也忽略了诸如暴动和政治恐吓等其他形式的动乱。参见厄达尔（Urdal，2008）、博尔肯和塞尔真蒂（Bohlken and Sergenti，2010）关于这些动乱如何与印度经济因素有关的近期研究。

③ 原文为 40 个国家，疑误，此处依据表 4.1 做了修改。——译者注

表 4.1　1950 年或独立年份以来发生镇压和（或）内战的国家

	有内战	无内战
镇压年份低于 5%	波斯尼亚　喀麦隆　几内亚比绍　利比里亚　尼泊尔　*卢旺达　塞拉利昂　也门*	澳大利亚　巴哈马　巴林　巴巴多斯　伯利兹　*贝宁　不丹　博茨瓦纳　文莱　布基纳法索*　加拿大　佛得角　中非　哥斯达黎加　克罗地亚　塞浦路斯　捷克　丹麦　*吉布提　赤道几内亚*　斐济　加蓬　冈比亚　几内亚　圭亚那　洪都拉斯　爱尔兰　以色列　科特迪瓦　牙买加　科威特　莱索托　卢森堡　马达加斯加　马来西亚　马尔代夫　马里　马耳他　毛里塔尼亚　毛里求斯　蒙古国　纳米比亚　荷兰　新西兰　挪威　阿曼　巴布亚新几内亚　卡塔尔　沙特阿拉伯　塞内加尔　新加坡　斯洛伐克　斯洛文尼亚　所罗门群岛　苏里南　斯威士兰　*瑞典*　瑞士　坦桑尼亚　*多哥*　特立尼达和多巴哥　突尼斯　英国　乌兹别克斯坦
镇压年份不低于 5%	阿富汗　阿尔及利亚　安哥拉　阿根廷　布隆迪　印度　印度尼西亚　伊朗　伊拉克　老挝　韩国　斯里兰卡　叙利亚　土耳其　柬埔寨　乍得　刚果（金）　黎巴嫩　利比亚　摩洛哥　莫桑比克　尼加拉瓜　乌干达　美国　越南　津巴布韦　古巴　萨尔瓦多　埃塞俄比亚　法国　危地马拉　尼日利亚　巴基斯坦　俄罗斯　索马里　南非	阿尔巴尼亚　澳大利亚　孟加拉国　比利时　玻利维亚　巴西　保加利亚　智利　科摩罗　多米尼加　厄瓜多尔　埃及　爱沙尼亚　芬兰　德国　加纳　希腊　海地　匈牙利　意大利　日本　约旦　肯尼亚　墨西哥　尼日尔　巴拉圭　波兰　葡萄牙　罗马尼亚　西班牙

8 个国家经历了内战而没有镇压。[①] 当镇压临界线设定为 0 时，这些数字变成了 44、62 和 3。因此，那些有内战但没有单独经历镇压的国家数量，要比经历过镇压但没有内战的国家少很多。这与镇压和内战是有序变量的观点相一致，表明政府镇压通常发生在全面内战前期。

内战与镇压的已有研究 本章分析建立在早期研究基础之上，尽管相对较新，但在范围和难度上都有所增加。到目前为止，政治科学家和经济学家都对内战的起因进行了大量实证研究。这些文献的主要进展，体现在从使用国家层面数据做出横截面推论跨越到通过面板数据探索国内差异上（Blattman and Miguel，2009）。大量研究分别探讨了政府镇压和侵犯人权的决定因素（Davenport，2007）。科利尔和罗纳（Collier and Rohner，2008）研究了镇压和内战之间的联系。

这两类文献的主要关注点是探索经验规律，在某些情况下寻找变量的可信外生变化。但理论模型与冲突和动乱之间的联系非常有限。事实上，布拉特曼、米盖尔（Blattman and Miguel，2009）和达文波特（Davenport，2007）都在感叹这一事实，认为很少有实证研究能在理论和数据之间建立联系。[②] 前者（Blattman and Miguel，2009）说道：

> 有关冲突的理论和实证文献常常沿着平行思路展开，也相互启发，但几乎不直接交叉。确认和检验主流理论框架的精确实证含义还需要更大的努力。

---

① 此处依据数据修改了原著表述，原文为 "39 countries have experienced both civil war and repression and 35 have experienced repression but no civil war, whereas only 8 have seen repression without civil war"。——译者注

② 当然也有例外，比如瓦格斯和杜布（Vargas and Dube，2008）明确地扩展了达波和达波（Dal Bo and Dal Bo，2006）的理论框架。参见费伦（Fearon，2008）的研究。

本章认为理论有助于我们将对内战和镇压共同路径的理解自然地结合起来。在分析数据时，这一点会清晰起来。

事实上，所有的实证研究都视收入为给定。内战与贫困之间的关系通常被认为是收入导致内战，目前有两个主要解释：科利尔和霍夫勒（Collier and Hoeffler，2004）视其为低收入水平下斗争的低机会成本的反映；费伦和莱廷（Fearon and Laitin，2003）视其为低收入国家较差国家能力的反映。将收入视为给定确实有问题，因为动乱和收入很可能有共同决定因素。例如，有两类文献研究"资源诅咒"，一类认为资源依赖可能导致低收入和低增长，另一类则认为资源依赖可能引发内战。在此基础上，已有内战可能会对收入产生负面影响。[①] 此外，正如本章开头所指出的，政治动乱及其对政治不稳定性的影响可能也会影响国家能力投资。

章节规划 政治动乱、收入和国家能力之间的实证联系，可能是多方向复杂网络的反映。如果我们希望解开这个网络，解释数据中观察到的类型，那么一个明确的理论框架就是不可或缺的工具。

我们将在4.1节建构一个理论框架，在3.1节国家能力核心模型的基础上增加政治动乱投资。这些投资影响第二期的政治权力分配。本章并没有完全解出该模型，而是关注国家能力投资给定情况下的动乱解。4.2节根据第2章和第3章扩展模型的相同线索，在不对称、极化和掠夺等几个方向上深化扩展核心模型。

从理论上求解了动乱的决定因素后，我们费了些工夫才进入实证过程。4.3节将结合关于可观测性和时间变化的具体假设，讨论理论模型如

---

① 参见科利尔（Collier，1999）对内战影响收入的讨论，以及斯卡泼达斯（Skaperdas，2010）对内战造成的各种损失的全面概述。从米盖尔、赛提纳斯和塞尔真蒂（Miguel, Satyanath and Sergenti，2004）开始，一些近期工作通过分离收入的外部差异来解决反向因果问题，例如将天气冲击作为收入增长的工具变量。

何允许我们设计一套实证策略来检验理论预测。4.4 节使用该策略处理了数据。不同于第 2 章和第 3 章的实证部分，这里的目标是分离因果关系。我们只探讨数据中的国家变化和理论有关变量的外生变化。4.5 节总结全章，后面是常规文献注解。

经历了实证观察之后，第 5 章重新回到理论，探讨了国家能力和动乱投资的共同决定过程，进一步讨论了包含动乱、国家能力和收入的实证集群。

4.1　包含政治动乱的核心模型

4.1.1　模型修正

我们从第 3 章的两期两集团国家能力框架开始。本章暂时保持每期的司法能力和财政能力不变，对其内生决定的研究推迟到第 5 章。因此，不仅财政能力和司法能力（τ_S 和 π_S）是给定的，工资和收入水平［$\omega(\pi_S)$ 和 $y(\pi_S)$］也是给定的。和以前一样，现在将政府外生收入 R 视为随机，来自有限分布 $[R_L, R_H]$。这个变量在前两章中没有扮演特别重要的角色，但现在进入了舞台中心。

动乱和权力转移　本章最重要的特点，是把权力的外生转移（由参数 γ 所体现）替换成由在位者集团和反对者集团的动乱投资所引发的潜在冲突结果。特别地，第一期反对者集团 O_1 可以用 $L^O \leqslant \bar{L}$ 规模的军队发动叛乱。这个投资由集团按照外生给定的资金边际成本 ν 支付。类似地，在位者集团 I_1 可以投资 $L^I \leqslant \bar{L}$ 规模的军队，以边际成本 λ_1 从公共钱包中支付（由第一期资金的现实成本内生决定）。没有义务征兵，必须支付每个士兵第一期工资 $\omega(\pi_1)$。

在冲突技术 $\gamma(L^O, L^I, \xi)$ 下，反对者集团在第二期的夺权概率取决于投资。冲突技术随 L^O 的增加而增加，随 L^I 的增加而减少，ξ 表示管理该技术的一组参数。后面我们对技术 $\gamma(\cdot)$ 施加了进一步限制，并将这些条件与关于竞赛函数的文献中常见的假设联系起来。如果无人起义，权力和平转移概率是 $\gamma(0, 0, \xi)$ 。不管权力转移是在和平还是动乱中发生，赢家将成为下一期在位者集团 $I_2 \in \{A, B\}$ ，输家将成为下一期反对者集团 $O_2 \in \{A, B\}$ 。

期限 除了增加了第一期在位者集团和反对者集团的动乱投资，这个更综合模型的事件时间线与 3.1 节的情况相同。我们假设动乱投资和第一期的其他选择同时发生：

（1）从国家能力的初始存量 $\{\tau_1, \pi_1\}$ 和在位者集团 I_1 开始，自然决定 α_1 和 R ；

（2）I_1 选择第一期的政策集 $\{t_1, r_1^I, r_1^O, p_1^I, p_1^O, g_1\}$ ，并（通过投资）确定第二期的财政能力和司法能力存量 $\{\tau_2, \pi_2\}$ ，I_1 和 O_1 同时投资动乱水平 L^I 和 L^O ；

（3）I_1 仍然掌权的概率为 $[1 - \gamma(L^O, L^I, \xi)]$ ，自然决定 α_2 ；

（4）I_2 选择第二期的政策集 $\{t_2, r_2^I, r_2^O, p_2^I, p_2^O, g_2\}$ 。

最终将在政策、动乱和国家能力投资上研究一个完整的子博弈完美均衡。由于问题是递归性的，我们可以分别研究这三个部分。本章将按照上述顺序，在给定的国家能力水平下观察政策和动乱投资选择。第 5 章将在内生国家能力投资下继续展开全面分析。

冲突的根源 作为均衡结果，直接冲突模型依赖于不完全信息或双方无法承诺。我们模型中的关键摩擦是第二种，未来政府无法承诺冲突后的转移性支出，潜在叛乱分子无法承诺不使用己方能力去制造冲突。换句话说，如果第二阶段的在位者集团可以与反对者集团达成有约束力的协议，承诺不在己方掌权期间按照对己有利的方式在第四阶段重新分配资源，则代价高昂的冲突就可以避免。但在当前模型中这种协议是不可行的，超出了 θ 值所包含的制度承诺。

4.1.2 政策

与第 3 章一样，本章有 4 个方面的政策：管制、转移性支出、税收和公共品。S 期在位者集团选择最优政策向量 $\{g_S,\ t_S,\ p_S^I,\ p_S^O,\ r_S^I,\ r_S^O\}$ ，来最大化

$$\alpha_S\, g_S + (1 - t_S)\, y(p_S^I) + r_S^I \tag{4.1}$$

服从 $t_S \leq \tau_S$、$p_S^I \leq \pi_S$、$r_S^O \leq \sigma\, r_S^I$ 和政府预算约束。政府预算约束与第 3 章方程（3.1）相同，但投资支出 m_S 不仅包括任何（给定）的国家能力投资成本，也包括在位者集团的动乱投资：

$$m_S = \begin{cases} F(\tau_2 - \tau_1) + L(\pi_2 - \pi_1) + \omega(\pi_1)\, L^1 & \text{若 } S = 1 \\ 0 & \text{若 } S = 2 \end{cases} \tag{4.2}$$

在位者集团问题仍然是递归的，目标函数和约束都相同，这个事实意味着解与 3.1 节完全相同。因此，产权保护针对特定集团扩展，在 $p_S^I = p_S^O = \pi_S$ 下使用所有可用司法能力。所得税被设定为最大值 $t_S = \tau_S$ 。公共品满足两个角点解之一，服从：

$$g_S = G(\alpha_S, \tau_S) = \begin{cases} R + \tau_S y(\pi_S) - m_S & \text{若 } \alpha_s \geq 2(1 - \theta) \\ 0 & \text{其他} \end{cases} \tag{4.3}$$

最后，转移性支出由不用于公共品和投资的剩余收入决定：

$$r_S^I = \beta^I [R + \tau_S y(\pi_S) - G(\alpha_S, \tau_S) - m_S] \tag{4.4}$$

政治制度的凝聚性满足：$\beta^I = 2(1 - \theta)$ 和 $\beta^O = 2\theta$。

间接支付 将这些最优策略代入式（4.1）中，根据状态变量 $\{\tau_S, \pi_S\}$ 可以得到 S 期在位者集团或反对者集团的"间接"支付函数：

$$W(\alpha_S, \tau_S, \pi_S, R, m_S, \beta^J) = \alpha_S G(\alpha_S, \tau_S) + (1 - \tau_S) y(\pi_S)$$
$$+ \beta^J [R + \tau_S y(\pi_S) - G(\alpha_S, \tau_S) - m_S] \tag{4.5}$$

和第 3 章一样，我们定义了第二期"值函数"为：

$$U^I(\tau_2, \pi_2) = [\phi W(\alpha_H, \tau_2, \pi_2, R, 0, \beta^J) + (1 - \phi) W(\alpha_L, \tau_2, \pi_2, R, 0, \beta^J)]$$

$$U^O(\tau_2, \pi_2) = [\phi W(\alpha_H, \tau_2, \pi_2, R, 0, \beta^O) + (1-\phi) W(\alpha_L, \tau_2, \pi_2, R, 0, \beta^O)]$$

我们将其合并，J 集团第二期效用期望在第一期体现的结果如下。
在位者集团为：

$$W(\alpha_1, \tau_1, m_1, \beta^J)$$
$$+ [1 - \gamma(L^O, L^I, \xi)] U^I(\tau_2, \pi_2) + \gamma(L^O, L^I, \xi) U^O(\tau_2, \pi_2) \tag{4.6}$$

反对者集团为：

$$W(\alpha_1, \tau_1, m_1, \beta^J) - \upsilon\omega(\pi_1) L^O$$
$$+ \gamma(L^O, L^I, \xi) U^I(\tau_2, \pi_2) + [(1 - \gamma)(L^O, L^I, \xi)] U^O(\tau_2, \pi_2) \tag{4.7}$$

我们已经扣除动乱的私人成本 $\upsilon\omega(\pi_1) L^O$，在位者集团投资动乱由公共钱包资助，因此包含在定义 $W(\alpha_1, \tau_1, m_1, \beta^J)$ 中。

4.1.3 政治动乱投资

准备 我们现在将动乱水平的纳什均衡表示为 $\{\widehat{L^O}, \widehat{L^I}\}$，来最大化式（4.6）和式（4.7）。一阶条件是：

$$-\gamma_I(\widehat{L^O}, \widehat{L^I}, \xi) [U^I(\tau_2, \pi_2) - U^O(\tau_2, \pi_2)] - \lambda_1\omega(\pi_1) \leqslant 0 \tag{4.8}$$

和第 2 章、第 3 章一样，$\lambda_1 = \max\{\alpha_1, 2(1 - \theta)\}$ 是第一期在位者集团税收收入边际价值的实现值，而

$$\gamma_o(\widehat{L^o}, \widehat{L'}, \xi) \ [U^I(\tau_2, \pi_2) - U^O(\tau_2, \pi_2)] - \nu\omega(\pi_1) \leqslant 0 \qquad (4.9)$$

这种一阶条件的书写方式清楚表明，无论来自公共资金还是自筹资金，动乱投资的边际收益来自第二期掌权概率的增加，边际成本来自额外动乱所需的资源。对于两个集团，边际收益都与第二期掌权的收益 $[U^O(\tau_2, \pi_2) - U^I(\tau_2, \pi_2)]$ 成比例。参数 λ_1 是在位者集团公共资金的机会成本。

赋予结果意义的一个关键是，两个一阶条件式（4.8）和式（4.9）中共同的正项可以表示为：

$$U^I(\tau_2, \pi_2) - U^O(\tau_2, \pi_2) = \omega(\pi_1) \ 2(1 - 2\theta) \ Z \qquad (4.10)$$

其中，

$$Z = \frac{R + \tau_2 y(\pi_2) - E[G(\alpha_2, \tau_2)]}{\omega(\pi_1)} \qquad (4.11)$$

预期来自公共品的不确定未来价值（因为 α_2 是随机的）。

在 Z 的定义中，分子是第二期再分配蛋糕的期望值，分母是第一期的工资。因此，两个集团动乱投资的边际收益与 Z 的分子成比例，边际成本与 Z 的分母成比例，此时 Z 可以解释为使用动乱的收益-成本率。如式（4.10）和式（4.11）所示，$\omega(\pi_1)$ 项出现在式（4.8）和式（4.9）中，因此不包含在一阶条件中。

冲突技术 我们对冲突技术施加如下限制。

假设 4.1：对于所有的 $L^J \in [0, \overline{L^J}]$，我们有：

（a）如果 $\gamma \in (0, 1)$，$\gamma_O > 0$，$\gamma_I < 0$，$\gamma_{OO} < 0$，$\gamma_{II} > 0$；

（b）$\dfrac{-\gamma_I(0, 0, \xi)}{\gamma_O(0, 0, \xi)} \geqslant \dfrac{\alpha_H}{\nu}$；

（c）$\dfrac{\gamma_I \gamma_{OO}}{\gamma_O} \geqslant \gamma_{IO} \geqslant \dfrac{\gamma_O \gamma_{II}}{\gamma_I}$。

条件（a）是说，尽管速度递减，但斗争总是给两个集团正的回报。（b）确保当双方都不投资动乱时，在位者集团有更高的边际回报。这一点保证了与反叛者相比，在位者集团在军事项目上有足够优势。最后，（c）限制了冲突技术中任何策略性互补或替代的程度。我们将在命题4.2的证明之后继续讨论这些条件。

纳什均衡　现在研究每个集团的均衡投资，即式（4.8）和式（4.9）的性质，以及动乱决策如何取决于某些关键参数。第一个结果是如下命题。

命题 4.1：如果 $\alpha_L \geqslant 2(1-\theta)$（条件一）或 $\phi \to 1$（条件二），则没有集团进行动乱投资，即 $\widehat{L}^I = \widehat{L}^O = 0$。

证明：首先，假设 $\alpha_2 = \alpha_H > 2 > 2(1-\theta)$，此时，$G(\alpha_2, \tau_2) = R_2 + \tau_2 y(\pi_2)$ 且没有转移性支出。显然，如果 α_H 的概率趋近于 1，即 $\phi \to 1$，那么 $Z \to 0$。因此，随着动乱投资的边际收益趋于零，式（4.8）和式（4.9）都随 L^J 的增加严格递减，每个集团都不做任何投资。

其次，假设 $\alpha_L > 2(1-\theta)$，此时凝聚性条件满足，无论 α_2 的实现值如何，在位者集团都不会有转移性支出，因此有 $Z = 0$。同样，因为动乱投资的边际收益等于零，无论是在位者集团还是反对者集团都没有投资动乱。

这个命题意味着，只要制度足够凝聚，或者对公共品有很高的持久需求，就永远不会有任何政治动乱。我们将上述两个条件视作前文共同利益政体的条件。直觉很简单：如果条件一满足，所有未来收入都将用于公共品；如果条件二满足，当 $\alpha_2 = \alpha_L$ 时存在转移性支出，但这个政体的概率趋于 0。因此，转移性支出的期望和式（4.11）的 Z 为 0 或者趋于 0。没有任何集团投资动乱，因为投资动乱只有成本没有回报。[①]

现在探讨如果命题 4.1 中的条件不满足会发生什么。

命题 4.2：如果假设 4.1 成立，$\alpha_L < 2(1-\theta)$ 且 $\phi < 1$，有两个临界值 $Z^I(\theta, \xi)$ 和 $Z^O(\theta, \xi)$，满足：

$$Z^I(\theta,\xi) = \frac{\lambda_1}{\gamma_I(0,0,\xi)\,2(1-2\theta)}$$

$$< Z^O(\theta,\xi) = \frac{v}{\gamma_O(0,0,\xi)\,2(1-2\theta)}$$

此时，有：

（1）如果 $Z \leq Z^I$，就会有和平，其中 $\widehat{L}^I = \widehat{L}^O = 0$；

（2）如果 $Z \in (Z^I, Z^O)$，就会有镇压，其中 $\widehat{L}^I > 0$，$\widehat{L}^O = 0$；

（3）如果 $Z \geq Z^O$，就会有内战，其中 $\widehat{L}^I > 0$，$\widehat{L}^O > 0$。

此外，$\widehat{L}^O$ 和 $\widehat{L}^I$ 无论是否为正，都会随 Z 的增加而增加。

证明：此时若 $\alpha_2 = \alpha_L$，所有支出都将用于转移性支出，经工资调整的再分配蛋糕期望变为 $Z = (1-\phi)[R + \tau_2 y(\pi_2)]/\omega(\pi_1)$。假设 $L^I > 0$ 且 $L^O > 0$，则 L^I 和 L^O 所面临问题的互补松弛条件为：

[①] 这个转移性支出的碰碰解是核心模型中线性效用函数非常简便的结果。然而，使用第 2 章公共品凹函数 $V(g)$ 的替代表达式，也能获得相似结果。

$$- \gamma_I (L^0, L^I, \xi) \, xZ - \lambda_1 \lesseqgtr 0$$

$$\text{c. s.} \qquad \bar{L}^I \geqslant L^I \geqslant 0$$

和

$$\gamma_0 (L^0, L^I, \xi) \, xZ - \nu \lesseqgtr 0$$

$$\text{c. s.} \qquad \bar{L}^0 \geqslant L^0 \geqslant 0$$

其中使用了速记符 $x = (1 - 2\theta)$ 。

首先，我们表明，在任何内解情形下，两集团用于战争的资源都随 Z 的增加而增加。为了看到这一点，当等式满足时求导并使用一阶条件，就有：

$$\begin{bmatrix} - \gamma_{II} xZ & - \gamma_{IO} xZ \\ \gamma_{IO} xZ & \gamma_{OO} xZ \end{bmatrix} \begin{bmatrix} \mathrm{d}L^I \\ \mathrm{d}L^0 \end{bmatrix} = \begin{bmatrix} \gamma_I x \mathrm{d}Z \\ - \gamma_0 x \mathrm{d}Z \end{bmatrix} \qquad (4.12)$$

定义 $\Omega = [- \gamma_{II} \gamma_{OO} + (\gamma_{IO})^2] \, x^2 \, Z^2 > 0$，用克莱姆法则求解式 (4.12)，有：

$$\frac{\mathrm{d}L^I}{\mathrm{d}Z} = \frac{x^2 Z (\gamma_I \gamma_{OO} + \gamma_0 \gamma_{IO})}{\Omega} > 0$$

和

$$\frac{\mathrm{d}L^0}{\mathrm{d}Z} = \frac{x^2 Z [\gamma_{II} \gamma_0 + \gamma_0 \gamma_{IO}]}{\Omega} > 0$$

这里使用了假设 4.1（c）的两个部分。

我们现在得出动乱的两个触发点。定义 $\widehat{L}(Z)$ 服从

$$- \gamma_I [0, \widehat{L}(Z), \xi] \, xZ - \lambda_1 \lesseqgtr 0$$

$$\text{c. s.} \qquad \bar{L}^I \geqslant \widehat{L}(Z) \geqslant 0$$

很容易看出，这是假设 4.1（b）下 Z 的增函数。显然，有 $L^0 = 0$，

$L^I = \hat{L}(Z)$。可以从 $\hat{L}(Z) = 0$ 中定义 $Z^I(\theta, \xi)$，即：

$$Z^I(\theta,\xi) = \frac{-\lambda_1}{\gamma_I(0,0,\xi)\,x}$$

接下来用 $\gamma_0\{0, \hat{L}[Z^O(\theta, \xi)]\}\,xZ^O(\theta, \xi) = \nu$ 来隐含地定义 $Z^O(\theta, \xi)$。$\frac{dL^O}{dZ}$ 的表达式意味着，若 $Z \geqslant Z^O$，必有 $L^O > 0$。

下一步，我们证明 $Z^O(\theta, \xi) > Z^I(\theta, \xi)$。若非如此，那么，

$$\gamma_O(0,\theta,\xi)\,x\,Z^O(\theta,\xi) = \nu$$

若如此，则有：

$$Z^O(\theta,\xi) = \frac{\nu}{\gamma_O(0,0,\xi)\,x} \leqslant Z^I(\theta,\xi) = \frac{-\lambda_1}{\gamma_I(0,0,\xi)\,x}$$

或

$$\frac{-\gamma_I(0,0,\xi)}{\gamma_O(0,0,\xi)} < \frac{\lambda_1}{\nu} \leqslant \frac{\alpha_H}{\nu}$$

这与假设 4.1（c）对 θ 值的设定矛盾。

最后，从定义中可以明确看出，$Z^I(\theta, \xi)$ 是一个增函数。通过 $Z^O(\theta, \xi)$ 的隐含定义和 $\hat{L}[Z^O(\theta, \xi)]$（微弱）递增的事实，我们发现这个函数也是递增的。这就完成了命题的证明。

这个命题描述了政治动乱的三种政体形式。当 Z 低于 Z^I 时，没有冲突爆发，在位者集团和反对者集团都接受（概率性地）和平分配权力，反对者集团上台的概率为 $\gamma(0, 0, \xi)$。当 $Z \in [Z^I, Z^O]$ 时，在位者集团投资动乱来增加继续掌权概率，但反对者集团不投资动乱。很自然地可以将这种情况标记为政府镇压。最后，当 $Z > Z^O$ 时，反对者集

团发动叛乱，遭遇在位者集团的队伍，发生内战。Z 的变化可能反映了外生收入 R 或第一期工资 $\omega(\pi_1)$ 等因素的变化，而门槛值 Z^I 和 Z^O 的变化可能反映了增加收入带来的成本 λ_1 和 ν 的变化，以及由 ξ 表示的战斗效率的变化。

讨论 命题 4.2 的结论可能是直观的，重要的是要讨论它们背后的具体假设。假设 4.1（b）排除了无防御叛乱。这是说给定和平政治更替的威胁，在位者集团的战斗回报已足够大。如果这个假设不满足，我们可能会有一系列的 Z，其中在位者集团不愿在叛乱发生时与反对者集团交战。这可能是真的，例如，如果 $\gamma(0, 0, \xi)$ 非常接近 0，且 $\dfrac{-\gamma_I(0, 0, \xi)}{\gamma_O(0, 0, \xi)}$ 接近 0，那么在位者集团没有受到多少更替威胁，也（或）没有多少能力去抵御。排除无防御叛乱是很自然的，因为这种现象很少见。但正如 4.2 节所示，这种叛乱可以作为我们框架的一种理论可能性而存在。

假设 4.1（c）保证了在位者集团和反对者集团的斗争倾向都随着由 Z 衡量的"胜利奖金"的增加而增加。给定内战迫近，给 γ_{IO} 施加限制，不允许太强烈的正向或负向交叉效应，只要战争的边际回报基本不受另一集团的战争决策影响，就可以保证更高的 Z 不会使任何一方放弃斗争。[1] 在此假设下，两个集团的实际斗志随 Z 的上升而变强。

我们已经展示了一般性冲突技术或竞赛函数的结果。该分析同样适用于一些合理、常用的具体竞赛函数。例如，在逻辑函数（Hirshleifer，

---

[1] 对于 $\lambda \in [0, 1]$ 和 $x \geq 0$，我们可以使用假设 4.1（c）所暗含的弱假设 $\dfrac{\partial}{\partial x}\left\{\dfrac{-\gamma_I[\lambda x, (1-\lambda)x]}{\gamma_O[\lambda x, (1-\lambda)x]}\right\} \geq 0$。相当于说冲突技术是拟凹的，即在 (L^O, L^I) 空间有凸水平集。这使得双方的动乱总支出在 Z 上单调，但不一定每个集团的支出都如此。用经济学术语来说，这可能意味着在更高水平的 Z 上，一个集团退出战斗导致镇压恢复或无防御叛乱。

1989）中也能应用，其中：[1]

$$\gamma(L^O, L^I, \xi) = \frac{\exp[\xi_0 L^O]}{\exp[\xi_0 L^O] + \exp[\xi_I L^I]}$$

$$\frac{\xi_I}{\xi_O} \geq \alpha_H$$

同样的论述也适用于流行率公式（Skaperdas，1992；Tullock，1980），其中：

$$\gamma(L^O, L^I, \xi) = \frac{\xi L^O}{\xi L^O + L^I}$$

上式满足（标量）参数 $\xi \geq 1$。同样的论述还适用于半线性公式

$$\gamma(L^O, L^I, \xi) = \gamma_0 + \xi_1[h(L^O) - \xi_2 h(L^I)]$$

其中 $h(\cdot)$ 是一个有界的递增凹函数，满足 $h_L(0) > 0$，满足参数限制（$\xi_1 > 0, \xi_2 \geq \alpha_H/\nu$）和 $[1 - \xi_1 h(\overline{L}) > \gamma_0 - \xi_1 \xi_2 h(\overline{L}) > 0]$ 时，函数描述了武器投资如何转化为动乱。

4.1.4　实证含义

当政治动乱的逻辑被表述为潜在变量 Z 的函数时，结果有一些明确的实证意义。如前所述，假设4.1排除了无防御叛乱和 Z 上升时任何一方都不会退出内战。在此假设下理论预测了三种按 Z 排序的动乱政体：和

---

[1]　通过罗比塔法则，有 $\gamma(0, 0, \xi) = \frac{\xi}{\xi + 1}$。

平、镇压和内战。① 在图 1.8 和表 4.1 的背景下，这种排序尤其有趣，这表明镇压和内战已经成为相互替代品，至少二战后世界上某些时期和某些国家是如此。

在满足 $\alpha_L < 2(1 - \theta)$ 和 $\phi < 1$ 的国家，仅在 $\alpha_2 = \alpha_L$ 的政体中转移性支出存在。然后，我们可以把潜变量写成：

$$Z = \frac{(1 - \phi) \left[R + \tau_2 y(\pi_2) \right]}{\omega(\pi_1)}$$

这个表达概括了动乱的重要决定因素，我们将在下面的推论中加以介绍。我们从可能性的角度来说明这些，隐含地假设某些因素对外部分析来说不确定，也不易观察到。沿着这些线索，我们将在 4.3 节找到一个更精确的可实证预测公式。

推论 4.1：更高的工资 $\left[\omega(\pi_1) \right]$ 将降低经济遭受政治动乱的可能性，无论是以镇压还是内战的形式，除非政治制度是凝聚性的，或者对公共品的需求很高（θ 接近 $1/2$ 或 ϕ 接近 1）。

这一结论通过观察命题 4.2 中 $\omega(\pi_1)$ 是 Z 的分母得出。给定 α 和 R 的分布，当 $\omega(\pi_1)$ 较高时 Z 的整体分布左移。基于这一点，我们可以肯定地说，更高的工资使和平更有可能（政治动乱不太可能）。我们还可以肯定地说，内战变得不太可能。但镇压是否变得更有可能取决于相对密度（Z 的概率密度函数详见 4.3 节）。推论结尾关于 θ 的条件表述直接来自命题 4.1。

① 贝斯利和佩尔森（Besley and Persson，2010b）的早期版本考虑了在位者集团在反对者集团之前（而不是同时）对动乱进行投资的例子，并发现了类似结论。

自然地，这一结果反映了更高工资水平下作战的机会成本更高，因此对双方来说赢得冲突的净收益均更低。内战文献中这种效应至少从格罗斯曼（Grossman，1991）开始就已经闻名，科利尔和霍弗勒（Collier and Hoeffler，2004）更是突出强调。这里我们看到结果可以更一般地扩展到政治动乱。

实证文献中这个机会成本经常用人均收入来表示。然而，人均收入变化是否能作为工资变化的一个好的代理指标，取决于冲击的潜在来源。[①]

推论4.2：更高的外生收入（如自然资源租金或援助）、更高的 *R* 值，会增加一个国家处于镇压或内战的可能性，除非政治制度是凝聚的，或者公共品需求很高（θ 接近1/2或 ϕ 接近1）。

这个推论来自命题4.1和命题4.2，此时我们注意到 *Z* 直接取决于自然资源租金的期望水平，或其他来源的外生收入（如援助）。在更一般的资源部门也使用劳动力的模型中，更高的可用资源租金（例如由世界市场价格上升所引发）也会推动实际工资上升。这样的荷兰病效应将（部分地）通过提高斗争成本来抵消推论4.2的效应。

格罗斯曼（Grossman，1992）认为援助可以通过提高掌控政府的收益，从而增加起义的可能性。内战实证文献强调了资源租金的影响［参见汉弗莱斯（Humphreys，2005）、布拉特曼和米盖尔（Blattman and Miguel，2009）及罗斯（Ross，2004）的综述］，但几乎没有论文推导理论结果［阿斯拉克森和陶维克（Aslaksen and Torvik，2006）、奥尔逊和福斯（Olsson and Fors，2004）是一个例外］。据我们所知，在镇压和侵犯

---

① 在达波和达波（Dal Bo and Dal Bo，2006）的两部门冲突模型中，世界价格冲击向相反方向驱动实际工资和资本回报，导致工资与人均收入的相关关系不确定。

人权的文献中涉及寻租渠道的并不多见。

推论4.3：在并不一定和平的 ϕ 的均衡范围内，更高的共同利益公共品支出期望（更高的 ϕ 值），减少了发生镇压或内战的可能性，除非政治制度是凝聚性的（ θ 接近 $1/2$ ）。

这是因为 ϕ 的增加提高了公共品支出期望，减少了转移性支出期望，进而减少了 Z 。据我们所知，模型的这个具体预测是内战正式模型的新思路，因为冲突模型通常不会包括明确的公共财政内容。然而在一般性水平上，布恩诺·德·梅斯奎塔、史密斯、西弗森和莫罗（Bueno de Mesquita，Smith，Siverson and Morrow，2003）的广泛选举框架将政府收入用于公共品和再分配，同镇压和内战一样都是内生性结果。在他们的分析中，某些制度性变化（比如选举中一个更大的赢家联盟），可能会产生与推论4.3相似的公共品与动乱的相关性。

尽管模型这三种启示都反映了 Z 的变化，但其他参数也会通过改变两个触发点 Z^0 和 Z' 来影响冲突的可能性。冲突技术参数 ξ 就是这样一种情况，但对其进行分类还需要额外的具体假设。这两个触发点也会受到 ν 和 λ_1 所带来的冲突投资成本的影响。对这些参数如何影响冲突风险和政治更替的分析推迟到下一章，在这里我们先提出一个有关政治制度影响的额外结论。

推论4.4：在并不一定和平的 θ 的均衡范围内，更具制衡性的政治制度（更多的少数派代表）、更高的 θ 值，减少了镇压或内战的可能性，除非公共品需求很高（ ϕ 接近 1 ）。

可以通过观察命题 4.2 中 $Z^O(\theta, \xi)$ 和 $Z^I(\theta, \xi)$ 都是 θ 的增函数得出上述推论。直觉上，更具制衡性的制度使得控制国家不那么有价值，上移 Z 触发了在位者集团和反对者集团的动乱点。许多关于内战和镇压的文献都讨论并试图估计动乱对政治制度的依赖程度，可作为推论 4.4 直接效应的典型对应。

然而，将命题 4.1 和命题 4.2 放在一起，意味着推论 4.1 至推论 4.3 应该能在 θ（政治制度所体现的对少数派的保护或少数派的代表性）低于某个下限值，或者公共品需求 ϕ 低于某个下限值的社会和时期得到满足。实证上这并不意味着政治制度的直接影响，而意味着政治制度和其他决定因素之间的交互作用。据我们所知，模型中的这个具体理论含义也是新的。

比较静态和国家能力的决定因素　模型推论也可以用 2.1 节和 3.1 节讨论的全局和局部比较静态术语来描述。全局比较静态与 θ 和 ϕ 的水平相关，决定了一个国家是否处于和平政体。如果某国发现自己可能处于和平政体之外，则局部比较静态与参数 $\omega(\pi_1)$、R、θ 和 ϕ 的变化有关。这是前三章发展框架的分析共性。

我们的冲突模型也有其他比较静态，与增加资源的成本、在位者集团和反对者集团的军事能力有关，分别用参数 ν、λ_1 和 ξ 来表示。这些参数不是第 2 章和第 3 章核心国家能力框架的内容，现在才开始特别强调。然而，类似因素在一些内战文献中经常出现。例如，费伦（Fearon，2004，2008）、费伦和莱廷（Fearon and Laitin，2003）强调了政府军事能力（我们模型中的 ξ）如何与收入和国家能力等结果相关。如上所述，我们将在第 5 章转向探讨这些被遗忘的参数。

由于模型框架是共用的，因此将政治动乱的决定因素与第 2 章和第 3 章中分析的国家能力投资的决定因素进行比较很有意义。这样做让我们发现了一个惊人的结论：基本上所有提高动乱可能性的因素都倾向于降低国家能力投资。要了解这一点，考虑我们前面提到的政体类型。

前几章的共同利益政体由全局比较静态来定义，特别是凝聚性条件 $\alpha_L > 2(1 - \theta)$ 或条件 $\phi \to 1$。这显然与命题 4.1 中和平结果的保证条件相吻合。前几章中当这些条件不满足时，会产生再分配政体或弱政体。根据命题 4.2，这些政体有时会经历动乱。在第 2 章和第 3 章中，弱政体没有财政能力投资，几乎没有司法能力投资。再分配政体有一些投资，其中增加了动乱可能性的那些变量（微弱地）减少了国家能力投资。还有先前讨论过的局部比较静态：更高的资源或援助依赖程度（更高的 R 值），更低的工资〔给定收入 $y(\pi_2)$ 下更低的 $\omega(\pi_1)$ 水平〕，更低的公共品需求（较低的 ϕ 值），以及政治制度低凝聚性（更低的 θ 值）。

然而，再分配政体和弱政体之间的区别建立在稳定性条件基础上，其中包括外生稳定性参数 γ。因为在现在的模型中更替率是内生的，不能直接比较。此外，本章对政治动乱的分析，视国家能力为给定。由于这两个原因，当政治更替（潜在的动乱）与国家能力联合决定时，必须通过观察全面的均衡结果才能完成模型分析。这正是第 5 章的内容。在接受这项任务之前，我们推导了动乱模型的几个扩展结果，然后绕了一大圈，讨论前面推导出的关于政治动乱的预测如何与数据相对照，以及这样做的结果。

4.2 扩展模型

现在概括几种可以扩展基本模型的方式，并观察这如何影响主要结论。

4.2.1 不对称性

在前面的基本模型中，两个集团完全对称。这个特征用起来非常方便，因为集团决策不取决于集团特征，只取决于在位状态。现在有一种自然的方式来放松这个相当强的假设。

首先，我们可以按照 2.2.4 节的方式，用不对称工资的形式引入收入差距。这种不对称性可能使富有的集团不太倾向于制造动乱。这可能是一个"忠诚溢价"的情形，要求高收入集团从本集团内部招募士兵，增加动乱成本。然而，在理想情况下，有动乱倾向的富有集团希望招募低工资士兵代替其制造动乱，从而抵消这种相对劣势。

其次，反对者集团可以更好地组织起来争取斗争资源。粗略地说，这个可以用不同集团的不同 ν 值来刻画。当反对者集团是低 ν 值集团时，往往会有更多斗争，更有可能爆发内部冲突。

内战实证文献中还讨论了另一种可能性，就是政府并不能完全垄断自然资源租金。模型中这可以表示为反对者集团可获得一部分外生收入 R，这也许是资源的地理区位造成的。我们再次观察到，发生动乱的可能性将取决于掌权集团的身份。

4.2.2 极化、贪婪与申诉

大量文献强调了极化在推动冲突中的作用〔可参见艾斯特班和雷（Esteban and Ray，1994，1999）的理论分析与蒙塔尔沃和雷纳尔-克罗尔（Montalvo and Reynal-Querol，2005）的实证研究〕。正如我们在第 2 章和第 3 章中所看到的，公共品偏好中的极化或异质性减少了共同利益，进而影响国家能力投资。在确认共同利益对政治动乱的重要性后，观察到它也影响动乱动机就不足为奇了。

我们使用与 2.2.4 节相同的模型来说明这一点，其中 $(l-\iota)$ 是两个集团对公共品有相同偏好的概率。换句话说，$\iota > 0$ 代表公共品需求的极化或异质性。如第 2 章所述，我们的两集团模型很难明确区分民族异质性和极化。关键点是，式（4.10）所示在位者集团和反对者集团之间期望效用差异的表达式，现在被替换为

$$U^I(\tau_2,\pi_2) - U^O(\tau_2,\pi_2) = \phi\iota(\alpha_H - \alpha_L) + \omega(\pi_1)\,2(1 - 2\theta)\,Z$$

其中 Z 的定义如式（4.11）。

右手边第一项是新的，反映了极化或异质性的力量。特别是当参数 ι 为正时，这项是正值。取值大小取决于 α_H 与 α_L 之间的差值。命题 4.1 现在已不再满足，因为当 $\phi \to 1$ 和（或）$\theta \to 1/2$ 时，极化或异质性项仍然存在并作为冲突的来源，独立于我们已经发现的机制。因为 $\phi \to 1$ 不再能保证共同利益。

粗略地说，这个扩展模型捕捉到动乱的两个最广泛应用的动机——贪婪和不满（Collier and Hoeffler，2004）。核心模型中俘获政权的动机是再分配带来的私人产品收益，与贪婪对应。极化或异质性引入了与政体相联系的另一个有用维度，可能反映了宗教或民族等非经济问题决策。进一步地，这可能是发动叛乱的唯一动机，与不满对应。这里概括的扩展模型显示了这些动机如何相互适应，以及如何被共同考虑。

扩展模型暗示的一个有趣的可能性是，允许在位者集团选择一个多少有些极化的领导人。可以想象一个宗教极化或异质性的世界，而领导人可能是狂热主义者或温和主义者。如果是狂热主义者执政，那么极化或异质性将是一个大问题。在位者集团就可以在 $\iota = 0$ 或 $\iota = 1$ 之间进行选择，这会影响到动乱的动机。使用动乱的强硬路线者有时候也可能趋于温和。例如，如果强硬路线者执政会导致镇压而不是内战，那么这将会增加在位者集团继续掌权的可能性。以色列和巴勒斯

坦不同类型领导人之间的转变表明，这种考虑对现实世界而言具有重要性。

4.2.3 无政府状态

假设 4.1 的冲突技术意味着从和平到镇压再到冲突的排序。特别是，我们排除了无防御叛乱，即一个社会集团因为增加了对另一个社会集团的军事威胁而被推翻。值得注意的是，这与不流血政变不太对应，而更有可能是在同一社会集团成员（比如军方）之间的权力转移。我们更愿意把无防御叛乱看作一种无政府状态，就像今天在索马里看到的那样。在这样一种无政府状态下，现任政府是如此的软弱，以至于只有反对者集团才会投资动乱。我们预期在位者集团最终将失去权力。正式地，无政府状态可能在我们把假设 4.1（b）替换为下式后出现：

$$\frac{-\gamma_I(0,0,\xi)}{\gamma_O(0,0,\xi)} < \frac{2(1-\theta)}{\nu}$$

这最好被形容为 ν 值很低，并且 ξ 以边际回报的方式给予了反对者集团优势。

有了这个替代假设，叛乱动机和在位投资仍然存在。但现在可以得到一个 $\hat{L}^I = 0$ 和 $\hat{L}^O > 0$ 的纳什均衡。此外，增加 Z 现在相当于通过提高 $\hat{L}^O$ 来增加政治不稳定性。在这个替代模型中，我们总体上会失去预测镇压、冲突与和平三者排序的能力，这是命题 4.2 的特征。但因为无防御叛乱是需要解释的重要经验现象，我们的模型当然可以修改并包括此情况。

4.2.4 掠夺性政体中的冲突

现在展示如何一般化模型来包括由少数掠夺精英统治国家的情况。如我们在 3.2.4 节中所见，掠夺性政体需要设定 $p_S^I = p_S^O = 0$。掌权精英现在获得的租金为：

$$\widehat{\Pi}_0 = \frac{\sum_{J \in \{1,0\}} \left[\mu(\widehat{\chi}_0, 0) \ \tilde{y}(0) - C(\widehat{\chi}_0) \right]}{e^J} \tag{4.13}$$

其中 $\widehat{\chi}_0$ 是相应的掠夺水平。

为包含动乱含义，式（4.10）现在被替换为：

$$U^I(\tau_2, \pi_2) - U^O(\tau_2, \pi_2) = \widehat{\Pi}_0(1 - \zeta) + \omega(0) \, 2(1 - 2\theta) \, Z$$

其中，

$$Z = \frac{R + \tau_2 y(0) - E[G(\alpha_2, \tau_2)]}{\omega(0)} \tag{4.14}$$

4.1 节的结论现在有三个主要启示。

第一，因为 $\widehat{\Pi}_0$ 保留，命题 4.1 不再满足，并且如果治理力量薄弱，那么动乱动机仍存在。同样，命题 4.2 中的门槛 Z^I 和 Z^O 都向下移动，反映了使用动乱的额外动机，即夺取政权和掠夺性租金的动机。

第二，与非掠夺性政体相比，因为 $\omega(0) \leq \omega(\pi_s)$，现在有一个额外的工资效应。如 3.2.4 节所述，工资是否会严格下降取决于在传统部门工作的外部选择是否起效。如果工资确实很低，这将提高 Z 并增加动乱的可能性。

第三，第二期收入会比非掠夺性政体中更低 $[y(0) \leq y(\pi_2)]$。由于这个表达式出现在式（4.14）的分子中，这种收入效应将倾向于减少动乱。然而，考虑所有的因素，因为将收入从公共资源转移到精英手中是支配性因素，我们预期掠夺性政体更易于发生动乱。

掠夺性政体也是将集团内部冲突模型化后的有趣情景，因为集团中某些普通成员可能希望发动政变以接替精英，从而控制手中的掠夺性租金

$\widehat{\Pi}_0$。这意味着政治动乱可能会发生在两个层面：集团内和集团间。更完整地描述这种场景需要将模型扩展，包含 L^l 的两个维度和两种独立冲突技术，一种技术在集团内使用，另一种技术在集团间使用。

4.2.5 投资强制能力

我们把反映在位政府的相对军事优势参数 ξ 看作给定。如果把先前的公共品解释为国防，那么第一期的国防开支可能会带来副作用，因为这可以被用来有效镇压叛乱集团。可以说，就像其他形式的国家能力一样，政府优势可能也受制于政府投资。这种投资可能包括秘密警察和（或）监视等，这是专制政权的典型行为。我们现在不会对这些可能性正式建模，因为这需要在模型中添加额外阶段，在冲突阶段之前选择 ξ。但这种方法可以使我们的模型更接近于费伦（Fearon，2004）、费伦和莱廷（Fearon and Laitin，2003）的内战分析，他们关注导致冲突的军事能力。

如果 θ 值低，扩展模型可能会产生另一种互补性。政府在强制能力上的投资会增加镇压相对于和平与冲突的发生率。这倾向于将经济转向再分配机制，导致强制能力投资与再分配制度中其他形式的国家能力投资互补。

4.3 从理论到实证检验

现在讨论本章的理论如何与政治动乱发生率的实证研究相联系。虽然4.1 节的模型极其简单，但确实提供了关于经济参数和政治如何影响冲突发生率的透明的预测结果。以一个定义明确的理论为起点的显著优势是，我们可以澄清和评估从假设到实证检验的路径。具体来说，我们必须确定哪些变量和参数的数据是可度量的，哪些变量是固定的（在国家水平上）而非时变的。我们认为，更可靠的推理需要对理论所推导的决定因素进行时变度量。

度量和可观察性 我们采用了 1950 年以后国家和年份的面板数据形式，因此考察的是 s 期的特定国家。将国家能力视为给定，就没有内生动态和工资、资源租金或援助的时不变冲击，公共品需求是时变的唯一来源。此时可以把 S 期当作序列期限中的典型时期。

稍后，我们将讨论如何运用现有数据，来确定某个国家–年份的特征是和平、镇压还是内战。和前几章一样，使用政治制度凝聚性 θ 的合适代理指标。考虑潜在指标变量 Z_s 的组成部分时，我们认为每个国家都可以找到 ω_s 和 R 的某些时变相关性。为避免符号滥用，我们用 R_s 标注外部分析者看到的资源租金或援助的观测值。

但是，很难衡量 Z_s 表达式中的公共品需求 ϕ，或者公共品实现值的时间变化。因此，我们放弃了检验推论 4.3 的预测结果的可能性。[1] 此外，我们认为不可能衡量动乱的回报 [$\gamma_0(0, 0, \xi)$ 和 $\gamma_1(0, 0, \xi)$]，以及 Z_s^I 和 Z_s^O 表达式中的边际成本部分 ν 和 λ_s。

视国家能力为给定，在模型的动乱决定因素中就有几个观察不到的随机性来源。例如，从外部分析者的角度来看，$(Z_s - Z_s^I)$ 是一个随机变量，满足：

---

[1] 也许有人认为，可以通过观察公共品的时变供给来间接地检验这一推论。尽管我们能够找到诸如政府支出或政府消费这类变量，但这也是再分配的重要组成部分。在足够长的时间里对于足够多的国家而言，公共品供给的可信时变度量是不存在的。前几章我们使用过去的外部战争发生率对公共品需求进行（时不变）度量。由于种种原因，不适合使用已发生的外部战争对公共品需求进行同期时变度量。

$$Z_S - Z_S^I = \frac{R_S}{\omega_S} - \overline{Z}^I - \frac{\varepsilon_S^I}{\omega_S}$$

其中 $\overline{Z}^I$ 是一个常数，ε_S^I 是一个"误差项"，服从累积分布函数 $F^I(\varepsilon)$。同样，我们可以有：

$$Z_S - Z_S^O = \frac{R_S}{\omega_S} - \overline{Z}^O - \frac{\varepsilon_S^O}{\omega_S}$$

其中 $\overline{Z}^O$ 是另一个常数，ε_S^O 是另一个"误差项"，服从累积分布函数 $F^O(\varepsilon)$。

观察动乱的条件概率 将命题 4.2 转换成目前的符号，我们将观察到 S 期的内战，满足：

$$Z_S - Z_S^O \geqslant 0 \Leftrightarrow \varepsilon_S^O \leqslant R_S - \omega_S \overline{Z}^O$$

给定分析者的可用信息，观察到内战的条件概率是：

$$F^O(R_S - \omega_S \overline{Z}^O) \tag{4.15}$$

根据推论 4.1 和推论 4.2 的理论预测，假定 θ 不接近 $1/2$，更高的 R 值或更低的 ω 值都可以提高观察到内战的可能性。[①]

通过相似推理，观察到和平的可能性是：

$$1 - F^I(R_S - \omega_S \overline{Z}^I) \tag{4.16}$$

观察到镇压的可能性是：

$$F^I(R_S - \omega_S \overline{Z}^I) - F^O(R_S - \omega_S \overline{Z}^O) \tag{4.17}$$

---

① 正式地，随着 θ 趋于 $1/2$，Z^I 和 $Z^O > Z^I$ 趋于无穷。给定 R 和 ω 分布的有限范围，F^O 的最大值，即 $F^O[R_H - \omega_L(\pi) \overline{Z}^O]$ 等于 0。

如 4.1 节的解释，理论给出了关于 R 和 ω 的变化如何改变指数变量 Z 的分布与和平可能性的不同预测。然而我们现在清楚地看到，观察到镇压的条件概率取决于 F^I 和 F^O 的相对密度。换句话说，我们有两种转换的具体预测：发生在内战与非内战（和平与镇压）之间，以及和平与政治动乱（镇压与内战）之间。

解释表达式（4.15）至（4.17）的另一种有益方式是，它们定义了三个定序政治动乱政体的相对概率。这强烈地意味着，对理论最直接的检验方式是估算一个在给定的国别临界值 Z_S^I 和 Z_S^O 下，改变 Z_S 的国别分布所带来的定序逻辑回归。

跨国变异 VS 国内变异　应该用数据中的哪种变化来检验模型预测？大量的内战实证文献和几乎所有的镇压实证文献，都通过横截面数据集中估计观察到的动乱概率。表达式（4.15）至（4.17）清楚地说明了这不是一个好主意。特定时间段内国别差异的横截面数据代替了感兴趣变量（例如当前环境中的 R_{s+1} 和 ω_S），使得统计推断成为一种冒险行为。因为在很大程度上我们混淆了这些变量的跨国变化和某些不可观测参数的跨国差异，例如在当前情况下的 ξ 或 ϕ，很容易导致估计严重有偏且无效。我们稍后讨论这点。

正如布鲁克纳和西科恩（Bruckner and Ciccone, 2008）与米盖尔、赛提纳斯和塞尔真蒂（Miguel, Satyanath and Sergenti, 2004）关于非洲内战的跨国面板数据研究，以及戴宁格尔（Deininger, 2003）对乌干达、杜布和瓦格斯（Dube and Vargas, 2008）对哥伦比亚的国内面板数据研究一样，探索面板数据的国内差别更加值得。[1] 例如，在国家固定效应下估计

---

[1] 科利尔和霍弗勒（Collier and Hoeffler, 2004）、费伦和莱廷（Fearon and Laitin, 2003）都在跨国研究中给出了固定效应估计，不过是作为稳健性检验出现，不是主要结论。

观察到内战的可能性，等同于估计

$$F^O(R_S - \omega_S \overline{Z}^O) - E[F^O(R_S - \omega_S \overline{Z}^O)] \tag{4.18}$$

即内战的条件概率和无条件概率之间的差异。用这种方式确认资源租金或援助 R_S 和工资 ω_S 对内战发生率的影响，排除了这些变量的国内变化。固定效应吸收了各个国家平均值和时不变参数的所有影响。

正如在图 1.8 看到的，世界范围内内战和镇压的发生率有重要且不规律的时间趋势。因此，通过年份固定效应（二值年份指标变量），所有国家面临相同冲击，从而产生全球冲击，这一点至关重要。然后用灵活（非参数）的方式表示动乱趋势，我们只使用了相对于世界–年份均值的国别年度变化来进行识别。

给定前面的理论，具体回归要考虑冲击是 θ 值条件概率的可能性。用 $\Theta_C = 1$ 表示数据期内 C 国家的政治制度具有强制衡特征（即 θ_c 接近 $1/2$），否则等于 0。然后把式（4.18）中 C 国 S 期指数的函数建模为：

$$R_{C,S} - \overline{Z}_C^{\,o} \omega_{C,S} = \alpha_c(\Theta_C) + \alpha_t(\Theta_C) + b(\Theta_C) \tilde{Z}_{C,S} \tag{4.19}$$

其中 $\alpha_c(\Theta_C)$ 是国家固定效应，$\alpha_t(\Theta_C)$ 是年份虚拟变量，$\tilde{Z}_{C,S}$ 是反映 $R_{C,S}$ 和 $\omega_{C,S}$ 变化的时变回归元。该理论预测我们感兴趣的参数 $b(\Theta_C)$ 相对于 Θ_C 来说具有异质性，特别是 $b(0) > b(1) = 0$。为了检验这一预测，我们对一个模型进行估计，该模型允许具有凝聚性政治制度和非凝聚性政治制度的国家具有不同的斜率。[①]

具体来说，本节的讨论明确指向两个策略，由此可以对比 4.1 节的理论预测和数据。一个策略是用包括国家和年份固定效应的定序逻辑函数估

---

① 在 4.4 节汇报的表达式，我们施加了约束 $a_c(1) = a_c(0)$ 和 $a_t(1) = a_t(0)$。然而，当我们通过不同子样本（即 $\Theta_C = 1$ 和 $\Theta_C = 0$）来估计模型，从而允许单独的国家和时间效应存在时，结论依然成立。

计三种动乱政体之间的时变特性，另一个策略是通过（国家和年份固定效应）条件逻辑函数来估计非动乱与动乱之间、非内战与内战之间的转换。4.4 节展示了这两种计量策略的结论。

4.4 数据与结论

本节首先描述数据，然后观察某些横截面相关性，最后根据上一小节末尾讨论的实证策略，展示估计结果。

4.4.1 数据

政治动乱 大量文献对内战的决定因素进行了实证研究，大部分实证研究关注内战的原因和持续时间。这些概念与我们理论中的内战发生率并不怎么相关。[①] 为了实证性地定义内战，我们使用奥斯陆（Oslo）和乌普萨拉（Uppsala）和平研究机构制作的武装冲突数据库。更准确地说，我们使用 1950 年以来这一数据库中的内战发生率指标。[②] 如果在特定的国家和年份中，政府和国内敌对者卷入的冲突造成死亡人数超过 1000 人，则取值为 1。如前所述，1950~2005 年样本中有超过 10% 的国家-年份被认定发生了内战。[③] 因为我们关注大规模政治动乱，所以没有使用另一种经常被采用的国内冲突发生率（也来自武装冲突数据库），它只要求死亡人数达到 25 人。

为了衡量镇压，我们使用班克斯（Banks，2005）计算的清洗数据，

----

① 将冲突编码入内战时有一些问题。参见萨姆班尼斯（Sambanis，2004）对实证文献中出现不同定义的完整讨论。

② 具体地，在 UCDP/PRIO ACD v. 4-2007 中使用变量"政府间战争发生率"，涵盖了 1946~2006 年。

③ 战争相关（Correlates of War，COW）数据库还有一个可用替代指标，但数据只到 1997 年。因为解释变量依赖于冷战和冷战后经历，但战争相关数据库中的变量只包含通过 8 次而不是 16 次观测得出的冷战后观测值。参见萨姆班尼斯（Sambanis，2004）对内战实证指标问题的讨论。

即现任政权系统性地谋杀和消除政治对手。我们创建一个二值指标，在任何一年清洗超过零，则指标等于 1。1950～2005 年，所有国家－年份中平均有 7% 被分类为镇压，但不处于内战。①

基于这两个指标，我们建构了一个符合 4.1 节理论的政治动乱定序变量。具体地（且不失一般性地，因为只有顺序排序重要），对和平赋值为 0，没有内战下的镇压赋值为 1，内战赋值为 2。②

政治制度　与 4.3 节中的 Θ_C 相对应，我们建构了两个指标变量来代表强政治制度。如前几章一样，主要指标是基于政体四数据库的行政约束评估。这个变量最好地代表了理论中的 θ。我们将行政约束从 1800 年或独立年份开始逐年编码，然而并不去探讨这个变量的高频时变特征，因为我们认为其变化可能与政治动乱发生率有关。这意味着必须把对推论 4.4 的检验放到后面。7.2.4 节的模型将政治动乱和政治制度都视为内生。

为了建构 Θ_C 的时不变度量，我们采取了相当保守的方法。首先，评估预采样证据，度量一个国家在 1950 年以前行政约束的最高分是 7 分的年份比例。然后，计算一个国家在样本期内有最高得分的年份比例。如果以下两个条件同时得到满足，国家就具有凝聚性政治制度（$\Theta_C = 1$）。第一，预采样期的比例大于 0（1950 年之前不存在的国家赋值为 0）。第二，

---

① 另一种广泛使用的方式，是基于美国国务院和国际特赦组织［见吉布尼、科尼特和伍德（Gibney, Cornett and Wood, 2007）］关于人权侵犯报告的政治恐怖量表（Political Terror Scale）。但这个变量只有 1976 年后的数据，缩短了可利用的冷战期。此外，如钱和柳泽（Qian and Yanagizawa, 2009）的研究所示，冷战期联合国安理会成员资格可能影响了美国国务院对结盟和非结盟国家的人权报告方式。

② 准确地说，我们从两个潜在变量开始，即 ACD 编码的内战和班克斯（Banks, 2005）的清洗变量。根据后者建构一个二值变量，看一个国家在特定时期内是否有清洗运动。自 1950 年以来，我们有 4841 个国家－年份观测值既无内战也无清洗，90 个观测值既有内战也有清洗，714 个观测值有内战但没有清洗，425 个观测值有清洗但没有内战。这样就产生了 1229 个动乱观测值和 804 个内战观测值。

样本期内的比例大于 0.6。这个定义意味着只有不到 1/5 的国家有凝聚性政治制度（详见表 4.3）。分类标准的边际变化对结果影响不大。

稳健性检验考虑了政治制度的另一种分类，即议会民主的普遍率。尽管高行政约束与更强的政府制衡有关，备用指标试图衡量更大的代表性。[1] 我们采用类似的编码方式，即 1950 年之前议会民主制的普遍率为正，1950~2005 年普遍率最低为 0.6。

外生性 $\tilde{Z}$ 冲击 为了检验式（4.19）的具体预测，我们仍然需要时变回归元 $\tilde{Z}_{c,s}$ 的可信外生变化，为此使用了两个变量。第一个变量是 EM-DAT 数据库建构的自然灾害指标。[2] 具体地，定义一个变量，将特定国家、特定年份发生的极端温度事件、洪水、滑坡和潮汐的数量进行加总。[3] 然后，创建一个二值指标变量，如果一个国家遭遇此类任何事件，对其赋值为 1。我们预期这种自然灾害对当前实际工资 $\omega_{c,s}$ 产生负效应（对当前实际工资的影响，大于对 Z 的表达式中出现的未来税基的影响）。与这一假设一致的是，遭遇至少一次自然灾害的国家-年份与劳均收入减少 2.5% 相联系。这部分可能是资本的生产率效应。[4] 当然，自然灾害也有可能引发一段时期的国际援助。从我们的理论术语来看，这对应着对 $R_{c,s}$ 的正向冲击，与对 $\omega_{c,s}$ 的负向冲击在同一方向上影响动乱可能性。

第二个变量是联合国安理会成员资格，这里指的是非常任理事国。预

---

[1] 参见阿吉翁、阿莱西纳和特雷比（Aghion, Alesina and Trebbi, 2004）或佩尔森、罗兰和塔贝里尼（Persson, Roland and Tabellini, 2000）的理论探讨，以及佩尔森和塔贝里尼（Persson and Tabellini, 2003）的实证分析。

[2] 尼尔和莱加（Nel and Righarts, 2008）最近使用这个数据来研究内战。

[3] 具体地，我们将变量"洪水"、"极端温度"、"滑坡"和"潮汐"加在一起。其他某些 EM-DAT 编码的灾难事件都没有使用（如流行病），因为它们可能内生于内战。

[4] 在更加精妙的模型中，更低的资本回报也可能削减参与冲突的机会成本，与更低劳动回报对冲突的影响相似。

期联合国安理会成员资格会提高一个国家的地缘政治重要性，提高从重要国家获得国际援助的可能性，相当于对 $R_{c,s}$ 的正向冲击。事实上，库茨尔姆科和韦尔克（Kuziemko and Werker，2006）发现，美国的援助取决于联合国安理会成员资格。类似动机可能适用于联合国安理会常任理事国。当然，联合国安理会成员资格可能改变一个国家的国际责任，减少其政府卷入动乱的可能性。成员资格可能也反映出一个国家过去的动乱倾向。因此，我们不太注重成员资格本身，而主要利用成员资格和时间的交互作用，允许其在柏林墙倒塌前后产生不同效应。特别是由于冷战期间地缘政治关系更紧张，我们预期 1990 年前的策略援助动机会相当强。[1]

为衡量这些可能渠道的重要性，我们使用经济合作与发展组织（OECD）成员国的国际援助支付总额数据和佩恩表（PWT）中的人均 GDP 数据。[2]

4.4.2 截面相关性

先简单看一下原始数据中三个动乱政体的相关性，以及本章理论表明的某些决定因素。

根据前文理论，一个国家的工资越低，越有可能遭受政治动乱，在最低工资水平上更有可能发生内战而不是镇压。将人均收入（佩恩表数据

---

[1] 参见贝茨（Bates，2008）对冷战如何影响非洲各国政府的讨论。冷战期联合国安理会成员资格可能通过另一个渠道影响冲突，即通过提供军事援助来提高政府的作战能力。在 4.1 节提到的简单半线性冲突模型中，更高的 ξ_2 值可以被解释为在位者集团的战斗优势。这可以通过 Z^I（在位者集团的触发点）随 ξ_2 递减，而 Z^O（反对者集团的触发点）随 ξ_2 递增看出来。这意味着冷战期联合国安理会成员资格绝对会提高政治动乱的可能性，从而增加或减少内战。

[2] 更准确地说，对于援助我们使用变量"官方发展援助，减去债务（不变价格，2007 年百万美元）"，数据来自经济合作与发展组织发展数据库中的发展援助委员会成员援助数据集（子集 2a）。对于人均 GDP，我们使用佩恩表 6.3 版本中的"实际人均 GDP（2005 年不变价格，链数据）"变量。

6.3 版本，2005 年不变国际价格）作为工资的代理变量（模型中的 $\omega_{c,s}$），三个动乱政体的数据是否如理论所示那样有自然排序呢？对于人均收入来说，答案是相当明确的"是"。在我们的面板数据中，处于和平的国家–年份的人均收入为 9412 美元；处于镇压的国家–年份贫穷些，人均收入为 5625 美元；处于内战的国家–年份最贫穷，人均收入为 3612 美元。

表 4.2 用不同方式展示了收入与动乱之间的无条件相关。表 4.2 再现了表 4.1 中不同动乱政体的 2×2 表格，只是 25% 拥有最高收入的国家（来自相同的佩恩表数据）现在用斜体表示。很明显，富有国家在代表和平的右上象限比重极高。

另外，我们预期动乱政体在基于高行政约束（模型中的 θ_c）的凝聚性政治制度变量中会产生一个单调排名，就像收入排名一样。使用前面定义的双向变量，我们确实发现了政治制度的显著规律性。对于大约 1/5 具有凝聚性政治制度的国家，93% 的年份处于和平，3.7% 处于镇压，2.8% 处于内战。对于没有凝聚性政治制度的国家而言，则分别是 77%、8% 和 15%。

表 4.3 用与表 4.2 相似的方式，说明了政治制度与动乱的联系：大约 1/5 被分类为具有凝聚性政治制度的国家用粗体表示。与高收入一样，在代表和平的右上象限中，具有凝聚性政治制度的国家比重明显极高。

所观察到的政治动乱无条件概率的这些差异，完全符合我们的理论。无论是从原始数据还是偏相关的视角，探究这些相关性或理论所包含的其他相关性（例如与代表极化的民族异质性的相关性）是否依然成立都很吸引人。也就是说，在控制一些其他的动乱潜在决定因素后结论是否稳健？如本章导论所示，这正是大多数关于镇压和内战的已有实证研究所采用的方法，依赖于数据横截面的变化，或者是横截面变化加时间序列变化。然而，如4.3节讨论的，这种方法具有统计缺陷，在这里不再运用。相反，我们转向更有价值的（时间序列）各国国内变化。

4.4.3 计量估计

基本结果——定序逻辑回归 表4.4展示了基于国内数据变化，以及采用4.3节末尾详述的统计推断实证策略得出的核心结论。

第（1）列采用理论所提示的固定效应定序逻辑估计。这不是一个标准估计方法，我们采用了由费雷尔卡波纳和弗里吉特斯（Ferrer-i-Carbonell and Frijters，2004）推荐的方法。除了（国家和年份）固定效应外，这个回归式还包括外生冲击变量。我们感兴趣的三个变量都在统计上显著：自然灾害与政治动乱正相关，而联合国安理会成员资格与动乱负相关，只在冷战期正相关。自然灾害的效应非常大：对于17%的样本均值，在自然灾害下观察到动乱的概率高4个百分点以上。具有联合国安理会成员资格的，发生政治动乱的概率低4个百分点左右。

总体来说，我们并不知晓联合国安理会成员资格的"正确"符号。预期这个变量可能反映了短暂处于国际曝光时的责任效应。我们的主要兴趣是联合国安理会成员资格与冷战期的相互作用（第三行）。[1] 如前所述，我们假设在冷战期向联合国安理会成员提供援助（以现金或军事援助的形式）的战略性地缘政治动机要比20世纪90年代以后强得多。数据的确显示了这一点。[2]

在列（2）和列（3）中，我们发现这些效应只出现在缺乏凝聚性政治制度的国家。为了做到这一点，我们将感兴趣的三个变量与两个凝聚性

---

[1] 回归中没有单独的冷战指标，因为冷战与非冷战期的任何系统性差异都通过年度效应衡量。

[2] 关于援助和内战冲突关系的最近两项研究是德雷和尼勒森（de Ree and Nillesen，2009）、纳恩和钱（Nunn and Qian，2010）的研究。

表 4.2　按国家和高收入分组的镇压和内战

	有内战			无内战					
镇压年份低于 5%	波斯尼亚 喀麦隆 几内亚比绍 利比里亚 尼泊尔 卢旺达 塞拉利昂 也门			澳大利亚 巴哈马 巴林 巴巴多斯 伯利兹 贝宁 不丹 博茨瓦纳 文莱 布基纳法索 加拿大 佛得角 中非 哥斯达黎加 克罗地亚	柬埔寨 捷克 丹麦 吉布提 赤道几内亚 斐济 加蓬 冈比亚 几内亚 圭亚那 洪都拉斯 冰岛 爱尔兰 以色列 科特迪瓦	牙买加 科威特 莱索托 卢森堡 马达加斯加 马拉维 马来西亚 马尔代夫 马里 马耳他 毛里塔尼亚 蒙古国 纳米比亚 荷兰	新西兰 挪威 阿曼 巴拿马 巴布亚新几内亚 卡塔尔 沙特阿拉伯 塞内加尔 新加坡 斯洛伐克 斯洛文尼亚 所罗门群岛 苏里南 斯威士兰 瑞典	*瑞士* *坦桑尼亚* *多哥* *特立尼达和多巴哥* *英国* *乌兹别克斯坦*	
镇压年份不低于 5%	阿富汗 阿尔及利亚 安哥拉 阿根廷 布隆迪 柬埔寨 乍得 哥伦比亚 刚果（金） 古巴 萨尔瓦多 埃塞俄比亚 法国 危地马拉	印度 印度尼西亚 伊朗 伊拉克 老挝 黎巴嫩 利比亚 摩洛哥 莫桑比克 尼加拉瓜 尼日利亚 巴基斯坦 俄罗斯 索马里 南非	韩国 斯里兰卡 苏丹 叙利亚 土耳其 乌干达 美国 越南 津巴布韦	阿尔巴尼亚 澳大利亚 孟加拉国 比利时 玻利维亚 巴西 保加利亚 智利 科摩罗 多米尼加 厄瓜多尔 埃及 爱沙尼亚 芬兰 德国	加纳 希腊 海地 匈牙利 意大利 日本 约旦 肯尼亚 墨西哥 尼日尔 巴拉圭 波兰 葡萄牙 罗马尼亚 西班牙	泰国 乌拉圭 委内瑞拉 赞比亚			

注：按照佩恩表 6.3 版本，1990 年实际人均 GDP（2005 年国际价格）超过 75% 的国家用斜体表示。

表4.3 按国家和凝聚性政治制度分组的镇压和内战

	有内战	无内战
镇压年份低于5%	波斯尼亚 喀麦隆 几内亚比绍 利比里亚 尼泊尔 卢旺达 塞拉利昂 也门	**澳大利亚** 巴哈马 巴巴多斯 伯利兹盔城 贝宁 不丹 博茨瓦纳 文莱 布基纳法索 **加拿大** 佛得角 中非 **哥斯达黎加** 克罗地亚 塞浦路斯 捷克共和国 吉布提 赤道几内亚 斐济 加蓬 冈比亚 圭亚那 洪都拉斯 **冰岛** **爱尔兰** **以色列** 科特迪瓦 牙买加 科威特 莱索托 卢森堡 马达加斯加 马拉维 马来西亚 马尔代夫 马里 毛里塔尼亚 毛里求斯 蒙古国 纳米比亚 荷兰 **新西兰** 挪威 阿曼 巴拿马 巴布亚新几内亚 卡塔尔 沙特阿拉伯 塞内加尔 新加坡 斯洛伐克 斯洛文尼亚 所罗门群岛 苏里南 斯威士兰 **瑞典** 瑞士 坦桑尼亚 多哥 特立尼达和巴哥 突尼斯 **英国** 乌兹别克斯坦
镇压年份不低于5%	阿富汗 阿尔及利亚 安哥拉 阿根廷 布隆迪 柬埔寨 乍得 哥伦比亚 刚果(金) 古巴 萨尔瓦多 埃塞俄比亚 法属圭亚那 危地马拉 印度 印度尼西亚 伊朗 伊拉克 老挝 黎巴嫩 利比亚 摩洛哥 莫桑比克 尼加拉瓜 尼日利亚 巴基斯坦 俄罗斯 索马里 南非 韩国 斯里兰卡 苏丹 叙利亚 土耳其 乌干达 美国 越南 津巴布韦	阿尔巴尼亚 孟加拉国 比利时 玻利维亚 巴西 保加利亚 智利 科摩罗 多米尼加 厄瓜多尔 埃及 委内瑞拉 芬兰 德国 加纳 希腊 海地 匈牙利 意大利 **日本** 约旦 肯尼亚 墨西哥 尼日尔 巴拉圭 波兰 葡萄牙 罗马尼亚 西班牙 泰国 乌拉圭 委内瑞拉 赞比亚

注：根据所述定义，具有凝聚性政治制度的国家用黑体表示。

表 4.4　基本计量结果

被解释变量	(1) 定序变量	(2) 定序变量	(3) 定序变量	(4) 政治动乱	(5) 政治动乱	(6) 内战	(7) 内战	(8) 定序变量
自然灾害	0.263** (0.107)	0.317*** (0.110)	0.299*** (0.111)	0.278** (0.109)	0.327*** (0.112)	0.370** (0.152)	0.431*** (0.155)	0.263** (0.111)
联合国安理会成员国资格	−1.048*** (0.399)	−1.194*** (0.417)	−1.382*** (0.456)	−1.110*** (0.412)	−1.269*** (0.430)	−1.360** (0.545)	−1.383** (0.547)	−1.048** (0.413)
冷战期联合国安理会成员国资格	1.275*** (0.439)	1.461*** (0.458)	1.657*** (0.495)	1.267*** (0.453)	1.465*** (0.472)	1.074* (0.633)	1.105* (0.635)	1.275** (0.504)
自然灾害×强制度		−0.701* (0.374)	−0.333 (0.318)		−0.618* (0.376)		−1.233** (0.595)	
联合国安理会成员国资格×强制度		1.975* (1.173)	2.940*** (1.123)	2.186* (1.178)				
冷战期联合国安理会成员国资格×强制度		−2.577* (1.375)	−3.379*** (1.247)		−2.746** (1.381)			
强制度指标		强行政约束 1950~2005年	议会民主制 1950~2005年		强行政约束 1950~2005年		强行政约束 1950~2005年	
估计方法	FE 定序逻辑	FE 定序逻辑	FE 定序逻辑	FE 逻辑	FE 逻辑	FE 逻辑	FE 逻辑	FE 定序逻辑
交互项显著性（p值）		0.61	0.49		0.66		0.17	
观察值	4251	4251	4251	4251	4251	2061	2061	4251

注：时间段为 1950~2006 年。变量定义参考正文。括号中是标准差。p 值是下列检验假设的显著性：* 10% 显著；** 5% 显著；*** 1% 显著。列（1）至列（7）是稳健标准差，列（8）是采用自助法的标准差。p 值是下列检验假设的显著性："自然灾害×强制度"系数＝＝"联合国安理会成员国资格"系数，"联合国安理会成员国资格×强制度"系数＝＝"冷战期联合国安理会成员国资格"系数。列（6）和列（7）中的样本删除了在此期间没有内战的国家。

政治制度指标进行交互，通过强行政约束或议会民主制的高普遍率来衡量凝聚性政治制度。如果外生变量在凝聚性政治制度下没有效应，那么交互变量的系数与非交互变量的系数符号应该相反，绝对值相等。如表4.4所示，交互和非交互系数在每种情况下符号都相反。此外，对于凝聚性政治制度的两种度量，我们不能拒绝凝聚性政治制度外生变量与政治动乱零相关性的假设，这些检验的 p 值都显示在表4.4底部。这些列的结果证实了理论的重大预测结果。

我们有理由去关心这些互动效应是否真的抓住了政治制度而不是高收入的影响。为了检验这一点，我们使用了一个虚拟变量。如果一个国家1980年人均收入处于收入分布最高的1/4（或1/2），则这个变量就为1。高收入指标与强行政约束和议会民主制这两个好制度指标之间的相关性被证明并不是很高：如果一个国家1980年人均收入处于收入分布最高的1/4，这两个相关系数分别为0.35和0.28；如果一个国家1980年人均收入处于收入分布最高的1/2，这两个相关系数分别为0.28和0.19。当我们增加高收入和前面回归式中冲击的交互效应时，所有与政治制度交互的结果（包括上面和下面的）都定性地保持不变。

基本结果——动乱边际 列（4）至列（7）分别考虑了我们理论有过明确预测的每个边际：和平与某些动乱（镇压或内战），非内战（和平或镇压）与内战。在每种情况下，我们对包括国家（和年份）固定效应的条件逻辑回归进行估计。我们汇报了两个表达式，一个包含强制度行政约束指标的交互项，另一个没有。列（4）和列（5）表明，结果是稳健的，条件逻辑回归系数的符号和大小与定序逻辑的内容相似。我们再一次不能拒绝这一假设，即具有凝聚性政治制度的国家的政治动乱与外生变量没有显著的相关性。对于内战边际，只有49个国家的左手边变量具有某些时变特征。我们无法估计其与联合国安理会成员资格的交互作用，因为没有任何曾担任过联合国安理会成员国（非常任理事国）、具有凝聚性政治制度的国家曾有过内战。但是，我们不能拒绝凝聚性政治制度国家自然灾害对内战的零效应。

这些估计与理论预测高度一致。内战结果与米盖尔、赛提纳斯和塞尔真蒂（Miguel，Satyanath and Sergenti，2004）基于降雨冲击（而不是自然灾害）的发现一致，我们在这里将样本从非洲扩展到全世界，并扩大范围，除双边政治动乱之外，将单边政治动乱也包括进来。这也与尼尔和莱加（Nel and Righarts，2008）以杜瑞和奥尔森（Drury and Olson，1998）为基础的研究结果一致，他们论证自然灾害会增加内部冲突风险，尽管我们的结论仅仅依赖于数据的国内变化（而不是横截面和时间序列上的变化）。

列（1）至列（7）都展示了未经调整的标准差。因为和估计过程有关，所以最好的替代方案可能是自助（国家层面）标准差。每当自助过程收敛时，产生的标准差与未经调整的标准差非常相似。[1] 列（8）报告了与列（1）相同表达式的自助标准差。令人欣慰的是，表 4.5 中的线性概率估计对任意形式的异方差性和序列相关性（国家层面的 Huber-White 聚类标准差）都稳健。

扩展结果——替代估计　表 4.5 用另一种替代估计方法，探讨了当前机制的更多细节。

前四列表明，采用表 4.4 列（4）至列（7）的表达式时，使用常规固定效应模型也可以得到线性概率模型的相似结果（因为不想施加强基

---

[1]　由于我们使用的是分步估计（参见前面脚注）和非平衡面板数据，特别是列（2）、列（3）、列（5）和列（7）存在交互作用，采用自助法非常必要。

数假设，我们关注两变量而不是表 4.4 中探讨的两个边际）。列（1）中的标准差与表 4.5 总体上一样，对异方差性和国家层面的聚类来说是稳健的。

很容易对这些估计给出直接的定量解释：（至少）一场自然灾害使发生政治动乱的概率提高了 2.4 个百分点，而使发生内战的概率提高了 2.9 个百分点。与冷战结束后相比，冷战期联合国安理会成员资格使发生政治动乱的概率提高了 9 个百分点。这些影响都非常大，并与表 4.4 的发现一致。这些变量与行政约束衡量的凝聚性政治制度变量的交互项，显示出与表 4.4 相同的符号类型。

扩展结论——检验机制　列（5）和列（6）研究了简化式结果背后的机制。我们具体探究了三个外生变量如何影响理论推导的影响政治动乱的两个中间变量：人均收入（实际工资）和援助支出。在列（5）我们允许自然灾害和联合国安理会成员资格影响人均收入（包括使用滞后两年的人均收入来允许收入收敛）。结果显示的相关性不显著，尽管我们不能拒绝负效应。在这个结论的基础上，我们不愿认为实际工资是自然灾害影响冲突概率的主要渠道。列（6）的被解释变量是对数援助支出。估计结果显示，冷战期援助随自然灾害的增加而增加，一个国家具有联合国安理会成员资格时更高，而在后冷战期更低。符号类型与其对政治动乱的影响是一致的。①

---

① 我们还计算了制度指标与这些冲击的相互作用（可以向作者索要）。自然资源冲击（显著）增加了对具有非凝聚性政治制度的国家的援助，但（显著）减少了对具有凝聚性政治制度的国家的援助。然而，在冷战期和冷战后联合国安理会成员资格对具有凝聚性政治制度国家的援助的影响，比具有非凝聚性政治制度国家的影响更大。后一个结果表明，是制度差异导致了表 4.4 的结论，而不是冲击的不同响应。

表4.5 扩展计量结果

被解释变量	(1) 政治动乱	(2) 政治动乱	(3) 内战	(4) 内战	(5) 对数人均GDP	(6) 对数援助支出	(7) 政治动乱	(8) 内战
自然灾害	0.024* (0.013)	0.029* (0.017)	0.029** (0.013)	0.043*** (0.016)	-0.005 (0.003)	0.105** (0.043)		
联合国安理会成员资格	-0.066** (0.027)	0.092*** (0.029)	-0.051** (0.023)	-0.053** (0.023)	0.009 (0.008)	-0.269** (0.092)		
冷战期联合国安理会成员资格	0.090** (0.040)	0.129*** (0.045)	0.034 (0.029)	0.036 (0.029)	-0.004 (0.010)	0.434*** (0.113)		
自然灾害×强制度		-0.024– (0.037)		0.079*** (0.024)				
联合国安理会成员资格×强制度		0.148*** (0.054)						
冷战期联合国安理会成员资格×强制度		-0.205*** (0.068)						
滞后两年的对数人均GDP					0.905*** (0.013)			
对数人均GDP							0.062 (0.039)	0.046 (0.040)
对数援助支出							0.191*** (0.046)	0.161*** (0.050)
观察值	5880	5880	5880	5880	6300	5067	3914	3914
国家数量	158	158	158	158	178	150		
R^2	0.030							

注：时间段为1950~2006年。变量定义可参考正文。经国家聚类调整的稳健标准差显示在括号中：*10%显著；**5%显著；***1%显著。

通过观察

$$\frac{\partial p}{\partial log(aid)} = \frac{\partial p/\partial x}{\partial log\ (aid)/\partial x}$$

可以很容易地计算出隐含的政治动乱对援助的（半）弹性 p。用这个公式，列（1）和列（6）的估计系数给出了政治动乱对援助弹性的三个显著而相当接近的估计，均在 0.20 到 0.24 之间。定量来看，援助增加 10% 与动乱概率提高约 2 个百分点相关。这些结果与纳恩和钱（Nunn and Qian，2010）近期关于援助和国内冲突的结论一致。[①]

考虑到这些结果，通过估计两阶段模型进一步研究简化式结论的背后机制相当诱人，列（7）和列（8）展示了我们把外生变量和滞后两年的对数人均 GDP 作为对数援助支出和对数人均 GDP 的工具变量的计量结果。毫不稀奇，给定列（5）和列（6）的结果，我们发现援助对政治动乱和内战有显著正效应，但人均收入没有显著效应。此外，两阶段模型估计的援助效应，和我们前面估算的援助-动乱弹性非常接近。

然而，我们并不想强调这些工具变量的结果，因为需要的识别假设过强。例如，如前所述，冷战期联合国安理会成员资格对动乱的影响，可能不仅包括常规援助，还包括军事援助（我们无法衡量），从而违背了排他性限制。

总体来说，表 4.4 和表 4.5 展示的实证估计与 4.1 节、4.3 节的理论预测相当一致。

---

① 纳恩和钱（Nunn and Qian，2010）将美国小麦带的气候冲击作为世界粮食援助的工具变量。他们与本章的结论，以及与德雷和尼勒森（de Ree and Nillesen，2009）对撒哈拉以南非洲地区内部冲突的研究存在分歧。德雷和尼勒森（de Ree and Nillesen，2009）将美国和其他几个捐赠国家的人均 GDP 冲击来作为撒哈拉以南非洲地区官方发展援助的工具变量。他们的被解释变量也不同，并发现只有在研究内战的持续和原因时效应才显著。

4.5 本章结论

本章分析整合了两种不同思路的政治动乱研究成果，提出一个理论模型来分析镇压和内战的共同根源。在特定的冲突技术假设下，展示了和平、镇压（单边动乱）和内战（双边动乱）在一个共同潜在变量作用下成为定序政体，被来自公共品、工资、援助和资源租金的冲击而改变。但是，只有在政治制度没有对统治集团施加足够制衡，或者没有为那些被权力排除的人提供足够保护时，这些效应才会显现。

本章还展示了如何在理论模型和计量检验之间架设桥梁。在可观测性具体假设下，模型预测结果与数据的对照，可以通过估计从和平到动乱、从非内战到内战的定序逻辑回归和条件转移概率模型来实现。这里的实证策略比前几章要更加深刻，表明正在建构的理论可以帮助我们以特定方式来处理数据。

从理论分离出的外生变化影响动乱的机制出发，我们的识别策略有两个来源：自然灾害（影响实际工资和援助）和联合国安理会成员资格（影响援助）。实证结果与理论预期一致，实际工资和援助影响模型中的潜变量 Z。与理论前提一致，这些外生冲击的确会改变政府镇压和内战的可能性，但仅适用于政治制度弱制衡或少数派代表制度较弱时。通过检查这一机制，我们发现外国援助的变化，几乎解释了国内政治动乱变化的大部分。

这些发现与强调制度、经济发展和自然资源对内战或政治动乱的影响的前期工作相互呼应。然而，在用精心设计的理论模型来解释动乱的实证结果上，仍有很多工作尚未完成。当前模型的一个有用但限制性的特征是在位者集团和反对者集团对称。正如 2.2 节讨论的，可以通过收入异质性或集团规模的不对称性来包含收入不平等，扩展成更一般性的框架。4.2节展示了集团如何在看待国家利益（国家公共品）和集团特定利益（转移性支出）上产生差异，这是对民族、文化、宗教对抗进行建模的方式，还展示了如何在4.1节强调的贪婪动机之外引入不满动机的方法。

我们对动乱发生的实证分析没有涉及动乱原因和动乱持续时间之间的区别，这是内战实证文献中的重要内容。对这个问题进行进一步的理论研究需要一个潜在状态依存来源。第5章内生化的国家能力作为一个明显的状态依存来源被费伦（Fearon，2004）、费伦和莱廷（Fearon and Laitin，2003）所强调。沿着4.2节讨论的线索，我们也可以通过引入集团不对称性来获得更加动态的模型。那时的状态变量将是集团在位特征，使任何一期的均衡都有状态依存特征。这会自然地导向政治动乱和政治更替联合决定的实证模型。另一种可能性是引入土地或资本等经济状态变量，某时期的冲突会破坏一部分下一期的该状态变量。实际工资隐含的动态自然意味着冲突的期限依存。5.2节初步建构了这样一个模型。

第5章将研究国家能力和政治动乱的联合决定，允许我们进一步预测冲突风险与国家能力之间的联系。我们预测冲突风险与收入之间的联系，通过国家能力或私人资本投资等中介效应而发生。总之，扩展分析帮助我们深化了对所观察到的收入、制度和动乱集群现象的理解。

4.6 文献注解

格罗斯曼（Grossman，1991）和斯卡泼达斯（Skaperdas，1992）等建构的经典冲突理论模型已经被用来解释内战。与本章扩展的模型一样，这些作者将冲突建模为均衡过程的结果，各方参与者的动机非常明确，来自冲突技术、主角偏好及潜在经济约束。格罗斯曼（Grossman，1992）关于外国援助可能会增加内战冲突倾向的观点，与本章所强调的理由相同。对于理论文献的优秀评论，请参见布拉特曼和米盖尔（Blattman and Miguel，2009）对一般性问题，以及加芬克尔和斯卡泼达斯（Garfinkel and Skaperdas，2007）对竞赛函数应用的研究。迪克西特（Dixit，1987）和斯卡泼达斯（Skaperdas，1996）对竞赛函数的用途做了更广泛的考察，阿斯拉克森和陶维克（Aslaksen and Torvik，2006）、阿扎姆（Azam，2002）、卡塞利（Caselli，2006）、夏桑和帕德罗米克尔（Chassang and Padro-i-Miquel，2009）采用相似方法做出了最新理论贡献。阿扎姆（Azam，2005）讨论了非洲的政权类型，对单边和双边政治动乱差异的分析非常重要。帕克（Parker，1988）的研究是军事技术对政权组织及其历史的影响的经典参考文献。

理论研究取得的巨大进展，大部分都与实证文献分离，而且理论模型并没有考虑实证检验。费伦（Fearon，2008）是一个例外，他采用了与本章不同的建模方法。另一个例外是关于极化和冲突的文献，艾斯特班和雷（Esteban and Ray，1999，2008a）的理论与蒙塔尔沃和雷纳尔-克罗尔（Montalvo and Reynal-Querol，2005）及雷纳尔-克罗尔（Reynal-Querol，2002）的实证研究相互影响。

近年来出现了一大批研究内战决定因素的实证文献，布拉特曼和米盖尔（Blattman and Miguel，2009）、艾奥巴达维和萨姆班尼斯（Elbadawi and Sambanis，2002）进行了回顾。这类文献的一个稳健发现是，尽管因果方向难以确定，但可以明确知道贫穷国家不成比例地遭受内战。然而，对这种相关性的解释仍有待商榷。费伦和莱廷（Fearon and Laitin，2003）认为这反映了镇压叛乱的有限国家能力，科利尔和霍弗勒（Collier and Hoeffler，2004）则认为这反映了收入低时斗争的低机会成本。

对关于内战的其他潜在驱动因素，如民族分裂和政治制度，也有相当大的争议。当涉及自然资源时，结果也会产生分歧。尽管有些研究发现自然资源有可能显著提高发生内战的概率和（或）延长其持续时间，其他研究却没有找到此效应［参见罗斯（Ross，2004）对这一课题的研究］。但大多数实证研究者可能会同意石油依赖与内战发生之间存在显著的横截面相关性。杜瑞和奥尔森（Drury and Olson，1998）、尼尔和莱加（Nel and Righarts，2008）等少数研究看到了自然灾害和内战冲突的实证联系，德雷、尼勒森（de Ree and Nillesen，2009）、纳恩和钱（Nunn and Qian，2010）的最近研究探索了援助和内战之间的联系。

对国家内部冲突变化的研究较少。例如，戴宁格尔（Deininger，2003）使用乌干达社区层面的数据，发现经济机会（用基础设施代理）和经济作物匮乏与内乱有关。杜布和瓦格斯（Dube and Vargas，2008）运用达波和达波（Dal Bo and Dal Bo，2006）的理论框架来解释哥伦比亚都市的冲突发生率，采用了咖啡和石油价格的时间序列变化。

政治科学领域也有相当多的文献，意图发现并解释有关政府镇压和人权侵犯行为的经济、政治和社会变量。根据达文波特（Davenport，2007）的考察，这类文献几乎完全是实证研究。关于内战和政府镇压的文献在很大程度上是平行发展的，没有太多相互联系，尽管内战有时会出现在关于镇压的实证研究的"右手边"。阿扎姆和霍弗勒（Azam and Hoeffler，2002）展示了针对平民的动乱（镇压）如何有效阻止叛乱，并将其应用于难民数据。

5 政体空间

幸福的家庭都是相似的，不幸的家庭却各有各的不幸。

——列夫·托尔斯泰，《安娜·卡列尼娜》，1873~1877

第 4 章扩展了第 3 章的国家能力核心模型，将动乱投资包含进来。我们用这种模型来探讨镇压和内战的理论决定因素，并展示理论预测与各国国内动乱的时变特征相一致。在第 4 章后半部分进行实证检验之前，我们观察到政治动乱和国家能力投资有一些共同决定因素。具体来说，投资国家能力和投资动乱似乎可以相互替代；在共同决定因素中，所有增加动乱投资的变量都会减少国家能力投资。

然而，第 4 章的理论分析是不全面的，因为司法能力和财政能力水平被视为给定。现在，通过内生化使其更完善。在政治（不）稳定性内生，而不是如第 2 章和第 3 章所言是外生的情况下，我们推导第一期在位者集团由动乱均衡投资所驱动的最优国家能力投资。这带来了司法能力和财政能力的两个新欧拉方程，共同决定了国家能力、收入和政治动乱。不仅如此，我们还在分析中重新引入了私人资本形成，以进一步内生化收入。这意味着冲突风险与投资（以及收入）之间存在天然的负相关关系。

一旦解决了这些剩余的任务，就可以将这些片段整合成一个更全面的发展集群图景。正如我们将看到的，综合核心模型会帮助我们进一步分离所观察到的对收入、制度和动乱相关性的可能解释。特别是，可以把第 2 章和第 3 章中的结论与共同利益政体、再分配政体和弱政体，以及第 4 章中对和平、镇压和内战等的研究结论结合起来，得到一个矩阵式政体空间。在特定时间内，某个国家在矩阵中的确切位置取决于其政治和经济参数值。

章节规划　下一节将以描述内生政治更替函数的形式总结第 4 章的结论。这个准备工作能让我们在综合核心模型中研究财政能力和司法能力均衡投资。与 3.2.3 节相同，5.2 节通过增加私人资本形成来扩展模型，现在内战风险影响私人投资的回报期望。5.3 节将讨论综合框架的实证意义，以及如何将其用于解释观察到的数据类型。

5.4 节将投资政体和动乱政体类型整合在一起，形成"安娜·卡列尼娜发展原理"，参见本章开头引用的托尔斯泰名言。我们还简要回顾了掠夺性政体的可能性，并观测这如何丰富了我们对不繁荣的理解。与之前一样，结尾部分是本章结论和文献注解。

5.1　综合核心模型中的国家能力

我们先回到 4.1 节的核心模型，在财政能力和司法能力给定的条件下分析动乱行为。

5.1.1　均衡政治更替

模型的递归结构大大简化了对均衡国家能力投资的分析。递归意味着动乱只能通过均衡政治更替率 $\gamma(\widehat{L^I}, \widehat{L^O}, \xi)$ 影响投资。

准备　回忆一下，驱动冲突的潜在变量为：

$$Z = \frac{(1-\phi)\left[R + \tau_2 y(\pi_2)\right]}{\omega(\pi_1)}$$

用标量参数 ξ 来替代冲突技术中的一般向量 ξ，我们对此参数如何影响在位者集团和反对者集团之间的边际斗争收益做如下假设。

假设 5.1:$-\gamma_{I\xi}(L^O, L^I, \xi) > 0$ 和 $-\gamma_{O\xi}(L^O, L^I, \xi) < 0$。

这说明 ξ 表现了在位者集团的优势:提高 ξ 增加在位者集团的边际斗争收益,同时减少反对者集团的边际斗争收益(通过第二期各集团掌权的概率来衡量)。

利用命题 4.1 和命题 4.2 的结论,并将纳什均衡值 $\{\widehat{L^I}, \widehat{L^O}\}$ 代入冲突技术,得到均衡更替率:

$$\Gamma(Z, \nu, \xi) = \begin{cases} \gamma(\widehat{L^O}, \widehat{L^I}, \xi) & Z > Z^O(\theta, \nu, \xi) \\ \gamma(0, \widehat{L^I}, \xi) & Z^O(\theta, \nu, \xi) \geq Z > Z^I(\theta, \lambda_1, \xi) \\ \gamma(0, 0, \xi) & Z^I(\theta, \lambda_1, \xi) \geq Z \end{cases} \tag{5.1}$$

比较静态 可以轻松地对函数 $\Gamma(Z, \nu, \xi)$ 进行比较静态分析,结论如下。

命题 **5.1**:如果假设 4.1 和 5.1 满足,第一期在位者集团被取代的概率随 (Z, ν, ξ) 的变化如下:

(1)无论镇压还是内战,Z 的增加都会降低在位者集团被取代的可能性;

(2)内战时,ν 的增加会降低在位者集团被取代的可能性;

(3)无论镇压还是内战,ξ 的增加都会降低在位者集团被取代的可能性。

证明:第一部分证明如下。首先,假设有镇压,那么结论成立,因为假设 4.1 意味着在位者集团的支付在 L^I 上是凹的,Z 增加了边际斗争收益。其次,假设有内战,式(5.1)对 Z 求导,有:

$$\Gamma_Z(Z,\nu,\xi) = \gamma_I \frac{\mathrm{d}L^I}{\mathrm{d}Z} + \gamma_O \frac{\mathrm{d}L^O}{\mathrm{d}Z} = \frac{[(\gamma_I)^2 \gamma_{OO} + (\gamma_O)^2 \gamma_{II} - 2\gamma_I \gamma_O \gamma_{IO}]}{[-\gamma_{II} \gamma_{OO} + (\gamma_{IO})^2] Z} < 0$$

其中我们使用了式（4.12）的比较静态结论和假设 4.1（c）。

为了证明命题第二部分，我们观察到在镇压下，由于 $L^O = 0$，改变 ν 对 $\hat{L}^I$ 没有影响。在内战下，更高的 ν 影响动乱，服从：

$$\begin{bmatrix} -\gamma_{II} xZ & -\gamma_{IO} xZ \\ \gamma_{IO} xZ & \gamma_{OO} xZ \end{bmatrix} \begin{bmatrix} \mathrm{d}L^I \\ \mathrm{d}L^O \end{bmatrix} = \begin{bmatrix} 0 \\ \mathrm{d}\nu \end{bmatrix} \tag{5.2}$$

式（5.1）对 ν 求导并使用克莱姆法则，有：

$$\Gamma_Z(Z,\nu,\xi) = \gamma_I \frac{\mathrm{d}L^I}{\mathrm{d}\nu} + \gamma_O \frac{\mathrm{d}L^O}{\mathrm{d}\nu} = \frac{(-\gamma_{II} \gamma_O + \gamma_I \gamma_{IO})}{[-\gamma_{II} \gamma_{OO} + (\gamma_{IO})^2] 2(1-2\theta) Z^2} < 0$$

符号规则来自假设 4.1（c）。

现在到第三部分。首先，假设有镇压，那么结论成立。因为假设 4.1 意味着在位者集团现在的支付在 L^I 上是凹的，同时假设 ξ 增加了边际斗争收益。其次，假设有内战，那么随着 ξ 的增加，动乱效应由下式给出：

$$\begin{bmatrix} -\gamma_{II} xZ & -\gamma_{IO} xZ \\ \gamma_{IO} xZ & \gamma_{OO} xZ \end{bmatrix} \begin{bmatrix} \mathrm{d}L^I \\ \mathrm{d}L^O \end{bmatrix} = \begin{bmatrix} \gamma_{I\xi}(L^O, L^I, \xi) \, xZ\mathrm{d}\xi \\ -\gamma_{O\xi}(L^O, L^I, \xi) \, xZ\mathrm{d}\xi \end{bmatrix} \tag{5.3}$$

其中，$x = (1-2\theta) 2$。式（5.1）对 ν 求导并使用克莱姆法则，我们得到：

$$\Gamma_\xi(Z,\nu,\xi) = \gamma_I \frac{\mathrm{d}L^I}{\mathrm{d}\xi} + \gamma_O \frac{\mathrm{d}L^O}{\mathrm{d}\xi} = \frac{\gamma_{O\xi}(\gamma_{II} \gamma_O - \gamma_I \gamma_{IO}) + \gamma_{I\xi}(\gamma_{OO} \gamma_I - \gamma_{IO} \gamma_O)}{[-\gamma_{II} \gamma_{OO} + (\gamma_{IO})^2] Z} < 0$$

其中符号来自假设 4.1（c）。结论得证。

当我们开始研究动乱对国家能力投资的影响时，命题 5.1 是一个重要结论。因为在 θ 很低时，在位者集团掌权的可能性会影响这些决策。

第一部分来自以下事实：一旦更多的人受到威胁，在位者集团的斗争将比反对者集团更坚决。因为根据假设 4.1（c），γ_1 比 γ_0 上升快。这个比较静态预测与史密斯（Smith，2004）的结论一致，史密斯发现其他条件不变，石油国家比其他国家有更长的领导期。

命题的第二部分符合以下事实，随着 ν 上升，反对者集团使用动乱的成本越来越高。在内战中这会减少政治更替，因为反对者集团的斗争强度会降低。这同时提高了内战爆发的门槛 Z^o。

至于第三部分，与镇压有关的 Z 的范围随着 ξ 的增加而变大。这是因为（通过假设 5.1）更高的 ξ 值降低了在位者集团的动乱触发点，提高了反对者集团的触发点。在镇压和内战机制下，更高的 ξ 值使在位者集团的动乱投资更多，而使反对者集团的投资更少。因此，这提高了在位者集团继续掌权的概率。

5.1.2　回顾国家能力投资

有了这些准备工作，我们现在重新考虑第 4 章综合核心模型的国家能力投资 $\{\pi_2，\tau_2\}$。这些投资由第一期在位者集团在投资动乱 L^I 的同时决定，因此与第一期反对者集团的 L^O 决策同时进行。这种同时性，加上模型的线性结构，允许我们将国家能力投资与政策分开考虑。此外，国家能力投资与动乱投资的唯一联系，通过均衡更替率 $\Gamma（Z，v，\xi）$ 来实现。

尽管细节不同，但我们的分析与卡塞利（Caselli，2006）的工作有关。他考虑了自然资源可得性如何通过未来政变的概率来影响在位者集团的折现因子，这反过来又会影响在位者集团的经济发展投资。

投资目标　第一期在位者集团选择第二期的投资水平来最大化两期效

用。如前所述，用

$$W(\alpha_S,\tau_S,\pi_S,m_S,\beta^J) = \alpha_S G(\alpha_S,\tau_S) + (1-\tau_S) y(\pi_S) +$$
$$\beta^J [R + \tau_S y(\pi_S) - G(\alpha_S,\tau_S) - m_S] \qquad (5.4)$$

来代表每一期的间接支付函数。

用均衡更替率 $\Gamma(Z,v,\xi)$ 来代替第4章在位者集团支付函数中的冲突技术 $\gamma(L^o, L^I, \xi)$，投资目标可以写为：

$$W(\alpha_1,\tau_1,\pi_1,m_1,\beta^J)$$
$$+ [1 - \Gamma(Z,\nu,\xi)] U^I(\tau_2,\pi_2) + \Gamma(Z,\nu,\xi) U^o(\tau_2,\pi_2) \qquad (5.5)$$

其中，

$$U^I(\tau_2,\pi_2) = [\phi W(\alpha_H,\tau_2,\pi_2,0,\beta^I) + (1-\phi) W(\alpha_L,\tau_2,\pi_2,0,\beta^I)]$$

和

$$U^o(\tau_2,\pi_2) = [\phi W(\alpha_H,\tau_2,\pi_2,0,\beta^o) + (1-\phi) W(\alpha_L,\tau_2,\pi_2,0,\beta^o)]$$

是第二期的值函数。

最优条件　用 π_2 和 τ_2 最大化式（5.5），并使用包络定理，我们获得以下司法能力和财政能力的欧拉方程（一阶条件）：

$$y_\pi(\pi_2) \{1 + [E(\lambda_2,Z,\nu,\xi,\theta) - 1] \tau_2\} \leqslant \lambda_1 L_\pi(\pi_2 - \pi_1)$$
$$\text{c.s.} \qquad \pi_2 - \pi_1 \geqslant 0$$
$$y(\pi_2) [E(\lambda_2,Z,\nu,\xi,\theta) - 1] \leqslant \lambda_1 F_\tau(\tau_2 - \tau_1)$$
$$\text{c.s.} \qquad \tau_2 - \tau_1 \geqslant 0$$

其中，

$$E(\lambda_2,Z,\nu,\xi,\theta) = \phi \alpha_H + (1-\phi) E(\lambda_2 \mid \alpha_L,Z,\nu,\xi,\theta)$$

是公共资金的期望值，

$$E(\lambda_2 \mid \alpha_L, Z, \nu, \xi, \theta) = \begin{cases} \alpha_L & \text{若} \alpha_L \geq 2(1-\theta) \\ 2\{(1-\theta)\,[1-\Gamma(Z,\nu,\xi)]+\theta\Gamma(Z,\nu,\xi)\} & \text{其他} \end{cases}$$

这些最优条件的形式与 2.1 和 3.1 节核心模型中的相似。

在缺乏角点解的情况下，每个条件都使边际成本与投资的边际收益相等，收益取决于公共资金的边际期望价值。唯一新的地方是，内生更替率 Γ 取代了外生参数 γ 在 $E(\lambda_2, Z, \nu, \xi, \theta)$ 的位置。我们已经取代了前面的符号 λ_2^L，以强调 $\Gamma(Z, \nu, \xi)$ 现在内生决定的事实。如前所述，均衡导致两种类型投资之间的互补性，条件为：

$$E(\lambda_2 \mid \alpha_L, Z, \nu, \xi, \theta) - 1 \geq 0$$

我们没有重复第 3 章的所有比较静态，而是集中关注从当下扩展模型中得出的新见解和新含义。

均衡特征 政体三分法取决于两个条件，我们和简单模型一样列出。第一个条件和前面相同。

凝聚性：

$$\alpha_L \geq 2(1-\theta)$$

第二个条件与前面类似，但反映了内生更替率。

稳定性：

$$\phi\,\alpha_H + (1-\phi)2\{[1-\Gamma(Z,\nu,\xi)]\,(1-\theta)+\Gamma(Z,\nu,\xi)\,\theta\} \geq 1$$

如果 $\Gamma(Z, \nu, \xi)$ 很低，这个修正的稳定性条件更有可能满足。因此，当稳定性条件决定投资时，我们对更替率如何取决于命题 5.1 的参数

（Z，ν，ξ）的特征描述将很有用。

这两个条件的概念意义和结论，与第 2 章和第 3 章完全相同。为了完整性，我们重述它们如何映射到三种可能的政体。

命题 5.2：假设凝聚性条件满足，或 $\phi \to 1$，我们有共同利益政体，其中：

（1）两种形式的国家能力投资都有；

（2）增加 ϕ 会同时增加财政能力和司法能力投资，而 R、v 和 ξ 的变化对投资没有影响。

要使结论成立，要求 θ 足够接近边际公共收入分配给公共品部分的一半。此时第一期在位者集团可以放心，无论谁在第二期掌权，公共资源都将被用于共同利益（即公共品）。这使在位者集团相信国家可以发展。通过观察命题 4.1 可看到，共同利益政体总是和平的，因为没有再分配支出可以争夺。更高的 ϕ 值使未来的政府收入更高，从而提高两个方面的投资。

第二种可能性如下。

命题 5.3：假设凝聚性条件失效，且 $\phi < 1$，但稳定性条件满足，那么我们有再分配政体，其中：

（1）两种形式的国家能力投资都有；

（2）增加 θ 会同时增加财政能力和司法能力投资，如同 R、v 或 ξ 的增加一样（微弱）。

在再分配政体中，当 $\alpha_{S} = \alpha_{L}$ 时，在位者集团将现有资金用于再分配，其会在尽可能保持在位的情况下投资国家能力。如果在位者集团发现处于镇压或内战（即 Z 超过 Z^l 和 Z^o 中的一个或两个触发点），参数变化可以提高镇压或内战强度。这增加了在位者集团继续掌权的机会，从而促进更多国家能力投资。

因此，更强的再分配政体可能与更高程度的镇压并存。与第 2 章和第 3 章不同的是，当 R、ν 或者 ξ 发生变化时，共同利益政体和再分配政体下的局部比较静态现在有所不同。

以下总结了第三种可能性。

命题 5.4：当凝聚性条件和稳定性条件都失效时，就是弱政体，没有任何动机投资财政能力。其他条件不变，司法能力投资低于共同利益政体或再分配政体。

随着稳定性条件失效，财政能力投资的边际收益为负。政治制度的非凝聚性和政治的高更替率，意味着任何财政能力都可能被反对者集团从在位者集团手中再分配出去。这阻碍了国家能力投资，我们看到的是一个与政治动乱导致的高度政治不稳定相伴随的弱政体。

5.2 模型扩展

到目前为止，我们已扩展的综合模型不包含任何私人资本积累决策。然而，模型仍然为政治动乱和收入之间建立了间接联系。因为司法能力投资可以直接提高收入，而冲突风险会影响国家能力投资。假设 θ 足够低，低到出现弱政体或再分配政体，那么，对 Z 的冲击将导致动乱和收入的相关性为正，对 ν 的冲击将导致它们的相关性为负。

无论哪种方式，都限制了动乱和收入之间的关系，因为排除了最明显的可能性，即减少私人投资。例如，据戈尔丁和刘易斯（Goldin and Lewis，1975）的估计，美国内战对美国南方造成的最大经济成本来自物质资本损坏。此时，冲突的任何期望都会减少投资。现在我们展示如何将这种机制引入模型。

重新引入私人投资　为了建模分析冲突风险对投资的影响，我们按照3.2.3 节的线索扩展模型，将物质资本投资决策包含进来。不过，我们是通过包含政治动乱投资的综合核心模型来实现这一点的。具体来说，我们建立了第二期资本存量 K_2 的个人投资决策模型。

为了包含冲突效应，我们按照第 4 章的方式，保持国家能力投资不变。我们把包含潜在冲突的私人和公共投资全面综合模型放到后面。

我们用现实性假设来扩展模型，经科利尔（Collier，1999）、戈尔丁和刘易斯（Goldin and Lewis，1975）分析证实，实际内战通过损坏一些重要的私人资本对经济生产能力产生持久效应。因为损坏更有可能是全面冲突的副产品，所以我们假设这在镇压政体中不会发生。我们做出如下正式假设。

假设 5.2：如果发生内战，那么第二期资本的 δ 比重（$\delta < 1$）将被损坏。

考虑到前面的期限假设，这意味着损坏应该发生在储蓄决策之后、第二期生产之前，私人资本将因此遭受有效的随机贬值。

期限　现在修正模型的期限如下。

（1）从国家能力初始存量 $\{\tau_1, \pi_1\}$、人均资本存量 K_1 和在位者集团 I_1 开始。

（2）所有居民决定为第二期积累多少资本 K。

（3）自然决定 α_1 和 R。

（4）I_1 选择第一期政策集 $\{t_1, r_1^I, r_1^O, P_1^I, P_1^O, g_1\}$，并（通过投资）确定第二期财政和司法能力存量 $\{\tau_2, \pi_2\}$。I_1 和 O_1 同时投资动乱水平 L^I 和 L^O。如果内战爆发，就有资本损坏。

（5）I_1 继续掌权的可能性为 $1 - \Gamma(Z, v, \xi)$，自然决定 α_2。

（6）I_2 选择第二期政策集 $\{t_2, r_2^I, r_2^O, P_2^I, P_2^O, g_2\}$。

由于私人积累决策在 R（和 α）实现之前做出，那么冲突概率可能会影响积累决策。

资本回报期望　我们以类似于3.2.3节的方式研究均衡。按照第3章的符号，假定 $\kappa(1 + \pi_s) < 1$，从而制度约束起作用，资本也没有完全部署在先进部门。第二期储蓄 K 的私人收入期望为：

$$Y(\pi_2, K) = [\kappa(1 + \pi_2) K]^{\eta}$$

假设国家现在面临内战，那么在工资和自然资源租金 R 实现后，内战将爆发的概率可以写为：

$$F^O(R - w_1 \bar{Z}^O) = \text{Prob}(Z > Z^O)$$

这里使用了与4.3节相同的符号。对于一个总有高 R 值和非凝聚性政治制度的国家而言，有 $F^O(R - w_1 \bar{Z}^O) = 1 - \phi$。此外，按第4章中讨论的，$F^O(R - w_1 \bar{Z}^O)$ 等于零只发生在共同利益政体中。

税后资本边际回报期望现在为：

$$(1 - \tau_2) \eta [\kappa(1 + \pi_2)]^{\eta} (K)^{\eta-1} [1 - F^O(R - w_1 \bar{Z}^O) \cdot \delta]$$

最后一项 $[1 - F^O(R - w_1 \bar{Z}^O) \cdot \delta] < 1$ 表示内战造成的资本损坏降低了资本回报。

最优私人投资　按照得出命题 3.7 的相同步骤，可以得到私人资本最优水平的隐含解。对于 $J \in \{I, O\}$，有：

$$1 = (1 - \tau_2) \eta [\kappa(1 + \pi_2)]^{\eta} (K^J)^{\eta-1} [1 - F^O(R - w_1 \bar{Z}^O) \cdot \delta] \qquad (5.6)$$

这只是说，资本边际产出等于放弃的消费价值。在位者集团和反对者集团成员的积累水平相同，因为我们假定内战中两个集团都同样可能遭受资本损坏。

式（5.6）的最后一项就像是对积累的随机税。因为投资者知道如果内战爆发，投资回报将降低，他们将会比确信和平时更少投资。

小结　由最优私人投资可以得到以下几点见解。第一，提高内战风险的任何因素［在表达式（5.6）中提高 $F^O(R - w_1 \bar{Z}^O)$ 的任何因素］，必然会减少私人投资。因此，公共品高需求的低期望概率削弱了私人积累的动机。

第二，因为第二期收入 $Y(\pi_2, K)$ 随资本的增加而增加，高内战风险意味着（未来）低收入，因为这会减少私人投资。这一机制将有助于解释我们观察到的冲突发生率与人均收入的负相关关系，类似于战争对资本的直接损坏作用。

第三，再分配政体或弱政体中 R 分布的一阶随机变化会导致内战风险。加上前面的两点，意味着更高的资源租金期望会增加内战风险和减少私人收入。

这对于我们认识第 4 章引言讨论的关于资源诅咒的两类独立文献很有启发意义。一类文献强调更高的资源租金可能导致低收入，另一类则强调自然资源租金可能引发内战。本部分的结论显示这两种效应如何同时出现。

我们的分析还以弱共同利益（即低 ϕ 值和低 θ 值，或低民族同质性和高 ι 值）的形式，为这些效应的前提条件提供了解释。是这些辅助参数，而不是资源本身，同时导致了两种资源诅咒。虽然像尼日利亚这样的国家面临着高 R 值的威胁，但是像挪威这样一个具有凝聚性政治制度的国家则并非如此。

本节模型关注私人物质资本积累。类似的论点还可用于其他类型投资，如教育、基础设施等。然而，我们把对这种更广泛可能性的全面分析留到后面。

5.3 实证解释

我们在 5.1 节中分析了政治动乱与国家能力投资的联系，在 5.2 节中分析了动乱冲突与私人资本形成和收入的联系。如何运用理论推导来解释数据中观察到的发展集群，并讨论本书提到的各种观点呢？

收入与动乱的联系　回顾一下 1950 年以来原始数据中人均收入与两种形式动乱之间的负相关关系，我们先在图 1.8 中进行介绍，又在第 4 章开头讨论过。图 5.1 再现了这些相关性。第 4 章的分析表明，低收入和低工资，特别是低工资，可能会降低动乱投资的成本，从而引发镇压和内战。

然而根据我们的理论，这只是低收入与动乱联系的多种可能解释之一。5.2节的分析表明了为什么内战高风险情形可能会通过弱化私人投资动机而导致低收入。该节的分析是基于内战对经济生产能力的直接负效应。另外，在5.1节中我们提出了一种间接联系，即冲突风险与低司法能力投资和低收入有关。因此，图5.1所示的相关性可能反映了双向因果关系，还有常规的直接或间接决定因素。

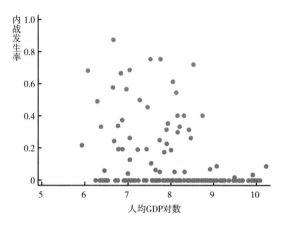

（a）不同国家的内战发生率

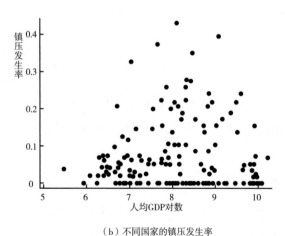

（b）不同国家的镇压发生率

图5.1　收入影响下的内战和镇压发生率

国家能力与动乱的联系　政治动乱与国家能力之间的负相关性又意味着什么？图5.2再现了第1章强调的原始数据所体现的财政能力和司法能力散点图。根据4.4节中实证分析的1950年以后定序变量的均值，将对象分为三组（和平为0，镇压为1，内战为2）。黑点表示低度（无）政治动乱，空心点代表中度政治动乱，灰点代表高度政治动乱。虽然相关关系并不完美，但图右上角的散点被两个维度上高国家能力、没有发生过任何政治动乱的国家所占据。相比之下，图左下角的弱政体没有一个国家无政治动乱。

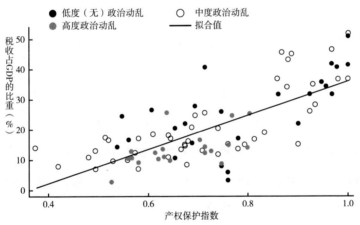

图5.2　按政治动乱分组的国家能力

5.1节的理论分析为我们提供了一种解释这些数据类型的清晰方式。一方面，它显示了国家能力投资和动乱的某些共同决定因素。特别是，这些决定因素包括共同利益强度和政治制度凝聚性，用核心模型的参数 ϕ 和 θ 表示（在2.2.4节和4.2.2节中为极化扩展模型中的参数 ι）。高 ϕ 值和高 θ 值（低 ι 值）的国家成为共同利益政体，投资两种形式的国家能力并拥有和平结果。低 ϕ 值和低 θ 值（高 ι 值）的国家成为再分配政体或者弱政体，出现镇压还是内战取决于这些和其他参数值。这些全局比较静态，通过我们观察到的政体类型，可以在国家能力和动乱之间明显地建立负相关关系。

另外，取决于共同利益政体之外的条件，这种模型还揭示了冲突的几个其他决定因素，这些因素通过政治更替风险间接影响国家能力。例子包括资源租金或援助，以及组织冲突的成本和效率，由模型中的参数 R、ν 和 ξ 表示。某些低 ν 值（组织叛乱成本）的国家更易发生内战，而其他低 ξ 值（政府动乱投资效率）的国家不太容易出现镇压。结果是，政治更替预期更高，国家能力投资减少，具体也要看处于共同利益政体之外的状况。类似地，较高的 R 值（资源租金或援助）可能会增加内战风险。这些局部比较静态也可以为国家能力和政治动乱带来负相关关系，至少是以内战的形式。

图 5.3 再现了图 1.11 的一部分，为显示两种形式国家能力与内战发生率之间的偏相关关系提供了更深刻的视角。回想一下，这些相关性的产生是基于观测到的国家能力的其他决定因素保持不变，包括作为共同利益指标的外部战争和民族同质性，以及作为政治制度凝聚性指标的高行政约束。用模型术语来说，我们排除了参数 ϕ、ι 和 θ（全局比较静态）的影响。但图 5.3 显示，即使保持参数 ϕ、ι 和 θ（的实证代理变量）不变，国家能力和内战之间的负相关性依然存在。这种负相关性意味着，剩下的参数 ν、ξ 和 R 可以通过加强（减弱）政治不稳定性来解释原始数据中的部分负相关性，这又降低（提高）了两种形式的国家能力投资。

内战文献将收入水平视为给定的标准做法会产生大问题。正如第 4 章引言所说，关于内战一般爆发在穷国，学界有两个主流解释：①低斗争机会成本（Collier and Hoeffler，2004）；②低国家能力（Fearon and Laitin，2003）。很显然，如果收入、国家能力和动乱倾向实际上是共同决定的，这两种解释就显得无足轻重。

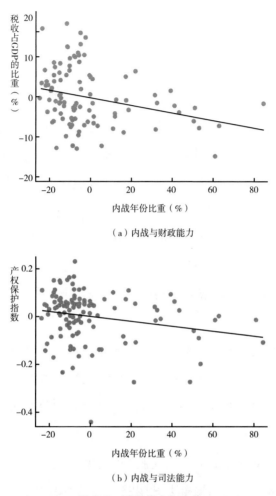

（a）内战与财政能力

（b）内战与司法能力

图 5.3 国家能力和内战

　　然而，公平地讲，费伦和莱廷（Fearon and Laitin，2003）的讨论并没有围绕这里强调的财政能力和司法能力，而是围绕政府和叛乱分子开展军事行动的成本和能力，以及这些成本和能力与收入的关系。用我们的模型术语来说，他们讨论的不是作为内生变量的 τ 和 π，而是作为外生参数的 ν 和 ξ。未来研究可能会将这些参数转化为内生变量，从而模型化有目的的军事能力投资，然后寻找对应的实证指标。

5.4 整合

到目前为止，我们逐步扩展了一个更完善的国家能力和动乱投资模型。这给我们提供了一个分析政体脆弱性的框架。如第1章所述，脆弱性是援助领域用来描述一系列问题的常用概念。

我们的模型关注使国家变脆弱的两种主要症状：政治动乱和低国家能力。根据我们刚刚讨论过的种种原因，两者都可能与低收入相伴随。但是，在政体症状与收入之间建立因果关系链条时要非常小心，更重要的是要认识它们的共同根源。我们的建模方法在探索这些共同根源上非常有用，因为模型的所有参数都可以映射到具体结论上。

映射政体空间　我们已经讨论过凝聚性政治制度（高 θ 值）和共同利益（高 ϕ 值和低 ι 值）所起到的中心作用。这导致对财政能力和司法能力的高投资以及冲突的和平解决。而且，在运行良好和国家繁荣的情形下，鼓励私人积累的各种力量将补充国家能力建构。

如果 θ 值和 ϕ 值低，将产生更脆弱的政体。但政体症状的细节很重要，有低或者零财政能力和司法能力投资，以及镇压或完全冲突等诸多可能性。影响冲突的参数（ξ，ν，R）到时候就与对结论的理解有关。

镇压是与弱政体还是再分配政体关联，取决于政治不稳定程度。当斗争高成本（高 ν 值）时，在位者集团的优势大（高 ξ 值），但再分配奖金不是太大（R 的中间值），我们预期再分配政体不会有镇压。非凝聚性政治制度下的有效镇压让在位者集团继续掌权也是可能的。

内战只能爆发在弱政体或再分配政体。弱政体的内战可能反映了一种情形：叛乱相对容易组织（低 ν 值），政府斗争无效率（低 ξ 值），经济有高度的资源或援助依赖（高 R 值）。

可以总结这些表征不同政体类型的全局比较静态，总结在一个二维表中，将三种可能的投资政体与三种可能的动乱政体结合起来。表 5.1 和前面的讨论可总结为一个清晰的概念，我们称之为"安娜·卡列尼娜发展原理"[①]。仿照列夫·托尔斯泰著名小说中的第一句话，我们提出，"繁荣的国家都是相同的，贫穷的国家却各有各的贫穷方式"。为了体现这一观察，我们将表 5.1 及其包含的内容称为"安娜·卡列尼娜矩阵"（Anna Karenina matrix）。

表 5.1　政体空间

	弱政体	再分配政体	共同利益政体
和平	低 θ 值、低 ϕ 值、低 ξ 值、低 R 值 高 ν 值	高 ϕ 值 低 θ 值	高 θ 值、高 ϕ 值
镇压	低 θ 值、低 ϕ 值、低 ξ 值、低 R 值 高 ν 值	低 θ 值、低 ϕ 值、低 R 值 高 ν 值、高 ξ 值	n/a
内战	低 θ 值、低 ϕ 值、低 ξ 值、低 ν 值 高 R 值	低 θ 值、低 ϕ 值、低 ν 值 高 ξ 值、高 R 值	n/a

掠夺性政体再现　第 3 章将掠夺性政体定义为，在位者集团不进行任何司法能力投资，把私人生产者暴露在精英的掠夺面前。这种政体的持续是弱治理的函数（3.2.4 节引入的参数 ξ 呈低值）。在 4.2.4 节我们注意到，掠夺性政体因为提高了动乱收益和降低了动乱成本而易遭受镇压和内战。

正如我们在第 3 章中讨论的那样，掠夺性政体（原则上）可以与表

[①] 戴蒙德（Diamond，1997）也提到了"安娜·卡列尼娜发展原理"，意思略有不同。在他的版本中，几个（必要）条件中的任何一个失效，就会出现某种特性（动物驯化失效）。我们的版本也只有一种方法可以成功，但不同种类的失效导致（可预见的）不同结果。

5.1 中的任何一种政体类型共同出现。因此，这是政体分类的一个额外维度。在视觉上，这意味着将 3 × 3 矩阵转换成 3 × 3 × 2 盒图，其中增加的维度表示治理（由参数 ζ 表示）的好与坏。劣治通过对收入产生直接的负效应、对动乱和国家建构产生间接的负效应而影响经济繁荣。

现实中，我们预期共同利益政体不会是掠夺性的，因为创造高 θ 值的制度也创造了高 ζ 值。以政体分类方式提供的表格，进一步丰富了对政体症状的描述。掠夺性的弱政体处于最恶劣的境地，既没有国家建构动机，也几乎没有和平动机。根据政治精英的受控程度，产生低均衡更替率［低 $\Gamma(Z, \nu, \xi)$ 值］和几乎无凝聚性（低 θ 值）的政治制度，可能会细分为掠夺性和非掠夺性政体。

观察这些不同症状在多大程度上可以被实证发现，及其对政府行为的含义在多大程度上可以被解释，将是未来实证研究一个激动人心的挑战。

5.5　本章结论

本章总结的理论方法有助于理解弱政体和脆弱政体问题。我们已经表明，脆弱政体的症状源于低共同利益、非凝聚性政治制度、资源或援助依赖以及偏爱动乱的技术。诸如内战、镇压、低人均收入、对共同利益产品的低支出、低税收、产权弱执行等现象，都是脆弱政体的症状，不是决定因素。

发展政策界对脆弱政体的大多数现有分析并不是从潜在理论出发的，这解释了为什么他们倾向于把症状混同于原因。例如，低人均收入经常被用作脆弱指标。虽然低收入真的可能会增强动乱动机，但在其他条件不变，而且只是一个中间因素。

"安娜·卡列尼娜矩阵"带来的真正挑战是双重的。第一个挑战涉及外部干预。国际社会可以做什么来改善弱政体和脆弱政体的状况呢？为了讨论这个挑战，我们必须使用框架来研究发展援助。依靠具体理论结构的优势是其提供了一个明确的边际概念。如果双边或多边介入，我们可以看到均衡响应。因此，"安娜·卡列尼娜矩阵"有助于我们分析不同类型政体中不同形式发展援助的利与弊。这是第6章的主题。

第二个挑战涉及政治制度。为什么我们没有看到更多的政治改革，将政体从矩阵左下角转移出来？这是一个很自然的问题。因为从不繁荣的各个维度逃离出来，进入矩阵的右上角能明显获益。任何有关这一挑战的尝试都必须分析政治制度内生化。这是第7章的主题。

5.6 文献注解

温加斯特（Weingast，2005）提供的政体类型与我们的方法有一些共同特征。这些想法由诺思、温加斯特和沃利斯（North，Weingast and Wallis，2009）进一步提炼和发展。他们的工作和本章非常相近，即理解存在政治动乱时的国家发展。贝茨（Bates，2001）讨论了在当代非洲和平与繁荣的联系。

然而，就我们所知，用一个统一的正式框架探讨国家能力、政治动乱和收入如何共同决定是一项创新。尽管很多学者从理论和实证上分析了数据中的一些偏相关关系，但本章的全面分析在前人研究中并没有出现过。我们所知的最贴近的研究是5.1.2节中参考的卡塞利（Caselli，2006）的论文。

学界对弱政体或脆弱政体的实证分类采用了多维标准，包括我们这里强调的政体的主要症状，但常常不明确区分决定因素和结论。莱斯和帕特里克（Rice and Patrick，2008）概述了衡量政体"弱"或"脆弱"的不同尝试。瓦尔和莫雷诺-托雷斯（Vallings and Moreno-Torres，2005）讨论了政体症状的异质性及其与政治制度的联系。

本章涉及大量的资源诅咒文献。梅拉姆、摩尼和陶维克（Mehlum，Moene and Torvik，2006）提出了一种与本章实质相近的方法，从理论和实证上把这些讨论与制度质量联系起来。萨克斯和华纳（Sachs and Warner，2001）的文章是关于收入与资源诅咒的重要文献［另见萨克斯和华纳（Sachs and Warner，1995）］。陶维克（Torvik，2002）用寻租框架正式表述了这一点，鲁滨逊、陶维克和维迪尔埃（Robinson，Torvik and Verdier，2006）采用了政治经济学方法。陶维克（Torvik，2009）和范德帕洛格（van der Ploeg，2011）提供了关于政体的知识概述，汉弗莱斯、萨克斯和斯蒂格利茨（Humphreys，Sachs and Stiglitz，2007）编辑的卷集收录了关于资源诅咒的最新论文。

5.2 节关于冲突如何影响投资的讨论，与内部冲突对收入影响的文献有关。各种情况下冲突对经济活动和民生负面影响的证据可以从以下研究中发现，例如阿巴迪和加尔德阿萨瓦尔（Abadie and Gardeazabal，2003），斯利和米勒（Besley and Mueller，2010），布隆伯格和赫斯（Blomberg and Hess，2002），科利尔（Collier，1999），科因、丹普斯特和艾萨克斯（Coyne，Dempster and Isaacs，2010），戈尔丁和刘易斯（Goldin and Lewis，1975），斯卡泼达斯（Skaperdas，2010），祖斯曼、祖斯曼和奥尔格德·尼尔森（Zussman，Zussman and Orregaard Nielsen，2008）等。

6 发展援助

如今在非洲，我们认识到，是贸易和投资，而不是援助，是发展的支柱。

——卢旺达总统保罗·卡加梅 2004 年在基加利发表的讲话

第 5 章用模型框架研究了政体症状的共同决定因素，特别是那些由非凝聚性政治制度和弱共同利益引起的因素。相关结论总结在表 5.1 的"安娜·卡列尼娜矩阵"中。但世界其他国家大多不会对处于冲突中、制度运行不良的国家袖手旁观。整个国际社会（包括国际组织、捐助国政府和非政府组织）都试图去影响发展中国家的道路并提供帮助。本章通过前 5 章扩展的方法，来观察这些努力。

我们通过假设一个外部机构来分析发展援助，如正在考虑某种形式干预的捐助国政府或多边组织。传统干预措施是转移支付形式的外国援助，可以增加受援国的政府预算。在综合核心模型框架下，可以把这样一种资源注入建模为自然资源租金的增加。在综合核心模型中分析现金援助是新颖的，因为必须从众多边际上考虑对大规模援助流的均衡响应，包括政策选择、国家能力投资和政治动乱投资。我们进行有额外预算支持的成本收益分析，从援助者视角出发并考虑受援国的反应。这说明了收益如何取决于受援国的情况和制度。[①]

不受限的预算援助让受援国有了新念头。援助机构和国际组织通常试图影响这些国家的政策。这种限制性条件在实践中是否可行一直备受争议。我们的模型说明采用现金援助的潜在收益取决于受援国政府所采取的决策，通过明确限制性条件可以解决的具体症状可能做到这一点。

———————————

① 本章与贝斯利和佩尔森（Besley and Persson，2011）的研究密切相关。

但因为存在激励相容问题，我们无法确定这种限制性条件在实践中是否有效。

我们的框架也可以用来考虑不同形式非现金援助的影响。某些援助非常有争议，如外国的军事干预，以及向政府或反叛分子提供武器等。因为综合核心模型在边际上允许影响政治动乱的行为变化，我们至少可以从理论上解决这些问题。我们也考虑争议较少的技术援助领域，即力图直接提高国家生产能力的外部干预。最后，简要考察治理改革。这种干预倾向于出现在冲突后，试图弥合集团差异、推动和平。

本章将政治制度的性质视为给定，到目前为止本书都是如此。第 7 章将分析内生政治改革，然后讨论发展援助对政治制度的有益或有害影响。

基本事实　大量发展援助由富国提供给发展中国家。官方发展援助（ODA）主要来自发展援助委员会（DAC）的 23 名成员。根据经济合作与发展组织（OECD）统计，2009 年官方发展援助总额约为 1230 亿美元（该数据采用 2008 年不变价格，下同），是有记录以来的最高数值。援助金额在二战后保持增长，在冷战结束后立即开始下降，之后再次上升到顶点。2002 年超过 1992 年 860 亿美元的最高点，此后一直增长。富国的援助目标是（援助本国）国民总收入的 0.7%，但很少有国家达到这个目标。实际上这个比例正随着时间的推移不断下降。今天 DAC 的发展援助金额约为其 GDP 的 0.31% 左右，1961 年是 0.54%。[①]

在 2008 年约 1200 亿美元的 ODA 总额中，约有 30% 是通过欧盟和世界银行等多边组织捐赠的，大约 1/6 采用技术合作形式。除 ODA 以外，也有通过私人和其他结构进行的援助，通过非政府组织捐赠的超过 200 亿

---

① 　原文有笔误。0.31% 和 0.54% 的原始数据分别为 0.31 和 0.54。——译者注

美元。接受发展援助的最大区域是撒哈拉以南非洲地区，接受了 2007～2008 年所有 ODA 的 33%；其次是中东和北非地区，合计占 21%；中南亚和亚洲其他地区占 15%；拉丁美洲占 9%；欧洲占 4%。[①]

在国家层面得到的发展援助与理论上最感兴趣的变量如何相关呢？我们在第 4 章看到接受发展援助似乎与政治动乱存在正的偏相关。发展援助与其他核心变量的相关性如何？散点图 6.1 是接受的发展援助与司法能力的对比。横轴是 1962 年以来发展援助占各国 GDP 的比重（基于世界发展指标数据库），纵轴是财政能力的核心指标之一——税收占 GDP 的比重。[②] 这些变量如预期的那样负相关。

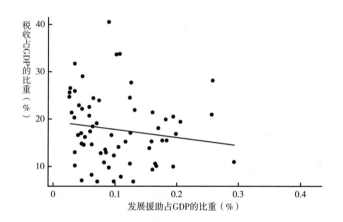

图 6.1 1962～2006 年税收占 GDP 的比重与发展援助占 GDP 的比重

图 6.2 是同一个发展援助指标与司法能力关键指标之一——产权保护指数的对比，来自国际国别风险指南。图形显示司法能力与发展援助份额负相关。

---

① 参见经济合作与发展组织（OECD，2010b）的背景数据。格普塔、帕蒂略和瓦赫（Gupta，Pattillo and Wagh，2006）概述了 1960～2004 年发展援助的总体趋势。
② 原著中此处的横轴、纵轴疑写反，译者依据图 6.1 的实际内容进行了修正。——译者注

- 265 -

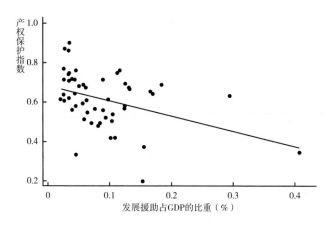

图 6.2　1962~2006 年产权保护指数与发展援助占 GDP 的比重

发展援助背景和不同观点　为改善发展中国家的民生可以做些什么，是二战后一直争论的话题。[①]　如上文讨论的，富国给予穷国的发展援助，一直是改善穷国处境的主要工具。但这种发展援助的有效性依然有待证明。

激发援助兴趣和热情的突出例子，是二战后重建德国和欧洲其他地区的"马歇尔计划"。1948 ~ 1951 年，美国向欧洲转移了约 130 亿美元。"马歇尔计划"创造了这样一种意识，即认为大规模资源转移可以对经济发展产生重大影响，这种意识进一步转变成呼吁全球关注发展中国家困境的"杜鲁门主义"。

传统主义者　"马歇尔计划"强化了一种信念，即缺乏资源是经济发展的关键障碍，而发展援助是建立公共制度和资本存量所必需的。虽然一个国家仅靠自身最终可能会走上成功的发展道路，但国际转移的援助之

[①]　见里德尔（Riddell，2007）的研究。坦普尔（Temple，2010）提供了许多关于经济辩论的精彩评述。

手会加快这个进程。这种观点在开发银行网络中得到制度化，如国际复兴与开发银行（IBRD，简称世界银行）、亚洲开发银行、美洲开发银行和欧洲复兴开发银行。钱纳里和斯特劳特（Chenery and Strout，1966）潜在表述了此观点，萨克斯（Sachs，2005）对类似观点进行了现代化表述。

这种"差距导向"的传统援助观点是对发达国家对外巨额援助的关键解释。传统观念的支撑是成本收益分析，认为发展援助要用于有最高社会回报的项目。现实中是否真的有成本收益分析是有疑问的，无论对于援助者还是受援者都是如此。即便如此，更重要的问题仍然存在，如受到项目影响的所有相关边际能否获得。

悲观主义者 现实世界的发展，没有实现援助传统主义者的浪漫愿景。援助悲观主义者指出，事实上大部分援助都经受不住任何可信的成本收益测试。贫穷国家的政府机构往往不支持经济发展，也缺乏明智地使用资源的技术能力。如其所述，结果是大部分援助被浪费，没有带来发展。鲍尔（Bauer，1972，1975）是一个早期的援助悲观主义者，伊斯特利（Easterly，2006）则以更现代化的方式批评了援助。[①]

援助悲观主义的政策含义模糊。激进回应是简单地切断所有援助，认为在没有国际转移时，国家长期前景会更好。这种回应与资源诅咒观点密切相关，认为自然资源导致发展减缓，甚至可能导致倒退而不是进步。

对援助失败的另一种回应是通过讨价还价获得更大的限制性条件，控制受援国接受援助的具体政策或制度改革。但真正的援助悲观主义者对此深表怀疑。限制性条件经常会造成软约束，发展援助机构会面临分配发展

---

① 德加科沃、蒙塔尔沃和雷纳尔-克罗尔（Djankov，Montalvo，and Reynal-Querol，2008）认为，发展援助会导致制度质量恶化。

援助资金的巨大压力。分配 ODA 的失败，被认为是捐助国而非受援国的问题。因此，通过援助限制承诺很难，或根本不可能实现。

条件性乐观主义者　有些观察家最近试图调和上述两种观点。当然，传统主义者对政治制度运行或援助机构绕开政治约束把资源分配给高回报项目的看法过于天真。缺乏对制度环境的更直接分析，就难以取得进展。科利尔（Collier，2007）可以被看作这种修正主义观点的拥护者。

以表5.1中"安娜·卡列尼娜矩阵"的术语来说，不在右上角的国家可能有各种潜在症状，伴随着各种各样的原因。此外，诸如资源价格和自然灾害等冲击可能会带来问题的改变，有效的发展援助必须依情况和制度环境来修正干预形式。这就要求开放可能性菜单，涵盖预算、项目、军事和技术援助的正确组合，提高限制性条件的可信程度。

章节规划　本章的组织结构如下。6.1节采用综合核心模型分析援助。我们从近距离观察现金援助开始，然后简要讨论限制性条件，之后继续探讨各种形式的非现金援助，包括军事干预。6.2节是总结性评论，随后是文献注解。

6.1　包含援助的核心模型

我们使用在4.1节提出，在4.1节和5.1节已求解的综合核心模型。假设援助者的首要目标是提升受援国的事前居民福利。虽然这可以解释捐助国的意愿，但忽略了策略目标的作用。[①] 假设存在单一干预方式，忽略

---

① 参见阿莱西纳和多拉尔（Alesina and Dollar，2000）以及 OECD（2010a）的探讨。

援助时常常发生的未协调行为，排除限制性条件问题，因此假设外国政府或多边组织将给予发展中国家现金援助。问题是这如何影响受援国政府、反对者集团的行为，以及最终如何影响居民福利。

模型关注一些自然边际。首先是政策维度：(g_s , r_s^I , r_s^O)。发展援助增加还是减少了以再分配性转移为代价的公共品支出？其次是国家能力维度：(π_s , τ_s)。不同形式的发展援助如何影响财政能力或司法能力的建构动机？最后是政治动乱维度：(L^1 , L^0)。发展援助如何影响在位者集团和反对者集团用动乱来赢得或者保全权力的动机？

6.1.1 现金援助

我们从现金援助的成本收益分析开始。假设援助机构考虑在第二期向某特定国家分配某些预算资源。假定援助在援助国的影子价格为 $\hat{\lambda}$，其中 $\hat{\lambda} \geq 1$。这意味着将援助转化为纯粹私人消费并不值得（或几乎不值得）。但有读者可能会认为，考虑到分配性因素，或者是捐赠和援助机构需要不惜成本地来支出分配给它们的资金，援助的影子价格应该更低。这样读者可以很容易地将本章命题从标准决策集转换成不同类型国家不同类型援助的支付排名。

新增资源可能会影响公共品支出、国家能力投资和转移性支出（或者更一般的，模型中的税收水平），这取决于不同情形和制度。我们将现金援助建模为受援国政府预算的增加，用 ΔR 表示，作用就相当于先前模型中 Z 的增加。在基准情形下使用公式 $V(g) = g$，即公共品具有线性效用。但有时我们会参考 2.2.2 节的案例研究，使用拟线性偏好和凹效用函数 $V(g)$，后一种情形描述了一些额外且有趣的边际。

模型期限现在修改如下：

（1）从国家能力的初始存量 $\{\tau_1, \pi_1\}$ 和在位者集团 I_1 开始，自然决定 α_1 和 R；

（2）发展援助机构现在考虑是否在第二期支付 ΔR；

（3）I_1 选择第一期政策集 $\{t_1, r_1^I, r_1^O, p_1^I, p_1^O, g_1\}$，并（通过投资）决定第二期的财政能力和司法能力存量 $\{\tau_2, \pi_2\}$，I_1 和 O_1 同时投资动乱水平 L^I 和 L^O；

（4）I_1 继续掌权的可能性为 $1-\Gamma$（Z, ν, ξ），自然决定 α_2；

（5）I_2 选择第二期政策集 $\{t_2, r_2^I, r_2^O, p_2^I, p_2^O, g_2\}$。

我们感兴趣的主要是模型第二期确定的 ΔR 的影响。在决定是否提供援助时，假设援助机构可以看透政府的后续均衡选择，并把政策反应考虑在内。在效果上，这相当于援助机构对前面描述的过程进行后向归纳。因此，我们的援助机构既有前瞻性又有理性，这是有效决策的最佳情景。

不包含动乱的援助效应　我们从分析共同利益政体之外决定动乱的结果参数（R、ν 和 ξ）开始，满足不存在镇压和内战风险的条件（实际上处于"安娜·卡列尼娜矩阵"的上一行）。

然后，得出如下基准结论。

命题 6.1：在存在公共品线性需求的共同利益政体中，当且仅当 $\phi \alpha_H + (1-\phi) \alpha_L > \hat{\lambda}$ 时，现金援助才是值得的。

这个结论的逻辑很清晰。如果 $2(1-\theta) \geq \alpha_L$，则无论 α_2 是否实现，所有未来支出都将被用于公共品。进一步来看，根据定义，这种情况（如命题 4.1 所示）下也没有冲突风险。作为事先项，ΔR 将被用于公共品，值为

$\phi \alpha_H + (1 - \phi) \alpha_L$。相对于成本 $\hat{\lambda} \geqslant 1$ 而言,这能使受援国受益。

在共同利益政体中,无论发展援助是采用给予预算资金,还是直接支持特定项目的形式,都没有任何实际区别。援助者和受援国政府的利益完全一致。

相反,假设凝聚性条件失效,但没有政治动乱倾向。当 $\alpha_2 = \alpha_L$ 时,新增资源将用于转移性支出而非公共品,那么命题 6.1 修正如下。

命题 6.2:在存在公共品线性需求的弱政体或再分配政体中,当且仅当 $\phi \alpha_H + (1 - \phi) > \hat{\lambda}$ 时,现金援助才是值得的。

这种情况下的援助价值低于命题 6.1 的基准情形,在事前福利效应为 1 时,援助可能仅仅用于转移性支出。随着 $\theta \to 0$,援助甚至可能不会产生高于 1 的总回报。这个结论与大量观测结论一致,如科利尔和多拉尔(Collier and Dollar,2004)所述。特别是当制度更强时,援助的影响会更好。

鲍尔悖论 命题 6.1 和命题 6.2 使我们能够反思彼得·鲍尔的观察,它被坦普尔(Temple,2010)称为"鲍尔悖论"。他的观点简明扼要地体现在下面的引文中:"不能够识别……项目或征税的政府,不可能拥有将援助用于生产性用途的能力"(Bauer,1975,p. 400)。能够识别项目就如同具有高 α_H 值和(或)高 ϕ 值。正如前几章强调的,那些政治制度具有更高凝聚性(高 θ 值)的国家才可能有征税能力(具有较高财政能力 τ)。实际上,这正是命题 6.1 适用的政府。当 θ 值和 ϕ 值较低时,援助就不大可能用于生产性用途,政府也不太可能建构财政能力。

挤出财政能力? 基准模型中的共同利益政体,让现金援助和国家能力投资没有区别。但这只是基于公用品线性效用的事实。在 $V(g)$ 是递增凹函数的情况下，模型这个方面将发生有趣的变化，从而可以得出对援助及其影响持怀疑观点的某些说法。

为了说明这一点，采用 2.2.2 节的拟线性偏好案例，其中只有财政能力投资。援助现在可以产生资源诅咒式的结论，因为它不会导致任何财政能力投资增加或公共品支出增长。正如我们在 2.2.2 节[①]中看到的那样，其中 α_s 不是随机的，此时最优财政能力投资由 $\widehat{\tau}_2$ 给出，服从：

$$\alpha V_g (R + \Delta R + \widehat{\tau}_2 \omega) = 1 + \frac{F_\tau (\widehat{\tau}_2 - \tau_1)}{\omega} \qquad (6.1)$$

从式（6.1）中可以清晰地看出，财政能力的最优水平现在取决于援助。使用隐函数定理，我们有：

$$\frac{\partial \widehat{\tau}_2}{\partial \Delta R} = \frac{\alpha V_{gg} (R + \Delta R + \widehat{\tau}_2 \omega)}{\dfrac{F_\tau (\widehat{\tau}_2 - \tau_1)}{\omega} - \alpha \omega V_{gg} (R + \Delta R + \widehat{\tau}_2 \omega)} < 0$$

换句话说，援助增加意味着财政能力投资减少。

回忆一下，2.2.2 节的凝聚性条件现在必须重写为 $\alpha V_g (R + \Delta R + \widehat{\tau}_2 \omega) \geqslant 2(1-\theta)$。对于足够大的 ΔR，这个条件可能会失效，导致向弱政体或再分配政体的转变。因此，援助依赖（如同资源依赖）可能减弱国家能力投资。这个论点在关于援助对税收影响的文献中相当普遍，与图 6.1 中展示的类型一致。

挤出公共品?　只要凝聚性条件继续满足，则所有第二期的支出都将被用于公共品。在效用函数有曲率时，第二期援助增加对公共品供给的效应变为：

---

① 与 2.2.2 节不同的是，我们假设财政能力在不同期之间没有贬值，即 $\delta = 0$。

$$\frac{\mathrm{d}\,g_2}{\mathrm{d}\Delta R} = \left(1 + \frac{\partial\,\widehat{\tau}_2}{\partial\Delta R}\omega\right) = \left[\frac{\dfrac{F_{\tau\tau}(\widehat{\tau}_2 - \tau_1)}{\omega}}{\dfrac{F_{\tau\tau}(\widehat{\tau}_2 - \tau_1)}{\omega} - \alpha\omega\,V_{gg}(R + \Delta R + \widehat{\tau}_2\omega)}\right] \in [0,1]$$

导数小于 1 表示存在"挤出"效应，即高援助减少了财政能力投资，从而减弱了援助对公共品供给的效应。

当凝聚性条件不满足时，公共品支出服从：

$$\alpha\,V_g(g_2) = 2(1 - \theta)$$

这意味着第二期的公共品边际效用固定。因此，公共品供给也固定，在边际上不受援助影响。由于 $\alpha\,V_g(g_2)$ 不变，给定处于再分配政体的事实，均衡财政能力投资与 ΔR 无关（如前所述，弱政体没有任何财政能力投资）。因此，第二期的援助将完全用于转移性支出。

将援助的成本收益结论总结如下。

命题 6.3：假设政府只投资财政能力，并且公共品需求存在曲率，那么：

（1）在共同利益政体中，当且仅当 $\alpha\,V_g(R + \Delta R + \widehat{\tau}_2\omega) \geqslant \widehat{\lambda}$ 时，现金援助才是值得的；

（2）在再分配政体或弱政体中，援助对公共品供给和国家能力投资没有影响，所以现金援助不会有任何价值。

共同利益政体的结果服从挤出效应。事实上，由于包络定理限制，财政能力投资的引致变化不能增加福利。如果财政能力投资和司法能力投资同时存在，则模型会复杂一些。但是，这里的观点实质上仍然适用，即援助依赖将导致更少的财政能力投资。

在再分配政体或弱政体中，援助的事前福利效应等于1，即两集团的再分配转移性支出的边际效用之和，不高于由 $\hat\lambda$ 所给出的资金的影子成本。

如果 $\hat\lambda < 1$，就存在援助的纯粹再分配性动机，这时援助当然是值得的。但是在再分配政体或弱政体下，援助将主要转移给执政集团。在援助者对受援国的分配有偏好的情形下，援助者关心的是哪些集团可能获得援助者带来的现金转移。例如，集团间"最大化"偏好意味着援助者只在意转移给反对者集团的 2θ 单位。此时，只有在 $\hat\lambda < 2\theta$ 时现金援助才有价值。

命题 6.3 明确说明了为什么援助者必须了解受援国的政治均衡。援助者看起来值得的假设（即所有政策将保持不变）很天真，一旦将政策变化考虑在内，将不再有福利改善。但同时很明确的是，预测这种均衡反应是非常难的，很难说什么已有知识可以保障其可行。此外，观察援助供给与财政能力建构之间的平均关系也没有任何意义，因为任何具体案例都必然反映受援国的具体环境。尽管我们没有事实证据，但并非说此效应在现实中无关紧要。

包含动乱的援助效应　现在回到公共品的线性需求模型，考虑当 θ 值足够低从而凝聚性条件不满足，以及 ϕ 值足够低从而国家易遭受政治动乱的情形。这使我们在评估现金援助的福利效应时，需要在比较静态中多考虑两个因素：其一，对政治动乱的影响；其二，通过政治稳定性对国家能力投资产生新效应。

用我们先前的分析术语来说，更高现金援助的效应是 Z 的增加。如我们从命题 4.2 可知，理论上这可能会提高政治动乱的发生率。4.4 节的实证结论暗示，这种令人沮丧的预测在实践中确实得到了印证。在当前框架下，更高的 Z 值对福利有两个影响。首先，它导致更多的资源分配给动乱，这是一种直接的非生产性度量。其次，在决定动乱时，一个集团没有内化该效应对另一个集团福利的影响，导致策略性无效率。我们总结如下。

命题 6.4：在易于遭受政治动乱的弱政体或再分配政体中，现金援助的小幅增长能改善福利，只要：

$$\phi\,\alpha_H + (1 - \phi) - \omega(\pi_1)\frac{\mathrm{d}L}{\mathrm{d}Z} > \hat{\lambda}$$

其中，

$$\frac{\mathrm{d}L}{\mathrm{d}Z} = \begin{cases} \left(\lambda_1\dfrac{\mathrm{d}L^I}{\mathrm{d}Z} + \nu\dfrac{\mathrm{d}L^O}{\mathrm{d}Z}\right) & \text{若 } Z > Z^O(\theta, \nu, \xi) \\[2mm] \lambda_1\dfrac{\mathrm{d}L^I}{\mathrm{d}Z} & \text{若 } Z^O(\theta, \nu, \xi) \geqslant Z > Z^I(\theta, \lambda_1, \xi) \end{cases}$$

如前所述，当 $\alpha_2 = \alpha_H$ 时，资源将用于公共品；而当 $\alpha_2 = \alpha_L$ 时，资源将用于转移性支出。关键是援助现在对均衡动乱水平产生了影响。[①] 这反映在第三项中，从援助产生的任何公共品和转移性支出的价值中扣减。与命题 6.2 相比，因为资源浪费在动乱上造成了额外福利成本，因此现金援助不太可能有价值。事实上，现金援助可能会极大地降低事前福利，特别是当 ϕ 值低时，大量援助耗散在动乱投资上。要想获得更严格的结论，需要让冲突技术更加具体。

更多的动乱影响政治稳定性，如命题 5.1 中直接表述的那样。

命题 6.5：在易遭受政治动乱的再分配政体中，现金援助可以增强政治稳定性，增加财政能力和司法能力投资。

---

① 第 4 章中展示了，在假设 4.1 下，两个集团使用的动乱程度随 Z 的增加而提升。

这种效应来自如下事实：当政治制度非凝聚时，外部援助可以使在位者集团巩固地位，加强对权力的控制。[1] 镇压机制是一个明显的例子。如果援助给予这样一个政体，那么掌权的动机就会强化。更残酷的镇压加强了政治稳定性，其他条件不变，将导致更多国家能力投资。但这些收益中的一部分会被用于增加军事力量，并且会不成比例地分配给在位者集团。

限制性条件 到目前为止，我们的分析假设是，在给予援助时，援助国和受援国政府不能直接对政策和投资决策制定契约。限制性条件可以被视为一个契约问题，援助国给受援国政府指定一系列可观察和可验证的决策用来交换 ΔR 。和任何有趣的契约问题一样，实际问题是哪些因素可以被假设、被观察，进而被实施。世界上没有什么执行契约的国际法庭，所以此时执行是一个特别问题。事实上，这通常被视为条件性援助生效的主要障碍。[2]

有趣的是，看得出的结论如何帮助我们思考限制性条件。命题 6.2 和命题 6.4 强调了确保援助用于公共品的限制性条件对捐赠者有价值的可能性。在命题 6.2 的情况下，有效的限制性条件将提高援助的回报。

在命题 6.4 的情况下，限制性条件可以确保将更少的资源用于动乱。然而，为了达到期望的效果，限制性条件必须同时约束在位者集团和反对者集团。

命题 6.3 为其他形式的限制性条件打开了大门，尝试去影响国家能力投资决策。此时，给予援助应当依赖于这些投资的发生。

再一次，要实现这些预期收益要求限制性条件得到可靠的执行。未来研究的一个有趣内容，将是把我们框架的相关方面，与有助于实施可信执行机制的显式模型（Svensson，2003）结合起来。外部参与者潜在地拥有

---

[1] 正式地，结论遵循了第 5 章中的国家能力欧拉方程。回忆命题 5.1 中 $\Gamma(\cdot)$ 随 Z 的增加而递减。

[2] 参见斯文森（Svensson，2000b，2003）对限制性条件可信度问题的早期分析。

某些前瞻性工具，利用它们可以激励当前和未来的良好行为。一种可能性是像欧盟那样理想俱乐部的会员资格（欧盟通过这种方式影响土耳其与早期东欧的政治和经济改革）。另一种可能性包括债务减让（或自由贸易协定），就像当前欧盟与巴基斯坦和非洲某些国家，以及美国与几个拉丁美洲国家正在斡旋的自由贸易协定。

6.1.2 技术援助

虽然预算援助非常重要，但外国干预还可以采用其他一些形式。下面各小节考虑现金援助形式之外的其他发展援助。正如我们将观测到的，可以把这些援助形式看作在综合核心模型中援助者试图影响 R 以外其他参数的努力。我们从考虑技术援助开始。

技术援助是有助于改善受援国政府运行状况的技能和知识转让。格普塔、帕蒂略和瓦赫（Gupta，Pattillo and Wagh，2006）研究了援助流构成的变化，表明无论是从实际变量还是从技术援助占 ODA 的比重来看，技术援助自 20 世纪 60 年代以来一直在增加。经济合作与发展组织（OECD，2010b）估计，2008 年至少有 1/6 的 ODA 采用这种形式。有些人称技术援助为"幽灵援助"，因为其经常由居住在捐助国的国际顾问提供。评估技术援助的回报相当困难。但回报可能与具体环境和干预性质有关。技术援助可以采用多种形式，我们的模型建议关注两个方面：①增加公共品的收益或降低其成本的努力；②降低国家能力投资成本的努力。我们在这里讨论这两种情况，并通过本书模型框架分析其影响。

识别好项目 帮助受援国政府辨别好项目的援助可以被看作增加 α 或 ϕ（公共品价值或高价值政体的概率）。近年来，发展研究的重要线索是使用随机对照实验（Randomized Controlled Trials，RCTs）来识别公共干预的价值。这可以被视作通过识别高收益的干预措施来获得将资源更好地分配给公共品的方式［参见杜弗洛等（Duflo et al, 2007）对 RCTs 方法论的讨论]。

我们的框架把随机对照实验看作评估项目有效性的一种特殊实验方式。现在放弃常见的 α_S 两点分布，回到［1，α_H］的连续分布，使用 2.2.2 节引入的 $\alpha_H > 2$ 的 $H(\alpha)$ 分布。假设 α_S 代表从每一期 H 分布中随机抽取的一个公共项目。如果满足 $\alpha_S \geq 2$（$1 - \theta$），则项目将继续推进；如果不满足，政府将资金用于转移性支出。在选择项目之前，假定政府可能会在麻省理工学院贾米尔贫穷行动实验室（J-PAL）的协助下进行 N 次可行性干预实验，然后善良的政府从这些实验中挑选最好的项目。现在假设 $\alpha_S = \max \{\alpha_1, \cdots, \alpha_N\}$，其中 α_n 是 $H(\alpha)$ 中的第 n 次独立抽样结果。用技术术语来说，α_S 是样本的 N 阶统计量（最大值）。因此，N 的增加导致了公共品事先价值的一阶随机占优偏离。

第 2 章和第 3 章的分析意味着，至少在共同利益政体和再分配政体中，公共品价值的增加将同时带来财政能力和司法能力的更高投资。因为第 4 章的结论证实，更高的 α_S 值降低了冲突的可能性（对于给定的 θ 值），我们得到命题 6.6。

命题 6.6：增加 α_H 值或 ϕ 值的技术援助，将增加福利和国家能力投资，还能降低政治动乱的可能性。

技术援助也可以被设计用来直接增加 α_L。在我们的框架下，这将导向共同利益政体的创建及各种良性结果。在现在的情形中，我们应权衡干预成本和公共品的大量供给，后者由更高的直接回报与更大的财政能力和司法能力投资带来。

虽然这些观测是有用的，但表面现象掩盖了许多重要问题。首先是规模扩大的问题。在小型随机对照实验中得到的条件，是否可以复制到政府大型计划中？这是个非常严重的问题，因为许多随机对照实验由非政府组织直接实施，它们与受援国政府的接触有限。其次，依据具体的 α 值，假设政府预算用于公共品或者转移性支出，我们尚未考虑 3.2.4 节和 4.2.4 节讨论的少数精英控制下的腐败政体相关问题。

改善政府能力 另一种技术援助类型是减少投资成本——改善政府能力。符合这种思路的干预在发展援助中相当普遍，可以在模型中大致表示为函数 $F(\cdot)$ 和 $L(\cdot)$ 的移动。应用命题 3.4 并加以解释，我们得到命题 6.7。

> **命题 6.7**：降低国家能力投资成本的技术援助 $F(\cdot)$ 和 $L(\cdot)$ 将增加福利和国家能力投资。其他条件不变，这种援助将增加政治动乱的可能性。

用我们的框架可以理解这类干预。例如，提出征税意见，或者设立专门法庭来加快商业纠纷的解决，甚至可以是提出改变法律性质的建议。其对政治动乱产生影响是因为国家能力投资增加导致 Z 上升，通过命题 5.1，因为掌权的再分配资金现在更高了，因此会进一步导致再分配政体或弱政体中的政治动乱增加。

小结 考虑技术援助的时候，我们的模型显示出援助和凝聚性政治制度之间存在互补性。现金援助例子证明了这一点。在公共资源更有可能用于公共品支出的国家，技术援助更加强大。因此，如果试图让弱政体或再分配政体中的政府了解好政策的价值，随机对照实验的回报会降低。

关于技术援助的有效性，援助界确实存在很多争议。诸如伯格（Berg，1993），格普塔、帕蒂略和瓦赫（Gupta，Pattillo and Wagh，2006）等观察家，以及联合国开发计划署（UNDP，2002）的贡献者们指出，基于资金援助的制度能力建设有效性普遍低于有关硬技术项目的合作有效性。这些评估证明，受援国政府缺乏对技术援助计划的参与或控制。

这个批评与我们前面提到的将随机对照实验的结论转移到宏观层面，以期对全部公共品供给和国家能力投资产生自我维持效应时遭遇的挑战一样。然而，这是关于发展的微观经济和宏观经济研究融合可以取得成效的重要领域。因为必须面对本书一直强调的系统性动机问题，因此未来研究的重要内容是分析如何在实践中成功设计和拓展干预实验。

6.1.3 军事援助

现在通过综合核心模型来分析军事援助。具体来说，我们考虑把受援国政府接受的军事技术或军事策略的援助视为 ξ（政府相对于反对者集团零动乱投资时的边际收益）的变化。这些援助可能包括培训、提供武器系统和知识。[1] 原则上，这些援助可以提供给反对者集团，外国政府还能向反叛集团提供武力来进行直接干预。这种情形在现实中经常发生，例如20世纪70年代古巴部署部队支持安哥拉人民解放运动。但在这里我们主要关注向政府提供援助的情况。

我们的核心结论可以直接从命题4.2和命题5.2中得到。

命题6.8：增加 ξ 值的军事援助，增强了在位政府的军事能力，

---

① 我们考虑了在世界市场上通常不会见到的援助形式。

扩大了镇压发生的参数范围，从而加强了政治稳定性和财政能力与司法能力投资。

如果处于弱制度，更强的镇压将提高政治稳定性，增加国家能力投资。代价是使得在位者集团的权力更加稳固。在效果上相当于创造一个食利政体，把反对者集团排除在权力之外。因此，任何帮助在位者集团的军事干预都倾向于增强在位者集团的投资动机。但这并不能代替更具有共识的制度（更高的 θ 值）。这个想法看起来对于解释冷战，或者解释那些存在现实或潜在冲突的现代脆弱政体很有意义。

6.1.4 冲突后援助

最后，我们简要考虑一下外部参与者如何在冲突发生后的环境中协助推动和平进程。模型允许我们用非常典型的方式来进行分析。

维护和平或解除叛乱分子的武装可以被视为提高 υ 值（在给定动乱水平下反对者集团的投资成本）。根据命题 5.2，这缩小了冲突产生的参数范围，增强了政治稳定性。许多冲突后和解可以被视为提高 θ 值的努力（减少冲突赢家的收益）。根据命题 4.1 和命题 4.2，这可以降低动乱风险。然而，后一种效应要求干预在事前可预期并且可信。试图建立这种机制的近期例子是 2010 年地震之后的海地，流向该国的大量援助分散在政府机构之外，美国前总统比尔·克林顿起到了关键作用。我们总结如下。

命题 6.9：提高 υ 值或 θ 值的冲突后援助，将导致更多的国家能力投资，并缩小动乱的参数范围。

冲突后重建可能伴随着广泛的和解，部分涉及增加（或重建损坏的）τ 和 π 的努力。冲突后援助通常也伴随着大量现金援助。从命题 6.4 和命题 6.5 的角度来说，这使得试图提高 θ 值和降低 ν 值的互补性更加重要。

相关问题是弱政体或衰落政体是否有"重见天日"的机会？如果有，是在什么条件下？外部参与者如何提供援助？外部参与者是否可以像开国元勋那样的内部关键参与者一样，协助设计一套政治机制和（或）制度来改变诸如伊拉克、阿富汗和索马里等国家的内部政治平衡？历史经验提醒我们，现有制度的简单出口或复制往往不起作用。19 世纪几乎所有的拉丁美洲国家都参照美国条文制定了宪法，结果却截然不同。印度和巴基斯坦从相同宪法框架（即 1935 年的《印度政府法案》）出发，结果也不一样。

改变政治机制和制度就像改变 θ 值，从而潜在地改变政体类型。仅仅是为了提出这个问题，我们显然也必须考虑如何将政治游戏的具体规则映射到诸如 θ 和 γ 之类的抽象宏观参数中。此外，我们必须认真思考推进内生政治改革的动机。第 7 章将考虑这些很难但重要的问题。

6.2　本章结论

本章探讨了我们的分析框架对设计发展援助的意义。模型表明我们预期援助会产生效应的一系列边际。虽然我们只提供了一个典型场景，但结论说明了努力改善发展中国家境况的外国援助者和参与者所面临的种种困难，特别是在弱政体和脆弱政体中。有些问题是大家熟知的，尤其是发展援助可能会挤出而不是挤入政府作用的问题。很明显，在对可以得到的援助进行任何可信评估之前，还需要用大量的精力去理解政治均衡。没有这样的理解，50 多年发展政策经历中"希望高过期望"的典型情况就可能会继续。

框架提出的某些方面可能更新颖。我们在分析中强调了常常讨论的通过援助提供资源和发展国内财政能力之间的权衡。我们展示了这一边际为何必须体现在成本收益计算中。我们也讨论了动乱边际。如第 4 章所述，研究人员越来越意识到援助加剧政治动乱的可能性。这是国际援助发人深省的潜在后果，甚至超过了最极端的援助悲观主义者所认知的程度。

从乐观的角度来看，技术援助在我们的框架中看起来很有价值。随机对照实验（RCTs）可以帮助我们识别更有价值的公共资源用途，从而推动国家能力投资和减少动乱。但实现这个结果，不仅需要把非政府组织获得的、支持随机对照实验的证据基础转移到公共项目，而且需要这些项目可以大规模实施。这不可避免地需要国家间合作，所以必须再次讨论本书讨论过的决策和投资动机问题。

我们提出的"安娜·卡列尼娜发展原理"强调了异质性。这可能在某种程度上调和了关于发展政策的不同立场。我们的模型表明，某些有利于发展的政策可能一直存在。但识别这种政策需要掌握详细情况和制度知识。因为对援助形式和援助机构能力的不同认识，人们可能会成为援助悲观主义者或援助乐观主义者。

6.3 文献注解

关于援助，总体上有大量研究文献。科利尔（Collier，2007）、伊斯特利（Easterly，2006）和萨克斯（Sachs，2005）都探讨了国际社会在推动发展方面的重要角色，并对干预的历史和未来成功的前景提供了不同视角。里德尔（Riddell，2007）考察了广泛的政策文献。坦普尔（Temple，2010）对近期有关外国援助的文献进行了梳理，创造了本章使用的"鲍尔悖论"一词。

肖韦和科利尔（Chauvet and Collier，2006）提出了一个概念框架来思考援助对衰落政体的影响。如本章中所做的，他们强调了异质性在分析国家症状中的重要性。政治制度也是瓦林斯和莫雷诺-托雷斯（Vallings and Moreno-Torres，2005）分析脆弱性的核心，他们强调需要构建制度来克服脆弱性。麦吉利夫雷（McGillivray，2006）综述了援助对脆弱政体影响的文献。他讨论了国家成为"援助孤儿"（被切断援助）或"受援宠儿"（获得额外援助）的决定因素，以应对脆弱性和政策界所面临的困境。

很多文献用跨国比较来研究援助与增长之间的关系。科利尔和多拉尔（Collier and Dollar，2004）、伊斯特利（Easterly，2003）、汉森和塔普（Hansen and Tarp，2001）以及拉詹和苏布兰马尼安（Rajan and Subramanian，2008）强调了不同方面。杜库利亚戈斯和帕尔达姆（Doucouliagos and Paldam，2008）对此进行了荟萃分析。遵循布恩（Boone，1996）、伯恩赛德和多拉尔（Burnside and Dollar，2000）思路的文献，强调了援助会因为特定国家的制度和政策环境而产生差异性的影响。阿扎姆和拉丰（Azam and Laffont，2003）、斯文森（Svensson，2000b，2003）同样建模分析了援助的限制性条件问题。

在诸多文献中，弗雷和施耐德（Frey and Schneider，1986）研究了多边援助的决定因素。阿莱西纳和多拉尔（Alesina and Dollar，2000）研究了双边援助的决定因素，发现相当一部分的援助支出变化可以用殖民历史和援助者的政治和策略动机来解释。格斯托特纳和詹森（Gstoettner and Jensen，2010）研究了多边外部援助与受援国公共财政制度质量之间的关系，认为更多的援助会导致公共财政质量的显著恶化。

援助可以导致制度恶化的思想是鲍尔（Bauer，1972）的重要主题。他的思想近期被利森（Leeson，2008）和施莱弗（Shleifer，2009）接受和论证，史密斯（Smith，2006）和斯文森（Svensson，2000a）对此进行了理论探讨。德加科沃、蒙塔尔沃和雷纳尔-克罗尔（Djankov, Montalvo, and Reynal-Querol，2008）以及克纳克（Knack，2001）使用跨国研究数据发现，政府质量变化和外国援助之间存在负相关关系。

科利尔等（Collier et al.，2003）综述了有关援助和冲突的问题。艾迪生（Addison，2003）强调制度变革对于冲突后保持和平的重要性，并讨论了国际组织和援助者在冲突后可以发挥的作用。科因（Coyne，2008a，2008b）以及科因和博特克（Coyne and Boettke，2009）探讨了冲突后重建，以及外来干预在冲突后创建民主的努力。科因和佩利洛（Coyne and Pellillo，2011）探讨了阿富汗和伊拉克的经验和教训。

我们关注了发展援助的益处。但究竟是援助还是制裁是最好的政策，在许多环境下都是有趣的问题，阿扎姆和萨迪-西迪克（Azam and Saadi-Sedik，2003）以及克莱策（Kletzer，2005）对此进行了研究。

班纳吉和杜弗洛（Banerjee and Duflo，2009）以及杜弗洛、格伦纳斯特和克雷默（Duflo, Glennerster and Kremer，2007）概述了随机对照实验的总体作用，以及这些实验可以为政策干预提供的证据基础。班纳吉和何（Banerjee and He，2008）更一般性地讨论了有证据基础的决策是否能影响援助进程，对许多援助者和多边组织很少关注政策评估感到惋惜。

7 政治改革

如果不是对人性最深刻的反映，政府本身又是什么？如果人是天使，政府根本没必要存在。如果是天使统治人类，根本没必要由外或由内地控制政府。

詹姆斯·麦迪逊，《联邦党人》第 51 号，1788

到目前为止，本书的重要主题之一是凝聚性政治制度对于保障和平与推动国家能力投资至关重要。但是除了影响政治更替的动乱策略选择外，我们把政治细节分析保留在了背景中。本章我们深入到这个"黑匣子"中，用我们的框架进一步地验证政治制度和政治改革的作用。这项工作可以帮助我们理解为什么有些国家最终会形成凝聚性政治制度，而其他国家却未能做到。

本章从宏观政治模式开始对核心模型进行扩展，把由参数 θ 代表的制度选择包含进来。我们将其视为宪法设计问题。最贴近的实例是新国家的创建。二战后殖民主义的终结和柏林墙的倒塌，也提供了许多这样的例子。

首先，我们不考虑既得收益，从无知之幕下的制宪会议出发。这里凝聚性政治制度的情形非常有说服力，我们对这一点做了正式陈述。接下来探讨实时的政治改革策略，研究核心模型中第一期在位者集团的政治制度选择。这接近古老的、已成型的瑞典、英国等国政体，其政治改革曾经是一个演进过程。我们的分析与在位者集团提出的宪法修改有关。在这个环境中探讨影响 θ 的力量，并指出在位偏差如何创造出导致国家偏离凝聚性政治制度的力量。

本章回顾了政治经济学和比较政治学领域的大量文献，这些文献从理论和实证上对政治制度运行进行了细致的观察。通过诸如 θ 和 γ 等简化式参数来代表政治制度是比较粗略的，排除了对选举、立法程序和政府形式等替代规则的详细建模。我们以展开参数 θ 和 γ 的微观政治基础的形式开始本章第二部分。

直到此刻本章都简单地假定，可以任意改变制定规则的规则。在现实中，宪法通常通过规则来实施，从而带来改变的成本，例如要求绝对多数投票决策或全民公投。接下来探讨这些规则如何导致制度惯性，这可以帮助或抑制凝聚性政治制度的形成。更有野心的是在这一新环境中重新审视政治动乱的意义。政治动乱威胁以两种方式进入分析。因为在位者集团可以通过动乱来降低政治更替概率，所以其更可能选择非凝聚性政治制度。但是，在非凝聚性政治制度下，现实动乱代价倾向于产生相反的作用。

衡量法理政治制度凝聚性比较直接。然而，非正规制度和规范可能是实际政治制度凝聚性的重要决定因素。某些国家似乎基于对制度的普遍信任而拥有强大的民主文化。本章将在我们的框架背景下讨论这些问题，以说明历史如何成为凝聚性政治制度背后的重要力量。

基本事实　政体四数据显示，朝向更具凝聚性政治制度的改革是一个总趋势。图 7.1 显示的样本是 1900 年以来数据集中连续出现的所有 51 个国家。针对 1900~2000 年中的每一年，我们绘制了获得强行政约束最高得分（即 7 分）的国家比重。我们之前用这个变量来衡量政治制度凝聚性。

根据这一定义，1900 年只有不到 30% 的样本被归类为具有凝聚性政治制度。随着越来越多的国家采取议会民主制，普遍性第一次增加。但在 20 世纪三四十年代开始退回到威权主义，在某种程度上维持到冷战初期。然而，20 世纪 80 年代以来，拉丁美洲和亚洲的一些国家从军事独裁转向政治民主，显示出朝向强行政约束的变化趋势。这种变化随着柏林墙的倒塌而达到顶峰。凝聚性政治制度的普遍性到 20 世纪末几乎翻了一倍。图

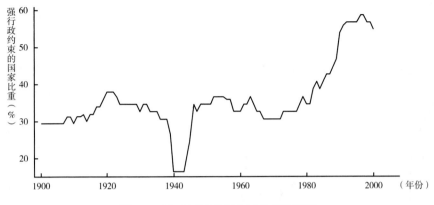

图 7.1　51 个国家的强行政约束普遍性

7.1 证实了整个 20 世纪政治发生的巨大变化。考虑到强行政约束是对模型中 θ 的一个很好的度量指标，我们预期这些政治动态将导致国家能力和政治动乱投资的显著变化。

图 7.1 只与早先成立的国家有关，观测新成立国家的图景更有趣。观测 1945~1995 年这 50 年间成立的所有 113 个国家可以发现，这些国家绝大部分是非洲和亚洲的前殖民地，以及苏联的成员国。这里面的每一个国家，如果其独立的第一年与强行政约束最高得分有关，我们就将其列在表 7.1 的最左侧。只有 22 个国家（新国家的 1/5 左右）出现在这一列。

表 7.1 后面五列举出了独立 5 年、10 年、15 年、20 年、30 年后具有凝聚性政治制度的国家。[①] 我们看到一个逐步远离凝聚性政治制度的变化。6 个非洲国家——莱索托、毛里求斯、尼日利亚、索马里、苏丹和乌干达，从强行政约束意义上的凝聚性政治制度开始，随着时间的推移凝聚性逐步消失。

---

① 我们采用了政体四数据库对此指标的面值评估。

表 7.1 行政约束持久性

独立时	独立 5 年后	独立 10 年后	独立 15 年后	独立 20 年后	独立 30 年后
白俄罗斯 (1991)*					
	博茨瓦纳 (1966)	博茨瓦纳	博茨瓦纳	博茨瓦纳	博茨瓦纳
塞浦路斯 (1960)			塞浦路斯	塞浦路斯	塞浦路斯
捷克 (1993)	捷克丨				
爱沙尼亚 (1991)	爱沙尼亚丨				
斐济 (1970)	斐济丨	斐济	斐济*		
圭亚那 (1966)*					
	印度 (1947)	印度	印度	印度	印度
以色列 (1948)*	以色列	以色列	以色列	以色列	以色列
牙买加 (1962)	牙买加	牙买加	牙买加	牙买加	**牙买加**
拉脱维亚 (1962)	拉脱维亚丨				
莱索托 (1966)					莱索托
立陶宛 (1991)	立陶宛丨				
	摩尔多瓦 (1991)丨				
缅甸 (1948)	缅甸	缅甸*			
毛里求斯 (1968)	毛里求斯	毛里求斯	毛里求斯	毛里求斯	**毛里求斯**
马来西亚 (1957)	马来西亚	马来西亚*			
尼日利亚 (1960)	尼日利亚			*尼日利亚*	
		巴基斯坦 (1947)*			
巴布亚新几内亚 (1975)	巴布亚新几内亚	巴布亚新几内亚*	巴布亚新几内亚*	巴布亚新几内亚*	
苏丹 (1956)		苏丹			苏丹
索马里 (1960)	索马里丨				
	斯洛伐克 (1993)丨				
斯洛文尼亚 (1991)	斯洛文尼亚				
斯里兰卡 (1948)	斯里兰卡	斯里兰卡	斯里兰卡	斯里兰卡*	
		叙利亚			
特立尼达和多巴哥 (1962)*	特立尼达和多巴哥	特立尼达和多巴哥	特立尼达和多巴哥	特立尼达和多巴哥	特立尼达和多巴哥
乌干达 (1962)*					

注：表格按照时间期限列出了 1945 年以来在政体四数据库中行政约束得分为 7 分的所有独立国家，在表格中第一次出现时标注了独立年份（括号中）。由于数据右侧截尾原因（2000 年的政体四数据），期限受到限制的国家标示为"丨"，在表格中最后一次出现的国家标示为"*"（最后一列除外）。某段时间后重新进入表格但行政约束低于最高分的国家用斜体表示。表格最后一列中有 30 年强制行政约束历史的国家用黑体表示。

事实上，只有 4 个国家，即以色列、牙买加、毛里求斯以及特立尼达和多巴哥，自独立后拥有 30 年连续的凝聚性政治制度历史。当然，对于1990 年后东欧某些坚持了 10 年凝聚性政治制度国家来说，现在说能持续30 年为时过早。

表 7.1 还显示，某些国家在独立后某个时期实施了朝向凝聚性政治制度的改革。然而，经过一段时期的强行政约束后，很多后期采用者或重新采用者发生了反弹。有趣的是，在独立 5 年后有凝聚性政治制度的后期采用者中，只有博茨瓦纳和印度在独立 30 年后依然坚持凝聚性政治制度。

总而言之，表 7.1 表明，通过 θ 这个变量，只有少数新独立的国家曾具有凝聚性政治制度。在曾经具有凝聚性政治制度的国家中，θ 的支配性呈下降趋势。表 7.1 强调了从理论和实践上分析政治制度改革的驱动因素非常重要。我们通过模型方法来探讨这个问题。

章节规划　本章下一节将探讨改革核心模型中 θ 的动机。先假设政治转型是和平的，基准情形下允许无成本选择 θ。这种选择可能是在对谁将掌权不知情时的一次性决策，也可能是第一期在位者集团的策略性选择。

7.2 节从宏观转向微观，为参数 θ 和 γ 寻找微观政治基础。这允许我们讨论政治制度凝聚性和政治稳定性从共同制度安排到抽象概念的映射。在核心模型的两个扩展情形中，我们考虑了绝对多数规则或内生性政治动乱所带来的宪法改革成本，还考虑了信任在维持政治制度凝聚性中的作用。最后回到第 3 章的主题，考虑在少数精英有通过掠夺来寻租的强烈动机时，将出现哪种治理制度。

7.3 节简要讨论了如何从当前理论的视角去分析现实世界的政治改革。本节提出的某些方法论观点可用于理解现有的计量经济学和案例研究。我们提供了三个案例并讨论如何对这些观点进行检验。7.4 节总结了本章内容，最后是文献注解。

7.1 核心模型与政治改革

现在扩展基准模型中的选择以包括参数 θ，即政治制度凝聚性。为了表述观点，我们尽可能从简单开始。具体来说，假设 $\theta \in [0, 1/2]$，（和平）政治更替率 γ 外生给定并独立于 θ。此刻不考虑政治动乱的影响。7.2 节将进一步探讨 θ 决策的微观政治基础，以及当存在政治动乱时，θ 与 γ 内生交互的可能性。

每一期都可以选择政治制度，我们假设与前几章的国家能力和动乱投资一样，在该期之前选定。此刻我们还假设这些投资无成本，当然，在现实中改变规则需要时间和精力成本。更有趣的是，居民可能会尽力维护其政治权利，从而可以将改变的内生成本包含进来。对这些问题的讨论也推迟到 7.2 节。

准备 我们将比较制度选择的两个主要情形：宪法性选择和策略性选择。因此，我们允许在两个时间点做出选择。一个时点是在任何经济或政策决策做出之前，另一个时点与第一期国家能力投资决策做出的时间一致。

确切地说，新的决策期限如下。

（1）从国家能力的初始存量 $\{\tau_1, \pi_1\}$ 开始。

（2）选择第一期的政治制度 θ_1。

（3）自然决定在位者集团 I_1 以及 α_1 和 R。

（4）I_1 选择第一期政策集 $\{t_1,\ r_1^I,\ r_1^O,\ p_1^I,\ p_1^O,\ g_1\}$，并（通过投资）确定第二期的财政能力和司法能力存量 $\{\tau_2,\ \pi_2\}$（如果模型中包含政治动乱，I_1 和 O_1 同时投资动乱水平 L^I 和 L^O）。如果允许，I_1 选择第二期的政治制度 θ_2。

（5）I_1 仍然掌权的概率为 $(1-\gamma)$〔如果模型中包含政治动乱，则为 $1-\Gamma(Z,\ \nu,\ \xi)$〕，自然决定 α_2。

（6）I_2 选择第二期政策集 $\{t_2,\ r_2^I,\ r_2^O,\ p_2^I,\ p_2^O,\ g_2\}$。

这种方法的一个特点是，在给定的 θ 选择下，国家能力投资和政策决策总是掌握在在位者集团手中。我们考虑两种可能性。第一种，在没有选项改变第四阶段选择时，在第二阶段设计一套有约束力的宪法。第二种，当在位者集团可以在第四阶段修改宪法时，研究关于 θ_2 的决策。

和前几章一样，我们寻找政策和国家能力投资的子博弈完美均衡。为了找到改变后的 θ_2 值，必须逆向求解模型。

7.1.1　"无知之幕"下的政治改革

我们从第二阶段政治制度的一次性决策 θ_1 开始，其在整个两期环境中都起到约束作用。因此，在第四阶段设定 $\theta_1 = \theta_2$。制宪会议就是所有居民（代表）聚集在一起共同选择政治制度。他们在"无知之幕"下做出选择，不知道自己从属哪个集团（相当于不知道哪个集团是第一期的在位者集团）。假设所有居民都同等可能地属于任何集团（或假设两个集团掌权的可能一样），因此这个标准是功利性的。

如前所述，对政策和国家能力的选择由继任在位者集团做出，后者可概括为如下方程：

$$\tau_2 = T(\tau_1, \pi_1, \theta, \alpha_1)$$
$$\pi_2 = P(\tau_1, \pi_1, \theta, \alpha_1)$$

这些是 3.1 节确定的结论，当时 γ 是外生的。

间接支付 对于 $J \in \{I, O\}$，我们用 $U_S^J(\tau_S, \pi_S, \theta)$ 代表进入 s 期拥有国家能力向量 $\{\tau_S, \pi_S\}$ 和制度 θ 的值。现在对于给定的 $\{\tau_2, \pi_2\}$，有：

$$\frac{U^I(\tau_2, \pi_2, \theta) + U^O(\tau_2, \pi_2, \theta)}{2} = \{1 + \tau_2[E(\lambda_2, \theta) - 1]\} y(\pi_2) + E(\lambda_2, \theta) R$$

其中，

$$E(\lambda_2, \theta) = \begin{cases} \phi\alpha_H + (1 - \phi)\alpha_L & \text{若}\alpha_L \geq 2(1 - \theta) \\ \phi\alpha_H + (1 - \phi) & \text{其他} \end{cases}$$

是未来公共资金的期望值。因为具有线性效用并且集团有相等权重，预期的再分配将从计划者的支付中扣减。因此，支付函数与功利主义计划者所采用的相同，即：

$$\widehat{U}(\alpha_1, \theta, \tau_2, \pi_2) = [1 + \tau_1(\lambda_1 - 1)] y(\pi_1) - \lambda_1 m_1 + \lambda_1 R$$
$$+ \{1 + \tau_2[E(\lambda_2, \theta) - 1] y(\pi_2) + E(\lambda_2, \theta) R\} \qquad (7.1)$$

其中，

$$\lambda_1 = \max\{\alpha_1, 2(1 - \theta)\}, \quad m_1 = F(\tau_2 - \tau_1) + L(\pi_2 - \pi_1)$$

最优宪法选择 现在，最优制度 θ 将最大化

$$\phi\,\widehat{U}\left[\alpha_H, \theta, T(\tau_1, \pi_1, \theta, \alpha_H), P(\tau_1, \pi_1, \theta, \alpha_H)\right]$$
$$+ (1 - \phi)\,\widehat{U}\left[\alpha_L, \theta, T(\tau_1, \pi_1, \theta, \alpha_L), P(\tau_1, \pi_1, \theta, \alpha_L)\right]$$

我们得到如下命题。

命题 7.1：当 $\alpha_L \geqslant 2\,(1-\theta)$ 时，"无知之幕"下的居民选择凝聚性政治制度。

可以观察到（按照 2.1 节和 3.1 节的结论），如果 $\alpha_L \geqslant 2\,(1-\theta)$，国家能力投资 $\{\tau_2,\ \pi_2\}$ 将与功利主义计划者的选择完全相同。由于"无知"的居民分享了计划者目标，他们偏好的选择通过凝聚性政治制度得到了实施。[①] 思考这个结论的方式是凝聚性政治制度提供了某种形式的承诺，保证所有的支出都将被用于公共品。因此，高 θ 值的宪法选择满足了假设所需的可信承诺。

命题 7.1 描述了这样一种意识，即在我们的框架下共同利益政体是一种自然情况。这种意识与全书中确认的此类政体的许多好处一致。然而，这个结论假定政治制度是基于福利最大化而被选择的，并且在任何时候都可信地约束所有在位者集团，这是过强且不切实际的假设。这些假设的脆弱性，可以通过研究第四阶段并允许第一期在位者集团通过实施宪法改革改变 θ_2 而看出来。这允许我们评估在实践中对凝聚性政治制度的需求有多稳定，前提是所需制度可以可信地用于实践。

在观察策略制度选择之前，值得注意的是，在制度影响 γ 的方式上，模型中的宪法制定者并无差别。这是因为选择凝聚性政治制度创造了共同利益，使得所有控制更替的规则变得无关紧要。显然这是一个很鲜明的观点，在更加丰富的模型中（例如包括私人风险规避的模型），完全凝聚性也许是不可行的。此时，偏好平等的庇古计划者可能选择权力过于巩固的制度安排，避免在位带来的分配性获益。

---

① 当 $\alpha_L < 2\,(1-\theta)$，θ 满足 $[2[(1-\gamma)(1-\theta)+\gamma\theta]] = 1$ 时，我们如何才能排除最优结论？只有在 $\theta = 1/2$ 时，这个条件才能对所有 $\gamma \in [0,1]$ 得到满足，这是矛盾的（除非是 $\gamma = 1/2$ 的特殊情形，与 θ 无关）。

7.1.2 政治改革策略

现在考虑第四阶段的决策，除了国家能力决策，在位者集团也可以选择 θ_2。我们明确假设（这在内生制度的文献中很常见）在位者集团可以约束下一期继任者。这比前一小节可以一劳永逸地选择制度的假设弱，但仍然是一个过强的假设，随后我们会重新加以讨论。

支付与均衡　第一期在位者集团的前瞻性第二期支付为：

$$W^I = (1 - \gamma) \, U^I(\tau_2, \pi_2, \theta) + \gamma \, U^O(\tau_2, \pi_2, \theta) \tag{7.2}$$

$$= \left\{ 1 + \tau_2 [E(\lambda_2) - 1] \right\} y(\pi_2) + E(\lambda_2) \, R \tag{7.3}$$

其中，和3.1节一样，

$$E(\lambda_2) = \phi \alpha_H + (1 - \phi) \lambda_2^L \tag{7.4}$$

是第二期公共资金的期望值，满足：

$$\lambda_2^L = \begin{cases} \alpha_L & \text{若} \alpha_L \geqslant 2(1 - \theta) \\ 2[(1 - \theta)(1 - \gamma) + \gamma\theta] & \text{其他} \end{cases} \tag{7.5}$$

其中 $\theta \in [0, 1/2]$。我们对如何选择 θ 来最大化式（7.2）感兴趣。为研究这个问题，我们观察改变 θ 对支付产生的效应，如下所示：

$$\frac{\partial W^I}{\partial \theta} = \begin{cases} (1 - \phi) \, 2(2\gamma - 1) \, [\tau_2 y(\pi_2) + R] & \text{若} \, 2(1 - \theta) > \alpha_L \\ 0 & \text{其他} \end{cases} \tag{7.6}$$

显然，如果 $\gamma < 1/2$，这个表达式随 θ 值的增加而全域递减；如果 $\gamma > 1/2$，则全域递增。这证明了以下命题。

命题7.2：*在被取代可能性高（$\gamma \geqslant 1/2$）时，第一期在位者集团选择凝聚性政治制度，从而 $\alpha_L \geqslant 2(1 - \theta)$；在被取代可能性低*

$(\gamma < 1/2)$ 时，选择非凝聚性政治制度，从而 $\theta = 0$。

这个结果是有意义的，即使在框架中有些简单。当 $\gamma \geq 1/2$ 时，在位者集团不想赌自己下一期丢权，所以选择凝聚性政治制度来保护自己避免成为反对者集团。当 $\gamma < 1/2$ 时，情况恰恰相反。[1]

讨论 命题 7.2 意味着权力稳固的在位者集团不会投资凝聚性政治制度，而面临严重被取代威胁的在位者集团却可能会选择这样做。因此，如果制宪会议在初始状态赋予了一个国家凝聚性政治制度，那么在位者集团将试图改革宪法以远离凝聚性政治制度，从而避免被取代。到目前为止，我们把 γ 视为外生。一旦 γ 是内生的，结论就会变得有趣。我们随后将探讨这一点。

虽然设定非常不同，但这个讨论与拉古诺夫（Lagunoff，2001）的研究有些相关。他的研究显示了在有潜在社会冲突的动态博弈中，居民自由的宪法保障权如何成为自执行均衡的一部分。实质性的原因是，在位者集团发现自己在未来时点会处于反对者集团的地位，所以权力越巩固的在位者集团越倾向于选择不宽容的宪法保障权。德·费格雷多（de Figueiredo，2002）的结论中也包含了相同的直觉，其中选举弱势集团比选举强势集团更有可能建立限制未来官僚自由裁量权的制度结构。

我们暂停思考的命题 7.2 的一个特征，是永远不会观察到在位者集团为第二期策略性地选择一个弱政体。这是因为选择 $\theta = 0$ 的条件是 $\gamma < 1/2$，

---

[1] 由于每个人都是风险中性的，所以与凝聚性政治制度相关的风险降低了收益。如果我们在框架中增加风险规避，则这种收益可能会降低值得在位者集团选择凝聚性政治制度的严格取代率。

对应的政体是再分配政体而不是弱政体。为解释弱政体的持续存在，必须观察其他内容。我们会在 7.2 节回到这个问题。

将在位者集团的选择与庇古计划者的偏好进行比较是很有趣的。如 7.1.1 小节中观察到的，如果庇古计划者是功利主义者，他将最大化

$$\frac{U^I(\tau_2,\pi_2,\theta) + U^O(\tau_2,\pi_2,\theta)}{2}$$

改变 θ 对平均效用没有影响，因为它只有纯粹的再分配效应。由于效用在货币上是线性的，所以计划者不关心分配。但是请注意，对平等的任何偏好都能保证共识性制度偏好，即使效用函数没有曲率。

为弄清这一点，假定庇古计划者是罗尔斯主义者。然后选择 θ 来最大化

$$\min\{U^I(\tau_2,\pi_2,\theta), U^O(\tau_2,\pi_2,\theta)\}$$

当 $\alpha_L \geq 2(1-\theta)$ 时，可以很容易发现这个目标已经最大化。

内生性巩固 现在考虑一个可能性，除了选择 θ_2，在位者集团自己也会通过其在执政期内自我巩固的程度，来影响继续执政的前景。如果在位者集团也能选择 γ_2，那么在模型第四阶段又会发生什么？什么可以用于指代决定在位者集团生存概率的制度选择？7.2 节将讨论如何从具体制度选择中推导出这个参数。

我们可以立刻得到如下命题。

命题 7.3：第一期在位者集团偏好的第二期制度组合为 $\theta_2 = \gamma_2 = 0$。

因此，第一期在位者集团希望通过对权力的最弱限制来最大化自我巩

固。当$U^I(\tau_2, \pi_2, \theta) > U^O(\tau_2, \pi_2, \theta)$，即当存在任何在位优势时，式（7.2）随$\gamma$的增加而递减，从而得出上述结论。较低的$\theta_2$值会使该优势得到强化。

这个结论在我们的设定中并不是特别令人意外，但相似结论在任何在位者集团直接或间接掌权的模型中依然成立。这就是每种体制都尽可能使改变政治制度的规则避免被在位者集团控制的实质性原因。请注意，如果θ_2已在约束性宪法中详述，就像前一节一样，就没有动机降低γ_2。因此，有约束性的宪法可以弱化自我巩固动机。

小结 本节在核心模型中引入了理解内生制度选择所需的基本成分。制宪会议选择凝聚性政治制度有很重要的事前原因。然而，这种做法易受操纵，没有针对在位者集团削弱政治制度凝聚性和增强自我巩固的保护措施。基于本节的分析，我们预期国家在没有适宜保护措施来防止宪法被操纵时会转向再分配政体。本章开头对证据的简要综述，当然意味着这一预期会反映在现实实践中，我们将在7.3节继续论述。

到目前为止，我们对激励国家启动制衡的力量有点过于乐观。如果这些力量如此简单，就很难解释我们描述的那种弱政体为什么会持续存在。增强政治制度凝聚性的改革总会有很多压力。下一节的扩展分析对应着不太美好的情况。

7.2 模型扩展

可以说，上一节过于简化改变政治博弈的规则，夸大了制度变革的可能性。在某些国家，即使对于非常稳固的在位者集团而言，改变这些规则的难度也是惊人的。要理解这些改变的障碍，就必须考虑制度选择的微观结构如何运作，以及出于策略性和自利原因而试图操纵和改变制度的成本是什么。

7.2.1 θ 的微观政治基础

我们已经假定制度设计者能够直接选择 θ。但这个参数对政策施加了直接限制。更现实地来看，制度选择涉及用来制定政治决策的规则设计。因此，最自然的方式是考虑 $\theta(i, l)$ 和 $\gamma(l)$，其中 $l \in L$ 是宪法规则。i 的定义在后面给出。核心变量 $\theta(i, l)$ 和 $\gamma(l)$ 现在是内生的，描述了游戏规则如何影响谁来掌权和在位者集团的均衡政策选择。

为说明这种思考方式并将其与现代政治经济学相结合，我们考虑两个例子。本小节考虑影响 $\theta(i, l)$ 的力量，下一节观察影响 $\gamma(l)$ 的力量。

转移性支出议价　假设决策权被委托给一部分居民，即决策小组。民主国家中这个决策小组最自然地对应着立法机构，成员通过选举产生。在其他环境中，决策小组可以是特定民族构成的精英、军事集团中的将军、共产主义国家的中央政治局或某些部落成员。我们假定政策提案权在决策小组的多数派手中。用 $i \geq 1/2$ 代表决策小组中在位者集团代表的规模。[①]假设一个两阶段的决策程序，其中：

（1）决策小组中的在位者集团（多数派）单边选择 S 期的$\{p_s^j, p_s^o, g_s, t_s\}$ 和第一期的 $\{\tau_2, \pi_2\}$；

（2）决策小组中的在位者集团和反对者集团议价分配 $\{r_s^j, r_s^o\}$。

---

① 在 $i = 1/2$ 的刀锋情形下，我们假设提议者随机选择。

第二阶段对应经典的"分割美元"转移性支出游戏，人均再分配蛋糕的大小为：

$$\left[R + t_s y(\pi_s) - m_s - g_s \right] = z_s$$

所有转移性分配必须满足 $(r_s^0 + r_s^1) \leq 2 z_s$。

这显然是议价的局部视角，因为反对者集团对转移性支出以外的事项根本没有决策权。但在这里可能并不是大问题，因为双方在其他政策选择上倾向于达成一致。一个更完整的议价结构处理至少要包括 t_s 和国家能力选择，这样会稍微复杂一些。

草案议价 我们拟定了一个非常简单的议价规则，源自巴伦和费内（Baron and Ferejohn，1989）有关立法议价文献术语中的单回合封闭规则（议会禁止对某一议案再提修正案）。决策小组中的在位者集团提出一个转移性支出水平 $r_s^0 \leq 2 z_s$，对应的反对者集团选择是否接受这一出价。如果反对者集团成员接受，则达成提案。

如果他们拒绝这个报价，就会出现以下两个结果。第一，在概率 $\Omega(i, l)$ 下，反对者集团获得默认的转移性支出 $r_s^0 = \Psi(l) 2 z_s$，其中参数 $\Psi(l) \leq 1/2$ 可以理解为默认情形中归属反对者集团的收入份额。第二，在概率 $\left[1 - \Omega(i, l) \right]$ 下，反对者集团将一无所获，即 $r_s^0 = 0$。因为较高的 i 代表在位者集团在决策小组中有较大比重，所以假设 $\Omega(i, l)$ 随 i 递减是很自然的。

有关决策过程的规则包含在制度规则 l 中，影响 $\Omega(i, l)$ 和 $\Psi(l)$。有关立法议价过程的大量文献，强调了认可提案和反提案权的规则如何影响议价权力。某些规则是用来增加少数派权力的。此外，某些立法机构对特定立法选择实行绝对多数规则。

第二阶段议价结果 通过逆向分析，很容易看出决策小组中的反对者集团总能通过拒绝在位者集团的报价来确保自己获得预期转移 $\Omega(i, l)$ 和 $\Psi(l)\,2\,z_S$。随后，反对者集团在第二阶段只能接受报价 r_S^0，只要

$$r_S^0 \geq \Omega(i,l)\,\Psi(l)\,2\,z_S$$

在当前的议价草案下，在位者集团向反对者集团提供其所能接受的最低报价总是最优的［如果在位者集团提议 $r_S^0 = 0$，反对者集团仍然可通过拒绝来确保自己获得 $\Omega(i, l)\,\Psi(l)\,2\,z_S$］。

这样得到一个非常简单的微观基础：

$$r_S^0 = 2\Omega(i,l)\,\Psi(l)\,z_S = 2\theta(i,l)\,z_S$$

其中 $\theta(i, l) = \Omega(i, l)\,\Psi(l)$ 是本书一直使用的关键参数。在我们的简单模型中，这是用 $\Omega(i, l)$ 表示的反对者集团议价能力和用 $\Psi(l)$ 表示的反对者集团当前地位的乘积。完全凝聚性政治制度对应的是 $\Omega(i, l) = 1$ 和 $\Psi(l) = 1/2$ 的情形，当 $\Omega(i, l) = 0$ 或 $\Psi(l) = 0$ 时会出现非凝聚性政治制度，即几乎没有议价能力或在当前状况完全缺乏保护导致反对者集团没有其他选择。

第一阶段政策成果 现在转向第一阶段。其他政策反映了在位者集团的前瞻性支付，完全按照前面章节的情况确定，在位者集团获得的转移性支出为剩余税收比重的 $2[1 - \theta(i, l)]$。换句话说，这个形式实际上是本书一直在使用的模型的微观基础。

很明显，事情可以也应该在很多方面更复杂。例如，认真考虑将 $\Psi(l)$ 作为当前状态下转移性分配的想法很有趣。此时，$\Psi(l)$ 反映的是继承过去的转移性政策，接近巴伦（Baron，1996）的设定。这将在当前转移性政策中引入策略，因为它可能影响未来选择的方式。给定未来反对者

集团的参与能力，理解 $\Psi(l)$ 是否具有自执行特征、是否会产生凝聚性政治制度是很有趣的。

制衡与政府形式 我们现在可以考虑，如何通过改变议价规则来改变 $\theta(i, l)$，从而影响政策结果。凝聚性政治制度现在由 L^c 定义，对于所有的 $l \in L^c$，满足 $\alpha_L \geq 2[1 - \theta(i, l)]$。我们通过 $\theta(i, l) = \Omega(i, l) \Psi(l)$ 来定义反对者集团的均衡转移份额。反对者集团的更高议价能力 $\Omega(i, l)$ 或更多"少数派保护"$\Psi(l)$ 会增加其均衡转移份额。因此，将 $\Omega(i, l)$ 解释为对行政机关的更强制衡是合理的。

这正是我们在前几章的实证部分所做的，将政体四的行政约束指标作为 θ 的指标。实际上，这一指标赋予议会制民主很大权重，因为按照议会制形式运行的政府可以通过可信要求使行政部门始终对立法机构负责。迪尔迈尔和费德森（Diermeier and Feddersen, 1998）、休伯（Huber, 1996）以及佩尔森、罗兰和塔贝里尼（Persson, Roland and Tabellini, 2000）讨论了立法中的议价结果如何取决于可信要求。后面这篇论文的最后结论之一是，议会制政府比总统制政府内化了更大比例人口的偏好，接近于更高的 θ 值，对提供公共品而不是再分配的动机也有类似影响。

集权 很难直观地解释为什么 $\Psi(l)$ 是反对者的默认分配。可以认为其反映了集团具有地理集中性环境下的纵向而非横向分权。具体来说，其他条件不变，这可能意味着联邦制国家比单一制国家有更高的 θ 值。但是，这种主张要用进一步的理论研究来支撑［参见贝斯利与科特（Besley and Coate, 2003）以及佩尔森和塔贝里尼（Persson and Tabellini, 1996a, 1996b）］。

选举制度 政治安排的另一个方面是选择决策小组。按照通过选举产生的影响，通过函数 $\Omega(i, l)$ 中的参数 i，选举制度间接进入前面的政治议价模型。同时 i 代表决策小组中的在位者集团多数派。因此，i 显然应该反映选举规则。事实上，有关选举规则的政治科学文献把选民份额精确映射为席位份额，简单多数制的席位-投票曲线比比例代表制（PR）的曲线更为陡峭（Taagepera and Shugart，1989）。

基于这个认识和 $\Omega(i, l)$ 随 i 增加而递减的事实，其他条件不变，我们预期比例代表制下反对者集团的更高比例，意味着比简单多数制下更高的 $\theta(i, l)$。当然，这只是选举规则影响政治博弈的诸多可能性之一。

小结 正如前面的讨论所暗示的，不存在实现凝聚性结果的唯一制度安排。根据本章引言中探讨的政体四数据，从与强行政约束相关的多样化政治安排视角来看，这是一个有趣的现象。从宏观层面来看，这些细节可能无关紧要，只要凝聚性足够就可以沿着共同利益路线运行。此外，我们将在本节稍后探讨，传统和历史可能有助于实现政治制度凝聚性。很明显，从微观到宏观之间的映射本身就非常有趣。进一步来说，对于有兴趣设计现实世界中具体改革方案的人来说，这些知识至关重要。

7.2.2 γ 的微观政治基础

本小节我们以潜在制度安排的形式对 γ——模型中第二重要的宏观政治参数提供另一种解释。在决定决策小组构成的简单模型中，我们将分析在和平政治更替中 γ 是如何决定的，以及这如何取决于制度选择。我们通过简单模型分析制度影响政治稳定性的方式，即便集团规模相同。

选区 假设决策小组的代表是按选区安排的。在民主制度下，将这些选区视为选举区域是很自然的。但它们也可以代表民族群体、军队单位或地区共产党组织。上一小节中的参数 i（决策小组中的多数派规模），现在是经大量选区选出的代表性结果。特别是，存在标记为 $d \in [0, 1]$ 的连续选区，其中 d 选区 J 集团的个人比例是 $\beta^J(d, l)$，其中选举规则 l 可能会影响谁可以发表意见。

我们按对 J 集团的偏好程度来排列选区。因此，$\beta^J(d, l)$ 随 d 的增加而递减。为了"赢得"一个选区，我们假设一个支配数值门槛，用 $\frac{1}{2} + n(l)$ 表示。在门槛为 $n^J(l) = 0$ 的选举民主制中，$n^J(l) < 0$ 表示制度偏向 J 集团。此时，这个集团只需不到一半的支持者来代表特定选区。

在选举中，我们隐含地假设选举制度按照简单多数规则运行。为明确解释 $\theta(i, l)$ 如何取决于选举规则（如上一节末尾的讨论），将简单多数原则和比例代表制下得到的结果进行对比是很有趣的。利泽里和珀西科（Lizzeri and Persico，2001），迈尔斯－费雷蒂、佩罗蒂和罗斯塔格诺（Milesi-Ferretti，Perotti and Rostagno，2002），佩尔森和塔贝里尼（Persson and Tabellini，1999，2001）提供了思路。我们将分析留给未来。给定本小节后面的分析，一个合理的推测是，选举规则的选择不仅会影响均衡的凝聚性 $\theta(i, l)$，还会影响均衡的更替率 $\gamma(l)$。

流行性冲击　我们还允许存在 S 期面向 J 集团的总量随机冲击 $\tilde{u}_S^J$，以反映其"流行性"。[①] 这可能是因为媒体报道偏向 J 集团，或者 J 集团在非经济问题上更受欢迎。这种设定将提醒读者熟悉政治经济学中广泛使用的概率投票模型［参见佩尔森和塔贝里尼（Persson and Tabellini，2000）的综述］。

———————————

① 显然，另一集团的冲击是 $-\tilde{u}_S^J$。

具体来说，我们从第一期冲击的初始值 $\tilde{u}_1^J$ 开始，然后假设第二期的值为：

$$\tilde{u}_2^J = \phi(l)\, \tilde{u}_1^J + [\,1 - \phi(l)\,]\, \eta$$

其中，η 在 $\left[-\dfrac{1}{2\varrho},\ \dfrac{1}{2\varrho}\right]$ 上符合零均值对称分布。参数 $\phi(l)$ 描述了冲击实现值的序列相关，代表在位者集团对媒体等的控制，在更广泛的意义上取决于制度规则。

准备　在这种设定下，J 集团将赢得选区 d，如果

$$\beta^J(d,l) - \left[\,1 - \beta^J(d,l)\,\right] + \tilde{u}_S^J \geq n^J(l)$$

现在定义 J 集团的关键选区 $\tilde{d}_S^J$，隐含地来自

$$\beta^J(\,\tilde{d}_S^J, l) = \frac{1 + \left[\,n^J(l) - \tilde{u}_S^J\,\right]}{2}$$

在给定的冲击 $\tilde{d}_S^J$ 下，这个变量给出了决策小组中支持 J 集团的比例。然后，J 集团成为在位者集团，满足：

$$i_S^J = (\beta^J)^{-1} \left\{ \frac{1 + \left[\,n^J(l) - \tilde{u}_S^J\,\right]}{2}, l \right\} \geq 1/2$$

其他条件不变，J 集团更有可能成为在位者集团，如果满足以下条件：①拥有更大的流行性冲击 $\tilde{u}_S^J$；②面临更低的选举门槛，即 $n(l)$ 更低；③各选区的支持率分布（用 d 来代表）有利于 J 集团。

内生政治稳定性　只有当 $n(l) = \tilde{u}_S^J = 0$ 且 $\beta^J\left(\dfrac{1}{2}, l\right) = \dfrac{1}{2}$ 时，占据人

口一半的 J 集团才会得到与其人口规模相称的支持。此时，$i^J = 1/2$。我们将此称为无偏情形，在位者集团被取代的概率为 $1/2$。

我们的简单框架，现在可以用来确定在位者集团 I_1 在第二期失去政治控制的概率。考虑到流行性冲击分布的假设，这个概率表示为：

$$\gamma(l) = \text{Prob}\left[(\beta^l)^{-1}\left(\frac{1 + \{n^l(l) - \phi(l)\ \tilde{u}_1^l - [1 - \phi(l)]\ \eta\}}{2}, l \right) < 1/2 \right]$$

其中随机性的产生是由于 η 具有不确定性，依 $\tilde{u}_1^l$ 而定。冲击的持续[一个更高的 $\phi(l)$ 值] 意味着亲现任的稳定偏向，即 $\gamma(l) < 1/2$。甚至在无偏见情形中也会产生亲现任偏向，因为在位者集团会把当前的流行性冲击带到下一期。

为说明这种情况，举一个简单的例子。假设 $\beta^l(d, l) = 1 - d$，并且 d 均匀分布，那么：

$$\gamma(l) = \begin{cases} 0 & \text{若} \varrho\left[\dfrac{n^l(l) - \phi(l)\ \tilde{u}_1^l}{1 - \phi(l)}\right] \leq -\dfrac{1}{2} \\[3mm] \dfrac{1}{2} + \varrho\left\{\dfrac{\dfrac{1}{2} - n^l\left[(l) - \phi(l)\ \tilde{u}_1^l\right]}{1 - \phi(l)}\right\} & \text{其他} \\[3mm] 1 & \text{若} \varrho\left[\dfrac{n^l(l) - \phi(l)\ \tilde{u}_1^l}{1 - \phi(l)}\right] \geq \dfrac{1}{2} \end{cases}$$

因此，假设 $\tilde{u}_1^l > 0$，即初始条件有利于在位者集团和（或）$n^l(l) > 0$，则权力的持续通过 $\phi(l) > 0$ 来实现。

用这种方式，简单模型给出了 $\gamma(l)$ 的微观政治基础。这个模型非常简单，它为讨论政治制度如何影响和平政治过渡提供了基础，但是仍然需要进一步开展实证度量方面的工作。

代表结构　任何代议制政府的关键问题之一是谁将被选为决策者。这取决于代表结构，在模型中用 $\beta^I(d, l)$ 来表示。这个函数描述了每个集团的支持者如何在参与选举决策小组的居民中分配。概率 $\beta^I(\frac{1}{2}, l) \neq$ 1/2 反映了保证在位者集团继续掌权的一系列制度约束。

政治科学中的大量文献讨论了如何操纵制度安排以有利于特定集团，形式包括：策略性地划定区域边界以有利于特定集团，以其他形式操纵选区，设置有利于特定集团的选举门槛等。这些限制有助于降低 $\gamma(l)$，确保在位者集团能够安全掌权（Erikson，1972；Grofman，1985；Grofman，Koetzle and Brunell，1997）。

选举权限制 第二个问题是考虑允许哪些居民表达关于谁应该进入决策小组的意见，即居民中谁拥有选举权。即使两个集团在人口中的规模相等，也可以通过投票限制来保持某集团的选举优势。甚至能出现这样的情况，对于所有 $d \in [0, 1]$，满足 $\beta^I(d, l) > 1/2$，即某集团处于完全支配地位。与之对应的是选择方法，特定收入层、种族或民族的成员，面对更高的政治参与成本时明显处于劣势。或者在最坏的情形下，被完全剥夺选举权。历史上充斥着这样的例子。例如，19 世纪欧洲的许多国家都有加权投票方案，高收入者或高财富持有者比其他人拥有更多选票，有的国家对选举权直接施加收入限制。从 19 世纪 80 年代到 20 世纪 60 年代中期《选举权法》通过，美国有选择性地使用人头税、阅读和写作测验以及其他手段，南方黑人的选举权被有效剥夺［见阿尔特（Alt，1994）的讨论］。

因此，选举权限制是在位者集团通过政治制度降低 $\gamma(l)$，即降低被反对者集团取代概率的另一个重要方面。这是将政体四数据库中行政招聘的竞争性指标作为 γ 实证指标的理论基础。

代表性偏见 国家政治中另一个亟待解决的问题是，不是每个集团在决策过程中都有相同的被代表机会。在当前模型中，这对应于决策小组中代表门槛的集团特定偏差，满足 $n'(l) > 0$。在限制性的情形中，在位者集团可以设定 $n'(l) = -1/2$ 来确保己方候选人当选。例如，19 世纪 80年代施加限制后，美国南方各州当选政治职位的黑人数量迅速下降到零，直到 80 年后投票权法改革后，人数才开始回升。

这些限制构成了在位者集团策略性地降低被取代威胁 $\gamma(l)$ 的另一种方法。这是我们使用政体四数据库中行政招聘开放性指标作为 γ 另一部分实证指标的理论基础。

媒体与开放 影响和平政治更替率的另一个制度选择维度，是一个集团在多大程度上可以脱离公众监督。在当前模型中描述这种非问责和自我巩固制度的简便方法，是考虑在位者集团如何使其自身免受流行性冲击 $\tilde{u}_s^l$。最重要的解释是，由于媒体扩散正面消息或压制负面消息，一个集团可能会如同贝斯利和普拉特（Besley and Prat，2006）的媒体捕获模型所显示的那样获得持续的正 $\tilde{u}_s^l$。现实中，大多数专制政体会出于政治目的对媒体保持或多或少的控制（Prat and Stromberg，2010）。

小结 本小节和上一小节提出第二个宏观政治参数 $\{\theta, \gamma\}$ 可以被映射为影响政策选择和政治选择规则的方式。很明显，我们采用了一种非常简单和典型的方式。我们希望这能够说明本书前面的资料与关于选举前和选举后政治的新兴政治经济学文献 [如佩尔森和塔贝里尼（Persson and Tabellini，2000）的研究] 如何建立联系。与之前的微观经济基础一样，我们需要在微观模型的细节性和宏观方式带来的广泛性之间做出权衡。但是，指出在何处可以建立这样的联系非常重要，因为文献已经开始分流，一部分文献关注规则细节，另一部分则观察广泛类型。这两个方面应当是互补的而不是相互替代的。

7.2.3　宪法规则

现在研究改变宪法并非由在位者集团单边决定的可能性。一些国家设定宪法条款就是为了增加政治变革的成本，特别是当涉及制定规则的规则时。这种改变往往需要公民同意，甚至可能要求绝对多数。例如，印度宪法要求修改宪法需要 2/3 成员出席，并在印度议会两院中绝对多数投票通过；美国宪法要求，只有国会两院 2/3 以上成员通过才能提出宪法修正案，修正案在此基础上必须经过 3/4 的州立法机构核准。很明显，此类严格规定是为了提高政治改革的成本。

美国，以及某种程度上的印度，都遵循强制衡的传统。在其他国家，类似的绝对多数条款可能要少一些。例如，乌干达 1995 年宪法规定，任何对宪法的修正都需要经过议会 2/3 成员通过并进行全民公投。但这并不能阻止总统约韦里·穆塞韦尼改变规则，打破宪法规定的任期限制。

最后，制度改革规则的存在会引发这些规则如何执行的问题。为了具有约束力，这些规则需要一个全面的法律框架，确保在位者集团的行为与其相符。人们为什么尊重这种权威是一个有趣的问题。原因可能会被归结为社会规范或某些强制执行的动态惩罚，在我们的简单两期设定中很难描述。

绝对多数要求　如果宪法规则不仅可以制定，而且能够执行，就可能会对第一期在位者集团的行为产生关键影响。为了说明这一点，假设对 θ 的任何改变都有绝对多数要求，在位者集团必须遵循。在我们的两集团模型中，这相当于一个维克塞尔安排，需要一致同意对 θ 的任何改变。

非常简单，这意味着 θ_1 的任何变化，只有在有利于反对者集团的时候才会被接受。第二期反对者集团的支付为 $\gamma U^I(\tau_2, \pi_2, \theta) + (1 - \gamma) U^O(\tau_2, \pi_2, \theta)$，表达式对 θ 求导，可得：

$$\frac{\partial[\gamma U^I(\tau_2, \pi_2, \theta) + (1 - \gamma) U^O(\tau_2, \pi_2, \theta)]}{\partial \theta}$$

$$= \begin{cases} (1 - \phi) \, 2(1 - 2\gamma) \, [\tau_2 y(\pi_2) + R] & \text{若 } 2(1 - \theta) > \alpha_L \\ 0 & \text{其他} \end{cases}$$

将这个表达式与 7.1 节中的式（7.6）比较可以看到，反对者集团的偏好与在位者集团截然相反。因此，如果 $\gamma \geqslant 1/2$，反对者集团偏好 $\theta_2 = 0$；如果 $\gamma < 1/2$，则偏好 $\alpha_L \geqslant 2(1 - \theta_2)$。这意味着当 $\alpha_L < 2(1 - \theta_1)$ 时，宪法不会发生任何改变；如果 $\alpha_L \geqslant 2(1 - \theta_1)$，就不会偏离凝聚性政治制度。

因此，我们有如下命题。

命题 7.4：如果改变 θ 要求绝对多数原则，则 $\theta_1 = \theta_2$。

绝对多数要求只能保证凝聚性政治制度自初始点开始存在，即 $\theta_1 = 1/2$。如果政体从 $\theta_1 = 0$ 开始，那么稳固的在位者集团将获得有效否决权，从而阻止任何制度改进。因此，通过绝对多数要求来施加改革成本并不能保证凝聚性政治制度，它只能保证现状包含的偏见。

这个简单论述表明，宪法承诺可以通过限制改变制度的能力成为维护制度的有力手段。规范地说，只有在凝聚性政治制度建立后，人们才会转向这种宪法安排。事实上，当政治制度缺乏凝聚性时，创建这些条款可能是危险的。

这就形成了关于弱政体为什么会持续的第一个见解。假设创建一个政体时，稳固的统治者（低 γ 值的统治者）成功设定 $\theta = 0$，并提供某些宪法保护使得改变制度成本高或者很难。那么，即使存在弱政治控制（γ 增加），也不可能激发出使政治制度更具凝聚性的政治力量，弱政体从而得以持续。

7.2.4 政治动乱

按照第 4 章的扩展方法，现在重新将政治动乱引入模型。宪法改革效应现在通过改变 L^I 和 L^O 来影响均衡政治更替率 $[\gamma(L^I, L^O, \xi)]$。为了容纳 θ_2 的选择效应，和第 4 章一样，我们保持国家能力 $\{\tau_2, \pi_2\}$ 不变。

第一期在位者集团通过选择 $\{L^I, \theta\}$ 来最大化 $\left[1 - \gamma(L^I, L^O, \xi)\right]$ $U^I(\tau_2, \pi_2, \theta) + \gamma(L^I, L^O, \xi) U^O(\tau_2, \pi_2, \theta) - \omega(\pi_1) \lambda_1 L^I$。

和 4.1 节一样，反对者集团选择 L^O 来最大化 $\gamma(L^I, L^O, \xi) U^I(\tau_2, \pi_2, \theta) + [1 - \gamma(L^I, L^O, \xi)] U^O(\tau_2, \pi_2, \theta) - \omega(\pi_1) \nu L^O$。

我们对纳什均衡决策感兴趣。政治动乱的条件与我们在第 4 章推导出来的基本一样。

选择凝聚性——准备　必须研究的新条件是 θ 的选择。如同前面外生更替率模型中所见，从在位者集团的视角来看，增加 θ 是否合理严格取决于 $\gamma \gtrless 1/2$。然而，现在预期更替率取决于纳什均衡中的动乱投资 (L^I, L^O)。

因为支付函数非凹，并且在 $\theta = 1 - \dfrac{\alpha_L}{2}$ 上不连续，研究 θ 的选择比较复杂。如命题 7.2 所示，我们发现最优的 θ 是一个角点解，要么是完全凝聚性政治制度，要么是完全非凝聚性政治制度。非凝聚性政治制度的成本是在位者集团将资源用于动乱。如果这些成本足够大，将有助于巩固凝聚性政治制度。

动乱威胁下的凝聚性 我们现在正式研究 θ 的选择。用 $\{\widehat{L}_0^I, \widehat{L}_0^O\}$ 表示在最大化非凝聚性政治制度下（即 $\theta = 0$ 时），在位者集团和反对者集团的均衡动乱投资，用 $\gamma_0 = \gamma(\widehat{L}_0^I, \widehat{L}_0^O, \xi)$ 代表在这个纳什均衡下的相应更替率。

我们现在可以得到命题7.5。

命题7.5：假设 $\phi < 1$，那么：如果 $\gamma_0 \geq 1/2$，则第一期在位者集团将选择凝聚性政治制度；如果 $\gamma_0 < 1/2$，当且仅当 $[R + \tau_2 y(\pi_2)] (1 - \phi)[2(1 - \gamma_0) - \alpha_L] - \omega(\pi_1)\lambda_1 \widehat{L}_0^I \leq 0$ 时，在位者集团选择凝聚性政治制度。

证明：定义

$$\widehat{U}(\theta) = [1 - \gamma(L^I, L^O, \xi)] U^I(\tau_2, \pi_2, \theta) + \gamma(L^I, L^O, \xi) U^O(\tau_2, \pi_2, \theta)$$

从命题5.1中观测到，$d\gamma(\widehat{L}^I, \widehat{L}^O, \xi)/d\theta > 0$。这意味着如果 $\gamma_0 \geq 1/2$，则对于所有的 $\theta \in [0, 1 - \frac{\alpha_L}{2})$，有 $\gamma(\widehat{L}_0^I, \widehat{L}_0^O, \xi) > 1/2$。在评估动乱纳什均衡时，对于所有的 $\theta \in [0, 1 - \frac{\alpha_L}{2})$，有：

$$\widehat{U}_\theta(\theta) = (1 - \phi)2[2\gamma(\widehat{L}_0^I, \widehat{L}_0^O, \xi) - 1][R + \tau_2 y(\pi_2)] > 0$$

这个导数全域递增，凝聚性政治制度将会被选择。当 $\theta = 1 - \frac{\alpha_L}{2}$ 时，

因为 $[R + \tau_2 y(\pi_2)](1 - \phi)[\alpha_L - 2(1 - \gamma)] > 0$，支付是非连续但递增的，其中 $\gamma \geq 1/2$。

现在假设 $\gamma_0 < 1/2$，如果 $\gamma(0, 0, \xi) < 1/2$，那么对于所有的 $\theta \in [0, 1 - \frac{\alpha_L}{2})$，有：

$$\widehat{U}_\theta(\theta) = (1 - \phi)2[2\gamma(\widehat{L}_0^l, \widehat{L}_0^o, \xi) - 1][R + \tau_2 y(\pi_2)] < 0$$

由于在位者集团的支付非连续，因此其要么选择 $\theta = 0$，要么选择 $\theta > 1 - \frac{\alpha_L}{2}$。对比 $\theta = 0$ 和 $\theta > 1 - \frac{\alpha_L}{2}$ 的支付，可以得出命题所述的条件。

最后，考虑 $\gamma(0, 0, \xi) \geq 1/2 \geq \gamma_0$ 的例子。通过命题 5.3 观察 $\lim_{\theta \to 1 - \frac{\alpha_L}{2}} \gamma(\widehat{L}^l, \widehat{L}^o, \xi) \to \gamma(0, 0, \xi)$。

定义 $\widehat{\theta}$ 为满足 $\gamma(\widehat{L}_0^l, \widehat{L}_0^o, \xi) = 1/2$ 时 θ 的值。

现在观察 $\widehat{U}(\theta)$ 在 $[0, 1 - \frac{\alpha_L}{2})$ 上是严格凸的，因为：

$$\widehat{U}_{\theta\theta}(\theta) = (1 - \phi)4\frac{d\gamma(\widehat{L}_0^l, \widehat{L}_0^o, \xi)}{d\theta}[R + \tau_2 y(\pi_2)] > 0$$

因此，$\widehat{U}(\theta)$ 在 $\theta \in [0, \widehat{\theta})$ 上递减，在 $\theta \in (\widehat{\theta}, 1 - \frac{\alpha_L}{2})$ 上递增。

最大化严格凸函数产生一个角点解，要么是 $\theta = 0$，要么是 $\theta \geq 1 - \frac{\alpha_L}{2}$。为观察后者确实是真解，请注意在 $\theta = 1 - \frac{\alpha_L}{2}$ 时在位者集团的支付是非连续但递增的，因为：

$$[R + \tau_2 y(\pi_2)](1 - \phi)\{\alpha_L - 2[1 - \gamma(0, 0, \xi)]\} > 0$$

其中，$\gamma(0, 0, \xi) \geq 1/2$。比较 $\theta = 0$ 和 $\theta \geq 1 - \frac{\alpha_L}{2}$ 时的支付，可以得

出命题所述的条件。

命题 7.5 的第一部分是说，当 $\theta = 0$ 时，无法有效降低更替率的在位者集团，会发现实行凝聚性政治制度是最优的。第二部分是说，如果在位者集团确定通过使制度非凝聚降低了更替率，则确保所获得的再分配收益超过动乱成本将是值得的。

解释 对比命题 7.5 与命题 7.2 的结论可以看到，潜在动乱对凝聚性政治制度选择有两个不同的效应。一个是阻碍凝聚性政治制度选择，另一个则是促进凝聚性政治制度选择。对于已经确定的凝聚性政治制度，在位者集团必须感受到足够的被替代威胁（例如 $\theta = 0$ 时足够高的更替率）。由于 $\gamma_0 < \gamma(0, 0, \xi)$，这个条件比没有动乱的条件更苛刻。没有动乱，在位者集团只关心和平更替率，且比存在动乱时的更替率更高。这个效应降低了选择凝聚性政治制度的可能性。

但是，维持非凝聚性政治制度也有相应的成本。非凝聚性政治制度导致政治动乱，带来公共资源流失。在位者集团必须权衡这个资源成本与更高预期转移性支出的收益。使用政治动乱的成本可能会使在位者集团更倾向于选择凝聚性政治制度。在效果上，动乱前景是对在位者集团的制约。换句话说，减少反对者集团投资政治动乱成本的任何因素，可能都会使在位者集团更倾向于选择凝聚性政治制度。这里的讨论进一步强化了第 5 章的观点，扩展分析使得参数如 υ 和 ξ 等成为内生变量至关重要，例如通过明确地研究军事技术投资。

本小节的论点与阿西莫格鲁和鲁滨逊（Acemoglu and Robinson, 2000）关于扩展选举权的研究有关。他们认为，精英可能想将选举权扩展到社会中的其他部分，即使会带来潜在的再分配成本。原因是扩大选举权避免了大众革命带给精英的潜在成本。这种选举权的扩展与增加 θ 非常相似。用 7.2.2 的术语解释，我们认为 $\theta(i, l)$ 反映了反对者集团的代表或议价能力。阿西莫格鲁和鲁滨逊论述中的革命成本，与本小节讨论的潜在政治动乱成本相似。

我们的论点也与费伦（Fearon, 2010）的近期研究有关，他表明执政政府试图操控选举会带来叛乱威胁，这可能会使民主规则成为自执行均衡。

反思发展援助和自然资源租金 包含政治动乱的模型允许我们拓展先前在第 4 章和第 6 章中的分析。特别是，现在可以预测发展援助或自然资源租金对政治制度选择的效应。这个效应取决于在 $\theta = 0$ 时是有镇压还是有内战。

> **命题 7.6：**发展援助或自然资源租金 R 的增加，增加了第一期在位者集团在镇压环境下选择非凝聚性政治制度的可能性，但对内战情况下的选择不确定。

为弄清这一点，我们观察命题 5.1，可以看到，γ_0 随 R 递减。这意味着更高的 R 值会使命题 7.5 的第二种情形更有可能发生。

现在，假设 $\gamma_0 < 1/2$，分析在位者集团的目标 $U^I = [R + \tau_2 y(\pi_2)](1 - \phi)[2(1 - \lambda_0) - \alpha_L] - \omega(\pi_1) \lambda_1 \widehat{L}_0^I$ 如何取决于 R。在镇压下，我们有：

$$\frac{\mathrm{d}U^I}{\mathrm{d}R} = [2(1 - \lambda_0) - \alpha_L] > 0$$

其中，对 $\widehat{L}^I$ 使用了包络条件。这使得选择凝聚性政治制度的可能性更小。直觉上，给定更高的生存概率，更高的 R 值让再分配制度更有吸引力。

然而，在内战下，有：

$$\frac{\mathrm{d}U^I}{\mathrm{d}R} = [2(1-\lambda_0) - \alpha_L] - \omega(\pi_1)\nu\frac{\mathrm{d}\widehat{L^O}}{\mathrm{d}z}$$

这里使用了一阶条件来选择 $\widehat{L^O}$。现在导数的符号不确定，因为 R 的增加提高了反对者集团的斗争强度。这种额外影响恶化了在位者集团的政治生存前景，并鼓励在位者集团选择凝聚性政治制度。

德加科沃、蒙塔尔沃和雷纳尔－克罗尔（Djankov, Montalvo and Reynal-Querol，2008）的研究表明，发展援助降低了选择民主政体的概率。这当然与命题7.6一致，符合发展援助反对者常提的观点。然而，命题7.6又举了一个例子（这超出了第6章的范围），在评估发展援助的影响之前要仔细考虑受援国的政治均衡细节。它还强调了剖析制度异质性的需要，以理解发展援助对政治制度的影响。

7.2.5 信任

接下来探讨支撑凝聚性政治制度的非正规制度，我们将其置于"信任"这个广泛标题之下。7.2.1节对微观政治基础的讨论，描述了制度规则映射到单一政策结果的世界。这也是制度影响博弈规则的传统观点，这种传统观点没有给信任或社会规范留下空间。另一个极端是，假设一个完全没有正规制度的世界。这个世界通过合作演进规范来决定资源分配。由原始社会发展而来的复杂社会和政治秩序，尽管很少建立在正式规则之上，但看起来也能达成公平合作。此外，许多有正式规则的社会在实践中往往会忽视这些规则。尽管信任的世界经常被经济学家认为有些模糊，但我们必须将这些观点结合起来，理解政治改革如何实施以及凝聚性如何建立。

我们对这些问题的讨论相当肤浅。贯穿本书的重要一点是，建立凝聚性政治制度对于有效与和平的政体至关重要。因此，我们仍然希望为进一步的探索建立一个非常重要的领域。本小节的内容可被视为指明模型方向的路标。

信誉行为 经济学中对信任的研究有两种方式。第一种方式将信任视为某种形式的重复博弈，通过引入私人或集体惩罚来增加可信的行为。[1] 在我们的情境中，这种方式需要集团成员具有策略性和前瞻性，通过两个集团交互掌权为 θ 建立一个基础。这种声誉模型的一个显著特征是可以解释某些简单假设，即 θ_2 的选择有约束力。我们也认为，第一期在位者集团可以选择第二期制度是理所应当的，尽管第二期在位者集团的短期利益很可能要求退回到 $\theta_2 = 0$。在重复博弈的设定中，这种行为将被惩罚，从而产生支撑凝聚性政治制度的可能性。

沿着这些路线的模型在阿莱西纳（Alesina，1988）以及迪克西特、格罗斯曼和格尔（Dixit, Grossman and Gul, 2000）的研究中得到了扩展。这些模型对于研究凝聚性政治制度的微观政治基础喜忧参半。喜的是，即使弱的正规制度也可以支撑强合作规范；忧的是，常常出现多重均衡。由于悲观的自执行信仰，这样的政体可能会终结于不好的结果（对应于 $\theta = 0$）。历史能够确定这些信仰，使得改变政治制度凝聚性非常困难。这种观点支撑了纳恩（Nunn，2008）关于奴隶制对经济表现产生持久影响的解释。可能有希望通过改革规则来改变预期，但是历史可能会强烈地影响信仰。用我们模型框架的术语来说，无论 γ 如何，这都意味着建立凝聚性政治制度可能会很难或根本不可能。因此，缺乏信任可以解释为什么即使

---

[1] 弗登伯格和马斯金（Fudenberg and Maskin，1986）描述了标准模型，社区执行模型来自坎多瑞（Kandori，1989）。

政治不稳定性很高，有些国家还是被锁定在弱政体中。

信任特质　到目前为止，我们将信任看作行为。实际上，个人在任何明确的意义上都不值得信赖。人性是自私的，他们合作是因为自身利益决定了合作是一种明智的策略。如果由于某些原因跨期连接断了，信任就会突然遭到有力破坏。另一种方法是把信任视为个体"类型"的产物。有些人信守承诺，觉得欺骗令人厌恶，并愿意与陌生人分享所有，即使是和那些不会再去联系的人。"分割美元"游戏的实验证据压倒性地证明了这个观点，即某些人是天生的合作者。此外，这些特质在某些社会比其他社会更普遍。凝聚性社会经常被描述为具有合作行为规范，尽管这些规范缺乏策略性支撑。从普特南（Putnam，1993）开始流行的社会资本经常被用来描述这些术语。

当考虑政治时，参数 θ 可以反映这种社会特质。如果某种政治更能够将具有合作特质的个人引入公职，这种特质也能反映政治选择。这是关于凝聚性起源的第二个观点，同时也是让人喜忧参半。喜的是，我们预期这些社会特质会缓慢变化，因此凝聚性可能会持续，因为它真实地体现了人们的偏好。因此，我们可能不会看到 γ 的改变会给 θ 带来很大改变。政治制度的凝聚性将倾向于继续维持。忧的是，同样的论述也适用于低 θ 值的道德巩固社会。改变制度对加强凝聚性可能只有有限影响。寻找值得信赖的政治家对改善政治选择可能有帮助。但如果周围没有道德人士，这就会非常困难。

对信任与凝聚性的第二个解释是，改变凝聚性的方式就是改变社会。这为研究提供了一条有趣的线索，可参见塔贝里尼（Tabellini，2008）。假设父母可以选择赋予孩子政治制度高凝聚性偏好，则他们在担任政治职位时表现得就像 $\theta = 1/2$；若赋予孩子政治制度低凝聚性偏好，则他们表现得就像 $\theta = 0$。此外，假定均衡政策结果取决于立法机构的组成。现在的博弈情景是父母试图去预期其他父母会怎么做。如果社会在采用己方偏好的规范时孩子们会更加快乐，那么均衡就会有一致化的倾向，可能会与 $\theta = 1/2$ 一致，或者与 $\theta = 0$ 一致。在这个基础上，一个社会最终是否会终结于共同利益政体，也是一个凝聚性规范的协调问题。我们预期存在国家能力互补性，因为部分效用被公共领域的 θ 所影响。更大的集体消费使得遗传规范的支付更加重要。

小结 两个有趣又相关的主题出现在本小节的讨论中。

如果信任对凝聚性形成真的重要，那么历史就很重要。制度的选择和（或）制度的运行可能取决于慢变量因素。这与佩尔森和塔贝里尼（Persson and Tabellini，2009）最近的实证发现一致，即处于民主的长期历史（或在地理上邻近很多民主国家）赋予了一个国家"民主资本"，这降低了退出民主制度的可能性。

按照这一点，采用凝聚性政治制度可能有天然的成本。对于任何国家，我们都可以写一个简化式成本函数 $C(\theta, X)$，其中 X 是与国家特征相关的向量，包括政治历史。确切来说是由谁来支付这个制度变迁成本并不明确，可以通过私人支付，也可以通过公共预算支付。我们可能需要一个具有微观政治基础的明确模型来打开这个"黑匣子"。但是该理念已经描述了一种可能性，即在某些社会中提高 θ 的成本可能是非常高的。在这样的社会中，真实的选择可能是在弱政体与再分配政体之间。如果是这样，更安全的政治权力可能成为改善政体运行的（次优）手段。但国际社会提高 $\theta = 0$ 的成本和减少 $\theta = 1/2$ 的成本也是有用的。

7.2.6 治理

到目前为止，本章的讨论强调了政治制度对集团间公平分配公共预算的作用。集团间的资源分配确实很重要，并且在实践中是许多政治制度运行方式的核心。与集团内资源配置有关的问题也很重要。现在，我们转向这些问题及其对政治制度的依赖。正如我们在3.2.4节中讨论的那样，能够通过私人剥削抽取资源的掠夺性统治者不愿意进行司法能力投资，因为这会限制其权力。结论是，经济将终结于一个司法能力陷阱。在第3章中，我们用治理参数$\zeta \in [0, 1]$来表示在位者采用试图通过剥削和掠夺来抽取资源时面临的交易成本。我们现在分析旨在增加ζ的改革和第一期在位者集团推动这种改革的动机。

哪些交易成本？ 在寻求微观政治基础的过程中，治理参数ζ可以被视为引入了透明度和个体责任。公职人员在多大程度上可以通过公职获取私人利益而不受监督和惩罚？事实上，我们预期这个问题的答案与行政约束（我们的核心实证指标θ）密切相关。然而，治理比这类约束更广泛，可能反映诸如政府开放和新闻自由之类的东西。为了把改革动机囊括进来，我们采用了与前文讨论θ时的相同方式，假设提高ζ不会带来直接成本。然后，很明显可以看出，任何改革成本都只会进一步削弱追求良治的动机。

简单二值变量的情形 现在我们关注一个二值变量的情形，其中$\zeta \in [0, 1]$，满足治理要么坏（$\zeta = 0$），要么好（$\zeta = 1$）。我们的任务是理解第一期在位者集团实施良治的动机。正如在第3章所做的，我们观察这样一种情形：精英e^I控制集团权力并获得所有掠夺性回报，p_s^I的增加将增加掠夺成本，降低政体成为掠夺性政体的可能性。在劣治下，我们关注的情形是，不向任何集团扩展正规法律保护（$p_s^I = p_s^O = 0$）是最优的。用$y(0)$表示劣治情形下每个集团的人均收入。

为囊括治理因素，假设 $\theta = 1/2$，即通过公共预算来分配资源的制度是完全凝聚性的。存在劣治的情况下这种假设显然是不符合实际的，但它将有效地区分政治改革的这个单独维度。在良治下，我们有 $p_S^I = p_S^O = \pi_S$，在可用司法能力范围内完全扩展法律保护。

用命题3.9的术语来说，我们是在处理满足 $\zeta_H < 1$ 和 $\zeta_L > 0$ 的参数。采用与3.2.4节相同的符号，我们用式（7.7）来代表劣治下每个精英成员的租金水平。

$$\widehat{\Pi}_0 = \frac{\sum_{J \in \{I,O\}} [\mu(\widehat{\chi}_0, 0)\ \tilde{y}(0) - C(\widehat{\chi}_0)]}{e^I} \tag{7.7}$$

回忆 $\widehat{\chi}_0$ 与式（3.28）中定义的掠夺水平有关。现在，用 $U^I(\tau_2, \pi_2, \zeta) = (1 - \zeta)\widehat{\Pi}_0 + \left(1 + \tau_2\{[\phi\alpha_H + (1 - \phi)\alpha_L] - 1\}\right)[\zeta y(\pi_2) + (1 - \zeta)y(0)]$ 和 $U^O(\tau_2, \pi_2, \zeta) = \left(1 + \tau_2\{[\phi\alpha_H + (1 - \phi)\alpha_L] - 1\}\right)[\zeta y(\pi_2) + (1 - \zeta)y(0)]$ 分别作为第一期在位精英的支付，无论本集团是第二期的在位者还是反对者。在良治下，$\xi = 0$，$U^I = U^O$，即在第二期没有在位优势，因为我们假定 $\theta = 1/2$。

均衡治理　第一期在位者集团的最优治理选择是最大化 $(1 - \gamma)U^I(\tau_2, \pi_2, \zeta) + \gamma U^O(\tau_2, \pi_2, \zeta)$。

即使考虑常规的投资成本 $\lambda_1[F(\tau_2 - \tau_1) + L(\pi_2 - \pi_1)]$，也会有国家能力投资。

我们关于治理改革的核心结论如下。

命题7.7： 当且仅当 $(1-\gamma)\widehat{\Pi}_0 - (1 + \tau_2\{[\phi\alpha_H + (1 - \phi)\alpha_L] - 1\})$

$[y(\pi_2) - y(0)] \leqslant 0$ 时，第一期在位者集团偏好第二期的良治，精英越少，国家能力越弱，越不可能成功实施治理改革。

命题的条件只是说，在位精英租金的期望值应当小于（直接或通过公共预算）消除这些精英所能获得的收入。

如我们在 7.2.2 节讨论凝聚性一样，当期望政治更替率高时，在位者集团最有可能选择良治。然而，$\gamma \geqslant 1/2$ 足以改善治理这一点是得不到任何保证的。特别是掠夺的收益 $\widehat{\Pi}_0$ 越高，改革的动机越弱。如式（7.7）清晰显示的：精英越少，每个成员的掠夺所得越高。

小结 命题 7.7 揭示了国家能力与治理改革之间的另外的互补性。如果 π_2 值高，通过改善治理和更好地拓展法律制度所获得的潜在收入增加值会更高。如果 τ_2 值高，由于提供公共品，因此新增收入的值会更高。这些互补性表明，弱国家能力和劣治之间的相互强化是集群的更深起源。这意味着出现治理陷阱的可能性，由于缺乏财政能力和司法能力，精英实施良治的动机很弱。如命题 7.7 所示，当政治由少数权力精英主导时，这种治理陷阱的风险尤其严重。

即使政治不稳定性很强，命题 7.7 的条件也可能失效。这个事实意味着由强掠夺导致的弱政体可能尤其抗拒政治改革。在很大程度上，不提高 ζ 就难以提高 θ，因为二者都可涉及对行政部门问责。这可能对抗拒朝向凝聚性政治制度的改革产生连锁反应。如果情况如此，我们将很难发现凝聚性政治制度会伴随着劣治。

我们可以将本小节的结论，与 7.2.4 节关于政治改革和政治动乱的结论结合起来。动乱带来更低的 γ 值，这会进一步阻碍治理改革。此外，如第 4 章所述，劣治会导致政治动乱。因此，动乱和劣治的深度恶性循环，可能对"悲惨集群"带来新的启示。从积极的一面来看，我们的分析强调解决劣治，以及为创建更强大与更和平政体创造动机的潜在动态收益。唯一的问题是如何才能期望少数不情愿的政治精英们可以吞下这一剂"苦药"。遗憾的是，二战后的发展经验并没有给我们太多乐观的理由。

7.3　政治改革实践

本章的分析使用了宏观政治模型以及微观政治基础模型，已经触及关于内生政治改革的一些问题。由于分析是初步的和探索性的，以实证预测的形式得到一个明确的结论并不那么容易。尽管如此，我们还是尝试通过理论分析得出具体结论，并举例说明如何系统性地思考和分析数据，因此更强调方法论而不是内容。

政治稳定性与政治改革　7.1 节和 7.2.4 节的共同主题是策略性改革，差别在于是否包含动乱威胁。在位者集团察觉未来被取代的概率越大，朝向更具凝聚性政治制度的改革越有可能。这个主题反映在命题 7.2 及命题 7.5 中。如何在数据中检验这个预测？

作为说明，考虑命题 7.2 的一个简单情形。这个命题意味着朝向凝聚性政治制度需要考虑一个简单条件，即 $\theta \geqslant \dfrac{1 - \alpha_L}{2}$，也就是

$$\frac{1}{2} - \gamma \leqslant 0 \tag{7.8}$$

假设我们已经通过政体四数据库中的代理指标度量了 θ 和 γ。在实证研究中使用这些指标的具体问题，7.2.2 节和 7.2.3 节的分析中已经得到清晰展示。同前几章中的实证代理指标一样，指标 θ 和 γ 极有可能相互关

联。因为博弈的政治规则（在本章中称为 l）反映了某些共同的潜在社会经济变量，因此，把 $\theta(i, l)$ 放在右手边，把 $\gamma(l)$ 放在左手边，可以展示相关性。但是由于变量遗漏问题，它几乎说明不了政治稳定性与凝聚性的因果关系。

改革的可能性　回到原点寻找破解难题的可能方法，考虑一个类似于 4.3 节概述的实证思路。具体来说，假设可以把 C 国 S 期在位者集团的和平政治更替期望写为：

$$\gamma_{c,s} = \gamma(l_{c,s}) + \tilde{\gamma}_{c,s} \qquad (7.9)$$

在这个表达式中，$\gamma(l_{c,s})$ 是稳定性"内生"部分的一个可观测的实证代理指标，而 $\tilde{\gamma}_{c,s}$ 是稳定性"外生"部分的一个可观测指标，其中内生和外生是指与 $\theta(i_{c,s}, l_{c,s})$ 相关或不相关。

现在假设 C 国 S 期有一个凝聚性政治制度改革的随机净成本，加在 $\gamma_{c,s}$ 上（带负号），用 $\eta_{c,s}$ 表示。令 $\eta_{c,s}$ 有一个国家特定的分布函数 $Q^c(\eta)$。根据式（7.9），可以重写式（7.8）中朝向凝聚性政治制度改革的条件：

$$\eta_{c,s} \leq \gamma(l_{c,s}) + \tilde{\gamma}_{c,s} - \frac{1}{2}$$

给定 7.1 节的模型和命题 7.2 的结论，观察到改革的条件概率现在可以表示为：

$$\text{Prob}\left[\theta(i_{c,S+1}, l_{c,S+1}) \geq 1 - \frac{\alpha_L}{2} \mid \theta(i_{c,s}, l_{c,s}) = 0\right] = Q^c\left[\gamma(l_{c,s}) + \tilde{\gamma}_{c,s} - \frac{1}{2}\right]$$
$$(7.10)$$

式（7.10）为我们讨论让理论对应数据的其他思路提供了起点。

我们现在举出理论如何应用的三个例子。第一，考虑现有的经济计量学研究。第二，围绕制度变迁的具体情况展开两个案例研究。在每种情况下，我们讨论了 $\gamma_{c,s}$ 外生变化的潜在来源。第三，将理论与数据结合起来，将潜在政治更替与政治改革联系起来。

例1：政治暗杀和制度变革　式（7.10）给出了一种思考政治更替和朝向凝聚性政治制度之间联系的方法。为了使其具有可操作性，需要一个可度量的外生稳定性成分 $\tilde{\gamma}_{c,s}$。琼斯和奥肯（Jones and Olken，2009）通过巧妙的识别策略提供了一种可能的思路。他们使用了在130年间针对政治领导人的（成功或不成功）的暗杀数据，来预测国内政治制度的变化。识别假设是，成功与失败的差异创造了可比的实验组和控制组，因为暗杀成功至多被认为是随机的。琼斯和奥肯（Jones and Olken，2009）发现，相对于不成功的暗杀，成功的暗杀导致了民主化转型的更高概率。为了实现这个意图，把政体四数据库中的民主数据，按照民主总体得分编码为二值变量。他们的研究还表明，这些政体变化在暗杀事件发生10年后仍在持续。

这个实证策略完全适合本小节和7.1节所描绘的框架，叠加假设：①民主制度是比专制制度更具凝聚性的政治制度，即 θ 值更高；②成功暗杀（外生的）比不成功暗杀带来了更强的政治不稳定性。假设①当然是先验合理的。假设②不仅是先验合理的，而且还从琼斯和奥肯的辅助结论中得到了支持，表明成功的暗杀提高了国内动乱强度。

因此，本节扩展的理论框架为琼斯和奥肯（Jones and Olken，2009）的实证研究结论提供了一种解释。我们可以采用相同的方式来分析凝聚性政治制度改革的其他指标和政治不稳定性的其他国内时变指标。研究目标应该是寻找因采用或放弃强行政约束而出现的 γ 值的可信的国内外生时间序列变化。

例 2：西欧向比例代表制的转变　　当用于经济计量分析研究的面板数据不存在时，还可以使用案例研究，尽管这不是我们的典型方法。用理论术语来解释这类案例研究必须清楚理解外生变化的来源。

按照这个思路，第二个例子基于一个著名的假说，分析了选举规则从简单多数制转变为比例代表制的原因。该假说由罗坎（Rokkan，1970）提出，后来经过博伊克斯（Boix，1999）等进一步扩展和检验。该假说考虑了许多国家，如丹麦、瑞典、比利时和荷兰等。这些转变与普选制的引入有关，发生在 20 世纪初在位政府被中间派支配时。第一次世界大战后又被其他几个国家效仿。

"罗坎假说"是指，转向比例代表制是为了限制随工业化和工人运动而兴起的左翼政党选举所带来的损失。诸如英国和加拿大等其他一些国家中并没有发生类似的转变。根据这个假说，这取决于其他维度的社会分层，让基于土地和资本确立的农村和城市精英在某种程度上团结起来。只有当既得精英和政党的政治利益相左，不断增加的工人运动带来强大威胁时，才会转向比例代表制。

可以将这些想法放入我们的框架中。现在考虑（如同 7.2 节）从简单多数原则向比例代表制的转变增强了凝聚性（更高的 θ 值）。新兴工人运动对在位政府的政治威胁可被解释为 γ 的上移。第一眼看上去，"罗坎假说"非常适合本章的框架。然而，围绕式（7.10）的讨论给我们提出了一些需要考虑的因素。对右翼政党的威胁是否真的是政治稳定性的外生变化，即 $\tilde{\gamma}$ 的变化？有理由争辩说，劳工组织的成长与结构变迁有关，而这是由技术创新推动的。但是，是否真的可以说城市和农村精英的不同联盟（我们认为其区分了瑞典和英国的情况），外生于其他可能或多或少推动比例代表制发展的力量（例如人口的种族构成或农业和工业的地理条件）吗？有可能。尽管如此，最好还是不要先验判断，而是要经过详细的比较历史案例研究，以验证或拒绝外生性要求。在我们的框架中加入新内容，肯定会使这个辩论的性质更清晰。

例3：非洲制度的恶化　最后转向表 7.1 中的实证观察。表 7.1 展示了过去 50 年中成立的许多独立国家从未采用过凝聚性政治制度（至少按政体四行政约束变量最高分来衡量是这样）。此外，开始时采用凝聚性政治制度，后来保留这些制度的国家更少。非洲的情况尤其值得注意。毛里求斯和博茨瓦纳维持了它们的初始（或早期采用的）凝聚性政治制度，而莱索托、尼日利亚、索马里、苏丹和乌干达则早早地放弃了最初的凝聚性政治制度。此外，其他非洲国家从未采用过凝聚性政治制度。

我们可以通过 7.1 节、7.2.4 节和 7.2.6 节的理论视角，去分析实施凝聚性政治制度改革为何失败。理论显示，凝聚性的反转可能反映出长期统治者希望利用相对安全的权力控制（低 γ 值）来破坏任何现有的制衡。这样做可以将恩惠扩展到广泛的支持者群体，以及使他们自己或少数精英成员更加富足。此外，这些动机会被大量自然资源租金或发展援助强化（回忆命题 7.6）。不仅如此，领导人也可能获得国外的军事援助，特别是作为冷战时期策略联盟的副产品（回忆第 4 章和第 5 章的参数 ξ 及其对动乱更替的影响）。

同"罗坎假说"的案例研究一样，进行详细的比较案例研究，是实证检验这些假说是否有水分的有益方式。再一次，挑战不仅包括需要解释远离凝聚性政治制度改革的情形，还有那些朝向凝聚性政治制度改革的情形。这可能并不那么直接，表面上似乎会出现某些异常。博茨瓦纳拥有大量自然资源，在一个政党几乎不间断的统治下保持着凝聚性。毛里求斯有种族和文化上的多元性，但也保持了自独立以来的凝聚性。原则非常明确：采用理论术语的成功案例研究，应当对政治稳定性的外生成分 $\tilde{\gamma}$ 随时间推移而发生的变化及在国家间的差异做出可信论断。

7.4 本章结论

本章采取了若干步骤将内生政治改革整合到核心模型中。总体发现是，导致政治稳定的力量总体上减弱了统治集团推行政治改革以朝向更具凝聚性制度的动机。

我们还为核心模型的主要宏观政治参数勾画了一些微观政治基础，即政治制度凝聚性和（和平）政治更替率，并试图将其与真实世界的有形政治制度规则联系起来。正如第 2 章所述的税收遵从情况，我们注意到政治制度凝聚性不仅包括正规制度，还包括行为、信任和社会规范等非正式规则。这符合社会资本的相关研究。我们不断讨论的另一个议题是掠夺性政体的政治改革，并给出了抵制其转向共同利益政体的原因。上述讨论强化了这样一个观察结果：改革在这些国家可能举步维艰。

我们试图用实证解释匹配理论进步需要的方式来发展理论。为了这个目标，我们为琼斯和奥肯（Jones and Olken，2009）关于成功暗杀政治领导人后实施民主改革的实证研究提供了一个理论解释。我们也认为历史案例研究可以用来有效证实理论，中心思想是比较案例研究必须从对时间和国家外生变化的适当讨论开始。发展相关文献中已经有明确基于理论的案例研究。一个著名例子是卢卡斯（Lucas，1993）的研究，他用新古典增长模型来说明为什么是韩国而不是菲律宾"创造了奇迹"。相似地，阿西莫格鲁和鲁滨逊（Acemoglu and Robinson，2005）的四国案例与明确的理论结构有关。[1]

第 5 章末尾围绕"安娜·卡列尼娜矩阵"的讨论，为凝聚性政治制度在

---

[1] 这是贝茨、格雷夫、利维、罗森塔尔和温加斯特（Bates, Greif, Levi, Rosenthal and Weingast, 1998）分析方法的精髓。

推动和平与繁荣方面留下了注脚。我们认为，为了理解发展集群，关于产生凝聚性的经济、社会、文化和政治变量间相互作用的理论和实证知识是最重要的。本章在我们的框架下只描述了一些表面问题，还有更多的研究需要去做。

7.5 文献注解

政治科学中有大量关于宪法安排选择的文献，例如选举制度和政府形式及其对政治制度的影响。经典文献包括：鲍威尔（Powell，1989，2000）将对简单多数原则与比例代表制的选择视作责任与代表性的权衡；舒加特和凯里（Shugart and Carey，1992）研究了总统制和议会制之间的选择；迪尔迈尔和费德森（Diermeier and Feddersen，1998）根据信任程序的存在与否，为政府的不同形式提供了微观政治基础；考克斯（Cox，1997）及塔格佩拉和舒加特（Taagepera and Shugart，1989）讨论了选举制度的不同特征；迈尔森（Myerson，1999）综述了不同选举规则影响的理论文献；李帕特（Lijphart，1977，1984，1999）通过凝聚性特征相关术语讨论了民主制度，其协商民主观念与本书的凝聚性概念相似。

政策选择研究受到社会选择领域的负面结论，特别是阿罗（Arrow，1951）的不可能性结论的长期阻碍。从那时起，文献中就采用了围绕阿罗悖论的各种方法。其中之一是明确议事日程，以了解真实世界的政治安排目标，如罗默和罗森塔尔（Romer and Rosenthal，1979）的议事方式以及巴伦和费内中（Baron and Ferejohn，1989）的立法讨价方式。凸显选民偏好的另一种方法源自利希、莱迪亚德和沃尔德舒克（Hinich，Ledyard，and Ordeshook，1972）的概率投票模型，并被林德贝克和威布尔（Lindbeck and Weibull，1987）用于研究再分配政策的制定。最近，贝斯利和科特（Besley and Coate，1997）、奥斯本和斯里文斯基（Osborne and Slivinsky，1996）的居民-候选人模型通过限制事后最优选择来求解这个问题。相关文献概述可以在奥斯丁-史密斯和班克斯（Austen-Smith and Banks，2005）、佩尔森和塔贝里尼（Persson and Tabellini，2000）的研究中找到。

政治经济学的最新文献讨论了不同宪法安排的经济后果。关于这项研究的概述可以在佩尔森和塔贝里尼（Persson and Tabellini，2004）的论文中看到。佩尔森和塔贝里尼（Persson and Tabellini，2003）用跨国数据对支出和其他政策的经济后果进行了广泛的实证考察。贝斯利和凯斯（Besley and Case，2003）考察了实证文献，研究了美国地方层面不同政治制度的影响，强调了不同州之间的制度差异。

另一项工作验证了改变政治体制的动机。布伦南和布坎南（Brennan and Buchanan，1985）以及布坎南（Buchanan，1987）强调了宪法规则在限制在位者集团相机决策上的作用。弗雷（Frey，1983）提出了一套平行方案。阿吉翁和博尔顿（Aghion and Bolton，2003）研究了作为不完全社会契约选择的宪法设计，其中社会在"无知之幕"下选择政治决策程序。这个分析在阿吉翁、阿莱西纳和特雷比（Aghion, Alesina and Trebbi，2004）的研究中得到了扩展，他们分析了使政治领导人免受选民偏好变化或总量冲击影响的成本和收益。蒂基和文迪格尼（Ticchi and Vindigni，2010）研究了宪法的内生选择。

从阿西莫格鲁和鲁滨逊（Acemoglu and Robinson，2000）包含实证的理论论文开始，现在政治经济学有一类文献涉及选举权扩展背后的原因。埃迪特和詹森（Aidt and Jensen，2010）提供了关于该假设更系统的西欧证据。赫斯特德和肯尼（Husted and Kenny，1997）提供了一篇关于选举权扩展对美国各州再分配政策影响的经典文章。埃迪特和詹森（Aidt and Jensen，2009b）研究了19世纪中叶以来西欧选举权的扩展如何影响税收水平和政府规模。

阿西莫格鲁和鲁滨逊（Acemoglu and Robinson，2006）从理论上研究了从独裁到民主的动态。佩尔森和塔贝里尼（Persson and Tabellini，2009）提出了基于民主资本理念的理论和实证模型。博特克、柯尼和利森（Boettke，Coyne and Leeson，2008）对基于文化因素的制度黏性进行了一般性讨论。政治文化及其重要性是希尔曼和乌尔施普龙（Hillman and Ursprung，2000）论文的一个主题。摩尔（Moore，1966）强调了支持民主的经济和社会结构，特别注重中产阶级的崛起。博伊克斯（Boix，2003）以及普泽沃斯基、阿尔瓦雷兹、柴巴布和利蒙吉（Przeworski，Alvarez，Cheibub and Limongi，2000）研究了民主的影响，并更一般性地探讨了其可持续性。

政治制度如何减少腐败，一直是选举和政治制度模型的中心主题。总体来说，这种模型必须处理政府与选民之间的代理问题。巴罗（Barro，1973）和费内中（Ferejohn，1986）是早期贡献者，佩尔森、罗兰和塔贝里尼（Persson，Roland and Tabellini，1997）则将模型扩展到各决策者之间的分权。贝斯利（Besley，2006）对政治代理模型做了概述，强调必须研究激励和选择的混合效应，才能理解责任效应如何发挥作用。责任模型自然地引出关于媒体推动良治的思考。贝斯利和普拉特（Besley and Prat，2006）研究了这个主题。科因和利森（Coyne and Leeson，2009）及普拉特和斯特博格（Prat and Stromberg，2010）考察了媒体、政治和经济发展。

8 基本经验

　　我说的发展就是整个社会体系的向上运动，我相信这是逻辑上唯一站得住脚的定义。除了所谓的经济因素……这个社会体系包括社会权力分配，以及更普遍的经济、社会和政治分流……从广义上讲，制度和态度……体系的动态由所有内生条件之间都存在的因果循环这一事实所决定。这表明随着其中一个条件改变，其他的条件也会相应改变，这些变化又会引起周围新一轮的变化。如此循环往复。

　　　　冈纳·缪尔达尔，《什么是发展？》，《经济问题杂志》，

　　　　　　　　　　　　　　　　　　　1974，第729~730页

　　我们以发展集群开始第1章。自此，人均收入、强国家制度与和平解决分歧往往携手并进。理解发展集群的原因和结果，是试图解释发展过程的社会科学家的重要目标。更好地理解发展集群也是决策者设计双边或多边发展援助的重要方式。

　　我们在更好地理解"为什么会出现发展集群"这个问题上向前走了几步。我们的努力包括逐步建立一个核心理论模型，并增加越来越多的维度以获得丰富的内容。核心模型帮助我们思考国家有意识投资自身抽取能力和生产能力背后的动机。这些投资让税收建立在宽泛的税基之上，用于提供公共品或收入再分配。它们通过消除契约执行不善或者产权保护不周造成的市场摩擦，从而支持私人市场。核心模型还能帮助我们理解政府和潜在叛乱分子通过有意识的政治动乱投资来提高维持或夺取政治权力概率的力量。

　　按照这些理论预测的背景，我们实证探索了世界范围内不同类型国家能力、不同动乱形式及其潜在决定因素。大部分实证工作涉及计算理论所包含的偏相关性。然而，第4章展示了我们如何用理论来设计更加结构化的数据分析实证策略。

章节规划 本章总结和评估了我们的发现。8.1 节讨论了所学到的经验，回顾了第 1 章中所讨论的三个主要问题，概括了各章所给出的答案，还把我们的方法与经济发展的各种思想联系起来。

在 8.2 节，我们试图用一个简单实证来使主要论点具体化。具体来说，基于理论所强调核心结论的对应指标，我们定义和计算了繁荣支柱指数。我们还使用该理论（如第 5 章的"安娜·卡列尼娜矩阵"所述），用理论揭示的核心决定因素的实证对应指标来预测繁荣支柱指数值。通过比较 149 个国家繁荣支柱指数的实际值和预测值，我们分析了理论的优势和欠缺。

本书更多地标志着一个研究项目的开始而非结束。从这个想法出发，8.3 节列举了某些重要的遗漏，以及建议未来研究的理论和实证问题，强调了现有研究的阶段性特征。

8.1 基本经验

8.1.1 对三个主要问题的回答

第 1 章展示了不同发展结果戏剧性的集群，我们提出了三个核心问题。这些问题与亚当·斯密在 18 世纪中期提出的繁荣的充分条件，即"和平、易税和尚可容忍的司法管理"密切相关。具体来说，我们的三个问题是：

（1）什么力量塑造了不同的国家能力建构？为什么这些能力会共同变化？

（2）什么因素导致了政治动乱的不同形式？

（3）什么因素解释了国家能力、动乱和收入的集群？

1. 国家能力 根据我们的分析，第一个问题的重要答案是：不同的国家能力往往相互补充。第 3 章的核心模型推导出了财政能力和司法能力具有这样的互补关系。该章随后描述的专门的微观经济模型，表明了出现互补性的其他原因。国家能力互补性的另一面是，财政能力和司法能力的许多决定因素是共同的。因此，在在位者集团有很强动机投资国家能力的国家和时期（基于强共同利益或凝聚性政治制度），政体的两个维度共同扩展。而那些在位者集团投资动机较弱的政体会出现国家制度的停滞。从共同利益政体、再分配政体和弱政体的分类中可以清楚地看到这些可能性。

我们通过模型扩展将掠夺和精英控制包括进来，还明确了劣治如何导致掠夺性政体出现。这些政体不投资司法能力。由于劣治和低凝聚性政治制度相伴，我们预期掠夺性政体将会与再分配政体和弱政体共存。

2. 政治动乱 第二个问题的重要答案是，单边政治动乱（在位政府对反对者的镇压）和双边政治动乱（在位政府和反叛力量之间的全面内战）有共同根源。那么根源是什么？第 4 章中的分析揭示，某些根源与弱国家能力投资动机的根源完全一样。该章的理论和实证分析还强调了大量的自然资源租金或现金援助形式的政府非税收入如何引发动乱。但要得出这些结论有一个重要的附加条件：产生预期中的动乱效应需要弱共同利益和（或）非凝聚性政治制度。这些预测在我们对和平、镇压和内战的分类中得到清晰证实。

在此类情景下回顾"掠夺性政体"这个重复出现的主题，我们发现此类政体中的精英比非掠夺性政体的在位者集团总体上有更强的动乱投资动机。

3. 发展集群 对于那些隐藏在高（低）国家能力与和平（非和平）

集群背后的力量，答案的重点是有共同根源。但第5章的分析发现了另一种可能性。对组织和实施叛乱有利的因素（如地理条件或外来干预）将增加内战风险，这又可以反馈到政体建构的弱共同动机。

收入与动乱（风险）之间的负相关关系有两种走向，有助于理解收入与动乱的集群。第4章描述了高收入（工资）如何通过提高动乱投资的机会成本，降低镇压和内战的可能性。第5章展示了另一个方向的效应：更高内战风险及其带来的资本或土地损坏，降低了私人投资的预期收益，抑制了收入增长。

第3章讨论了收入与国家能力投资间的类似双向作用，作为收入和国家能力集群背后的可能因素。假定政治制度非凝聚性问题不是很严重，同时政治不稳定性也不是大问题，则市场收入的外生增长强化了在位者集团投资财政能力和司法能力的动机。国家能力的增长也会反馈到收入的内生增长上。更强的司法能力通过完善市场运行来减少摩擦和提高收入。此外，更强的财政能力可以减少无效率市场监管，或减轻利用掠夺性生产扭曲来抽取租金的动机，从而提高收入。

现在可以很容易地看到收入、制度和动乱如何形成集群。首先，它们有某些共同的决定因素。其次，中心变量之间存在着一套正反馈循环机制，提高了使所有结果呈现共同的良性和恶性循环的可能性。这种相互增强动态反馈的可能性，与本章开头引用的冈纳·缪尔达尔关于发展是累积效应和因果循环的概念非常相近。我们分析发展的方法也会让人想起缪尔达尔对制度与经济和政治力量相互作用的强调〔参见缪尔达尔（Myrdal，1968）〕。

发展援助　我们的框架允许讨论发展援助分配中的问题和陷阱。第6章的主要发现是，对援助"一刀切"的分析方法存在误导性。虽然这个论点对援助界来说不是新鲜事物，但我们的方法表明了对不同类型受援国给予不同形式援助的统一思维方式。

这一分析的特点是，受援国的各种重要决策将会对援助性质做出反应，包括公共品供给、国家能力投资、动乱投资，可能还包括（如第 7 章所讨论的）政治制度设计等。结论显示，这些反应可能会相当不同，取决于受援国国家制度的实力以及动乱倾向。简言之，就是在第 5 章所述"安娜·卡列尼娜矩阵"中的位置。

另一个特点是，在给定的国家制度和动乱倾向下，不同形式的援助会引发不同反应。一个例子来自本书重复出现的资源依赖问题，这表明了各国处理政治动乱的不同倾向。

共同利益　国家能力的一些具体决定因素很突出。特别是，理论指出了社会共同利益，表现为财政能力被用于向大众提供公共品，而不是按照在位者集团的偏好进行再分配。这可能出现在一系列特定情形下，诸如存在针对国家的外部威胁（模型中的参数 ϕ），或者社会差异不明显，不会导致极化（模型中的参数 ι）。但是，共同利益也可能出现在现有政治制度限制了在位政府的政策时，方式是行政制衡或者反对者集团在决策过程中拥有代表权（模型中的参数 θ）。

由于上述原因，强共同利益会推动共同利益政体形成（回顾第 2 章和第 3 章），以及促进冲突的和平解决（回顾第 4 章），把总体结果推向代表着幸福的"安娜·卡列尼娜矩阵"右上角（回顾第 5 章）。这个角落之外的图景非常复杂，国家能力建构和动乱的结合方式取决于具体情况和制度的相互作用，遵从了"安娜·卡列尼娜发展原理"：贫穷的国家各有各的贫穷方式。

弱政体的持续　为什么不是所有国家都采取促进共同利益的政治制度

改革来实现繁荣？很明显，简单核心模型对于制度改革前景的描述过于乐观。例如，3.4 节显示，来自任何集团自我巩固的精英都可能有强烈的自卫动机而滥用当下掌控的权力。

进一步来看，第 7 章对内生改革的阶段性分析表明，事实上某些强大力量（特别是在位者集团的权力安全感）可能会推动改革朝向另一个方向，即非凝聚性政治制度。此外，这些制度一旦创建就有可能持续，因为再分配政体或弱政体中的政治对手会遭受政府打压。

掠夺性政体的持续 掠夺和精英控制是本书另一个重复出现的次要主题。为什么掠夺性政体可以生存？基于第 3 章和第 4 章的分析，第 7 章表明低政治更替预期和少数精英是可能的答案。少数强力掌权的精英不愿意推动改革，因为这样会限制其权力范围和谋取私利的机会。我们的论述与阿西莫格鲁和鲁滨逊（Acemoglu and Robinson，2010）的一般性分析有明显联系。

从司法能力的角度来看，掠夺性政体很弱，会导致低收入。改善治理制度也可以带来更强的凝聚性。用我们的基本术语来讲，这是掠夺性政体处于再分配政体或弱政体的深层原因。

8.1.2 我们的分析与传统发展研究

我们的分析涉及发展研究中的一些潮流。

20 世纪 60 年代和 70 年代——发展型政府规则 钱纳里和埃尔金顿（Chenery and Elkington，1979）或钱纳里和斯特劳特（Chenery and Strout，1966）等发展经济学的传统研究，几乎没有强调本书所研究的问题。特别是，相对于传统主题中的资本积累和技术变迁，制度变迁的作用被置于次要地位。发展型政府是传统方法的核心。然而，把政府看作技术官僚的观点，很少或几乎不关注政府制定经济制度的动机或能力。政府还一度非常关注规划，成本收益分析被认为是分析公共干预的有效工具。但是，这些政策如何实施，或政府是否应该遵循所建议的干预方式，并不在这种分析之列。

阿姆斯丹（Amsden，1992）和韦德（Wade，1990）对东亚经验的评论强调了这些观点。但是，政府主导发展的做法在其他地区并不那么成功。许多国家没有得到发展，有些国家甚至出现了倒退。此外，正如第 7 章所述，政治制度质量的恶化伴随着弱行政约束和高度腐败。

20 世纪 80 年代：政策建议规则　随着劣政府的特征进一步明显，20 世纪 80 年代被所谓的"华盛顿共识"所主导。这是一个由 IMF 和世界银行倡导，旨在改善宏观经济稳定性、提升开放度和减少公共干预的改革方案，希望可以促进增长。然而，很少有人关注导致资源错配背后的制度失败和政治失败。

20 世纪 90 年代：制度规则　接下来的十年中，关于体制改革和治理问题的辩论在主流经济学和政策领域日益深入人心。柏林墙倒塌和随后的经济转型极大地促进了这些辩论。"发展就是搞对制度"的看法现在被广泛接受。发展与制度变迁密切相关，但在这个方面并没有什么特别新的内容。这是前文引述缪尔达尔研究的核心，也是道格拉斯·诺思对工业革命背景因素分析的核心。

当代发展思想中对好制度的关注是基于诺思的见解。制度方法将发展辩论从构成"华盛顿共识"的具体政策，转移到现实中追求好政策的动机上。我们的方法非常符合制度方法的精神。本书提供了一个辨识好制度的指南，即能够促进公共决策的凝聚性并提高在位者集团的租金抽取成本。我们也认为，任何精确识别都应该高度关注特定国家的历史和文化，参照第 6 章关于发展援助和第 7 章关于政治改革的讨论。

对制度的研究已经揭示了当前收入水平与历史因素（如奴隶制、不平等和迁移死亡率）之间有很强的相关性［参见纳恩（Nunn，2009）对此研究的综述］。绝大部分最近的研究兴趣源于阿西莫格鲁、约翰逊和鲁滨逊（Acemoglu，Johnson and Robinson，2001）关于殖民制度的原创论文。尽管这些研究大多关注宽泛的宏观图景，但有一篇早期文献强调了长期存在的、高度持久的制度的丰富性［见贝斯利和加雅拉曼（Besley and Jayaraman，2010）］。在我们强调创建凝聚性政治制度的成本为什么在某些社会比其他社会更高时，这个主题再次出现。

21 世纪初：实验规则　利用随机对照实验（或自然实验）分析具体政策干预有效性的微观经济研究，取代了对发展的理论和宏观经济研究，而成为现在的研究前沿。第一眼看上去，这类微观经济研究与本书中的大图景分析似乎相去甚远。然而，我们的方法确实与这一重要的、创新性的研究领域有联系。

联系是双重的。增强共同利益是贯穿全部分析的关键信息。因此，在大量有效的微观经济干预下，我们可以预期到宏观经济效应。这至多会推动一个减少动乱和增加国家能力投资的良性循环。第 6 章中提到了这种可能性。

此外，目前需要设计实验方法，寻找改善治理或增强凝聚性的有效干预形式。这些微观政治见解有助于理解第 7 章讨论的政治改革进程。正如我们所强调的，这可能导致财富的根本转移。

8.2 繁荣支柱指数

到目前为止，我们论述的结论都是理论性和抽象性的。总结全书主要信息更具体的方法，是对发展集群进行实证度量。本节基于理论中提出的基础变量，定义和计算了繁荣支柱指数。我们还展示了如何通过理论确定的主要决定因素来很好地预测这个指数值。

这项研究可以看作是对第 1 章和第 6 章所讨论的有关脆弱政体和弱政体的各种现有指数的替代，我们对整体脆弱性的结果和决定因素做出了清晰的理论性的区分。通过比较该指数的实际值和预测值，我们可以了解本书框架的优缺点和度量的有效性。我们提醒读者，本节所定义的指数及其预测只针对其本身而言，即数据中观察到的发展集群的简单实证展示，以及与这些集群系统相关的某些政治和经济变量。

8.2.1 定义指数

我们的理论将国家的抽取能力和生产能力（称为财政能力和司法能力）作为关键结果变量，因此指数中自然应当包括这些变量的实证对应指标。我们的理论还将政治动乱（以镇压和内战的形式）作为核心结果，因此在指数中也包含了这些变量的实证对应。最后，收入也是本书模型的核心结果变量。尽管人均收入看起来更像是政府和私人投资的副产品，我们仍将其视为指数的附加成分。

国家能力如何度量　我们将财政能力作为政府征收所得税能力的限制因素。我们在第 1~3 章中使用的 IMF 数据中，最接近的实证度量指标可能是所得税收入占总税收的比重。理论上财政能力是一个存量，是先前投资的累积性结果。因此，尽可能用新数据度量所得税收入比重很有意义。我们还希望包含尽可能多的国家，因此使用了包恩斯格尔和科恩（Baunsgaard and Keen，2005）涵盖范围更广泛的 IMF 数据，并提取了 1999 年的所得税收入比重。我们对所得税收入比重的度量涵盖了 129 个国家。首先我们用每个国家的所得税收入比重减去样本最小值，然后除以样本区间，从而将指标范围控制在 0 和 1 之间。按照模型的符号，我们将 i 国的结果变量称为 τ_i。

司法能力主要衡量了政府在金融市场的契约执行能力。最接近的实证度量指标是我们在第 3 章使用的世界银行数据库中"营商环境调查"的契约执行指标。这个指标从 2006 年开始，衡量了最近的司法能力存量。与第 3 章一样，我们使用了这个指标的排名，高数值对应于高司法能力。和财政能力一样，用每个国家的排名（减 1）除以该指标可用的国家数目（减 1），即 173，从而将指标控制在 0 和 1 之间。我们将相应结果变量称为 π_i。

政治动乱如何度量　对于和平结果，我们要排除镇压和内战。此时，很难去考虑现有指标的存量维度。理论上，动乱结果取决于在位者集团和反对者集团在每个给定时期的投资。因此，通过某段时期到现在的动乱结果来衡量这些投资是有意义的。

对于内战，我们使用第 4 章讨论的武装冲突数据库。具体来说，我们观测过去 30 年（1976~2006 年）的可用数据，计算在此期间一个国家卷入内战的年份比重。潜在的内战变量数据包括 170 个国家。考虑镇压时，我们使用第 4 章引入的班克斯（Banks，2005）的清洗数据，同样也是采用从 1976 年到最近可用年份（2005 年）的数据。我们度量每个国家非零清洗的年份比重。清洗数据包括 195 个国家。通过定义，我们将内战和镇压指标控制在 0 和 1 之间，将 i 国两个指标数值分别称为 c_i 和 r_i 。

收入如何度量　和其他结果变量一样，我们采用更多国家最新的收入数据。与前几章一样，我们使用 6.3 佩恩表中 2006 年的对数人均 GDP（用 2005 年不变国际价格），由此得到 186 个国家的人均收入数据。与其他指标一样，我们用每个国家的收入水平减去样本最小值，然后除以全部样本区间，将收入控制在 0 和 1 之间。我们把人均收入称为 y_i 。

权重　下一个实际问题是如何加总我们定义的 5 个变量。因为它们覆盖了完全不同的内容，任何加权方案都包含一定程度的任意性。因为缺乏更好的原则，因此我们对国家能力、和平结果和收入三个核心概念赋予同等权重。

为定义指数，我们首先把财政能力和司法能力变量结合起来，构建一个综合国家能力指数 s_i 。如果二者在 i 国都有数据，则给予同等权重，即我们设定 $s_i = \dfrac{\tau_i + \pi_i}{2}$ 。如果其中一个缺失，则我们只使用另一个变量，此时我们设定 $s_i = \tau_i$ 或 $s_i = \pi_i$ 。按照定义，国家能力指数介于 0 和 1 之间。

其次，我们构建一个和平结果指数 p_i 。因为内战是一种更严重的动乱形式，我们赋予其两倍于镇压的权重。这样，我们定义 i 国的和平指数为 $p_i = 1 - \dfrac{r_i}{2} - c_i$ 。因为我们将内战和镇压定义为互斥事件，同时 $r_i + c_i \leq 1$ 。和平指数也介于 0 和 1 之间。

最后，如果所有三个分项指数存在，定义 i 国的繁荣支柱指数为：

$$pop_i = \frac{s_i + p_i + y_i}{3}$$

如果其中某个分项指数缺失，我们就将另外两个可用的分项指数进行相等权重加总。按照定义，最终指数介于 0 和 1 之间（因为分项指数都在 0 和 1 之间）。几个判断性假设都很自然地用在了指数建构中。但是，尝试不同加权方案或采用中心变量不同的指标，结果并没有很大差别。

指数　在这些准备工作的基础上，我们继续前行。按照潜变量的定义和可用性，我们可以计算总共 182 个国家的繁荣支柱指数。表 8.1 显示了 149 个国家的总指数值及其三个分项指数。按照下一小节讨论的决定因素，我们还可以预测该指数。33 个国家被排除，大多是不满足政体四数据库中至少有 50 万居民的标准的加勒比或太平洋地区的岛国。

表 8.1 从低值到高值排列了 149 个国家。总指数最低的两个国家是扎伊尔和阿富汗。其他指标值最低的 10 个国家中还包括缅甸、索马里和苏丹等。总体上，这些国家在三个维度分项指数中得分都很低，也很平均。令人吃惊的是，指数值最低的 10 个国家中有印度。因为经济增长，印度在 2006 年的人均收入已经高于最低值，但印度税制欠发达、存在诸多市场摩擦，还有内部政治动乱的历史。我们在下一小节回到印度案例。在次低的 10 个国家中，诸如乍得和伊拉克等国家的所有三个分项指数得分都很低。然而，较为富裕的哥伦比亚在过去 30 年里持续经历内战，和平结果指数得分为 0。

在表 8.1 中表现最好的两个国家是瑞典和瑞士。这两个国家在所有三个分项指数上的得分都接近最高值。表现最好的 10 个国家中还包括美国、日本、加拿大和其他两个斯堪的纳维亚国家（芬兰和挪威）等。在最好的 20 个国家中，有另外一些欧洲国家，还有新加坡和韩国（冰岛、卢森堡等不在表中，是因为它们没有出现在政体四数据库中，否则其排名将在前 10 或前 20）。

很明显，繁荣支柱指数符合发展集群的某些直觉。我们发现弱政体和脆弱政体的布鲁金斯和政体四指数图有明显的相似之处。也就是，由于低收入、弱国家能力，加上内部冲突，非洲和南亚国家几乎集中了所有的坏结果。

表 8.1　繁荣支柱指数和成分

国家	总指数	和平结果指数	国家能力指数	人均收入指数
扎伊尔	0.011	n/a	0.017	0.004
阿富汗	0.084	0.081	0.052	0.118
苏丹	0.204	0.194	0.092	0.326
印度	0.236	0.065	0.216	0.426
缅甸	0.24	0.032	0.447	n/a
乌干达	0.261	0.145	0.422	0.216
索马里	0.263	0.484	n/a	0.042
埃塞俄比亚	0.267	0.129	0.479	0.194
安哥拉	0.275	0.129	0.237	0.46
布隆迪	0.298	0.516	0.278	0.1
乍得	0.303	0.323	0.232	0.354
哥伦比亚	0.304	0	0.35	0.563
莫桑比克	0.308	0.484	0.114	0.326
利比里亚	0.315	0.629	n/a	0
伊拉克	0.32	0.226	0.249	0.485
柬埔寨	0.34	0.323	0.324	0.372
危地马拉	0.341	0.339	0.164	0.52
菲律宾	0.356	0	0.603	0.464
几内亚比绍	0.375	0.919	0.116	0.089
斯里兰卡	0.386	0.29	0.351	0.516
塞拉利昂	0.386	0.677	0.189	0.293

				续表
国家	总指数	和平结果指数	国家能力指数	人均收入指数
印度尼西亚	0.403	0.226	0.495	0.49
黎巴嫩	0.412	0.516	0.15	0.569
尼泊尔	0.427	0.645	0.327	0.308
秘鲁	0.428	0.371	0.389	0.525
中非	0.44	0.982	0.182	0.155
卢旺达	0.441	0.645	0.47	0.208
越南	0.441	0	0.462	0.42
摩洛哥	0.45	0.548	0.299	0.504
马里	0.465	0.968	0.192	0.234
土耳其	0.469	0.242	0.601	0.564
孟加拉国	0.472	0.984	0.094	0.339
萨尔瓦多	0.476	0.565	0.361	0.504
贝宁	0.48	1	0.192	0.248
马达加斯加	0.485	1	0.295	0.159
老挝	0.487	0.968	0.162	0.331
尼日尔	0.495	1	0.325	0.159
阿尔及利亚	0.496	0.484	0.473	0.532
多哥	0.496	1	0.327	0.162
喀麦隆	0.501	1	0.137	0.367
布基纳法索	0.502	1	0.263	0.242
巴基斯坦	0.508	0.903	0.205	0.416
海地	0.51	0.952	0.314	0.266
刚果（金）	0.511	0.903	0.205	0.425
塞内加尔	0.516	1	0.243	0.304
莱索托	0.53	0.989	0.269	0.337
吉布提	0.537	1	0.146	0.465
马拉维	0.541	0.984	0.408	0.23
叙利亚	0.543	0.871	0.369	0.389
几内亚	0.555	1	0.236	0.428
巴拉圭	0.556	0.984	0.209	0.474
坦桑尼亚	0.557	1	0.504	0.166
洪都拉斯	0.562	0.984	0.279	0.423
厄立特里亚	0.563	0.929	0.671	0.09

续表

国家	总指数	和平结果指数	国家能力指数	人均收入指数
尼加拉瓜	0.566	0.645	0.723	0.329
马其顿	0.566	n/a	0.59	0.543
伊朗	0.566	0.532	0.549	0.617
津巴布韦	0.582	0.855	0.574	0.318
科特迪瓦	0.584	1	0.416	0.337
冈比亚	0.587	1	0.516	0.246
塔吉克斯坦	0.59	0.625	0.78	0.366
玻利维亚	0.592	1	0.345	0.432
圭亚那	0.595	1	0.408	0.377
加纳	0.595	0.968	0.55	0.269
毛里塔尼亚	0.6	1	0.457	0.344
埃及	0.603	1	0.308	0.503
中国	0.607	0.823	0.435	0.563
肯尼亚	0.612	0.984	0.531	0.321
阿尔巴尼亚	0.623	0.968	0.434	0.467
斯威士兰	0.623	1	0.309	0.56
赞比亚	0.626	0.984	0.587	0.307
约旦	0.628	1	0.396	0.486
巴拿马	0.628	1	0.296	0.589
厄瓜多尔	0.629	0.952	0.417	0.519
乌拉圭	0.635	0.984	0.266	0.654
多米尼加	0.638	1	0.315	0.598
巴西	0.639	1	0.312	0.605
尼日利亚	0.64	0.968	0.62	0.333
南非	0.646	0.581	0.738	0.618
委内瑞拉	0.65	1	0.304	0.646
巴布亚新几内亚	0.657	1	0.642	0.33
斐济	0.663	1	0.461	0.527
哥斯达黎加	0.665	1	0.353	0.643
波兰	0.667	0.968	0.358	0.675
巴林	0.667	1	0.201	0.8
毛里求斯	0.672	1	0.276	0.739
俄罗斯	0.673	0.498	0.861	0.659

| | | | 续表 |
国家	总指数	和平结果指数	国家能力指数	人均收入指数
阿根廷	0.682	0.935	0.422	0.688
纳米比亚	0.691	1	0.541	0.53
加蓬	0.691	1	0.502	0.571
智利	0.7	0.952	0.424	0.725
阿塞拜疆	0.702	0.717	0.809	0.581
摩尔多瓦	0.703	1	0.688	0.421
蒙古国	0.704	0.984	0.769	0.359
墨西哥	0.713	1	0.503	0.636
乌兹别克斯坦	0.715	1	0.832	0.311
以色列	0.715	1	0.37	0.776
不丹	0.715	1	0.682	0.464
特立尼达和多巴哥	0.721	1	0.378	0.784
泰国	0.724	0.984	0.588	0.6
牙买加	0.728	0.984	0.616	0.584
格鲁吉亚	0.729	0.813	0.821	0.554
沙特阿拉伯	0.732	1	0.445	0.752
吉尔吉斯斯坦	0.736	1	0.786	0.423
科威特	0.738	1	0.327	0.888
突尼斯	0.755	1	0.654	0.611
保加利亚	0.758	0.968	0.705	0.602
意大利	0.762	1	0.472	0.815
罗马尼亚	0.764	0.952	0.746	0.595
斯洛文尼亚	0.769	1	0.52	0.785
马来西亚	0.777	1	0.612	0.72
博茨瓦纳	0.785	1	0.759	0.595
斯洛伐克	0.79	1	0.665	0.706
阿曼	0.803	1	0.631	0.777
古巴	0.804	0.984	n/a	0.624
捷克	0.81	1	0.676	0.755
乌克兰	0.819	1	0.855	0.603
葡萄牙	0.831	1	0.747	0.746
亚美尼亚	0.832	1	0.902	0.593

国家	总指数	和平结果指数	国家能力指数	人均收入指数
克罗地亚	0.838	1	0.844	0.67
德国	0.844	n/a	0.859	0.828
哈萨克斯坦	0.845	1	0.85	0.684
希腊	0.845	1	0.732	0.803
白俄罗斯	0.849	1	0.798	0.75
利比亚	0.859	0.984	n/a	0.734
西班牙	0.87	1	0.782	0.827
爱沙尼亚	0.87	1	0.89	0.721
拉脱维亚	0.873	1	0.942	0.675
韩国	0.873	0.935	0.908	0.775
新西兰	0.873	1	0.829	0.789
匈牙利	0.874	0.968	0.936	0.717
新加坡	0.874	1	0.738	0.884
英国	0.877	1	0.798	0.832
奥地利	0.878	n/a	0.904	0.852
立陶宛	0.886	1	0.983	0.674
法国	0.889	1	0.844	0.82
爱尔兰	0.889	1	0.787	0.881
荷兰	0.891	1	0.829	0.845
塞浦路斯	0.892	1	n/a	0.784
美国	0.893	0.839	0.95	0.891
比利时	0.905	0.984	0.89	0.842
芬兰	0.907	1	0.888	0.831
加拿大	0.908	1	0.869	0.856
丹麦	0.917	1	0.906	0.846
日本	0.918	1	0.926	0.828
澳大利亚	0.918	1	0.901	0.854
挪威	0.929	1	0.878	0.908
瑞士	0.932	1	0.934	0.862
瑞典	0.936	1	0.972	0.837

我们还发现一些表现很差的拉丁美洲国家，绝大部分是因为其经历了长期内部冲突。相比之下，大部分欧洲国家和经济合作与发展组织（OECD）国家进入最高得分的十分位，所有三个分项指数的得分都很高。

8.2.2 预测指数

我们在前面各章提出了一些决定国家能力（从而间接地决定收入）和政治动乱的变量。现在看一下，用我们的理论确定的变量可以在多大程度上预测繁荣支柱指数。然而，下面的计量经济分析应当被视为预测，也就是说，我们并没有分离因果关系的想法。

预测中包含的决定因素　在第 2 章和第 3 章的末尾我们观察到，某些国家能力投资决定因素的代理指标与数据库中财政能力和司法能力的各种指标系统相关。具体来说，我们使用了战争相关数据库中的历史战争发生率指标和费伦（Fearon，2003）提出的民族同质性指标，作为共同利益的代理指标（理论中的参数 ϕ 和 ι）。我们用政体四数据库的得分构建了两个变量：将行政约束的历史普遍性作为凝聚性政治制度的代理指标（理论中的参数 θ），将非公开行政招聘的历史普遍性作为政治稳定性的代理指标（理论中的参数 γ）。最后将拉波塔、洛配兹·西拉内斯、施莱弗和维什尼（La Porta, Lopez de Silanes, Shleifer, and Vishny, 1998）的四个法律起源指标作为司法能力投资不同成本的代理指标（理论中的函数 L）。第 4 章发现上述变量（除了 γ，它当时是内生的）有助于预测政治动乱投资，尽管符号相反。

因为我们在预测指标时采用简约方式，所以保留了上述小变量集。由于繁荣支柱指数具有 2006 年的存量性质，因此我们使用描述前几章中参数的前期投资条件。我们度量了 2000 年以前的历史平均水平，正如第 2

章和第 3 章中所做的。出于透明度的考虑，我们忽略了理论包含的任何非线性特征，用刚刚列举的 8 个变量对繁荣支柱指数做出简单线性回归预测。

指数预测 线性表达式的估计结果显示在表 8.2 的第一列。所有 8 个变量都以预期的正号（根据理论或先前的实证分析）进入。除了个别因子，几乎所有的预测因子都在统计上显著。简约线性表达解释了国家间指数差异的一半。接下来的三列为繁荣支柱指数的三个分项指数进行相同预测。可以看出，大部分变量在预测国家能力指数和人均收入指数上表现得很好。但是对于和平结果的预测比较差，只有民族同质性和德国法律起源才是该指数统计上显著的预测因子。

对比实际和预测指数 有趣的是，南亚国家的预测指数普遍比实际指数要高一些，而拉丁美洲国家却恰恰相反。

显然，我们对繁荣支柱指数的预测反映了数据的主要变化。有趣的是，预测不仅仅反映了区域间差异，还反映了区域内部的差异。例如，撒哈拉以南非洲国家的两个成功案例（博茨瓦纳和毛里求斯）的实际指数和预测指数都表现得很好。博茨瓦纳的实际排名为 112，预测排名为 123，而毛里求斯的实际排名为 86，预测排名为 90。

表 8.2　繁荣支柱预测指数

	(1)	(2)	(3)	(4)
	总指数	国家能力指数	人均收入指数	和平结果指数
2000 年以前外部战争发生率	0.249 *	0.714 ***	0.390 **	−0.223
	(0.136)	(0.237)	(0.155)	(0.272)
2000 年以前平均行政约束	0.288 ***	0.304 ***	0.402 ***	0.113
	(0.064)	(0.086)	(0.064)	(0.101)

	（1）	（2）	（3）	（4）
	总指数	国家能力指数	人均收入指数	和平结果指数
2000 年以前 平均非公开行政招聘	0.150 * （0.078）	0.159 * （0.086）	0.239 *** （0.089）	0.024 （0.129）
民族同质性	0.230 *** （0.058）	0.091 （0.073）	0.312 *** （0.062）	0.202 ** （0.099）
英国法律起源	0.042 （0.032）	0.085 ** （0.041）	−0.171 （0.037）	0.055 （0.058）
斯堪的纳维亚 法律起源	0.166 *** （0.04）	0.377 *** （0.058）	0.094 ** （0.042）	0.077 （0.061）
德国法律起源	0.173 *** （0.039）	0.362 *** （0.052）	0.133 ** （0.052）	0.100 * （0.054）
社会主义 法律起源	0.087 ** （0.036）	0.026 *** （0.047）	0.006 （0.033）	0.048 （0.058）
R^2	0.47	0.54	0.539	0.076
观测值	150	145	150	147

续表

注：括号中的数值代表稳健标准差；*、** 和 *** 分别表示在 10%、5% 和 1%的统计性水平下显著。

有些国家的预测指数和实际指数差别巨大，代表理论主旨不适用的情形。仔细观察这些情况，可以让我们找到理论遗漏的部分。为囊括这些失效情况，表 8.3 列出了预测指数和实际指数的最大离差。具体来说，表 8.3 中所有这些国家的预测指数排名与实际指数排名至少相差 50 位。对于每个国家，表 8.3 显示了每个国家的实际排名和预测排名，还有实际指数和预测指数之差。

预测不足者 按照排名最少相差 50 位来定义，表 8.3 的 A 组列出了预测最不足的 10 个国家。印度是排名和指数差异最大的国家。如前所述，印度的国家能力很弱，长期遭受政治动乱。然而，从预测因子来看，印度的政治制度非常具有凝聚性，是发展中国家中历史悠久的民主国家之一（见表 7.1）。尽管民族分裂妨碍国家共同利益，但外部冲突威胁的历史有助于促进共同利益。由于这些原因，我们的指数预测，印度会相当繁荣。借用德加科沃等（Djankov et al., 2003）的一句话，近期的爆发式增长及市场机制改革表明印度正在追赶其"制度可能性前沿"。

表 8.3　繁荣支柱指数预测误差

国家	实际排名	预测排名	实际指数减预测指数
A 组：预测最不足（排名至少相差 50 位）			
印度	4	93	-0.35
缅甸	5	81	-0.31
埃塞俄比亚	8	62	-0.32
布隆迪	10	64	-0.28
柬埔寨	16	88	-0.31
菲律宾	18	87	-0.29
斯里兰卡	20	105	-0.31
越南	28	115	-0.28
土耳其	31	96	-0.21
中国	67	120	-0.13
B 组：预测最过度（排名至少相差 50 位）			
科特迪瓦	59	6	0.17
加纳	64	13	0.15
尼日利亚	78	18	0.17
加蓬	90	4	0.29
墨西哥	95	37	0.19
科威特	105	45	0.20
阿曼	114	56	0.26
哈萨克斯坦	123	65	0.26
新加坡	133	74	0.27

A 组中的其他几个国家，特别是斯里兰卡、菲律宾和土耳其，在最近 30 年中几乎都在遭受内战和（或）镇压。在这些情形中，实际和预测指

数之间的巨大差值，在很大程度上表明我们不能用这里的简单变量集来预测（不存在）政治动乱这个事实，回顾表8.2第（4）列中的估计。

预测过度者 表8.3的B组显示了预测失败的相反类型，9个国家的预测排名超过其实际排名至少50位。其中4个位于撒哈拉以南的非洲，即科特迪瓦、加纳、尼日利亚和加蓬。这些非洲国家整体上避免了大规模的政治动乱，尽管制度较差（至少科特迪瓦最近如此）。和预测不足者中的菲律宾、斯里兰卡和土耳其类似，这些国家的实际指数和预测指数之差，在很大程度上表明我们未能成功地预测是否有政治动乱。

另外3个B组的预测过度者——新加坡、科威特和墨西哥的实际指数和预测指数都很高。新加坡和科威特是非民主国家，墨西哥刚刚进入相对稳定的民主制度。一个解释是仁慈和增长导向的领导人让制度发挥了作用。必须承认，我们的理论分析和实证度量没有考虑领导人素质的作用。琼斯和奥肯（Jones and Olken，2005，2009）、奥唐纳和史密特（O'Donnell and Schmitter，2005）等研究者认为，在同时考察政治改革和收入时不应如此。

小结 在很大程度上，我们定义和计算的繁荣支柱指数描述了本书研究的发展集群的重要方面。我们选择了一组简单变量，代表理论中国家能力和政治动乱的主要决定因素，并展示了其如何有助于预测指数的变化。指数实际值和预测值之间的巨大差值部分，可以归因于某些国家尚未接近其制度前沿。还有一部分原因是，我们的简单理论和度量指标在预测动乱的跨国差异上表现不够出色，而且没有考虑弱政治制度国家的领导人素质问题。

这些差值当然意味着理论的改进空间，也意味着对这些预测失败国家进行案例研究具有重要意义，我们要寻找超越现有理论的新机制。这不是案例研究的常规方式，更像是为某个特定理论提供说明和支持。

8.3　下一步工作

本书的分析在很多重要方面都是初步性的。本节将指出诸多不完善之处。同时，这些不完善表明了未来研究的方向，以进一步深化和扩展本书的研究。

更详细地建模　核心模型非常简单，依赖许多特殊假设。简单模型具有理论分析可控和透明的优点，允许我们得出某些清晰结论。但是，更详细地建模并检验现有理论的稳健性，探寻在更现实的条件下我们的结论是否依然成立非常重要。在前几章的模型扩展部分，我们朝这个方向做了一些工作。

这种努力的一项重要任务，是更好地将我们的分析与传统的增长和发展模型联系起来。一个具体问题是，我们在简单两期模型中得出的结论，在真正的经济增长动态多期模型中是否依然成立？2.2.8 节的分析朝这个方向走了几步，但仅仅是一个初步尝试。分析还可以进一步扩展，例如研究非马尔科夫完美均衡。这将是一个重要的扩展内容，因为这可以把声誉的力量考虑进来，在一定程度上解决了承诺问题。也就是说，在位者集团不能做出可信承诺（超过参数 θ）、不能将政治权力用于偏向本集团成员的再分配的问题。

另外，3.2.1 节中的微观基础模型与刘易斯（Lewis，1954）的传统与先进两部门模型非常相近。这与前期强调制度不同作用的文献有关，应当得到更充分的考察。

考虑人力资本　我们未能与其他发展研究强调的人力资本的重要性联系起来。学术界一直存在关于制度和人力资本在推动发展中的相对重要性的争论（Acemoglu，Johnson，Robinson and Yared，2005；Glaeser，La Porta，Lopez de Silanes and Shleifer，2004）。虽然我们在这场争辩中并没有坚定立场，但人力资本至少可以通过两种方式进入我们的框架。

一种标准化的方式是强调，人力资本可以和其他资本一起积累，作为经济增长的引擎。这做起来并不难，可以采用与第 3 章和第 5 章中我们增加私人资本积累相似的方式。这很有可能导致和物质资本相似的结论，即通过政府对国家能力的投资和集体动乱投资对收入产生放大效应。

另一种有趣的方式是，探讨格莱泽、波奇多和施莱弗（Glaeser，Ponzetto and Shleifer，2007）提出的人力资本作用，即通过冲突的非暴力解决来推动民主制度的发展，这个观念可以追溯到利普塞特（Lipset，1959）。这是一个有趣的概念，但如何与第 4 章的动乱冲突、第 7 章的政治改革模型统一起来尚不明确。通过佩尔森和塔贝里尼（Persson and Tabellini，2009）的民主资本理论和证据可知，人力资本可能是具有长期民主经历的国家避免转向非凝聚性政治制度的渠道。人力资本可能也会促进共同利益，就像有更高的参数 ϕ 值一样运行。

更多分解　贯穿全书的核心模型是关于经济和政治力量相互作用的总量简化式模型。为了更好地理解结构和制度，有必要进一步分解模型。在经济方面，我们在第 2 章和第 3 章提供了一些案例，说明如何运用公式来表示经济微观基础，从而更好地理解司法能力和财政能力。这样的工作还有很多，例如，如何更好地理解腐败和政体建构之间的相互作用。

在政治方面，我们在第 7 章提供了一些案例，说明如何运用公式来表述微观政治基础，更好地理解发展背景下驱动改革朝向或者背离凝聚性政治制度的细节。我们还需要在政治方面开展更多的结构性研究以理解其他政治制度的作用，例如联邦主义。

动乱这方面也需要有微观基础。我们使用的总量冲突技术（竞争函数）带来了"黑匣子"问题。正如布拉特曼和米格尔（Blattman and Miguel，2009）在内战文献中强调的，我们对个人参与动乱几乎一无所知。构建动乱的微观基础模型有利于获得这类实证知识［见柳泽（Yanagizawa，2010）的有趣尝试］。在对人力资本与冲突和平解决的联系进行建模时，这将是一个成本因素。微观基础对于理解诸如政变这类现象可能至关重要，本质上是同一个集团或精英群体内部的权力转移。要想取得进展，我们必须剖析集团并仔细考虑成员的个人动机，也许还要沿着第3、第4和第7章的掠夺性政体路线建模。

连接微观和宏观 本书基本上采用了宏观经济和宏观政治的方法，因为我们试图去理解数据中的大图景。然而，正如我们刚刚强调的，如果要加深理解，则微观经济和微观政治研究至关重要。我们的方法如何才能与发展研究的近期浪潮结合在一起，强调非加总水平上随机对照实验和自然实验的作用？如第6章所述，我们认为这类研究提供了社会赢利项目的有关信息，改善了公共品供给的回报前景。刚刚起步的村庄决策微观政治研究，可以提供和平解决利益冲突的有效机制。

但是，为了最终有效地推动发展，而不是在完美控制的小型随机控制实验中减轻贫困或减少疾病，小规模实证得出的结论就必须面对大规模实施的障碍。这意味着研究主题要转向宏观经济和宏观政治这类问题。这样的话，微观和宏观导向的发展方法才是互补而不是相互替代的。

理解政权合法性 我们的国家能力形成模型关注自上而下的行政改

革，以及在位政府根据情况和制度推进这种改革的动机。虽然这是一个重要的部分，但绝对不是全部问题。某些政体运作良好的一个重要原因是居民期望如此。例如，考虑瑞典和阿根廷的情况。大多数瑞典人缴纳税款，是因为他们预期其他居民也如此，并且预期政府不会浪费钱。反过来，这些预期就像一个自下而上运行的问责机制，确保政府和官员在处理公共资金时相当谨慎和诚实。相比之下，在阿根廷，个人预期其他居民不会纳税，并预期相当大一部分预算将被浪费在各种腐败活动中。因此，对公职人员的信任和政权合法性的问责机制已经消失，居民的悲观预期倾向于自我实现。

诸如税收遵从和类似的守法规范如何建立和维持？它们与本书中强调的行政管理能力建设如何相互影响？这些是未来研究的重要问题。2.4.1节关于财政能力的微观基础，以及威慑与社会规范之间潜在互动的简单讨论给出了初步线索。7.2.6节在分析信任加强政治制度凝聚性的作用方面也给出了线索。但现实肯定要复杂得多，并且可能涉及个体与社会层面行为规范的形成［参见贝纳布和梯若尔（Benabou and Tirole，2010）最近关于法律与规范之间相互作用的正式分析］。

还有与政权合法性紧密相关的其他问题。政治科学和政治社会学的重要研究思路是强调政治制度的合法性。给居民一个钱如何花掉的真实说法，可能是对居民增税的必要条件。有观点认为这种"财政契约"可能解释了历史上许多发达国家税收能力和代议制政治制度联合建构的原因［参见利维（Levi，1988）］，相同的机制在今天的发展中国家也存在［参见布里提格姆、菲尔斯塔德和摩尔（Brautigam，Fjeldstad and Moore，2008）的论著］。用本书的语言来说，这个观点意味着国家能力和凝聚性政治制度建构具有互补性。

引入社会资本和身份 我们的分析集中关注了正规国家制度和改善制度的投资，没有关注支持和维持市场的私人治理和制度安排。实际上，全书都假定在缺乏司法能力的情况下，没有可用的私人执行技术或制度。关于私人治理，学术界已经有了广泛研究［例如，迪克西特（Dixit，2004）、格雷夫（Greif，2006）、奥斯特罗姆（Ostrom，1990）和蒲拉图（Platteau，2000）］。但私人治理与有效政体形成之间的关系问题，在理论和实践上都没有得到解决。总体上有两种对立的观点。

某些学者遵循哈耶克传统，强调自发秩序作为国家行为的替代价值［参见哈耶克（Hayek，1979）］。按照这种精神，本森（Benson，1989）和利森（Leeson，2006）认为，某些私人法律和制度可以在不需要强制权威的情况下实施。利森（Leeson，2007）甚至认为索马里在无政府状态下可能运行得更好。

其他研究社会资本文献的学者，强调了国家制度和私人网络之间的互补性。例如，普特南（Putnam，1993）对社会资本的经典研究认为，在社会资本强大的意大利部分地区政府运行更加有效。

一个相关的问题是如何创造身份感和政治归属感，引导人们搁置局部利益、支持共同利益。这与阿克洛夫和克兰顿（Akerlof and Kranton，2010）关于身份及其在经济环境中重要性的研究有关。沙约（Shayo，2009）对国家和集团的（内生）身份在促进再分配上的相互作用进行了有趣探索。关键问题是创造共同利益的国家认同感能在多大程度上培养出来。在第1章中，我们提到了盖尔纳（Gellner，1983）和波森（Posen，1993）等对民族主义的研究，这也是一个自然的起点。

从本书的主题看，这意味着需要研究身份、社会资本和国家能力在双向反馈的动态过程中如何共同演化。

处理多国情形　我们的方法关注单一国家情形。在多国世界中会出现许多新问题。我们已经分析了外部战争在塑造共同利益中的作用。然而，战争威胁必须来自其他社会，这创造了地理性制度集群导致国家间相互依存的有趣来源。

我们视本书分析中的国家为给定。然而，用我们的框架研究更广泛的国家形成过程将会很有意思，因为有些国家想要控制其他国家的领土并扩张其制度。人们还可以利用我们所构建的工具探索殖民主义的动机，并且探寻所谓"民主和平"的潜在结构性决定因素（Maoz and Russett，1993）。

商品和要素市场开放也会带来有趣的问题。一个国家由于弱财政能力而不得不依赖于交易税时会开放贸易，这一点尤为重要。流动的人口和资本可能会对运行不良的政府施加约束。

区分集权和分权国家　我们的核心和扩展模型关注的是所有的税收和支出决策都由中央统一决定的国家。许多国家在分权的基础上运行，并且在地方层面有相当强的国家能力。政治动乱也可能在特定地域起作用。

分权的常见功能是改善政府表现。这可能是因为分权时政治制度凝聚性和良治更容易实现。但是，如果政府表现存在异质性，与拥有中央政府的国家相比就会有赢有输。无论哪种方式，通过扩展模型来考虑这些问题都很有趣。进一步地，从实证角度来看，研究一国之内的政府异质性表现意味着新的可能性。

连接理论与实证研究　我们在写作本书时强烈地受到数据总体模式的驱动，前面各章也不断回顾数据。但是，实证分析的主体围绕着大量国家横截面的简单偏相关关系。虽然这些相关性可以通过理论来反映，但并不是从理论中妥善推导得出。此外，横断面实证分析的内在缺陷，让我们可以怀疑对结论的任何因果解释。

例外是第 4 章中的分析。我们展示了如何运用简单的政治动乱模型来指导实证策略，在国内变化的基础上寻求更有价值的结论。我们认为，未来本领域的实证研究应该遵循这个例子。特别是，应当根据历史数据对有关国家能力形成的理论预测进行更有说服力的检验。例如，可以使用基于理论的实证策略来分析财政能力的重要跨期改革，分析其是否真的与诸如战争和政治制度改革等事件系统相关。这种研究需要收集新的面板数据，例如，所得税（Aidt and Jensen，2009a）或者增值税（VAT）数据，或者这些税收制度的重要改革（例如实施所得税扣缴制度）数据。

用理论和数据来设计案例研究　经济计量分析研究很有价值，详细的案例研究也是如此。本书后半部分提出了两个非传统的观点，即案例研究该如何选择和实施。一个例子是 7.3 节的政治改革实践，应该使用一个明确的理论模型来探寻比较案例研究中的外生变化。8.2.2 节讨论了如何将通过系统统计方法辨识的理论异常作为案例研究的起点，以寻找新机制并丰富理论。

理解弱政体的持续性　主要问题之一是理解穷的、弱的和动乱蔓延的政体持续存在背后的机制。我们的理论提供了一些线索，说明何种环境和制度会使一个国家陷入这些不幸结果的组合中。但是，我们只能对如何走出"安娜·卡列尼娜矩阵"中令人不悦的左下角位置给出一些提示。我们可以期望国家何时实施经济和政治改革，从而跳出弱财政能力陷阱或掠夺性司法政体陷阱？哪些外国援助有助于完成这个艰难的任务？考虑到本书旨在研究发展集群，这才是最重要的问题。

8.4 结论性评述

大约 250 年前，亚当·斯密确定了和平、易税和尚可容忍的司法管理是国家财富的主要驱动力。我们的繁荣支柱与斯密多年前确定的因素密切相关。也就是说，我们利用了现代经济学的工具和方法，并从 250 年的历史经验中受益，通过一条不同路线得出相同的结论。与在民主制度和工业革命到来之前写下这句话的斯密不同，我们可以观察诸多国家的多样化经历。我们易税的概念更多地与税收抽取的简便性而不是与税收水平相关。和平是指国内和平，敌对的外部邻居可能成为国家建构背后的关键力量。对政治制度在建设繁荣支柱中的作用，我们同样给予了比斯密更多的重视。

我们整个项目完全由理论驱动，关键是一个核心模型。它将三个不同但相关的发展维度联系起来：摆脱贫困，建立足够强大的政体以支持市场和提供公共品，以及终结政治动乱冲突。模型虽然简单，但我们已经能够探索关键思想的不同维度。

我们使用这种理论方法来论述：必须从共同根源的角度来理解繁荣的支柱。要取得长足发展必须解决潜在的问题，强政治制度凝聚性和更好的治理可以在核心结果之间建立正反馈。

我们没有宣称给出了任何确定的结论，分析大部分建立在前期研究基础上。在这个主题上，未开发的领域比已有研究更宽广。希望本书有助于开辟一个全新的研究项目，我们诚邀发展研究人员和研究生加入。这是否发生，才是我们希望的判断成功与否的标准。

参考文献

Abadie, Alberto, and Javier Gardeazabal (2003), "The Economic Costs of Conflict: A Case Study of the Basque Country," *American Economic Review,* vol. 93, 113-132.

Acemoglu, Daron (2003), "Why Not a Political Coase Theorem: Social Conflict, Commitment, and Politics," *Journal of Comparative Economics,* vol. 31, 620-652.

Acemoglu, Daron (2005), "Politics and Economics in Weak and Strong States," *Journal of Monetary Economics,* vol. 52, 1199-1226.

Acemoglu, Daron (2006), "Modeling Inefficient Institutions," in Blundell, Richard, Whitney Newey, and Torsten Persson (eds.), *Advances in Economic Theory and Econometrics: Proceedings of the Ninth World Congress of the Econometric Society,* Cambridge, U. K.: Cambridge University Press.

Acemoglu, Daron, Mikhail Golosov, and Aleh Tsyvinski (2008), "Political Economy of Mechanisms," *Econometrica,* vol. 76, 619-641.

Acemoglu, Daron, Mikhail Golosov, and Aleh Tsyvinski (2009), "Power Fluctuations and Political Economy," NBER Working Paper 15400.

Acemoglu, Daron, and Simon Johnson (2005), "Unbundling Institutions," *Journal of Political Economy,* vol. 113, 949-995.

Acemoglu, Daron, Simon Johnson, and James A. Robinson (2001), "The Colonial Origins of Comparative Development: An Empirical Investigation," *American Economic Review,* vol. 91, 1369-1401.

Acemoglu, Daron, Simon Johnson, James A. Robinson, and Pierre Yared (2005), "From Education to Democracy," *American Economic Review, Papers and Proceedings,* vol. 95, 44-49.

Acemoglu, Daron, and James A. Robinson (2000), "Why Did the West Extend the Franchise? Democracy, Inequality, and Growth in Historical Perspective," *Quarterly Journal of Economics,* vol. 115, 1167-1199.

Acemoglu, Daron, and James A. Robinson (2006), *Economic Origins of Dictatorship and Democracy,* Cambridge: Cambridge University Press.

Acemoglu, Daron, and James A. Robinson (2010), *Why Nations Fail,* book manuscript.

Acemoglu, Daron, Davide Ticchi, and Andrea Vindigni (2011), "Emergence and Persistence of Inefficient States," *Journal of the European Economic Association,* vol. 9, 177-208.

Addison, Tony (2003), "Africa's Recovery from Conflict: Making Peace Work for the Poor—A Policy Brief," WIDER, Helsinki.

Aghion, Philippe, Alberto Alesina, and Francesco Trebbi (2004), "Endogenous Political Institutions," *Quarterly Journal of Economics,* vol. 119, 565-612.

Aghion, Philippe, and Patrick Bolton (1990), "Government Debt and the Risk of Default: A Politico-Economic Model of the Strategic Role of Debt," in Dornbusch, Rudiger, and Mario Draghi (eds.), *Public Debt Management: Theory and History,* Cambridge: Cambridge University Press.

Aghion, Philippe, and Patrick Bolton (2003), "Incomplete Social Contracts," *Journal of the European Economic Association,* vol. 1, 38-67.

Aghion, Philippe, and Peter Howitt (1998), *Endogenous Growth Theory,* Cambridge, MA: MIT Press.

Aghion, Philippe, Peter Howitt, and David Mayer-Foulkes (2005), "The Effect of Financial Development on Convergence: Theory and Evidence," *Quarterly Journal of Economics,* vol. 120, 173-222.

Aidt, Toke S., and Peter S. Jensen (2009a), "The Taxman Tools Up: An Event History Study of the Introduction of the Personal Income Tax," *Journal of Public Economics,* vol. 93, 160-175.

Aidt, Toke S., and Peter S. Jensen (2009b), "Tax Structure, Size of Government, and the Extension of the Voting Franchise in Western Europe, 1860-1938," *International Tax Public Finance,* vol. 16, 362-394.

Aidt, Toke S., and Peter S. Jensen (2010), "Workers of the World, Unite! Franchise Extensions and the Threat of Revolution in Europe, 1820-1938," mimeo, Cambridge University.

Aizenman, Joshua, and Yothin Jinjarak (2008), "The Collection Efficiency of the Value

Added Tax: Theory and International Evidence," *Journal of International Trade and Economic Development,* vol. 17, 391-410.

Akerlof, George, and Rachel Kranton (2010), *Identity Economics: How Our Identities Shape Our Work, Wages, and Well-Being,* Princeton: Princeton University Press.

Alesina, Alberto (1988), "Credibility and Political Convergence in a Two-party System with Rational Voters," *American Economic Review,* vol. 78, 796-805.

Alesina, Alberto, Reza Baqir, and William Easterly (1999), "Public Goods and Ethnic Divisions," *Quarterly Journal of Economics,* vol. 114, 1243-1284.

Alesina, Alberto, and David Dollar (2000), "Who Gives Foreign Aid to Whom and Why?" *Journal of Economic Growth,* vol. 5, 33-63.

Alesina, Alberto, and Roberto Perotti (1996), "Income Distribution, Political Instability and Investment," *European Economic Review,* vol. 40, 1203-1228.

Alesina, Alberto, and Dani Rodrik (1994), "Distributive Politics and Economic Growth," *Quarterly Journal of Economics,* vol. 109, 465-490.

Alesina, Alberto, and Guido Tabellini (1990), "A Positive Theory of Fiscal Deficits and Government Debt," *Review of Economic Studies,* vol. 57, 403-414.

Allingham, Michael G., and Agnar Sandmo (1972), "Income Tax Evasion: A Theoretical Analysis," *Journal of Public Economics,* vol. 1, 323-338.

Alt, James E. (1994), "The Impact of the Voting Rights Act on Black and White Voter Registration in the South," in Davidson, Chandler and Bernard Grofman (eds), *Quiet Revolution in the South: The Impact of the Voting Rights Act, 1965-1990,* Princeton: Princeton University Press.

Amsden, Alice H. (1992), *Asia's Next Giant: South Korea and Late Industrialization,* New York: Oxford University Press.

Arrow, Kenneth J. (1951), *Social Choice and Individual Values,* New Haven: Cowles Comission.

Aslaksen, Silje, and Ragnar Torvik (2006), "A Theory of Civil Conflict and Democracy in Rentier States," *Scandinavian Journal of Economics,* vol. 108, 571-585.

Atkinson, Anthony, and Joseph Stiglitz (1980), *Lectures on Public Economics,* London: McGraw-Hill.

Austen-Smith, David, and Jeffrey S. Banks (2005), *Positive Political Theory II Strategy & Structure,* Ann Arbor: University of Michigan Press.

Azam, Jean-Paul (2002), "Looting and Conflict between Ethno-regional Groups: Lessons for State Formation in Africa," *Journal of Conflict Resolution,* vol. 46, 131-153.

Azam, Jean-Paul (2005), "The Paradox of Power Reconsidered: A Theory of Political

Regimes in Africa," *Journal of African Economies,* vol. 15, 26-58.

Azam, Jean-Paul, Robert H. Bates, and Biais Bruno (2009), "Political Predation and Economic Development," *Economics and Politics,* vol. 21, 255-277.

Azam, Jean-Paul, and Anke Hoeffler (2002), "Violence against Civilians in Civil Wars: Looting or Terror?," *Journal of Peace Research,* vol. 39, 461-485.

Azam, Jean-Paul, and Jean-Jacques Laffont (2003), "Contracting for Aid," *Journal of Development Economics,* vol. 70, 25-58.

Azam, Jean-Paul, and Tahsin Saadi-Sedik (2003), "Aid v. Sanctions for Taming Oppressors: Theory and Application to the Iraqi Kurds," *Defence and Peace Economics,* vol. 15, 311-334.

Azzimonti, Marina (2009), "Barriers to Investment in Polarized Societies," mimeo, forthcoming in *American Economic Review.*

Bai, Jinhui B., and Roger Lagunoff (2011), "On the 'Faustian' Dynamics of Policy and Political Power," *Review of Economic Studies,* vol. 78, 17-48.

Banerjee, Abhijit (2003), "Contracting Constraints, Credit Markets and Economic Development," in Dewatripont, Mathias, Lars Peter Hansen, and Stephen Turnovsky (eds.), *Advances in Economics and Econometrics: Theory and Applications: Eighth World Conference of the Econometric Society,* vol. III, Cambridge: Cambridge University Press.

Banerjee, Abhijit, and Esther Duflo (2005), "Growth Theory Through the Lens of Development Economics," in Aghion, Philippe, and Stephen Durlauf (eds.), *Handbook of Economic Growth,* vol. 1a, Amsterdam: Elsevier.

Banerjee, Abhijit, and Esther Duflo (2009), "The Experimental Approach to Development Economics," NBER Working Paper No. 14467.

Banerjee, Abhijit, and Esther Duflo (2010), "Giving Credit Where Credit is Due," MIT Department of Economics Working Paper No. 10 - 3, available at SSRN: http://ssrn.com/ abstract = 1572913.

Banerjee, Abhijit V., Paul J. Gertler, and Maitreesh Ghatak (2002), "Empowerment and Efficiency: Tenancy Reform in West Bengal," *Journal of Political Economy,* vol. 110, 239-280.

Banerjee, Abhijit, and Ruimin He (2008), "Making Aid Work," in Easterly, William (ed.), *Reinventing Foreign Aid,* Cambridge, MA: MIT Press.

Banks, Arthur (2005), *Cross - National Time - Series Data Archive,* Databanks International.

Baron, David (1996), "A Dynamic Theory of Collective Goods Programs," *American*

Political Science Review, vol. 90, 316-330.

Baron, David, and John Ferejohn (1989), "Bargaining in Legislatures," *American Political Science Review,* vol. 83, 1181-1206.

Barro, Robert J. (1973), "The Control of Politicians: An Economic Model," *Public Choice,* vol. 14, 19-42.

Barro, Robert J., and Xavier Sala-i-Martin (1992), "Public Finance in Models of Economic Growth," *Review of Economic Studies,* vol. 59, 645-661.

Bates, Robert H. (1981), *Markets and States in Tropical Africa: The Political Basis of Agricultural Policies,* Berkeley: University of California Press.

Bates, Robert H. (2001), *Prosperity and Violence: The Political Economy of Development,* New York: Cambridge University Press.

Bates, Robert H. (2008), "The Logic of State Failure: Learning from Late-Century Africa," *Conflict Management and Peace Science,* vol. 25, 297-314.

Bates, Robert H. (2009), *The Logic of State Failure: Learning from Late-Century Africa. Dealing with Failed States,* London: Routledge.

Bates, Robert H., Avner Greif, Margaret Levi, Jean-Laurent Rosenthal, and Barry Weingast, (1998), *Analytic Narratives,* Princeton: Princeton University Press.

Battaglini, Marco, and Stephen Coate (2007), "Inefficiency in Legislative Policy Making: A Dynamic Analysis," *American Economic Review,* vol. 97, 118-149.

Battaglini, Marco, and Stephen Coate (2008), "A Dynamic Theory of Public Spending, Taxation, and Debt," *American Economic Review,* vol. 98, 201-236.

Bauer, Peter (1972), *Dissent on Development,* Cambridge: Harvard University Press.

Bauer, Peter (1975), "N. H. Stern on Substance and Method in Development Economics," *Journal of Development Economics,* vol. 2, 387-405.

Baumol, William, J. (1967), "Macroeconomics of Unbalanced Growth: The Anatomy of Urban Crisis," *American Economic Review,* vol. 57, 415-426.

Baunsgaard, Thomas, and Michael Keen (2005), "Tax Revenue and (or?) Trade Liberalization," mimeo, IMF.

Beck, Thorsten (2010), "Legal Institutions and Economic Development," forthcoming in the *Oxford Handbook of Capitalism.*

Benabou, Roland (1997), "Inequality and Growth," *NBER Macroeconomics Annual 1996,* Cambridge, MA: MIT Press.

Benabou, Roland, and Jean Tirole (2010), "Laws and Norms," mimeo, Princeton University.

Benson, Bruce (1989), "The Spontaneous Evolution of Commercial Law," *Southern*

Economic Journal, vol. 55, 644-661.

Berg, Elliot (1993), *Rethinking Technical Cooperation: Reforms for Capacity Building in Africa,* New York: United Nations Development Program.

Berry, Francis Stokes, and William D. Berry (1992), "Tax Innovation in the States: Capitalizing on Political Opportunity," *American Journal of Political Science,* vol. 36, 715-742.

Besley, Timothy (1995), "Property Rights and Investment Incentives: Theory and Evidence from Ghana," *Journal of Political Economy,* vol. 103, 903-937.

Besley, Timothy (2006), *Principled Agents? The Political Economy of Good Government,* Oxford: Oxford University Press.

Besley, Timothy, and Anne Case (2003), "Political Institutions and Policy Choices: Evidence from the United States," *Journal of Economic Literature,* vol. 41, 7-73.

Besley, Timothy, and Stephen Coate (1997), "An Economic Model of Representative Democracy," *Quarterly Journal of Economics,* vol. 112, 85-114.

Besley, Timothy, and Stephen Coate (1998), "Sources of Inefficiency in a Representative Democracy: A Dynamic Analysis," *American Economic Review,* vol. 88, 139-156.

Besley, Timothy, and Stephen Coate (2003), "Centralized versus Decentralized Provision of Local Public Goods: A Political Economy Approach," *Journal of Public Economics,* vol. 87, 2611-2637.

Besley, Timothy, and Maitreesh Ghatak (2009), "Property Rights and Economic Development," in Rodrik, Dani and Mark Rosenzweig (eds.), *Handbook of Development Economics,* vol. V, Amsterdam: Elsevier.

Besley, Timothy, and Rajshri Jayaraman (eds.) (2010), *Institutional Microeconomics of Development,* Cambridge, MA: MIT Press.

Besley, Timothy, Ethan Ilzetzki, and Torsten Persson (2010), "Weak States, Strong States and Steady States: The Dynamics of Fiscal Capacity," mimeo, London School of Economics.

Besley, Timothy, and Hannes Mueller (2010), "Estimating the Peace Dividend: Evidence from House Prices in Northern Ireland," forthcoming in the *American Economic Review.*

Besley, Timothy, and Torsten Persson (2008), "Wars and State Capacity," *Journal of the European Economic Association,* vol. 6, 522-530.

Besley, Timothy, and Torsten Persson (2009a), "Repression or Civil War?," *American Economic Review, Papers and Proceedings,* vol. 99, 292-297.

Besley, Timothy, and Torsten Persson (2009b), "The Origins of State Capacity: Property

Rights, Taxation and Politics," *American Economic Review,* vol. 99, 1218-1244.

Besley, Timothy, and Torsten Persson (2010a), "State Capacity, Conflict and Development," *Econometrica,* vol. 78, 1-34.

Besley, Timothy, and Torsten Persson (2010b), "The Logic of Political Violence," forthcoming in the *Quarterly Journal of Economics.*

Besley, Timothy, and Torsten Persson (2010c), "From Trade Taxes to Income Taxes: Theory and Evidence on Economic Development and State Capacity," mimeo, London School of Economics.

Besley, Timothy, and Torsten Persson (2011), "Fragile States and Development Policy," paper underlying the 2010 EEA Presidential Address, forthcoming in the *Journal of the European Economic Association.*

Besley, Timothy, and Andrea Prat (2006), "Handcuffs for the Grabbing Hand? Media Capture and Government Accountability," *American Economic Review,* vol. 96, 720-736.

Bird, Richard, and Oliver Oldman (eds.) (1980), *Readings on Taxation in Developing Countries,* 3rd Edition, Baltimore: Johns Hopkins University Press.

Blackstone, William (1765 - 1766), *Commentaries on the Law of England,* Oxford: Clarendon Press.

Blattman, Christopher, and Edward Miguel (2009), "Civil War," *Journal of Economic Literature,* vol. 48, 3-57.

Blomberg, S. Brock, and Gregory D. Hess (2002), "The Temporal Links between Conflict and Economic Activity," *Journal of Conflict Resolution,* vol. 46, 74-90.

Bloom, David E., and Jeffrey D. Sachs (1998), "Geography, Demography and Economic Growth in Africa," *Brookings Papers on Economic Activity,* no. 2, 207-272.

Bockstette, Valerie, Areendam Chanda, and Louis Putterman (2002), "States and Markets: The Advantage of an Early Start," *Journal of Economic Growth,* vol. 7, 347-369.

Boettke, Peter, Christopher Coyne, and Peter Leeson (2008), "Institutional Stickiness and the New Development Economics," *American Journal of Economics and Sociology,* vol. 67, 331-358.

Bohlken, Anjali Thomas, and Ernest Sergenti (2010), "Ethnic Violence and Economic Growth: An Empirical Investigation of Hindu - Muslim Riots in India," *Journal of Peace Research,* vol. 47, 589-600.

Boix, Carles (1999), "Setting the Rules of the Game: The Choice of Electoral Systems in Advanced Democracies," *American Political Science Review,* vol. 93, 609-624.

Boix, Carles (2003), *Democracy and Redistribution,* Cambridge: Cambridge University Press.

Bonney, Richard (ed.) (1999), *The Rise of the Fiscal State in Europe c1200 – 1815,* Oxford: Oxford University Press.

Boone, Peter (1996), "Politics and the Effectiveness of Foreign Aid, " *European Economic Review,* vol. 40, 289–329.

Brautigam, Deborah, Odd-Helge Fjeldstad, and Mick Moore (2008), *Taxation and State-Building in Developing Countries,* Cambridge: Cambridge University Press.

Brennan, Geoffrey, and James M. Buchanan (1985), *The Reason of Rules: Constitutional Political Economy,* Cambridge: Cambridge University Press.

Brewer, John (1989), *The Sinews of Power: War, Money and the English State, 1688 – 1783,* New York: Knopf.

Bruckner, Markus, and Antonio Ciccone (2008), "Growth, Democracy, and Civil War, " CEPR Discussion Paper No. 6568.

Buchanan, James M. (1967), *Public Finance in Democratic Process: Fiscal Institutions and Individual Choice,* Chapel Hill: University of North Carolina Press.

Buchanan, James M. (1987), "The Constitution of Economic Policy, " Nobel Prize Lecture, *American Economic Review,* vol. 77, 243–250.

Buchanan, James M. , and Gordon Tullock (1962), *The Calculus of Consent,* Ann Arbor: University of Michigan Press.

Bueno de Mesquita, Bruce, Alastair Smith, Randolph Siverson, and James Morrow (2003), *The Logic of Political Survival,* Cambridge, MA: MIT Press.

Burgess, Robin, and Nicholas Stern (1993), "Taxation and Development, " *Journal of Economic Literature,* vol. 31, 762–830.

Burnside, Craig, and David Dollar (2000), "Aid, Policies and Growth, " *American Economic Review,* vol. 90, 847–868.

Cantoni, Davide, and Noam Yuchtman (2009), "Medieval Universities, Legal Institutions and the Commercial Revolution, " mimeo, Harvard University.

Cárdenas, Mauricio (2010), "State Capacity in Latin America, " *Economía,* vol. 10, 1–45.

Cárdenas, Mauricio, and Didem Tuzemen (2010), "Under–Investment in State Capacity: The Role of Inequality and Political Instability, " mimeo, The Brookings Institution.

Caselli, Francesco (2006), "Power Struggles and the Natural Resource Curse, " mimeo, London School of Economics.

Caselli, Francesco, and Nicola Gennaioli (2008), "Economics and Politics of Alternative

Institutional Reforms," *Quarterly Journal of Economics*, vol. 123, 1197-1250.

Centeno, Miguel A (1997), "Blood and Debt: War and Taxation in Latin America," *American Journal of Sociology*, vol. 102, 1565-1605.

Chamberlain, Gary (1980), "Analysis of Covariance with Qualitative Data," *Review of Economic Studies*, vol. 47, 225-238.

Chanda, Areendam, and Louis Putterman (2004), "The Quest for Growth: What Role Does History Play?," *World Economics*, vol. 5, 1-28.

Chassang, Sylvain, and Gerard Padro i Miquel (2009), "Economic Shocks and Civil War," *Quarterly Journal of Political Science*, vol. 4, 211-228.

Chauvet, Lisa, and Paul Collier (2006), "Helping Hand? Aid to Failing States," DIAL - Document de Travail DT/2006-14.

Chenery, Hollis B. (1975), "The Structuralist Approach to Development Policy," *American Economic Review, Papers and Proceedings*, vol. 65, 310-316.

Chenery, Hollis B., and Hazel Elkington (1979), *Structural Change and Development Policy*, New York: Oxford University Press.

Chenery, Hollis B., and Alan M. Strout (1966), "Foreign Assistance and Economic Development," *American Economic Review*, vol. 56, 679-733.

Chong, Alberto, and Mark Gradstein (2007), "Inequality and Institutions," *Review of Economics and Statistics*, vol. 89, 454-465.

Clark, Gregory (2008), *A Farewell to Alms: A Brief Economic History of the World*, Princeton: Princeton University Press.

Coase, Ronald H. (1960), "The Problem of Social Cost," *Journal of Law and Economics*, vol. 3, 1-44.

Collier, Paul (1999), "On the Economic Consequences of Civil War," *Oxford Economic Papers*, vol. 51, 168-183.

Collier, Paul(2007), *The Bottom Billion*, Oxford: Oxford University Press.

Collier, Paul(2008), *Wars, Guns and Votes: Democracy in Dangerous Places*, London: Bodley Head.

Collier, Paul, and David Dollar (2004), "Development Effectiveness: What Have We Learnt?," *Economic Journal*, vol. 114, F244-F271.

Collier, Paul, V. L. Elliott, Havard Hegre, Anke Hoeffler, Marta Reynol-Querol, and Nicolas Sambanis (2003), *Breaking the Conflict Trap: Civil War and Development Policy*, New York: Oxford University Press, for the World Bank.

Collier, Paul, and Jan Willem Gunning (1999), "Explaining African Economic Performance," *Journal of Economic Literature*, vol. 37, 64-111.

Collier, Paul, and Anke Hoeffler (2004), "Greed and Grievance in Civil War," *Oxford Economic Papers,* vol. 56, 563–595.

Collier, Paul, and Dominic Rohner (2008), "Democracy, Development and Conflict," *Journal of the European Economic Association,* vol. 6, 531–540.

Cowell, Frank (1990), *Cheating the Government,* Cambridge, MA: MIT Press.

Coyne, Christopher J. (2008a), *After War: The Political Economy of Exporting Democracy,* Palo Alto, CA: Stanford University Press.

Cowell, Frank (2008b), "The Politics of Bureaucracy and the Failure of Post-War Reconstruction," *Public Choice,* vol. 135, 11–22.

Coyne, Christopher J., and Peter J. Boettke (2009), "The Problem of Credible Commitment in Reconstruction," *Journal of Institutional Economics,* vol. 5, 1–23.

Coyne, Christopher J., Gregory M. Dempster, and Justin P. Isaacs (2010), "Asset Values and the Sustainability of Peace Prospects," *The Quarterly Review of Economics and Finance,* vol. 50, 146–156.

Coyne, Christopher J., and Peter Leeson (2009), *Media, Development, and Institutional Change,* Cheltenham: Edward Elgar.

Coyne, Christopher J., and Adam Pellillo (2011), "Economic Reconstruction Amidst Conflict: Insights from Afghanistan and Iraq," forthcoming in *Defence and Peace Economics.*

Cox, Gary (1997), *Making Votes Count,* Cambridge, U. K.: Cambridge University Press.

Cukierman, Alex, Sebastian Edwards, and Guido Tabellini (1992), "Seignorage and Political Instability," *American Economic Review,* vol. 82, 537–555.

Dal Bó, Ernesto, and Pedro Dal Bó (2006), "Workers, Warriors and Criminals: Social Conflict in General Equilibrium," forthcoming in the *Journal of the European Economic Association.*

Davenport, Christian (2007), "State Repression and Political Order," *Annual Review of Political Science,* vol. 10, 1–23.

Deininger, Klaus (2003), "Causes and Consequences of Civil Strife: Micro-Level Evidence from Uganda," *Oxford Economic Papers,* vol. 55, 579–606.

Deininger, Klaus, and Lyn Squire (1996), "A New Data Set Measuring Income Inequality," *The World Bank Economic Review,* vol. 10, 565–591.

de Figueiredo, Rui J. P. Jr. (2002), "Electoral Competition, Political Uncertainty, and Policy Insulation," *American Political Science Review,* vol. 96, 321–333.

De Long, J. Bradford (2000), "Overstrong Against Thyself: War, the State, and Growth in Europe on the Eve of the Industrial Revolution," in Olson, Mancur, and Satu

Kahkohnen (eds.), *A Not-So-Dismal Science: A Broader View of Economies and Societies,* Oxford: Oxford University Press.

De Long, J. Bradford, and Andrei Shleifer (1993), "Princes and Merchants: European City Growth Before the Industrial Revolution," *Journal of Law and Economics,* vol. 36, 671-702.

de Ree, Joppe, and Eleonora Nillesen (2009), "Aiding Violence or Peace? The Impact of Foreign Aid on the Risk of Civil Conflict in Sub-Saharan Africa," *Journal of Development Economics,* vol. 88, 301-313.

Diamond, Jared (1997), *Guns, Germs, and Steel: The Fates of Human Societies,* W. W. Norton & Company.

Diamond, Peter, and James Mirrlees (1971), "Optimal Taxation and Public Production: I. Production Efficiency," *American Economic Review,* vol. 61, 8-27.

Diermeier, Daniel, and Tim Feddersen (1998), "Cohesion in Legislatures and the Vote of Confidence Procedure," *American Political Science Review,* vol. 92, 611-621.

Dincecco, Mark (2011), *Political Transformations and Public Finances: Europe, 1650-1913,* Cambridge: Cambridge University Press forthcoming.

Dincecco, Mark, and Jose Mauricio Prado Jr. (2010), "Warfare, Fiscal Capacity, and Performance," mimeo, IMT Lucca Institute for Advanced Studies.

Dixit, Avinash (1987), "Strategic Behavior in Contests," *American Economic Review,* vol. 77, 891-898.

Dixit, Avinash (2004), *Lawlessness and Economics: Alternative Modes of Governance* (Gorman Lectures in Economics, University College London), Princeton: Princeton University Press.

Dixit, Avinash (2009), "Governance Institutions and Economic Activity," *American Economic Review,* vol. 99, 5-24.

Dixit, Avinash, Gene M. Grossman, and Faruk Gul (2000), "The Dynamics of Political Compromise," *Journal of Political Economy,* vol. 108, 531-568.

Djankov, Simeon, Edward Glaeser, Rafael La Porta, Florencio Lopez de Silanes, and Andrei Shleifer (2003), "The New Comparative Economics," *Journal of Comparative Economics,* vol. 31, 595-619.

Djankov, Simeon, Rafael La Porta, Florencio Lopez de Silanes, and Andrei Shleifer (2002), "The Regulation of Entry," *Quarterly Journal of Economics,* vol. 117, 1-37.

Djankov, Simeon, Caralee McLiesh, and Andrei Shleifer (2007), "Private Credit in 129 Countries," *Journal of Financial Economics,* vol. 84, 299-329.

Djankov, Simeon, Jose G. Montalvo, and Marta Reynal-Querol (2008), "The Curse of

Aid," *Journal of Economic Growth,* vol. 13, 1835-1865.

Doucouliagos, Hristos, and Martin Paldam (2008), "Aid Effectiveness on Growth: A Meta Study," *European Journal of Political Economy,* vol. 24, 1-24.

Drury, Cooper, and Richard Olson (1998), "Disasters and Political Unrest: An Empirical Investigation," *Journal of Contingencies and Crisis Management,* vol. 6, 153-161.

Dube, Oeindrila, and Juan Vargas (2008), "Commodity Price Shocks and Civil Conflict: Evidence from Colombia," mimeo, Harvard University.

Duflo, Esther, Rachel Glennerster, and Michael Kremer (2007), "Using Randomization in Development Economics Research: A Toolkit," CEPR Discussion Paper no. 6059.

Dunning Thad (2010), "Endogenous Oil Rents," *Comparative Political Studies,* vol. 43, no. 3, 379-410.

Easterly, William (2003), "Can Foreign Aid Buy Growth?," *Journal of Economic Perspectives,* vol. 17, 23-48.

Easterly, William (2006), *The White Man's Burden: Why the West's Efforts to Aid the Rest Have Done So Much Ill and So Little Good,* New York: Penguin Books.

Elbadawi, Ibrahim, and Nicholas Sambanis (2002), "How Much Civil War Will We See? Explaining the Prevalence of Civil War," *Journal of Conflict Resolution,* vol. 46, 307-334.

Engerman, Stanley L., and Kenneth L. Sokoloff (2002), "Factor Endowments, Inequality, and Paths of Development among New World Economies," *Economia,* vol. 3, 41-88.

ERD (2009), *Overcoming Fragility in Africa. Forging a New European Approach, European Report on Development,* San Domenico de Fiesole: EUI.

Erikson, Robert S. (1972), "Malapportionment, Gerrymandering, and Party Fortunes in Congressional Elections," *American Political Science Review,* vol. 66, 1234-1245.

Esteban, Joan, and Debraj Ray (1994), "On the Measurement of Polarization," *Econometrica,* vol. 62, 819-851.

Esteban, Joan, and Debraj Ray (1999), "Conflict and Distribution," *Journal of Economic Theory,* vol. 87, 379-415.

Esteban, Joan, and Debraj Ray (2008a), "On the Salience of Ethnic Conflict," *American Economic Review,* vol. 98, 2185-2202.

Esteban, Joan, and Debraj Ray (2008b), "Polarization, Fractionalization and Conflict," *Journal of Peace Research,* vol. 45, 163-182.

Esteban, Juan, Debraj Ray, and Jean-Yves Duclos (2004), "Polarization: Concepts, Measurement, Estimation," *Econometrica,* vol. 72, 1737-1772.

Fearon, James (2003), "Ethnic and Cultural Diversity by Country," *Journal of Economic Growth,* vol. 8, 195-222.

Fearon, James (2004), "Why Do Some Civil Wars Last so Much Longer than Others?," *Journal of Peace Research,* vol. 41, 275-301.

Fearon, James (2008), "Economic Development, Insurgency and Civil War," in Helpman, Elhanan (ed.), *Institutions and Economic Performance,* Cambridge, MA: Harvard University Press.

Fearon, James (2010), "Coordinating on Democracy," forthcoming in the *Quarterly Journal of Economics.*

Fearon, James, and David Laitin (2003), "Ethnicity, Insurgency and Civil War," *American Political Science Review,* vol. 97, 75-90.

Fei, John, and Gustav Ranis (1964), *Development of the Labor Surplus Economy,* Homewood, IL.

Feld, Lars P., and Stefan Voigt (2003), "Economic Growth and Judicial Independence: Cross-country Evidence Using a New Set of Indicators," *European Journal of Political Economy,* vol. 19, 497-527.

Ferejohn, John (1986), "Incumbent Performance and Electoral Control," *Public Choice,* vol. 50, 5-25.

Ferrer-i-Carbonell, Ada, and Paul Frijters (2004), "How Important is Methodology for the Estimates of the Determinants of Happiness?," *Economic Journal,* vol. 114, 641-659.

Field, Erica (2007), "Entitled to Work: Urban Property Rights and Labor Supply in Peru," *Quarterly Journal of Economics,* vol. 122, 1561-1602.

Frey, Bruno S. (1983), *Democratic Economic Policy: A Theoretical Introduction,* Oxford: Blackwell.

Frey, Bruno S., and Friedrich Schneider (1986), "Competing Models of International Lending Activity," *Journal of Development Economics,* vol. 20, 225-245.

Fudenberg, D., and Eric Maskin (1986), "The Folk Theorem in Repeated Games with Discounting or with Incomplete Information," *Econometrica,* vol. 54, 533-554.

Gallup, John Luke, Jeffrey D. Sachs, and Andrew Mellinger (1999), "Geography and Economic Development," *International Regional Science Review,* vol. 22, 179-232.

Garfinkel, Michelle R., and Stergios Skaperdas (2007), "Economics of Conflict: An Overview," in Sandler, Todd, and Keith Hartley (eds.), *Handbook of Defense Economics,* Vol. II, Amsterdam: Elsevier.

Gellner, Ernest, (1983), *Nations and Nationalism,* Ithaca: Cornell University Press.

Gerschenkron, Alexander (1962), "Agricultural Backwardness in Historical Perspective," chapter 1 in Gerschenkron, Alexander, *Agricultural Backwardness in Historical Perspective,* Cambridge, MA: Harvard University Press.

Gibney, Mark, Linda Cornett, and Reed Wood (2007), *Political Terror Scale 1976 to 2006,* available at www. politicalterrorscale. org.

Glaeser, Edward, Rafael La Porta, Florencio Lopez de Silanes, and Andrei Shleifer (2004), "Do Institutions Cause Growth?," *Journal of Economic Growth,* vol. 9, 271–303.

Glaeser, Edward, L. , Giacomo A. Ponzetto, and Andrei Shleifer (2007), "Why Democracy Needs Education," *Journal of Economic Growth,* vol. 12, 77–99.

Goldin, Claudia D. , and Frank D. Lewis (1975), "The Economic Cost of the American Civil War: Estimates and Implications," *Journal of Economic History,* vol. 35, 299–326.

Golosov, Mikhail, Aleh Tsyvinski, and Ivan Werning (2006), "New Dynamic Public Finance: A User's Guide," *NBER Macroeconomics Annual,* Cambridge, MA: MIT Press.

Gordon, Roger (ed.) (2010), *Taxation in Developing Countries: Six Case Studies and Policy Implications,* New York: Columbia University Press.

Gordon, Roger, and Wei Li (2009), "Tax Structures in Developing Countries: Many Puzzles and a Possible Explanation," *Journal of Public Economics,* vol. 93, 855–866.

Gradstein, Mark (2008), "Institutional Traps and Economic Growth," *International Economic Review,* vol. 49, 1043–1066.

Greif, Avner (2005), "Commitment, Coercion and Markets: The Nature and Dynamics of Institutions Supporting Exchange," in Menard, Claude and Mary M. Shirley (eds.), *Handbook of New Institutional Economics,* Dordrecht: Springer.

Greif, Avner (2006), *Institutions and the Path to the Modern Economy: Lessons from Medieval Trade,* Cambridge: Cambridge University Press.

Grofman, Bernard N. (1985), "Criteria for Districting: A Social Science Perspective," *UCLA Law Review,* vol. 33, 77–184.

Grofman, Bernard N. , William Koetzle, and Thomas Brunell (1997), "An Integrated Perspective on the Three Potential Sources of Partisan Bias: Malapportionment, Turnout Differences, and the Geographic Distribution of Party Vote Shares," *Electoral Studies,* vol. 16, 457–470.

Grossman, Herschel (1991), "A General Equilibrium Model of Insurrection," *American Economic Review,* vol. 81, 912–921.

Grossman, Herschel (1992), "Foreign Aid and Insurrection," *Defence and Peace*

Economics, vol. 3, 275–288.

Grossman, Herschel I., and Minseong Kim (1995), "Swords or Plowshares? A Theory of the Security of Claims to Property," *Journal of Political Economy,* vol. 103, 1275–1288.

Grossman, Herschel I., and Suk Jae Noh (1994), "Proprietary Public Finance and Economic Welfare," *Journal of Public Economics,* vol. 53, 187–204.

Gstoettner, Markus, and Anders Jensen (2010), "Aid and Public Finance: A Missing Link?," *Atlantic Economic Journal,* vol. 38, 217–235.

Gupta, Sanjeev, Catherine Pattillo, and Smita Wagh (2006), "Are Donor Countries Giving More or Less Aid?," *Review of Development Economics,* vol. 10, 535–552.

Hall, Robert, and Chad Jones (1999), "Why Do Some Countries Produce So Much More Output per Worker than Others?," *Quarterly Journal of Economics,* vol. 114, 83–116.

Hamilton, Alexander, John Jay, and James Madison (1788), *The Federalist: A Collection,* New York: J. and A. McLean.

Hansen, Henrik, and Finn Tarp (2001), "Aid and Growth Regressions," *Journal of Development Economics,* vol. 64, 547–570.

Hayek, Friedrich (1979), *Law, Legislation and Liberty,* vol. 3: *The Political Order of a Free People,* Chicago, University of Chicago Press.

Herbst, Jefferey I. (1990), "War and the State in Africa," *International Security,* vol. 14, 117–139.

Herbst, Jefferey I. (2000), *States and Power in Africa: Comparative Lessons in Authority and Control,* Princeton: Princeton University Press.

Hettich, Walter, and Stanley Winer (1999), *Democratic Choice and Taxation: A Theoretical and Empirical Analysis,* Cambridge: Cambridge University Press.

Hillman, Arye L. (2011), "Rent Seeking," in Reksulak, Michael, Laura Razzolini, and William F. Shughart II (eds.), *The Elgar Companion to Public Choice,* 2[d] edition, Cheltenham, U. K: Edward Elgar.

Hillman, Arye L., and Heinrich W. Ursprung (2000), "Political Culture and Economic Decline," *European Journal of Political Economy,* vol. 16, 189–213.

Hinich, Melvin, A., John O. Ledyard, and Peter Ordeshook (1972), "Nonvoting and the Existence of Equilibrium under Majority Rule," *Journal of Economic Theory,* vol. 4, 144–153.

Hinrichs, Harley H. (1966), *A General Theory of Tax Structure Change During Economic Development,* Cambridge, MA: The Law School of Harvard University.

Hintze, Otto (1906), "Military Organization and the Organization of the State," reprinted in Gilbert, Felix (ed.) (1970), *The Historical Essays of Otto Hintze,* New York: Oxford University Press.

Hirshleifer, Jack (1989), "Conflict and Rent - Seeking Success Functions: Ratio vs. Difference Models of Relative Success, " *Public Choice,* vol. 63, 101‒112.

Hodgson, Geoffrey M. (2006), "Institutions, Recessions and Recovery in the Transitional Economies, " *Journal of Economic Issues,* vol. 40, 875‒894.

Hodgson, Geoffrey M. , and Shuxia Jiang (2007), "The Economics of Corruption and the Corruption of Economics: An Institutionalist Perspective, " *Journal of Economic Issues,* vol. 41, 1043‒1061.

Hoffman, Philip, and Jean-Laurent Rosenthal (1997), "Political Economy of Warfare and Taxation in Early Modern Europe: Historical Lessons for Economic Development, " in Drobak, John, and John Nye (eds.), *The Frontiers of the New Institutional Economics,* San Diego: Academic Press.

Hseih Chang-Tai, and Peter Klenow (2009), "Misallocation and Manufacturing TFP in China and India, " *Quarterly Journal of Economics,* vol. 124, 1403‒ 1448.

Hseih Chang-Tai, and Peter Klenow (2010), "Development Accounting, " *American Economic Journal: Macroeconomics,* vol. 2, 207‒223.

Huber, John D. (1996), "The Vote of Confidence in Parliamentary Democracies, " *American Political Science Review,* vol. 90, 269‒282.

Humphreys, Macartan (2005), "Natural Resources, Conflict, and Conflict Resolution: Uncovering the Mechanisms, " *Journal of Conflict Resolution,* vol. 49, 508‒537.

Humphreys, Macartan, Jeffrey D. Sachs, and Joseph E. Stiglitz (eds.) (2007), *Escaping the Resource Curse,* New York: Columbia University Press.

Husted, Thomas, and Lawrence Kenny (1997), "The Effect of the Expansion of the Voting Franchise on the Size of Government, " *Journal of Political Economy,* vol. 105, 54‒82.

Jellema, Jan, and Gerard Roland (2010), " Institutional Clusters and Economic Performance, " forthcoming in the *Journal of Economic Behavior and Organization.*

Jensen, Anders (2010), "Natural Resources and Ability to Tax, " mimeo, London School of Economics.

Johnson, Simon, John McMillan, and Christopher Woodruff (2002), "Property Rights and Finance, " *American Economic Review,* vol. 92, 1335‒1356.

Jones, Bejamin F. , and Benjamin A. Olken (2005), "Do Leaders Matter? National Leadership and Growth Since World War II, " *Quarterly Journal of Economics,* vol. 120, 835‒864.

Jones, Bejamin F. , and Benjamin A. Olken (2009), "Hit or Miss? The Effect of

Assassinations on Institutions and War," *American Economic Journal Macroeconomics,* vol. 1, 55-87.

Kaldor, Nicholas (1963), "Taxation for Economic Development," *Journal of Modern African Studies,* vol. 1, 7-23.

Kandori, Michhiro (1989), "Social Norms and Community Enforcement," *Review of Economic Studies,* vol. 59, 63-80.

Karaman, K. Kivanc, Sevket Pamuk (2011), "Different Paths to the Modern State in Europe: The Interaction between Domestic Political Economy and Interstate Competition," mimeo, London School of Economics.

Keen, Michael (2010), "Taxation and Development Again," mimeo, IMF.

Keen, Michael, and Ben Lockwood (2010), "The Value Added Tax: Its Causes and Consequences," *Journal of Development Economics,* vol. 92, 138-151.

Kenny, Lawrence, and Stanley Winer (2006), "Tax Systems in the World: An Empirical Investigation into the Importance of Tax Bases, Administrative Costs, Scale and Political Regime," *International Tax and Public Finance,* vol. 13, 181-215.

King, Robert G., and Ross Levine (1993), "Finance and Growth: Schumpeter Might Be Right," *Quarterly Journal of Economics,* vol. 108, 717-737.

Klerman, Daniel M., and Paul G. Mahoney (2005), "The Value of Judicial Independence: Evidence from 18th Century England," *American Law and Economic Review,* vol. 7, 1-27.

Kletzer, Kenneth (2005), "Aid and Sanctions," mimeo, EC Santa Cruz.

Kleven, Henrik, Claus Thustrup Kreiner, and Emmanuel Saez (2009), "Why Can Modern Governments Tax So Much? An Agency Model of Firms as Fiscal Intermediaries," NBER Working Paper 15218.

Knack, Stephen (2001), "Aid Dependence and the Quality of Governance: A Cross Country Empirical Test," *Southern Economic Journal,* vol. 68, 310-329.

Krueger, Anne (1974), "The Political Economy of the Rent-Seeking Society," *American Economic Review,* vol. 64, 291-303.

Krusell, Per, and José-Victor Rios-Rull (1996), "Vested Interests in a Positive Theory of Stagnation and Growth," *Review of Economic Studies,* vol. 63, 301-329.

Kuziemko, Ilyana, and Eric Werker (2006), "How Much Is a Seat on the Security Council Worth? Foreign Aid and Bribery at the United Nations," *Journal of Political Economy,* vol. 114, 905-930.

Kydland, Finn E., and Edward C. Prescott (1977), "Rules Rather than Discretion: The Inconsistency of Optimal Plans," *Journal of Political Economy,* vol. 85, 473-492.

La Porta, Rafael, Florencio Lopez de Silanes, Andrei Shleifer, and Robert Vishny (1998), "Law and Finance," *Journal of Political Economy,* vol. 106, 1113- 1155.

La Porta, Rafael, Florencio Lopez de Silanes, Andrei Shleifer, and Robert Vishny (1999), "The Quality of Government," *Journal of Law Economics and Organization,* vol. 15, 222-279.

La Porta, Rafael, Florencio Lopez de Silanes, and Andrei Shleifer (2008), "The Economics Consequences of Legal Origins," *Journal of Economic Literature,* vol. 46, 285-332.

Lacina, Bethany Ann, and Nils Petter Gleditsch (2005), "Monitoring Trends in Global Combat: A New Dataset of Battle Deaths," *European Journal of Population,* vol. 21, 145-165.

Lagunoff, Roger (2001), "A Theory of Constitutional Standards and Civil Liberty," *Review of Economic Studies,* vol. 68, 109-132.

Landes, David (1998), *The Wealth and Poverty of Nations: Why Some Are So Rich and Some So Poor,* New York: W. W. Norton.

Leeson, Peter (2006), "Efficient Anarchy," *Public Choice,* vol. 130, 41-53.

Leeson, Peter (2007), "Better Off Stateless: Somalia Before and After Government Collapse," *Journal of Comparative Economics,* vol. 35, 689-710.

Leeson, Peter (2008), "Escaping Poverty: Foreign Aid, Private Property, and Economic Development," *Journal of Private Enterprise,* vol. 23, 39-64.

Levi, Margaret (1988), *Of Rule and Revenue,* Berkeley: University of California Press.

Levi, Margaret (1998), "A State of Trust," in Braithwaite, Valerie, and Margaret Levi (eds.), *Trust & Governance,* New York: Russell Sage Foundation.

Levine, Ross (2005), "Finance and Growth: Theory, Evidence," in Aghion, Philippe, and Steven Durlauf (eds), *Handbook of Economic Growth,* Amsterdam: Elsevier.

Lewis, W. Arthur (1954), "Economic Development with Unlimited Supplies of Labour," *The Manchester School,* vol. 22, 129-191.

Lijphart, Arend (1977), *Democracy in Plural Societies: A Comparative Exploration,* New Haven: Yale University Press.

Lijphart, Arend (1984), *Democracies,* New Haven: Yale University Press.

Lijphart, Arend (1999), *Patterns of Democracy: Government Forms and Performance in Thirty-Six Countries,* Oxford: Oxford University Press.

Lindbeck, Assar (1976), "Stabilization Policy in Open Economies with Endogenous Politicians," Richard T. Ely Lecture, *American Economic Review, Papers and Proceedings,* vol. 66, 1-19.

Lindbeck, Assar, and Jorgen Weibull (1987), "Balanced – budget Redistribution as the Outcome of Political Competition," *Public Choice,* vol. 52, 273–297.

Lipset, Seymour Martin (1959), "Some Social Requisites for Democracy: Economic Development and Political Legitimacy," *American Political Science Review,* vol. 53, 69–105.

Lizzeri, Alessandro, and Nicola Persico (2001), "The Provision of Public Goods under Alternative Electoral Incentives," *American Economic Review,* vol. 91, 225–239.

Lucas, Robert (1993), "Making a Miracle," *Econometrica,* vol. 61, 251–272.

Ma, Debin (2010), "Rock, Scissors, Paper: The Problem of Incentives and Information in the Traditional Chinese State and the Origin of the Great Divergence," mimeo, London School of Economics.

Mahdavy, Hossein (1970), "The Patterns and Problems of Economic Development in Rentier States: The Case of Iran," in Cook M. A. (ed.), *Studies in the Economic History of the Middle East,* Oxford University Press.

Mann, Michael (1986), *The Sources of Social Power,* vol. I, New York: Cambridge University Press.

Mann, Michael (1993), *The Sources of Social Power,* vol. II, New York: Cambridge University Press.

Maoz, Zeev, and Bruce Russett (1993), "Normative and Structural Causes of Democratic Peace, 1946–1986," *American Political Science Review,* vol. 87, 624–638.

Mathias, Peter, and Patrick O'Brien (1976), "Taxation in Britain and France 1715–1810: A Comparison of the Social and Economic Consequences of Taxes Collected for the Central Governments," *Journal of European Economic History,* vol. 5, 601–650.

Mauro, Paolo (1995), "Corruption and Growth," *Quarterly Journal of Economics,* vol. 110, 681–712.

McGillivray, Mark (2006), "Aid Allocation and Fragile States," WIDER Discussion Paper 2006/01, Helsinki.

McGuire, Martin C., and Mancur Olson (1996), "The Economics of Autocracy and Majority Rule: The Invisible Hand and the Use of Force," *Journal of Economic Literature,* vol. 34, 72–96.

Mehlum, Halvor, Karl O. Moene, and Ragnar Torvik (2006), "Institutions and the Resource Curse," *Economic Journal,* vol. 116, 1–20.

Meltzer, Alan, and Scott Richards (1981), "A Rational Theory of the Size of Government," *Journal of Political Economy,* vol. 89, 914–927.

Migdal, Joel S. (1988), *Strong Societies and Weak States: State – Society Relations and*

State Capabilities in the Third World, Princeton: Princeton University Press.

Miguel, Edward, Shanker Satyanath, and Ernest Sergenti (2004), "Economic Shocks and Civil Conflict: An Instrumental Variables Approach," *Journal of Political Economy,* vol. 112, 725–753.

Milesi-Ferretti, Gian-Maria, Roberto Perotti, and Marco Rostagno (2002), "Electoral Systems and the Composition of Public Spending," *Quarterly Journal of Economics,* vol. 117, 609–657.

Milgrom, Paul, and Chris Shannon (1994), "Monotone Comparative Statics," *Econometrica,* vol. 62, 157–180.

Mokyr, Joel (1990), *The Lever of Riches: Technological Creativity and Economic Progress,* Oxford: Oxford University Press.

Montalvo, Jose G., and Marta Reynal-Querol (2005), "Ethnic Polarization, Potential Conflict, and Civil Wars," *American Economic Review,* vol. 95, 796–816.

Moore, Barrington (1966), *Social Origins of Dictatorship and Democracy,* Boston: Beacon Press.

Moore, Mick (2004), "Revenues, State Formation and the Quality of Governance in Developing Countries," *International Political Science Review,* vol. 25, 297–319.

Moselle, Boaz, and Benjamin Polak (2001), "A Model of a Predatory State," *Journal of Law, Economics, and Organization,* vol. 17, 1–33.

Myerson, Roger (1999), "Theoretical Comparison of Electoral Systems: 1998 Schumpeter Lecture," *European Economic Review,* vol. 43, 671–697.

Myrdal, Gunnar (1968), *Asian Drama. An Inquiry into the Poverty of Nations,* New York: Pantheon.

Myrdal, Gunnar (1974), "What Is Development?" *Journal of Economic Issues,* vol. 8, 729–736.

Nel, Philip, and Marjolein Righarts (2008), "Natural Disasters and the Risk of Violent Civil Conflict," *International Studies Quarterly,* vol. 52, 159–185.

Newbery, David, and Nicholas Stern (eds.) (1987), *The Theory of Taxation for Developing Countries,* Oxford: Oxford University Press for the World Bank.

North, Douglass C. (1990), *Institutions, Institutional Change and Economic Performance,* Cambridge: Cambridge University Press.

North, Douglass C., and Robert Paul Thomas (1973), *The Rise of the Western World: A New Economic History,* New York: Cambridge University Press.

North, Douglass C., and Barry R. Weingast (1989), "Constitutions and Commitment: The Evolution of Institutional Governing Public Choice in Seventeenth Century

England," *Journal of Economic History,* vol. 44, 803-832.

North, Douglass C., Barry Weingast, and John Wallis (2009), *Violence and Social Orders: A Conceptual Framework for Interpreting Recorded Human History,* Cambridge: Cambridge University Press.

Nunn, Nathan (2008), "The Long-term Effects of Africa's Slave Trades," *Quarterly Journal of Economics,* vol. 123, 139-176.

Nunn, Nathan (2009), "The Importance of History for Economic Development," *Annual Review of Economics,* vol. 1, 1-28.

Nunn, Nathan, and Nancy Qian (2010), "Aiding Conflict: The Unintended Consequences of U. S. Food Aid on Civil War, 1976-2004," mimeo, Harvard University.

O'Brien, Patrick (2001), "Fiscal Exceptionalism: Great Britain and its European Rivals from Civil War to Triumph at Trafalgar and Waterloo," mimeo, available at http://www2. lse. ac. uk/economicHistory/pdf/WP6501. pdf.

O'Brien, Patrick (2005), "Fiscal and Financial Preconditions for the Rise of British Naval Hegemony: 1485-1815," mimeo, London School of Economics.

O'Donnell, Guillermo A., and Philippe C. Schmitter (1986), *Transitions from Authoritarian Rule: Tentative Conclusions about Uncertain Democracies,* Baltimore: Johns Hopkins University Press.

OECD (2010a), *Do No Harm: International Support for State Building,* Paris: OECD publications.

OECD (2010b), *Development Cooperation Report,* Statistical Annex, OECD, Paris.

Olson, Mancur (1993), "Dictatorship, Democracy, and Development," *American Political Science Review,* vol. 87, 567-576.

Olsson, Ola, and Heather Congdon Fors (2004), "Congo: The Prize of Predation," *Journal of Peace Research,* vol. 41, 321-336.

Osborne, Martin J., and Al Slivinsky (1996), "A Model of Political Competition with Citizen-candidates," *Quarterly Journal of Economics,* vol. 111, 65-96.

Ostrom, Elinor (1990), *Governing the Commons: The Evolution of Institutions for Collective Action,* Cambridge: Cambridge University Press.

Pagano, Marco, and Paolo Volpin (2001), "The Political Economy of Finance," *Oxford Review of Economic Policy,* vol. 17, 502-519.

Pagano, Marco, and Paolo Volpin (2005), "The Political Economy of Corporate Governance," *American Economic Review,* vol. 95, 1005-1030.

Pagano, Marco, and Paolo Volpin (2006), "Shareholder Protection, Stock Market Development, and Politics," *Journal of the European Economic Association,* vol. 4,

315-341.

Parente, Stephen L. , and Edward C. Prescott (2000), *Barriers to Riches,* Cambridge, MA: MIT Press.

Parker, Geoffrey, (1988), *The Military Revolution: Military Innovation and the Rise of the West 1500-1800.* Cambridge: Cambridge University Press.

Perotti, Enrico, and Ernst-Ludwig von Thadden (2006), "The Political Economy of Corporate Control and Labor Rents," *Journal of Political Economy,* vol. 114, 145-174.

Perroni, Carlo, and Kimberly Scharf (2007), "Taxation and Property Rights," mimeo, University of Warwick.

Persson, Torsten, Gerard Roland, and Guido Tabellini (1997), "Separation of Powers and Political Accountability," *Quarterly Journal of Economics,* vol. 112, 1163-1202.

Persson, Torsten, Gerard Roland, and Guido Tabellini (2000), "Comparative Politics and Public Finance," *Journal of Political Economy,* vol. 108, 1121-1161.

Persson, Torsten, and Lars E. O. Svensson (1989), "Why a Stubborn Conservative Would Run a Deficit: Policy with Time - Inconsistent Preferences," *Quarterly Journal of Economics,* vol. 104, 325-345.

Persson, Torsten, and Guido Tabellini (1994), "Is Inequality Harmful for Growth?," *American Economic Review,* vol. 84, 600-621.

Persson, Torsten, and Guido Tabellini (1996a), "Federal Fiscal Constitutions: Risk Sharing and Moral Hazard," *Econometrica,* vol. 64, 623-646.

Persson, Torsten, and Guido Tabellini (1996b), "Federal Fiscal Constitutions: Risk Sharing and Redistribution," *Journal of Political Economy,* vol. 104, 979-1009.

Persson, Torsten, and Guido Tabellini (1999), "The Size and Scope of Government: Comparative Politics with Rational Politicians," 1998 Marshall Lecture, *European Economic Review,* vol. 43, 699-735.

Persson, Torsten, and Guido Tabellini (2000), *Political Economics: Explaining Economic Policy,* Cambridge, MA: MIT Press.

Persson, Torsten, and Guido Tabellini (2002), "Political Economics and Public Finance," Chapter 24 in Auerbach, Alan, and Martin Feldstein (eds), *Handbook of Public Economics,* vol. 3, Amsterdam: Elsevier.

Persson, Torsten, and Guido Tabellini (2003), *The Economic Effects of Constitutions,* Cambridge MA: MIT Press.

Persson, Torsten, and Guido Tabellini (2004), "Constitutions and Economic Policy," *Journal of Economic Perspectives,* vol. 18, 75-98.

Persson, Torsten, and Guido Tabellini (2009), "Democratic Capital: The Nexus of

Economic and Political Change," *American Economic Journal: Macroeconomics,* vol. 1, 88-126.

Platteau, Jean-Philippe (2000), *Institutions, Social Norms, and Economic Development,* Amsterdam: Harwood Academic Publishers.

Posen, Barry R. (1993), "Nationalism, the Mass Army, and Military Power," *International Security,* vol. 18, 80-124.

Powell Jr., G. Bingham (1989), "Constitutional Design and Citizen Electoral Control," *Journal of Theoretical Politics,* vol. 1, 107-130.

Powell Jr., G. Bingham (2000), *Elections as Instruments of Democracy,* New Haven and London: Yale University Press.

Prat, Andrea, and David Stromberg (2010), "The Political Economy of Mass Media," paper presented at the 10th World Congress of the Econometric Society.

Przeworski, Adam, Michael Alvarez, Jose Cheibub, and Fernando Limongi (2000), *Democracy and Development: Political Institutions and Well-Being in the World 1950- 1900,* Cambridge: Cambridge University Press.

Putnam, Robert (1993), *Making Democracy Work: Civic Traditions in Modern Italy,* Princeton: Princeton University Press.

Putterman, Louis (2008), "The Role of the State and Markets in Development," in Dutt, Amitava, and Jaime Ros (eds.), *International Handbook of Development Economics,* vol. 2, Amsterdam: Edward Elgar.

Qian, Nancy, and David Yanagizawa (2009), "Watchdog or Lapdog? Media and the U. S. Government," mimeo, Institute for International Economic Studies.

Rajan, Raghuram, and Arvind Subramanian (2008), "Aid and Growth: What Does the Cross Country Evidence Really Show?," *Review of Economics and Statistics,* vol. 90, 643-665.

Rajan, Raghuram, and Luigi Zingales (2003), "The Great Reversal: The Politics of Financial Development in the Twentieth Century," *Journal of Financial Economics,* vol. 69, 5-50.

Restuccia, Diego, and Richard Rogerson (2008), "Policy Distortions and Aggregate Productivity with Heterogeneous Plants," *Review of Economic Dynamics,* vol. 11, 707-720.

Reynal-Querol, Marta (2002), "Ethnicity, Political Systems, and Civil Wars," *Journal of Conflict Resolution,* vol. 46, 29-54.

Rice, Susan, and Stewart Patrick (2008), *Index of State Weakness in the Developing World,* Washington, DC: The Brookings Institution.

Riddell, Roger (2007), *Does Foreign Aid Really Work?*, Oxford: Oxford University Press.

Robinson, James A. , Ragnar Torvik, and Thierry Verdier (2006), "Political Foundations of the Resource Curse, " *Journal of Development Economics,* vol. 79, 447-468.

Rodrik, Dani, Arvind Subramanian, and Francesco Trebbi (2004), "Institutions Rule: The Primacy of Institutions Over Geography and Integration in Economic Development, " *Journal of Economic Growth,* vol. 9, 131-165.

Rogoff, Kenneth (1985), "The Optimal Degree of Commitment to an Intermediate Monetary Target, " *Quarterly Journal of Economics,* vol. 100, 1169-1189.

Rokkan, Stein (1970), *Citizens, Elections, Politics. Approaches to the Comparative Study of the Processes of Development,* New York: MaKay.

Romer, Thomas, and Howard Rosenthal (1979), "Bureaucrats versus Voters: On the Political Economy of Resource Allocation by Direct Democracy, " *Quarterly Journal of Economics,* vol. 93, 563-587.

Rosenberg, Nathan, and L. E. Birdzell (1986), *How the West Grew Rich: The Economic Transformation of the Industrial World,* New York: Basic Books.

Ross, Michael (2004), "What Do We Know about Natural Resources and Civil War?" *Journal of Peace Research,* vol. 41, 337-356.

Rothstein, Bo (2000), "Trust, Social Dilemmas and Collective Memories, " *Journal of Theoretical Politics,* vol. 12, 477-501.

Sachs, Jeffrey (2005), *The End of Poverty: Economic Possibilities for Our Time,* New York: Penguin Books.

Sachs, Jeffrey, John. W. McArthur, Guido Schmidt-Traub, Margaret Kruk, Chandrika Bahadur, Michael Faye, and Gordon McCord (2004), "Ending Africa's Poverty Trap, " *Brookings Papers on Economic Activity,* no. 1, 117-240.

Sachs, Jeffrey D. , and Andrew Warner (1995), "Natural Resource Abundance and Economic Growth, " NBER Working Paper no. 5398.

Sachs, Jeffrey D. , and Andrew Warner (2001), "The Curse of Natural Resources, " *European Economic Review,* vol. 45, 827-838.

Sambanis, Nicholas (2004), "What is Civil War: Conceptual and Empirical Complexities of an Operational Definition, " *Journal of Conflict Resolution,* vol. 48, 814-858.

Scheve, Ken, and David Stasavage (2010), "Democracy, War, and Wealth: Evidence of Two Centuries of Inheritance Taxation, " mimeo, New York University.

Schumpeter, Joseph A. (1918), "The Crisis of the Tax State, " *International Economic Papers,* vol. 4, 5-38.

Schumpeter, Joseph A. (1934), *The Theory of Economic Development* (1968 edition translated by R. Opie, with an introduction by J. E. Elliott), New Brunswick and London: Transactions Books.

Shayo, Moses (2009), "A Model of Social Identity with an Application to Political Economy: Nation, Class, and Redistribution," *American Political Science Review,* vol. 103, 147–174.

Shleifer, Andrei (2009), "Peter Bauer and the Failure of Foreign Aid," *Cato Journal,* vol. 29, 355–371.

Shugart, Matthew, and John Carey (1992), *Presidents and Assemblies: Constitutional Design and Electoral Dynamics,* Cambridge: Cambridge University Press.

Skaperdas, Stergios (1992), "Cooperation, Conflict, and Power in the Absence of Property Rights," *American Economic Review,* vol. 82, 720–739.

Skaperdas, Stergios (1996), "Contest Success Functions," *Economic Theory,* vol. 7, 283–290.

Skaperdas, Stergios (2010), "The Costs of Organized Violence: A Review of the Evidence," forthcoming in *Economic Governance.*

Slemrod, Joel, and Shlomo Yitzhaki (2002), "Tax Avoidance, Evasion, and Administration," in Auerbach, Alan, and Martin Feldstein (eds.), *Handbook of Public Economics,* vol. 3, Amsterdam: Elsevier.

Smith, Alastair (2006), "Pernicious Foreign Aid?: A Political Economy of Political Institutions and the Effect of Foreign Aid," mimeo, New York University.

Smith, Benjamin (2004), "Oil Wealth and Regime Survival in the Developing World, 1960–1999," *American Journal of Political Science,* vol. 48, 232–246.

Solow, Robert (1956), "A Contribution to the Theory of Economic Growth," *Quarterly Journal of Economics,* vol. 70, 65–94.

Song, Zheng, Kjetil Storesletten, and Fabrizio Zillibotti (2011), "Growing Like China," *American Economic Review,* vol. 101, 202–241.

Stasavage, David (2003), *Public Debt and the Birth of the Democratic State: France and Great Britain, 1688–1789,* Cambridge: Cambridge University Press.

Stasavage, David (2007), "Partisan Politics and Public Debt: The Importance of the 'Whig Supremacy' for Britain's Financial Revolution," *European Review of Economic History,* vol. 11, 123–153.

Stern, Nicholas, Jean-Jacques Dethier, and F. Halsey Rogers (2005), *Growth and Empowerment: Making Development Happen,* Cambridge, MA: MIT Press.

Strayer, Joseph R. (1970), *On the Medieval Origins of the Modern State,* Princeton: Princeton University Press.

Svensson, Jakob (1998), "Investment, Property Rights and Political Instability: Theory and Evidence," *European Economic Review,* vol. 42, 1317–1341.

Svensson, Jakob (2000a), "Foreign Aid and Rent‐seeking," *Journal of International Economics,* vol. 51, 437–461.

Svensson, Jakob (2000b), "When is Foreign Aid Policy Credible? Aid Dependence and Conditionality," *Journal of Development Economics,* vol. 61, 61–84.

Svensson, Jakob (2003), "Why Conditional Aid Doesn't Work and What Can Be Done About It?," *Journal of Development Economics,* vol. 70, 381–402.

Svensson, Jakob (2005), "Eight Questions about Corruption," *Journal of Economic Perspectives,* vol. 19, 19–42.

Taagepera, Rein, and Matthew S. Shugart (1989), *Seats and Votes: The Effects and Determinants of Electoral Systems,* New Haven: Yale University Press.

Tabellini, Guido (2008), "The Scope of Cooperation: Values and Incentives," *Quarterly Journal of Economics,* vol. 123, 905–950.

Tanzi, Vito (1987), "Quantitative Characteristics of the Tax Systems of Developing Countries," in Newbery, David, and Nicholas Stern (eds.), *The Theory of Taxation for Developing Countries,* Oxford: Oxford University Press for the World Bank.

Tanzi, Vito (1992), "Structural Factors and Tax Revenue in Developing Countries: A Decade of Evidence," in Goldin, Ian, and L. Alan Winters (eds.), *Open Economies: Structural Adjustment and Agriculture,* Cambridge: Cambridge University Press.

Temple, Jonathan (2010), "Aid and Conditionality," in Rodrik, Dani, and Mark Rosenzweig (eds.), *Handbook of Development Economics,* vol. 5, Amsterdam, Elsevier.

Ticchi, Davide, and Andrea Vindigni (2010), "Endogenous Constitutions," *Economic Journal,* vol. 120, 1–39.

Tilly, Charles (ed.) (1975), *The Formation of National States in Western Europe,* Princeton: Princeton University Press.

Tilly, Charles (1985), "Warmaking and State Making as Organized Crime," in Evans, Peter, Dietrich Rueschemeyer, and Theda Skocpol (eds.), *Bringing the State Back In,* Cambridge: Cambridge University Press.

Tilly, Charles (1990), *Coercion, Capital and European States, AD 990–1992,* Oxford: Blackwell.

Torgler, Benno (2007), *Tax Morale and Tax Compliance: A Theoretical and Empirical Analysis,* Cheltenham U. K. : Edward Elgar.

Torvik, Ragnar (2002), "Natural Resources, Rent Seeking and Welfare," *Journal of*

Development Economics, vol. 67, 455–470.

Torvik, Ragnar (2009), "Why Do Some Resource-abundant Countries Succeed while Others Do Not?," *Oxford Review of Economic Policy,* vol. 25, 241–256.

Treisman, Daniel (2000), "The Causes of Corruption: A Cross-National Study," *Journal of Public Economics,* vol. 76, 399–457.

Tullock, Gordon (1967), "The Welfare Costs of Tariffs, Monopolies, and Theft," *Western Economic Journal,* vol. 5, 224–232.

Tullock, Gordon (1980), "Efficient Rent Seeking," in Buchanan, James, Richard Tollison and Gordon Tullock (eds.), *Toward a Theory of the Rent–Seeking Society,* College Station: Texas A & M University Press.

UNDP (2002), *Development Policy Journal* 2, Special Issue: Technical Cooperation.

Urdal, Henrik (2008), "Population, Resources and Violent Conflict: A SubNational Study of India 1956–2002," *Journal of Conflict Resolution,* vol. 52, 590–617.

U. S. Agency for International Development (USAID) (2005), *Fragile States Strategy,* available at http://www. usaid. gov/policy/2005_ fragile_ states_ strategy. pdf.

Vallings, Claire, and Magui Moreno-Torres (2005), "Drivers of Fragility: What Makes States Fragile?," PRDE Working Paper no. 7. London, U. K. : DFID.

van der Ploeg, Frederick, (2011), "Natural Resources: Curse or Blessing?" forthcoming in the *Journal of Economic Literature.*

Wade, Robert (1990), *Governing the Market: Economic Theory and the Role of Government in East Asian Industrialization,* Princeton: Princeton University Press.

Weingast, Barry R. (1997), "The Political Foundations of Democracy and the Rule of Law," *American Political Science Review,* vol. 91, 245–263.

Weingast, Barry R. (2005), "The Constitutional Dilemma of Economic Liberty," *Journal of Economic Perspectives,* vol. 19, 89–108.

Yanagizawa, David (2010), "Propaganda and Conflict: Theory and Evidence from the Rwandan Genocide," mimeo, Institute for International Economic Studies.

Zolt, Eric M. , and Richard M. Bird (2005), "Redistribution via Taxation: The Limited Role of the Personal Income Tax in Developing Countries," *UCLA Law Review,* vol. 52, 1627–1695.

Zussman, Asaf, Noam Zussman, and Morten Orregaard Nielsen (2008), "Asset Market Perspectives on the Israeli–Palestinian Conflict," *Economica,* vol. 75, 84–115.

关键词索引

译后记

（一）

2013 年在中国社会科学院财经战略研究院从事应用经济学（财政学）博士后工作期间，笔者阅读了本书的英文版，被两位作者如何赋予"国家能力"这个政治学概念以完整经济理论的强大拓展式逻辑深深征服。因为研究方向侧重于国家制度和国家能力，笔者尝试通过电子邮件联系了第一作者贝斯利教授，问其是否可以将本书翻译成中文出版。贝斯利教授回复肯定了笔者的思路，并将内容正式抄送给第二作者佩尔森教授。

接下来就是冗长苦闷的翻译工作。从 2013 年开始准备，到 2015 年初稿成型，2015～2017 年反复修改，2017 年开始联系中文版出版事宜，2019 年修改完成第四稿，再到 2021 年底准备出版。中间经历了无数次波折，最终将正式出版时间定格在了 2022 年。

对于一个经济学出身的本土博士来说，本书的若干术语是晦涩难懂的，书中的内容涵盖了政治学、经济学、财政学、历史学，涉及范围超过了一般经济学专著。对第一次翻译的新手来说，笔者只能尽最大努力表达作者原意，在此基础上适当考虑"信达雅"的问题。如果读者对本书内容的中文翻译有任何意见，欢迎与笔者邮件联系（fumj@ cass. org. cn）。

中文译本经历过 3 个不同版本，联系出版过程中还经历了 2 家不同的出版社，以及 2 项未能成功的出版资助。本书能够正式出版，首先要感谢在笔者翻译过程中给予各种帮助的人员。笔者的合作导师、中国社会科学院财经战略研究院高培勇教授，中国社会科学院经济研究所张平研究员、刘霞辉研究员，中国社会科学院金融研究所张晓晶研究员等，在翻译中给予了诸多指导。孟捷教授和郭克莎教授的推荐让本书获得资助成为可能。感谢以各种方式给予帮助的吕冰洋教授，陈晓光教授曾经对本书最早版本的翻译提出重要参考意见。感谢社会科学文献出版社颜林柯编辑、东北财经大学赵春晓博士在修订中给予的帮助，她们在最后文字修整上付出了努力。

感谢中国社会科学院创新工程的出版资助和评审专家为本书提出的修改意见。本书的翻译出版得到国家社科基金项目（21BJY068）的支持。

所有中文谬误都归于笔者。

（二）

"繁荣支柱指数"是最后一章的核心，从内容排序上也是全书的结论部分。中国学者会特别关注中国的指数排名和得分问题。在 149 个进入指数排名的国家中，中国排第 67 位，得分 0.607（和平结果指数得分 0.823，国家能力指数得分 0.435，人均收入指数得分 0.563，参见表 8.1），预测排名则到了 120 位。这个排名基本采用 2000 年前后的数据，已经远远落后于今天中国的发展水平，即使是从当时的数据来看，预测失误也是很大的。按照作者的数据（参见表 8.3），中国是预测低估最严重的 10 个国家之一。正如两位作者所言，中国的预测指数和实际指数差别巨大，代表本书的理论主旨难以直接套用。

预测失误并不稀奇，除非出现系统性误差。这并非天方夜谭。在本书中，作者已经发现，南亚国家的预测指数普遍比实际指数要高，而拉丁美洲国家却恰恰相反。这意味着区域性政治制度也是塑造各国政治的重要力量，区域政治背后各地区、各国家的传统文明和文化差异，特别是其对今天各国价值观念、社会力量和政治制度的塑造，可能是造成本书区域性预测偏差的重要因素。从这个意义上，两位作者认为，预测误差代表了理论遗漏的部分。

但中国产生如此大的预测偏差，还有更重要的因素。各国政治制度的差异性往往比市场制度更大、更为持久。早在 2017 年底作者完成上一个出版版本之时，笔者就曾经对这个问题进行了专门探讨。笔者当时的立脚点是中国政治制度和中国发展道路的特殊性（参见付敏杰《国家能力与经济发展：理论假说和中国事实》，《学习与探索》2018 年第 11 期），用今天的术语来说是"中国式现代化"和"人类文明新形态"。中国特色社会主义制度中所包含的特殊性，已经远远超过了作为已有理论基础的西方文明形态，这是造成预测偏差的根本因素。细心的研究者恐怕不会满足于把本书理论简单套用在中国现实上。如果想对中国国家能力体系和结构有更加透彻的了解，就必须对中国的国家制度有更加深入、透彻的了解。国别政治研究可以弥补已有理论的不足，并为提出国家能力新理论、新假说奠定事实基础。以中国典型事实和国家制度为出发点，建构一般性、普适性的经济理论，恰恰是中国政治经济学理论研究者努力的方向。

但本书依然不失为一本重要的政治经济学理论著作。实际上，任何一本理论化著作都面临两难问题：如果追求广泛性和理论的一般性，必然会以针对性和细节性损失为代价。本书基本因循了这样一种路线，虽然牺牲了针对性和细节性，但研究视野广阔，囊括世界范围内的国家能力建构和历史案例，追求理论的广泛解释性。更重要的是，两位作者展示了如何把"国家能力"这样一个重要的政治学概念，一步步用现代经济学术语完成理论的建构。从这个意义上来说，本书展示出经济学对已有非经济现象的解释性能力。笔者认为，本书方法论的系统科学化特征，以及两位作者在模型建构、实证经验中展示的理性和智慧之光，为中国的国家能力研究人员和经济学研究生提供了良好的理论参照系，也为我们拓展经济学研究视野、更好地研究非经济现象提供了经济科学基准。

付敏杰

于月坛北小街 2 号

中国社会科学院经济研究所

2022 年 3 月

图书在版编目（CIP）数据

繁荣的支柱：发展集群的政治经济学 /（英）蒂莫
西·贝斯利（Timothy Besley），（瑞典）托斯滕·佩尔
森（Torsten Persson）著；付敏杰译 . —北京：社会
科学文献出版社，2022.8

书名原文：Pillars of Prosperity：The
Political Economics of Development Clusters

ISBN 978-7-5228-0159-9

Ⅰ.①繁…　Ⅱ.①蒂…②特…③付…　Ⅲ.①政治经
济学-研究　Ⅳ.①F0

中国版本图书馆 CIP 数据核字（2022）第 090515 号

繁荣的支柱：发展集群的政治经济学

著　者 /〔英〕蒂莫西·贝斯利（Timothy Besley）
　　　　〔瑞典〕托斯滕·佩尔森（Torsten Persson）
译　者 / 付敏杰

出 版 人 / 王利民
组稿编辑 / 恽　薇
责任编辑 / 颜林柯
责任印制 / 王京美

出　　版 / 社会科学文献出版社·经济与管理分社（010）59367226
　　　　　地址：北京市北三环中路甲 29 号院华龙大厦　邮编：100029
　　　　　网址：www. ssap. com. cn
发　　行 / 社会科学文献出版社（010）59367028
印　　装 / 三河市尚艺印装有限公司

规　　格 / 开本：787mm×1092mm　1/16
　　　　　印张：26.25　字数：336 千字
版　　次 / 2022 年 8 月第 1 版　2022 年 8 月第 1 次印刷
书　　号 / ISBN 978-7-5228-0159-9
著作权合同
登 记 号 / 图字 01-2022-2511 号
定　　价 / 128.00 元

读者服务电话：4008918866